5·18 그리고 역사

역사도서관 | 교양 7

5·18 그리고 역사

그들의 나라에서 우리 모두의 나라로

최영태 외 지음

도서출판 길

역사도서관 | 교양 · 7

5·18 그리고 **역사**
그들의 나라에서 우리 모두의 나라로

2008년 2월 25일 제1판 제1쇄 발행
2009년 2월 25일 제1판 제2쇄 발행

2014년 3월 15일 제1판 제3쇄 인쇄
2014년 3월 20일 제1판 제3쇄 발행

지은이 | 최영태 외
펴낸이 | 박우정

기획 | 이승우
편집 | 이현숙

펴낸곳 | 도서출판 길
주소 | 135-891 서울 강남구 신사동 564-12 우리빌딩 201호
전화 | 02)595-3153   팩스 | 02)595-3165

등록 | 1997년 6월 17일 제113호

ⓒ 최영태 외, 2008. Printed in Seoul, Korea

ISBN 978-89-87671-82-6 03900

※사진제공: 5 · 18기념재단, 배종민

1980년대 한국 민주화운동의 정신적 원천이었던 5·18항쟁은 1980년 5월 18일부터 27일까지 10일 동안 광주, 전남 일원에서 국가폭력에 저항하여 일어났다. 홍성담의 판화 「대동세상」이 새겨진 망월동 5·18 구(舊)묘역의 표석.

1980년 5월 21일, 광주 금남로에서 대치 중인 시민과 진압군. 당시 시위자들은 "공수부대는 물러가라" 계엄을 해제하라" "우리를 죽여라" "전두환은 물러가라" 등의 구호와 「우리의 소원은 통일」 「정의가」 「아리랑」 등의 노래를 부르며, 연좌농성과 투석전을 전개했다. 이에 대해 군이 보여준 진압 전술은 기존의 도덕률과 국민의 군대로서의 상식 수준을 넘어선 잔인한 학살행위로서 시민들을 충격과 분노에 빠뜨렸다.

5월 16일 오후 5시, 당시 전남도청에서 민족민주화 대성회를 마친 대학교수·학생·시민들이 태극기를 앞세우고 금남로를 행진하고 있다.

5월 21일 오전, 광주관광호텔 앞. 버스를 바리게이드 삼아 진압군과 대치 중인 시민들.

5월 27일 전남도청을 점령한 진압군.

5월 27일 전남도청을 점령한 후, 철수하는 진압군 탱크.

광주 진압군 지휘체계

| 대통령:최규하 |

| 국방장관:주영복 |

| 계엄사령관:이희성 대장 |

| 2군사령관:진종채 중장 |

전남북계엄분소장 겸 전교사 사령관
(1)1980.5.22 10시이전 : 윤흥정 중장
(2)1980.5.22 10시이후 : 소준열 중장

쿠데타 핵심인물

| 특전사령관:정호용 소장 | 보안사령관:전두환 중장 | 수경사령관:노태우 소장 |

무사령관
이순길 준장

| 작전참모 장세동 대령 | 대공처장 이학봉 대령 | 인사처장 하삼수 대령 | 사령관 비서실장 허화평 대령 |

광주505보안부대장
이재우 소령

| 전남계엄분장 겸 31사단장 : 정웅 소장 | 20사단장 : 박준병 소장 |

| 7공수여단장 신우석 준장 | 11공수여단장 최웅 준장 | 3공수여단장 최세창 준장 |

| 60연대장 정수화 대령 | 61연대장 김동진 대령 | 62연대장 이병년 대령 |

| 33대대장 권승만 중령 | 35대대장 김일옥 중령 | 61대대장 안부웅 중령 | 62대대장 이제원 중령 | 63대대장 조창구 중령 | 11대대장 임수원 중령 | 12대대장 김완배 중령 | 13대대장 변길남 중령 | 15대대장 박종규 중령 | 16대대장 김길수 중령 | 1대대장 이병우 중령 | 2대대장 윤재만 중령 | 3대대장 길영철 중령 | 1대대장 정영진 중령 | 2대대장 김형곤 중령 | 1대대장 오성윤 중령 | 2대대장 이종규 중령 | 3대대장 유효일 중령 |

군부 쿠데타를 통해 집권한 전두환 정권은 광주에서 일어난 민주화 시위를 폭력적으로 진압했다. 당시 진압군의 지휘체계.

5월 19일 오후 금남로. 시민들에게 경찰이 밀리자, 신군부는 완전무장한 공수부대를 시위 현장에 투입하여 시민들을 진압하였다.

5월 20일 금남로 가톨릭센터 앞. 시민들을 속옷만 입힌 채 잔혹하게 구타한 후 연행하는 진압군.

5월 20일 오후 7시, 진압군의 도청 저지선을 돌파하기 위해 금남로에 결집한 광전교통 소속 시외버스와 택시들.

5월 22일 도청을 점령한 시민군.

5월 24일 전남도청을 점령한 시민군들이 회수한 무기를 분류하고 있다.

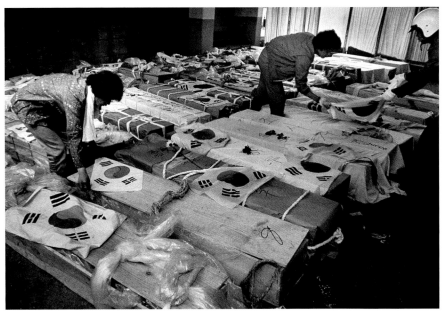

5월 23일 전남도청. 시민들이 무차별 폭력과 발포로 숨진 희생자들의 관을 태극기로 덮어주고 있다. 2006년 제5차 보상 때까지 광주시가 인정한 5·18항쟁 관련 피해자 규모는 사망 166명, 행방불명 64명, 부상 3,139명, 구속 연행 훈방 등 503명을 합해 총 3,860명이다.

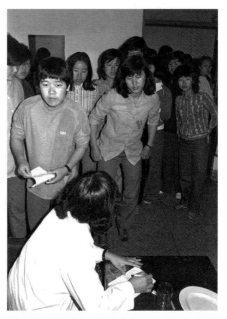

5월 27일 새벽, 도청 무력진압에 나선 진압군이 난 사한 YWCA 창문.

전남대병원에 헌혈을 하기 위해 줄을 선 광주 시민들.

시민군에게 음식을 날라다 주는 아주머니들. 5·18항쟁은 광주 시민 전체가 하나가 되어 '서로주체'가 전형적으로 형상화된 역사적 사건이다.

「국민운동」 1987년 6월 24일 ①

창간호 1987년 6월 24일

발행인 및 편집인 : 민주헌법쟁취 국민운동본부
주소 : 서울 종로구 연지동 기독교회관312호
전화 : 744 : 6702 744 : 2844

국민운동

민주헌법 쟁취하여 민주정부 수립하자!
더 이상 못속겠다 거짓정권 물러나라!
국민합의 배신하는 호헌조치 철회하라!
행동하는 국민속에 박종철은 부활한다!

"온국민 군부독재정권 단호히 거부"

6월 26일, 국민평화대행진 결행

6월항쟁을 주도한 국민운동본부의 소식지 「국민운동」 창간호.

1987년 1월 14일, 당시 서울대 언어학과에 재학 중이던 박종철 군이 남영동 대공분실에서 물고문으로 살해
되었다. 그러나 전두환 정권은 "책상을 '탁' 하고 쳤더니 '억' 하고 쓰러졌다"는 사인(死因)을 발표함으로써
국민의 분노를 야기했고, 이는 추모대회와 평화대행진으로 이어지면서 6월항쟁의 도화선이 되었다.

광주전남미술인공동체의 작품 「5월 전사」(1991). '5월에 본 미국전'에 구(舊) 망월묘역에 전시된 걸개그림
으로 중앙에 1991년 분신한 당시 전남대생 박승희를 가운데 두고 청년들의 투쟁 모습을 그렸다. 정확한 선
묘와 색채의 조화가 빈틈없는 역량을 보인 걸작이라는 호평을 받았다.

「5·18광주학생협동화」(2003)의 일부. 전교조 광주지부와 (사)광주민족예술인총연합의 공동주관으로 광주
지역 초·중·고 학생들이 제작한 총길이 518미터의 5·18항쟁 관련 그림이다.

국립 5 · 18민주묘지 전경. 구(舊) 망월동 5 · 18묘지와 비교하여 '신(新)묘역'이라고 부른다.

머리말

    5·18항쟁은 1980년 5월 18일부터 27일까지 10일 동안 광주 및 전남 일원에서 국가폭력에 저항하여 일어난 민중봉기를 지칭한다. 5·18항쟁은 항쟁 당시에는 실패로 보였으나 그것이 1980년대 한국 민주화운동의 정신적 원천이 되었다는 점에서 궁극적으로 성공한 사건이었다. 5·18항쟁이 있었기에 한국의 민주화가 앞당겨졌고, 절차적 민주주의에서 더 큰 진전을 이룰 수 있었다. 한국의 민주주의와 정치 발전은 높은 경제성장과 더불어 이제 전 세계인의 주목을 받게 되었으며, 특히 아시아와 제3세계 국가들로부터 부러움을 사고 있다. 이런 자랑스러운 한국 민주화운동사의 한복판에 위치한 사건이 바로 5·18항쟁이다.

    5·18항쟁의 배경으로는 광주·전남 지역의 지역적 특수성과 일반성을 함께 고려해야 한다. 광주항쟁은 가까이는 1980년 봄에 전국에서 전개된 민주화운동 그리고 더 멀리는 4·19혁명과 1970년대 민주화운동의 연장선상에서 그 성격을 파악해야 한다. 해방 이후 받아들인 서구식 자유민주주의 체제는 분단 상황과 민주주의에 대한 경험 부족, 그리고 독재자들의 권력욕으로 인해 오랫동안 파행을 겪었다. 그렇지만 다른 한편 국민들은 4·19혁명 및 부마

항쟁과 같은 민주화운동에서 보여주었듯 민주주의를 위해 많은 헌신적 투쟁을 전개해왔다. 1980년 광주항쟁은 바로 그런 투쟁이 최절정에 이른 경우라고 할 수 있다.

5·18항쟁은 1987년 6월항쟁 이후 비로소 국가에 의해 공식적으로 긍정적 평가를 받기 시작했다. 1988년 노태우 정부 출범과 더불어 태동한 민주화합추진위원회는 5·18항쟁을 '민주화운동의 일환'으로 규정하였고, 1990년 제정한 '광주민주화운동 관련자 보상 등에 관한 법률'이라는 명칭에 '광주민주화운동'이라는 용어가 포함되었다. 항쟁 직후부터 계속된 5월운동과 민족민주운동의 성과물이라고 할 수 있다.

보상법의 명칭이 직접적인 계기가 되어 5·18의 공식 명칭은 현재까지 5·18광주민주화운동으로 명명되고 있다. 그러나 진보적인 학계와 민족민주운동 진영, 그리고 항쟁 주체 쪽에서는 지금도 항쟁이라는 용어를 더 선호한다. 그 외에도 5·18과 관련해서는 5·18, 5·18광주항쟁, 5·18광주민중항쟁 등 다양한 명칭이 사용되고 있다. 이 책에서는 이런 제반 사정들을 감안하여 굳이 어느 한 가지 명칭을 고집하지 않았다. 좀더 많은 연구가 진행된 후에 용어의 통일을 시도하는 것이 좋겠다는 판단 때문이다.

해방 후 남한에서는 국가권력에 의해 여러 차례 대규모 민간인 학살사건이 발생한 바 있다. 또한 남한에서는 4·19혁명 등 대규모의 민주화운동도 여러 차례 전개되었다. 이런 일련의 사건들에 관한 연구와 비교할 때 광주항쟁에 대한 연구는 현재와 가장 가까운 시기에 발생한 사건임에도 불구하고 상대적으로 활발하게 이루어진 편이다. 5·18항쟁 자체의 역사적 의미와 충격이 큰 탓도 있지만 1980~90년대를 산 연구자들의 부채의식도 단기간에 연구를 촉진한 주요 이유가 되었을 것이다.

지금까지 5·18 연구를 주도한 것은 사회과학 분야의 연구자들이었다. 역사학·문학·철학 등 인문학 연구자들에 의해 이루어진 연구 성과는 의외로 적은 편이다. 특히 사상사적 관점에서 5·18을 다룬 연구는 거의 전무하다고 할 수 있다. 5·18이 한국 민주화운동의 정신적 원동력이었다는 사실에 비추어 아쉬운 점이 아닐 수 없다. 이 책은 바로 이런 점들을 염두에 두면서 서술되었다. 역사학 · 정치학 · 사회학 · 문학 · 미술사 · 철학 등 다양한 분야의 연구자들이 집필에 참여하였다. 특히 철학 전공자 2명이 사상적 관점에서 5 · 18을 조명한 것은 다른 책에서는 발견할 수 없는 특징이라고 할 수 있다. 집필 작업은 참여 연구자들의 전공을 고려하여 역할을 분담하였고, 각자 맡은 분야의 초고를 쓴 이후, 집필자들 전체가 모여 내용을 검토 · 보완하는 순서로 작업을 진행했다.

2년 후면 5 · 18항쟁 30주년을 맞이한다. 영상물 등 다양한 방식으로 5 · 18이 대중에게 다가가고 있지만 여전히 대다수의 국민들은, 특히 젊은이들은 5 · 18에 대해 아는 바가 적다. 우리 사회가 어느 정도 민주화되면서 5 · 18을 비롯한 민주화운동을 먼 과거의 일로 치부해버리는 경향까지 나타나고 있다. 아시아나 제3세계 국가들과 비교할 때 우리의 민주주의 발달 과정은 충분히 자랑스러워할 만한 수준이지만, 아직도 극우보수주의가 위력을 발휘하고 있고, 민주주의의 확산과 질적 향상을 기다리는 영역이 많은 현실을 감안할 때 우려할 만한 일이 아닐 수 없다.

다행히 전남대와 조선대를 비롯한 광주 · 전남 지역의 몇몇 대학들이 2005년부터 대학의 정규과목으로 5 · 18을 소재로 한 교양과목을 개설하였다. 아직은 광주 · 전남권 소재 대학들에 한정된 시도이기는 하지만 현대사를 소재로 한 강좌 개설에 인색한 한국의 대학 사정을 감안할 때 매우 이례적인 일이 아닐 수 없다. 이렇게 대학의 정규 커리큘럼에 5 · 18 관련 과목이 개설된 것은 5 · 18의 대중화와 학문적 연구를 촉진하는 큰 계기가 될 것이다. 한국의 민주주의 발달사가 전 세계인들의 이목을 끌고 있는 시점에서 5 · 18 관련 정규 강좌가 광주 · 전남 소재의 대학을 넘어 전국 대학에서 더 나아가 외국 대학에서까지 확대 개설되기를 기대해봄직하다. 이 책은 이러한 시대적 분위기와 염원을 담아 집필되었다. 지금까지 나온 5 · 18 연구물들이 대개 전문 연구자들을 독자층으로 한 순수 학술적인 성격의 것이었다면 이 책은 지금까지 개별 학문 분야에서 연구되어온 성과를 바탕으로 '종합적인' 관점에서 그리고 교양서로서의 성격을 염두에 두고 서술하려 노력했다.

이 책은 총 3부 8개의 장으로 구성되었다. 제1부는 '5·18항쟁의 역사와 영향'을 다루었다. 먼저 제1장은 '5·18항쟁의 배경'에 관한 것이다. 그 배경을 멀리는 4·19혁명에서부터 가까이는 1980년 봄의 민주화운동과 연결하여 살펴보고, 동시에 왜 1980년 봄의 민주화운동이 5·17계엄확대 조치 이후 광주에서만 계속되었는지 그 특수성을 살펴보았다. 제2장은 '5·18항쟁의 전개 과정'을 다루었다. 5월 18일 전남대 정문 앞에서의 충돌부터 시작하여 5월 27일 항쟁이 종료될 때까지 10일간의 항쟁을 지면이 허락하는 범위 내에서 비교적 상세하게 서술하였다. 제3장은 '5·18항쟁이 한국 민주화에 미친 영향'을 다루었다. 1980년대 민주화운동의 형태와 성격, 그리고 5·18항쟁이 1980년대 민주화운동에 끼친 직·간접적 영향을 입체적으로 분석하였다. 제4장은 '5·18항쟁과 1980년대 아시아 민주화운동'을 다루었다. 동아시아 민주화운동 중 필리핀·태국·중국의 민주화운동을 살피고, 동아시아의 역사와 문화라는 관점에서 5·18과 이들 국가의 민주화운동의 간접적인 비교를 시도하였다.

제2부는 '5월운동과 문화·예술'을 다루었다. 먼저 제5장 '5월운동의 진전과 그 성과'에서는 항쟁이 좌절된 이후에도 정부와 가해자 집단에 대한 줄기찬 저항과 희생을 통해서 이루어진 항쟁의 진실 규명과 명예 회복, 항쟁정신의 계승 과정을 살폈고, 이것 자체가 1980년대 한국 민주화운동의 핵심적 내용이었음을 밝히려 하였다. 제6장 '5월항쟁과 문화운동'에서는 문학·연극·영상·미술·음악 분야의 종사자들이 각각 5월정신을 계승하기 위해 어떤 노력을 했으며, 동시에 5·18이 각각의 장르에 어떤 영향을 미쳤는지를 살폈다.

제3부에서는 '5월항쟁의 정신'을 다루었다. 먼저 제7장 '그들의 나라에서 우리 모두의 나라로'는 5·18의 의미를 철학적으로 사유한 글이다. 5·18이 참된 의미의 역사적 사건이었던 것은 그것이 온전한 서로주체성의 생성이었기 때문이라는 관점에서 5·18의 의미를 서술하고 있다. 제8장 '서로주체의

형성사로서 동학농민전쟁과 5·18항쟁' 역시 제7장과 같은 맥락에서 5·18의 의미를 다루고 있다. 한국 역사에서 '나'와 '우리'가 서로주체로 형성되는 대표적인 사례를 동학농민전쟁과 5·18광주민중항쟁에서 찾으려 하였다. 다른 점은 동학농민전쟁이 민중과 민족을 대상으로 삼은 반면, 광주민중항쟁은 시민과 민중을 대상으로 삼았다는 점이다.

전남대 5·18연구소는 이 책을 기획하였고, 5·18기념재단은 이 책의 출간에 필요한 모든 재정을 담당해주었다. 이 자리를 빌려 깊은 감사를 드린다. 아울러 어려운 출판계의 사정에도 불구하고 이 책의 출간을 흔쾌히 맡은 도서출판 길의 박우정 대표와 편집에 정성을 다한 분들에게 깊이 감사드린다.

2008년 1월
저자들을 대표하여
최영태

.

차례

제 1 부
5·18항쟁의 역사와 영향

1

5·18항쟁의 배경

| 최영태(전남대·사학) |

1. 역사적 배경

1) 자유민주주의 체제의 도입과 굴절

우리에게 민주주의 제도가 현실정치에서 본격적인 협의 대상이 된 것은 해방 후부터였다. 해방이 되자 각 정치세력들은 저마다 민주공화국의 건설을 기치로 내세우고 민주주의 제도를 도입·발전시키기 위해 노력하였다. 정파와 이념에 따라 민주주의의 내용에 대한 해석에서 큰 차이가 났다. 이승만을 위시한 우익 지도자들은 미국식의 자유민주주의 제도를 도입하고자 하였고, 좌익세력들은 소비에트 사회주의 체제를 진정한 민주주의라고 주장하였다. 또 일부 중도파들은 서구식 사회민주주의에서 현실적 대안을 찾으려 하였다. 이렇게 이념적 성향에 따라 각기 도입하고자 하는 민주주의의 내용에 큰 차이를 보이면서도 한 가지 공통점은 모두 군주제가 아니라 민주적 공화제의 도입을 주장한 점이다.

한편 남북분단은 국토의 분단뿐만 아니라 정치세력과 이념의 분단을 의미하였다. 남에는 자본주의·자유민주주의 이념이, 북에는 공산주의 이념만이 유일하고 배타적인 정치이념으로 허용되었다. 특히 남한을 점령한 미국은 제2차 세계대전 후 세계의 신질서를 구상하면서 자신이 점령했던 지역에 자본주의와 자유민주주의 체제를 이식하는 것을 중요한 정책 목표의 하나로 간주하고 있었다. 미국의 이런 입장은 자유민주주의 체제에 대한 그들의 선호도뿐만이 아니라 소련을 비롯한 공산주의 세력의 확대 저지라는 대외정책 목표와도 불가분의 관계를 갖고 있었다.[1]

남한에 자유민주주의 제도의 이식은 미 군정의 과도 입법의원 창설과 보통선거제의 도입으로 본격화되었다. 1948년 남한에서 시행된 제헌의회 선거에서는 21세 이상의 모든 성인 남녀에게 투표권이 부여되었다.[2] 일반적으로 민주주의의 발상지인 서구에서 보통선거제의 완전한 시행 과정에 최소한 1세기 이상의 시간이 소요되었던 점을 감안할 때 이전에 민주적 경험이 전혀 없었던 한국이 최초의 선거에서 재산·성·교육 등에 관한 일체의 자격 제한 없이 바로 전면적 보통선거제를 채택한 것은 매우 파격적인 일이었다. 보통선거제의 도입은 대한민국이 자유민주주의 국가로 발전하는 데 매우 의미 깊은 진전에 해당함과 동시에 갑작스러운 도입으로 인해 향후 상당 기간 시행착오를 예견하는 일이기도 했다.

제1공화국 헌법은 단원제와 대통령 중심제를 특징으로 하고 있다. 제헌헌법은 또 기본권의 광범위한 보장, 삼권 분립을 통한 권력 간 견제와 균형, 지방자치 등 근대 자유민주주의 헌법이 갖추어야 할 사항들을 대부분 내포한 매우 선진적인 것이었다. 특히 경제 조항에서 자유경제 체제를 원칙으로 하면서도 상당한 수준의 국가통제와 균등사회를 지향하는 민주사회주의적 요소까지 내포하고 있었다.[3]

---

1 미국은 처음에는 중도좌파들까지 참여가 가능한 비교적 유연한 민주주의 체제를 고려했던 것 같다. 그러나 냉전의 격화와 국내 우익세력의 득세에 영향을 받아 점차 이념적으로 경직된 미국식 자유민주주의를 강제하였다.

2 1947년 시행된 미 군정의 입법의원 선거 때는 23세 이상의 성인 남녀에게 투표권이 부여되었다.

3 박찬표, 「대한민국의 수립」, 국사편찬위원회, 『한국사: 52 대한민국의 성립』(2002), 394, 399, 418쪽.

4·19혁명의 성공을 자축하는 시위의 한 장면. 4월혁명은 한국 역사에서 처음으로 국민의 힘으로 집권자
를 교체한 사건이었다.

한편 대통령은 국회에서 선출하고 국회의원과 대통령의 임기는 4년으로 하며, 대통령은 1차에 한하여 중임할 수 있게 하였다. 대통령제의 채택 과정에서 이승만의 제왕적 통치권 추구가 큰 영향을 미쳤다. 당초 헌법기초위원회는 내각책임제 헌법 초안을 만들었는데 이승만이 내각책임제 아래서는 정부에 참여하지 않겠다고 위협하여 갑자기 대통령제로 바뀌는 사태가 초래된 것이다.[4] 이승만은 대통령이 된 후에도 1952년 및 1954년에 각각 변칙적 방법으로 대통령 직선제와 중임 제한 철폐를 위한 개헌을 강행하여 일인 장기집권을 시도하였다. 국회에서 국가보안법을 날치기 통과시켜 정치적 반대세력들에 대한 탄압의 명분을 확보했고,[5] 지방자치법 개정안도 날치기로 통과시켜 도지사 · 시장 · 군수 · 면장 등 모든 지방 행정 관리들을 부정선거의 앞잡이로 활용하려 하였다. 1959년에는 정부에 비판적이던 『경향신문』을 폐간시키는 등 언론에 대한 탄압도 강화하였다. 이 시기에 민주주의적 원칙이 이렇게 쉽게 훼손된 데에는 지배자와 피지배자의 관계를 규정하는 유교적 문화와 국민 일반의 미숙한 정치의식이 한몫을 담당했지만 이승만의 권력욕이 가장 직접적인 배경이었다.

1960년 3월 15일에 실시된 제4대 정 · 부통령 선거에서 자유당 정권은 집권 연장을 위해 노골적으로 부정선거를 감행하였다. 마침내 국민들은 이승만 정부의 이러한 부패 · 무능과 극심한 부정선거에 분노하여 1960년 4월 이승만 정부 타도에 나섰다. 선거 당일인 3월 15일 마산에서 시작된 대규모 시위는 경찰의 발포로 8명이 사망하고 80여 명이 부상하는 유혈사태로 발전하였다. 이날 시위는 경찰의 무력에 의해 진압되었지만 4월 11일 최루탄이 눈에 박힌 고등학생 김주열의 시체가 마산 앞바다에 떠오르면서 시위가 다시 재개

---

4 단정 수립 과정에서 좌파세력이 모두 배제되고 다시 김구와 김규식 등 민족주의 우파세력마저 단정 수립에 불참한 상황에서 이승만마저 이탈할 경우 신생 정부 수립이 불가능해질 수 있었다. 그래서 내각제 헌법을 주도한 한민당은 어쩔 수 없이 이승만의 위협에 굴복하여 대통령제를 수용하였다.
5 1956년 대통령 선거에서 이승만과 대결하면서 평화통일론을 주장한 진보당의 조봉암은 1959년 간첩 혐의의 누명을 쓴 채 사형당했다.

되었을 뿐만 아니라 서울로까지 번졌다. 4월 18일에는 고려대 학생들의 시위가 있었고, 4월 19일에는 서울 시내의 거의 모든 대학생들이 부정선거 규탄 시위에 참여하였다. 시위는 대구, 광주 등 전국적인 규모로까지 확대되었다. 시위는 이제 단순히 부정선거 규탄에 머무르지 않고 정권퇴진운동으로 발전하였다. 정부가 계엄령을 선포하여 사태를 진정시키는 듯했으나 4월 25일 대학교수단의 시국선언문 발표와 거리 행진이 벌어지면서 시위는 더욱 확산되었다. 결국 이승만은 전국적인 규모의 시위와 미국의 압력에 굴복하여 4월 26일 대통령직을 사임했다.

4월혁명은 한국 역사상 처음으로 국민의 힘으로 집권자를 교체한 매우 중요한 사건이다. 4월혁명은 해방 이후 도입된 자유민주주의 제도가 이승만과 자유당의 장기 집권욕 및 권력 남용으로 위기를 맞이하자 이를 원래의 상태로 복원하기 위한 밑으로부터의 운동이었다. 이 운동의 맨 선두에 선 사람들이 학교에서 민주주의 교육을 받은 학생들이었다는 점은 민주주의 발전사에서 매우 자연스러운 현상이었는지 모른다.

그러나 4월혁명을 주도한 학생들은 이승만 정권이 무너진 뒤 이를 수습할 위치에 있지 못했다. 또 이승만 정권 붕괴 후 새로운 정치세력으로 부상한 혁신세력은 여러 가지 면에서 정치적 대체세력의 위치를 확보할 정도가 아니었다. 결국 정권은 당시 유일한 정치적 대체세력으로 존재하던 민주당으로 넘어갔다.

민주당은 4월혁명 후 양원제와 내각책임제에 기초한 새로운 정부를 구성하였다. 내각책임제 아래서 대통령에 윤보선, 국무총리에 장면이 선출되었다. 민주당 정부는 이승만 정권이 훼손한 삼권 분립의 원칙을 다시 확립하고 국민 기본권도 신장했다. 언론·출판·집회·결사의 사전 허가나 검열제도 철폐했다. 중단된 지방자치제도 부활시켰다. 장면 정부는 경제개발을 계획성 있게 추진하기 위해 1961년 4월 경제개발 계획안을 발표했다. 이 계획에 따라 국가는 치수·도로·토목 등 사회간접자본의 확충을 꾀하였고 더 나아가 이를 5개년에 걸친 경제개발 계획으로 확대하려 했다. 장면 정부는 고전적인 서구의 자유민주주의적 이상에 충실하고자 했다.

그러나 장면 정부 앞에는 무수히 많은 난제들이 가로놓여 있었다. 우선 보수·진보를 막론한 다양한 사회세력의 도전은 군부세력과 함께 장면 정부의 실패를 가져온 주요 배경이었다. 진보진영 쪽에서는 이념적으로 급진화한 학생 집단과 노조 집단이 장면 정부를 압박하였다. 학생들은 미온적인 반혁명세력 처벌에 항의하였고 자주화·통일운동을 벌여 정부를 난처하게 만들었다. 노조는 정치적 개방의 틈을 타서 노동조합의 수와 규모를 급속히 증가시켰고, 노동쟁의 건수 역시 급증하였다. 특히 교원노조는 2대 악법으로 불리던 집회와 시위에 관한 법률과 반공을 위한 특별법 등에 대한 반대 투쟁, 남북학생회담 개최 지지 등 정치적 주제로까지 그 활동 범위를 확대했다.

급진적 학생들의 남북학생회담 추진, 노동운동의 강화, 그리고 정치적 해금을 받은 혁신세력들의 부상은 여전히 반북·반공 이데올로기가 주도하는 사회적 분위기에서 장면 정부의 운신을 어렵게 만들었다. 혁명의 산물로 탄생한 장면 정부의 입장에서 이들 진보적 운동을 물리력으로 제지하는 것은 명분상 맞지 않는 일이었다. 게다가 장면 정부는 이들 운동을 물리력으로 제어할 만한 충분한 수단도 갖추지 못했다.[6]

갑자기 정부를 넘겨받은 장면 정부, 독재정부에서 자유주의적 정부로의 단순한 교체 이상의 개혁적·진보적 정책을 요구하는 개혁세력, 그리고 이들 자유주의적·진보적 세력 사이의 갈등 속에서 재기 내지 권력 탈취를 노리는 보수 혹은 군부세력의 존재, 이것이 4월혁명 후 남한에 형성된 주요한 정세였다.[7]

그러나 사실 이런 복잡한 정세는 4월혁명 후의 남한에서만 발견할 수 있는 현상은 아니었다. 민주주의 제도에 익숙하지 못한 국가에서 막 태동한 자유

---

6 혁명 후 부정부패 혐의로 많은 숫자의 경찰들이 숙청됨으로써 수사력과 질서 유지력에 큰 차질이 초래되었고, 장면 정부가 들어선 직후 3개월 동안 내무부장관만 세 번이나 경질되는 등 행정의 불안정도 노출되었다. 장면 정부 때 국방장관이 세 번, 육군참모총장이 네 번이나 경질되는 등 군에 대한 장악력도 불안정하였다. 김영명, 『한국현대정치사』(을유문화사, 1999), 150~51쪽.

7 시위는 1960년 후반기에 와서 줄어들기 시작했고, 1961년에 와서는 격감했다.

주의적 정부를 사이에 두고 보수적·권위주의적 세력과 진보적·혁명적 세력이 양쪽에서 자유주의적 정부를 압박하며 헤게모니 싸움을 벌이고 그 틈사이에서 자유주의 정부가 갈팡질팡하다 불행한 최후를 맞는 역사는 다른 국가들의 역사에서도 자주 발견할 수 있다. 1848년 2월 혁명 후의 프랑스, 1917년 3월(2월) 혁명 직후의 러시아, 1918년 11월 혁명과 함께 출현한 바이마르 공화국 때의 독일이 모두 유사한 사례들을 가졌다.

4·19혁명 후 봇물처럼 불어났던 각종 시위는 다행히 1960년 후반부에 접어들면서 점차 수그러들었고, 1961년에는 더욱 격감하는 모습을 보였다. 4·19혁명 1주년이 되는 1961년 4월 19일 전후에도 학원가는 조용했다. 민주당 정부는 경제건설을 최우선 과제로 삼고 경제개발 5개년 계획을 수립할 수 있을 정도로 조금씩 여유를 찾아갔다. 비록 혁명 직후 정치적·사회적 혼란이 도출되고 경제도 어려운 편이었지만 집권 후 비교적 짧은 기간에 정치적·사회적 안정과 경제재건의 징후가 엿보인 것이다.

그러나 박정희 소장을 중심으로 한 일부 군 소장파들은 1961년 5월 16일 민주당 정부의 무능과 국가안보가 위협받고 있다는 구실을 내세우며 쿠데타를 일으켰다. 이미 이승만 정권 말기부터 쿠데타를 모의했던 군부는 4월혁명 후 감군과 군 정화운동을 둘러싼 군 내 갈등, 혁명 직후의 정치·경제적 혼란, 그리고 진보세력의 목소리가 높아지자 혼란 수습과 안보 강화를 명분으로 내세우며 정권 탈취를 감행한 것이다.

민주당 정부는 1961년 5·16쿠데타와 함께 막을 내렸다. 그러나 민주당 정부의 실패가 곧 4월혁명 정신의 소멸을 의미하지는 않는다. 4·19가 갖는 정치적 의미 중 하나는 자유민주주의를 국민 일반들 속에 내면화하는 계기가 되었다는 점이다. 자유민주주의라는 서구의 정치이념이 1948년 국가 수립과 더불어 우리의 정치이념으로 채택될 당시만 하더라도 다수의 대중들은 새로운 제도에 매우 낯설어했다. 게다가 자유민주주의에 대한 인식의 증대가 반공이념의 보편화와 더불어 나타났다는 사실은 적극적 의미에서의 자유민주주의관이 설 수 있는 자리가 그만큼 좁아졌다는 것을 의미했다. 이러한 시대적 조건 속에서 4·19는 다수의 대중들이 주체적 관점에서 자유민주주의의 실체와 중요성을 인식하게 된 중요한 계기가 되었다.

4월혁명 정신은 민주당 정부로부터 군사정부로의 교체에도 불구하고 여전히 1960년대 이후 민주화세력들에게 고스란히 계승되었다. 군사정권 등장 이후 계속된 일련의 저항운동은 4월혁명에 의해 재건된 민주주의 사회로의 원상복귀 운동이었다. 군사권위주의 통치기에 발생한 1979년의 부마항쟁과 1980년의 광주항쟁, 그리고 1987년의 6월항쟁은 모두 4월혁명 정신의 구현운동이었다. 결국 4·19는 이후 30여 년이 넘게 지속된 민주화운동의 서막이었다. 5·16쿠데타 이후의 한국 정치사는 4월혁명의 정신을 현실화하려는 시민사회의 지속적인 노력과 이를 억압하고 권위주의적 통치체제를 유지하려는 국가권력의 요구가 끊임없이 맞부딪치는 갈등의 과정이었다.

권력을 장악한 군부세력은 2년 반 동안의 군정 시대를 거쳐 1963년 말 민간정부라는 외피를 입은 채 계속 권력을 유지했다. 군사정권은 국가안보를 구실로 정치적 자유를 억압하였다. 특히 군사정권은 한국전쟁 이후 지속된 적대적 남북 대치 상황에 대한 위기의식을 증폭하여 정권 안보에 적절하게 활용하였다. 국가보안법은 군사정권의 전가의 보도로 이용되어 모든 정치적 반대자들을 억압하는 데 사용되었다. 군부세력의 집권 이후 정치·경제·사회의 각 분야에 군 출신 인사들이 대거 진출한 결과 전 사회에 군사문화가 만연되기도 했다.

물론 그렇다고 해서 박정권이 오로지 억압적 방식에만 의존했다고 말할 수는 없다. 군부는 쿠데타 당시부터 반공과 함께 정책의 최우선적 목표를 경제성장에 두었다. 실제로 박정희 통치기에 한국 경제는 괄목할 만한 발전을 이루었다. 그리고 이런 성과는 박정권의 지지도를 높이는 데 크게 기여하였다. 4월혁명을 주도했던 지식인 사회에서는 경제성장 제일주의에 대한 비판의 목소리가 높았지만 서민 대중들 사이에서는 그것이 누대에 걸친 절대 빈곤을 해소해줄 복음으로 인식되었기 때문이었다.[8]

군사정권은 민정 이양 후 대의제 민주주의의 외형적 틀은 계속 유지하려

하였다. 대의제 민주주의는 대한민국이 출발할 때부터 북한의 소비에트 체제에 맞설 대한민국의 중요한 정체성에 해당되었기 때문이다. 대통령 중심제하에서 대통령은 국민이 직접 뽑았고, 의회는 제한적이나마 일정 정도 대정부 견제 기능을 담당하였다. 부정선거가 심하게 자행되기는 했지만 선거 과정 자체가 중단되지는 않았다. 권력 확장의 끊임없는 집착에도 불구하고 이승만 정권이 그랬던 것처럼 박정희 군사정부도 자유민주주의의 외피까지 포기할 수는 없었다.

한편 1960년대에도 대학생과 야당을 중심으로 박정권의 주요 정책 및 장기집권 음모에 대한 저항은 끊임없이 지속되었다. 1964~65년에 지속된 한일협정 반대 시위는 민족주의적 저항의식의 발로로서 비상 계엄과 군대의 힘을 동원해 진압해야 할 만큼 강력했다. 베트남 파병을 둘러싼 야당과 학생들의 반대운동도 위수령 발동과 군대의 힘으로 진압해야 했다. 1969년의 3선개헌 역시 야당과 대학생 등 민주세력의 격렬한 저항을 받았다. 4월혁명을 경험한 민주화세력들에게 반독재 민주화투쟁은 하나의 경향성을 띠고 있었다. 그러나 1960년대까지 반독재 민주화투쟁은 야당과 대학생들의 범주를 크게 벗어나지 못하는 한계를 보였다.

박정희 정권이 통치하던 1960~70년대에는 경제제일주의가 표방된 가운데 국가 주도의 성장정책이 시행되었다. 경제정책의 기본 방향은 외국 자본과 기술을 도입하여 공업을 육성하고, 양질의 값싼 노동력을 이용하여 생산된 제품을 수출하고 자본을 축적해간다는 전략이었다. 말하자면 수출 주도형 경제발전전략이었다.

경제개발은 일단 외형적인 면에서 괄목할 만한 결과를 가져왔다. 1960~70년대의 수출 신장률은 연평균 약 40퍼센트 정도, 경제성장률은 8.9퍼센트를 기록하여 세계사적으로도 유례를 찾아볼 수 없을 만큼 높았다. 이러한 경제성장은 절대적 빈곤을 타파했을 뿐만 아니라 국가의 위상을 높이고 국민들에

---

8 박광주, 「제3장 5·18의 정치적 배경」, 『5·18민중항쟁사』(광주광역시 사료편찬위원회, 2001), 94~95쪽.

게 '하면 된다'는 자신감을 갖게 만들었다. 경제 분야에서의 이런 좋은 성적 표는 국민의 높은 교육열과 성취욕, 우수하고 값싼 노동력, 우수한 관료와 기업인들의 존재, 그리고 박대통령의 개발독재형 지도력 등이 결합한 결과였다. 높은 경제성장은 집권 과정에서 정당성을 결여한 박정권에게 정치적으로 큰 지지 기반을 제공해주었다.

그러나 박정권의 경제발전전략은 민족적·국가적으로 값비싼 대가를 담보로 한 것이었다. 1965년의 굴욕적인 한일협정 체결은 경제개발에 필요한 외자 도입 필요성과 긴밀히 결합되어 있었다. 우리는 1965년부터 베트남전쟁에 약 5만여 명의 군을 파견하였고, 이로 인해 약 5천여 명의 젊은이들을 희생시켜야 했다. 명분 없는 전쟁에 젊은이들을 파병할 수밖에 없었던 것은 한미 관계의 특수성 때문이기도 했지만 경제건설에 필요한 재원 조달과도 관련이 있었다. 다른 한편으로 차관 중심의 경제발전전략은 한국 경제의 대외 종속을 심화하였다. 재벌 중심의 경제구조도 박정희 시대의 유산 중 하나였다.

박정희 시대의 경제정책은 급속한 산업화와 농촌 희생 정책으로 요약할 수 있다. 먼저 농업 부문에서는 미국 잉여 농산물의 대량 도입과 저곡가 정책으로 인해 농촌 경제를 파탄지경으로 몰고 갔다. 식량 자급률은 크게 떨어졌고, 농민은 농촌을 떠나 도시로 내몰렸다. 공업이 크게 성장하기는 했지만 노동 집약적 수출 산업은 거의 전적으로 저임금에 의존하여 성장할 수 있었고, 격심한 인플레는 노동자들의 실질 임금을 떨어뜨렸다. 요컨대, 1960년대의 고도성장은 값싼 노동력과 그것을 뒷받침해주는 저곡가 정책에 기반을 두고 있었기 때문에 농민 생활의 파탄과 노동자계급의 상대적 빈곤을 심화하였다.

1960년대 한국사회는 본격적인 산업화가 막 시작되는 단계에 있었기 때문에 분배와 사회정의를 둘러싼 계급 갈등은 아직 현재화되지 않았다. 그러나 1970년대에 들어서면서 사회경제적 조건이 변해갔다. 그동안 지속된 성장 위주의 정책과 그것이 잉태한 계급간·지역간 불평등의 심화, 급속하고 불안정한 인구 이동과 도시의 규모 확대, 경제성장 자체의 한계, 국제적 경기 침체에 따른 국내 경기 불안 등으로 인해 정부에 대한 국민의 불만이 심화되었다. 이

제 더는 경제성장이 정치적 정당성의 원천이지만은 않다는 점이 현실로 나타났다. 1960년대까지의 민주화운동이 주로 정치적 자유의 확대에 초점이 맞추어진 데 비해 1970년대 이후에는 비록 미약하기는 하지만 민주주의의 범위를 사회경제적 영역으로까지 확대하려는 움직임이 일어나는 등 민주주의의 인식 지평이 점차 넓어지고 있었다. 1971년 평화시장 노동자 전태일의 분신자살 사건은 저임금과 장시간 노동, 그리고 열악한 작업 환경에 시달리는 당시 노동자의 통렬한 사회고발행위였으며, 이 사건은 당시 정치사회적으로 큰 반향을 불러일으켰다.[9]

정부는 노동자들의 이런 불만행위에 대해 물리적·법적 제재조치로 대응하였다. 대한노총에 모든 노조들을 강제로 편입시키고 중앙정보부 등의 보안기구를 통해 노동운동을 사찰하고 탄압하였다. 1971년 국가보위에 관한 특별법 제정, 1972년 선포된 유신헌법을 통한 노동 기본권의 제약, 그리고 이듬해 단체교섭권과 단체행동권을 크게 제약하고 그 대신 노사협의제를 강화한 노동관계법의 개정 등도 노조 탄압의 구체적 사례들에 해당한다.

이렇게 어려운 조건 속에 처해 있었던 노동운동은 1970년대 후반부터 점차 치열성을 드러냈다. 노조 결성에 따른 부당노동행위로 인한 분규, 기존 노조의 파괴 공작으로 인한 분규, 임금 인상과 근로 조건 개선 투쟁, 도산이나 폐업에 항의하는 과정에서 발생한 분쟁 등이 빈번했다. 1979년만 해도 원풍모방, 동일방직, 대성목재 등에서 큰 규모의 분규가 발생했다. 이 시기의 노동운동은 초보적인 형태의 생존권투쟁이 대부분이었으며, 중소 규모의 경공업 분야 회사에서 일하는 여성 노동자 중심으로 투쟁이 전개된 것이 특징이다. 노동운동에 붉은 색깔 칠하기를 주저하지 않던 당시 상황에서 상대적으로 활

---

9 당시 23세이던 전태일은 몸에 휘발유를 끼얹고 성냥불을 켠 후 "근로기준법을 준수하라" "일요일은 쉬게 하라" 등의 구호를 외치다 쓰러졌다. 전태일의 죽음은 정치적 쟁점에 사로잡혀 노동 문제에 전혀 관심을 기울이지 않았던 학생들을 크게 깨우치는 계기가 되었다. 11월 16일부터 서울대, 고려대, 연세대, 이화여대, 숙명여대생 등이 "전태일씨의 죽음을 헛되이 하지 말라"는 등의 성명서를 발표하고 농성을 벌였다.

전태일 흉상(마석 모란공원 전태일 열사묘역).
전태일 분신 사건은 1970년대 이후 한국 노동운
동의 기폭제 역할을 했다.

동하기가 쉬웠던 개신교계의 도시산업선교회와 가톨릭계의 가톨릭노동청년
회(JOC) 등은 이들 노동자들에게 근로기준법을 가르치고 독자적인 노조 결성
을 지원하는 등 노동운동의 활성화를 위한 개척자 역할을 했다.[10]

한편 박정희는 1969년 국회에서 3선개헌안을 변칙적으로 통과시킨 다음
1971년 대통령 선거에서 김대중 후보와 경쟁하여 어렵게 세 번째 집권에 성공
했다. 그러나 박정희는 1971년 대선에서 표출된 국민들의 집권여당에 대한 불
신 등을 확인한 후 기존의 민주적 절차를 준수해가지고는 더 이상 집권이 어
렵다는 것을 느꼈다. 여기에 덧붙여 1970년 전태일 분신사건과 노동쟁의의 증
가, 언론인들의 언론자유 수호선언과 대학교수들의 자율화 요구 등 각계각층
에서 일어난 민주화 · 자율화운동도 박정희 정권의 위기의식을 증폭하였다.

한편 세계사적 측면에서 보면 1960년대 말부터 동서 냉전체제가 점차 완
화되는 모습을 보였다. 특히 1972년에는 닉슨이 중국을 방문하면서 미 · 중
간에 본격적인 화해조치가 시작되었다. 냉전체제의 완화는 남북 간에도 영향

---

10 서중석, 『한국현대사』(웅진지식하우스, 2005), 275~80쪽.

을 주어 1971년에는 남북적십자회담이 열렸다. 1972년 7월 4일에는 7 · 4남북 공동성명이 서울과 평양에서 동시에 발표되었다.[11] 남북공동성명은 통일의 3 원칙으로 자주, 평화, 민족 대단결 등을 천명하였다. 남북은 또 상호 중상 · 비방과 무력도발 금지, 남북 교류, 남북 사이의 제반 문제 해결을 위한 남북조절위원회 구성 등에 합의하였다.

남북공동성명이 발표된 배경에는 남북 화해와 통일이라는 순수한 목적이 아닌 다른 불순한 동기가 끼어 있었다. '유신을 위한 멍석 깔기',[12] 즉 남북 문제를 유신의 사전 정지 작업으로서 이용하려 한 것이다. 7 · 4남북공동성명이 발표된 지 3개월 후인 1972년 10월 17일에 유신체제를 선포한 것이나, 10월 27일 비상 국무회의가 유신헌법안을 공고한 것으로 미루어 석 달 전인 7 · 4 공동성명 발표 훨씬 전부터 유신헌법안을 연구했음이 틀림없었다. 박정희는 정상적인 방법으로는 집권 연장이 불가능하자 7 · 4공동성명을 통해 국민들의 남북통일에 대한 기대치를 높인 다음, 기존의 대의제 민주주의가 비생산적 · 비능률적이기 때문에 다가올 남북통일에 효율적으로 대처할 수 없다고 주장하고, 평화적 통일을 지향하고 국가발전을 도모하기 위해서는 한국인의 체질에 맞는 한국적 민주제도를 고안해야 한다고 주장하면서 유신체제를 선포한 것이다.

유신체제의 지배구조는 압도적으로 박정희의 일인 지배구조였다. 일인 지배체제 아래서 대통령의 권한은 절대적이었다. 1972년 11월 21일 국민투표와 함께 확정된 유신헌법은 대통령의 지위를 입법 · 사법 · 행정 등 3부 위의 제왕적 지도자로 군림하게 만들었다. 대통령의 연임 제한 조항이 철폐되고, 대통령은 통일주체국민회의라는 어용기구에 의해 간선제로 선출하였다. 유신

---

11 7 · 4공동성명의 요지는 다음과 같다. ① 첫째, 통일은 외세의 간섭 없이 자주적으로 해결한다. 둘째, 통일은 무력에 의거하지 않고 평화적 방법으로 해결한다. 셋째, 사상과 이념, 제도의 차이를 초월하여 민족 대단결을 도모한다. ② 긴장 완화, 중상 · 비방 중지, 무력도발 중지. ③ 남북 간 제반 교류 실시. ④ 적십자회담 적극 협조. ⑤ 서울과 평양 사이 상설 직통전화 개설. ⑥ 남북조절위원회 구성 등.
12 서중석, 앞의 책, 239~40쪽.

시대에 통일주체국민회의 대의원들에 의해 두 차례 대통령 선거가 실시되었는데 첫 번째 선거인 1972년 선거에서는 2,359명의 대의원 중 무효 2표를 제외한 2,357명이 박정희를 지지하였고, 6년 후인 1978년 선거에서는 2,583명 가운데 2,581명이 참석해 무효 1표, 기권 3명을 제외한 2,577명이 박정희를 지지하였다. 대통령 선거라는 것은 하나의 치장에 불과했으며, 투표 절차도 요식행위에 지나지 않았다. 또 유신헌법은 삼권 분립과 의회민주주의의 원칙을 부정하였다. 대통령은 국회의원 3분의 1을 통일주체국민회의의 동의를 받아 임명했다. 또 1선거구에서 2명을 뽑도록 바꾼 선거법에 따라 집권여당은 지역구에서도 보다 쉽게 과반수 의석을 확보할 수 있었다. 집권여당은 실질적으로 국회의원 3분의 2 이상을 장악한 것이나 마찬가지였다. 국민의 기본권에 해당하는 언론·출판·집회의 자유도 철저히 통제하였으며, 긴급조치권이라는 악법을 통해 국민들의 저항권을 원천적으로 봉쇄하려 하였다. 학원도 교련교육을 매개로 병영화를 시도하였다.

제도적 폭력은 항상 자유민주주의 체제의 수호라는 명분으로 이루어졌다. 그러나 유신체제는 사실상 이승만 정부 이후 제3공화국 정부 때까지 제한적이나마 명맥을 유지해왔던 대의제 민주주의 즉 자유민주주의 제도에 대해 사형 선고를 내린 것이나 마찬가지였다. 유신체제는 1920~30년대에 이탈리아와 독일에 등장했던 파시즘 체제와 매우 유사했다. 일인 영구집권 보장, 의회의 무력화, 긴급조치권 등 거의 대부분의 내용에서 파시즘 체제의 복사판이나 다름없었다. 유신체제의 필요성과 정당성을 옹호하는 논리에서도 무솔리니나 히틀러의 논리를 그대로 차용하였다. 대의제 민주주의가 당파심을 조장하고 계급 분열을 부추기며, 비능률적인 제도로서 영국이나 프랑스 등 서유럽 국가들에는 적합하나 자신들이 통치하는 국가에는 적합하지 않은 제도라고 주장한 점에서 박정희와 무솔리니, 히틀러는 유사하였다.

그러나 유신체제와 같은 폭압적 제도하에서도 4월혁명 정신이 지향했던 민주주의를 향한 경향성은 계속 살아 있었다. 유신체제가 선포된 직후부터 야당, 대학생, 재야인사 들을 중심으로 유신체제에 대한 비판과 유신헌법 철폐운동이 지속적으로 일어났다. 유신체제에 대한 도전은 1973년 10월 서울대 문리대생들의 시위로부터 시작되었다. 같은 해 12월에는 직선제 개헌 청원 백만인 서명운동이 일어났다. 정부는 이에 맞서 1974년 1월 8일 긴급조치 1, 2호를 발동하였다. 긴급조치 1호는 "대한민국 헌법을 부정, 반대, 왜곡 또는 비방하는 일체의 행위를 금한다"고 발표하고 이를 어길 시에는 "15년 이하의 징역에 처한다"고 엄포를 놓았다. 그러나 전국의 대학생들은 1974년 봄에 다시 유신체제에 대항하기 위한 전국적인 시위를 계획하였다. 그러자 정부는 1974년 4월 3일 긴급조치 4호를 발동하여 시위 주동자에게는 최고 사형을 선고하고 대학을 폐교시키겠다고 위협하였다. 이른바 민청학련사건으로 명명된 이 사건으로 1천여 명이 연행, 구속되었고 205명이 기소되었다. 1975년 5월 13일 선포되어 박정희 대통령이 피살될 때까지 지속되었던 긴급조치 9호는 유신체제와 유신헌법에 대한 비방은 물론이요 정부에 대한 어떠한 비판도 유언비어라는 이름으로 단속했다. 유신시대의 대한민국은 시인 양성우의 표현대로 '겨울공화국'[13]이었다.

> 총과 칼로 사납게 윽박지르고
> 논과 밭에 자라나는 우리들의 뜻을
> 군홧발로 지근지근 짓밟아대고
> 밟아대며 조상들을 비웃어대는
> 지금은 겨울인가
> 한밤중인가
> 논과 밭이 얼어붙는 겨울 한때를
> 여보게 우리들은 우리들을
> 무엇으로 달래야 하는가 (양성우, 「겨울공화국」 일부, 시선집 『꽃날리기』)

---

13 프랑스의 지성 사르트르는 1942년부터 1945년까지 독일 나치 치하에서 숨죽여야 했던 프랑스 지성인들의 고통스러운 심정을 「겨울공화국」이라는 시로 표현하였다. 마찬가지로 시인 양성우는 유신시대의 암울한 현상을 「겨울공화국」이라는 시로 표현하여 독재정권에 저항하였다. 그는 이 시로 인해 그가 재직하던 광주중앙여고에서 해직되는 아픔을 겪었다.

겨울공화국은 문화 분야라고 예외가 될 수 없었다. 방송 프로그램은 일일이 정보기관의 감시와 통제를 받았다. '총리와의 대화' '정부와의 대화' 같은 정부 홍보정책 프로그램이 홍수를 이루고 반공·반북 선전 내용을 담은 연속극, 비화 등이 연일 방영되어 시청자들을 너나없이 반공·반북주의자로 만들었다. 영화 제작에서 창의성과 예술성은 뒷전으로 밀리고 홍보성, 계몽성이 제일 우선적 평가 기준이 되었다. 가요 분야에서도 양희은의 「아침이슬」, 김민기의 「친구」, 김추자의 「거짓말이야」, 이미자의 「기러기 아빠」 등 많은 노래들이 금지곡에 포함되었다. 왜색풍, 창법 저속, 불신 풍조 조장, 퇴폐성이 주된 이유였으나 실제로는 가사가 위정자들의 마음에 거슬렸기 때문이었다. '가요 대학살'로 불리는 유신시대의 대대적인 금지곡 조치는 자유분방한 청년문화의 싹을 완전히 잘라버린 폭거였다.[14]

1978년 총선에서 제1야당인 신민당이 집권여당인 공화당보다 더 많은 득표율을 올린 데 이어 1979년 5월에 신민당 총재로 선출된 김영삼은 대여투쟁에서 온건노선을 걸은 이전 지도부와 달리 유신체제에 대한 전면적 투쟁을 선언하였다. 그러자 중앙선거관리위원회는 김영삼을 총재로 선출한 신민당 전당대회에 불공정행위가 있었다고 발표하였다. 이 발표가 있자마자 신민당 내 김영삼 총재 반대파들은 전당대회 결과에 대한 무효 소송을 제기하였고 법원은 김영삼의 총재직 박탈을 결정하였다. 김영삼은 이 일련의 과정에 정부가 개입했다고 확신하고 『뉴욕 타임스』지와의 회견에서 미국 정부가 독재정권과 민주주의를 열망하는 한국 국민 중 하나를 선택할 것을 요구하였다. 그러자 공화당과 유신정우회는 김영삼이 국가를 모독했다는 논리를 전개하며 김영삼의 의원직을 박탈하는 폭거를 자행하였다. 국회에서 공화당과 유신정우회 소속 국회의원만으로도 3분의 2가 넘는다는 점을 악용한 것이다.

집권여당의 이런 폭거는 국민적 공분을 사기에 충분했다. 박정권의 조종(弔鐘)은 항구도시 부산과 마산에서 울렸다. 김영삼의 정치적 본거지인 부산

14 서중석, 앞의 책, 293~98쪽.

10 · 26사태의 주역인 김재규 당시 중앙정보부장이 현장 검증에서 박정희 대통령을 살해하는 장면을 재현하고 있다.

과 마산 · 창원에서 학생과 시민 들은 10월 16일부터 대규모 시위를 벌여 집권여당의 폭거에 항의하였다. 학생 시위에 시민들이 합세하여 부산은 한때 무정부 상태가 되었다. 정부는 10월 18일 부산에 계엄령을 선포하였으나 계엄하에서도 학생 · 시민들의 투쟁은 한동안 계속되었다. 시위는 마산과 창원으로 확대되었고 정부는 마산 · 창원에 위수령을 발동하였다. 정부는 물리력으로 양 지역의 저항을 제압하기는 하였으나 민심이 완전히 정부에 등을 돌리고 있음이 확인되었다. 그동안 철권통치 아래 억눌려왔던 국민의 정치적 불만이 김영삼에 대한 탄압을 계기로 폭발한 것이었다.

박정희 정권의 정치적 본거지인 영남 지역에서 대규모 반정부시위가 발생한 것은 권력 상층부에 큰 충격을 가져다주었다. 부마항쟁을 계기로 권력 상층부에 정국 운영 방식을 둘러싼 견해 차이와 권력을 둘러싼 권력투쟁이 일어났다. 마침내 10월 26일 밤 온건론을 주장한 김재규 중앙정보부장은 박정희 대통령과 강경파의 중심인물이자 파워 게임의 라이벌인 차지철 경호실장을 살해하고 말았다. 박정희의 18년 장기집권이 끝나는 순간이었다.

유신체제는 박정희 일인 독재체제를 특징으로 한다. 박정희는 집권 18년 동안 그의 뒤를 이을 후계자를 키우지 않았다. 따라서 박정희가 사라진 상황에서 유신체제가 더는 존속될 수 없었다. 유신체제는 민주화세력의 압박과 권력 내부의 파워 게임이 결합되는 양상으로 와해되었다.

2) 극우반공주의와 민간인 학살

1945년 해방 이후 1948년 8월까지 남한을 통치한 미 군정은 사회주의 세력을 억누르고 보수적인 세력을 육성하여 남한 질서의 재편을 시도했다. 미 군정은 특히 남한에 공산주의 세력에 맞서는 강력한 반공정권을 수립하는 것을 최우선적인 과제로 설정했다. 미 군정의 입장에서 '민주주의'는 사실상 반공주의나 다름없었으며,[15] 미 군정에게 반공주의는 친일 문제 등 그 어떤 정치적 이슈나 시대적 과제보다 우선적인 이데올로기였다.

반공주의는 1948년 정부 수립 직후부터 냉전체제 및 남북분단 상황과 맞물려 이승만 정부의 가장 강력한 통치 이데올로기가 되었다. 특히 반공 이데올로기는 한국전쟁이 가져온 물적·인적 손실의 참혹성에 자극을 받아 공산주의에 대한 증오감이 증폭되면서 확고한 지배이념으로 굳어졌고, 패권적인 권위성까지 확보하게 되었다.[16]

미 군정은 남한에 친미반공세력을 지원하는 과정에서 당연히 청산의 대상이 되어야 할 친일인사들까지 포용했다. 미 군정의 '고문회의'를 비롯하여 '국립 민간 경찰대' 등 미 군정의 요소요소에 친일분자들이 포진했다.[17] 친일

---

15 김동춘, 「한국전쟁과 지배 이데올로기의 변화: 반공 이데올로기를 중심으로」, 한국사회학회 엮음, 『한국전쟁과 한국사회변동』(풀빛, 1992), 142쪽.

16 박명림, 「한국전쟁의 구조: 기원·원인·영향」, 『청년을 위한 한국현대사』(소나무, 1992), 137쪽; 진방식, 『분단한국의 매카시즘』(형성사, 2004), 130쪽.

세력은 이승만 정부 때에 외연을 더욱 확대했다. 이승만 정부는 새로운 국가 건설과 북한 공산정권에 대항하기 위해서라는 명분 아래 국민들의 친일파 청산 요구를 외면했을 뿐만 아니라 더 나아가 친일파를 국가기관에 중용하였다. 특히 치안 업무를 맡은 경찰 및 군에 파시즘 체제의 협조자들이었던 친일 인사들이 대거 포진한 것은[18] 민주주의와 인권 신장을 중요한 목표로 삼아야할 신생 국가의 역사에 매우 불길한 징조가 아닐 수 없었다.

일본의 식민지 조선 통치는 인간의 이성과 민족의 정기를 말살해버리는 극단적인 파시즘 체제였다. 이 파시즘 체제를 해방된 대한민국에 이식하는 적극적 매개자 역할을 한 것이 바로 경찰과 군에 재등용된 친일세력이었다. 그들은 자신의 떳떳하지 못한 과거 행적을 은폐하기 위해 권력자들에게 충성 경쟁을 벌였고, 단순히 생존으로 만족하지 않고 지배권력을 노리기까지 했다. 이때 그들에게 정략적 수단으로 악용된 것이 반공 이데올로기였다. 그들은 반공이념을 자신들의 부활의 계기로 삼아 민족주의자들까지도 공산주의 자로 몰아 탄압하는 이념적 폭력을 휘둘렀다.[19] 해방 후 남한 사회에서 빈번하게 발생한 국가폭력은 조선 총독부로 상징되는 파시즘적 지배체제에 그 기원을 두고 있다고 할 수 있다.[20]

해방 후 이념 문제를 빌미로 발생한 민간인 대량학살의 전형적 사례는 1948년 제주도에서 벌어진 제주 4·3사건이었다. 학살은 남한만의 단정 수립 선거에 반대하는 4월 3일 시위사건에서 처음 연유하였지만 실질적인 대량학살은 정부 수립 후인 1948년 10월부터 1949년 3월 사이에 발생했다. 2003년 12월 '제주 4·3사건 진상규명 및 희생자 명예회복위원회'가 작성한 『제주 4·3사건 진상조사보고서』에 따르면 4·3사건으로 제주에서 희생된 주민 숫

---

17 허종, 『반민특위의 조직과 활동』(선인, 2003), 44쪽; 안진, 『미군정과 한국의 민주주의』(한울, 2005), 190쪽; 한용원, 「한국군의 형성 과정에서 일본군 출신의 리더십 장악과 그 영향」, 민족문제연구소, 『한국 근현대사와 친일파 문제』(아세아문화사, 2000), 275쪽.

18 한용원, 앞의 글, 284쪽.

19 정상모, 『신냉전 구도와 평화』(월간 말, 2002), 173~75쪽.

20 조현연, 『한국 현대정치의 악몽: 국가폭력』(책세상, 2000), 19쪽.

자는 약 2만 5천~3만 명에 이른다.[21] 그것은 당시 전체 도민의 약 10분의 1에 이르는 숫자였다.[22]

한국전쟁기에는 더 많은 민간인들이 희생되었다. 이 기간에 민간인들은 좌익에 의해서만이 아니라 대한민국의 공적 기관 및 관련자들에 의해서도 대량학살을 당했다. 여기에 해당하는 첫 번째 사례는 개전 직후인 1950년 7월 초순을 전후해 전국적으로 벌어진 국민보도연맹원 및 형무소 수감자에 대한 예방학살이다.[23] 두 번째 사례는 인천상륙작전 이후 한국 군경의 수복 과정에서 그때까지 살아남은 보도연맹원, 점령 시기 협력했던 부역(혐의)자들에 대한 처형이다. 세 번째 사례는 9·28수복 이후 1953년 정전협정의 체결 시까지 이뤄진 한국 군경 합동 토벌 과정에서 한국 군경, 우익 청년단체가 자행한 민간인 학살이다.[24] 한국전쟁 시기의 학살은 전투로서의 전쟁 뒤에 가려진 '또 다른 전쟁'이었다. 한국전쟁 전후의 모든 학살은 공권력이 주도한 것이며, 사적 보복의 양상을 띠는 경우도 결국 전쟁이라는 정치적 상황과 군경의 실질적인 묵인하에 이루어진 것이었다.[25]

---

21 제주 4·3사건 진상규명 및 희생자 명예회복위원회, 『제주 4·3사건 진상조사보고서』(단물인쇄정보, 2003), 537쪽.

22 4·3사건으로 소각된 가옥만도 39,285동이나 되었다. 또한 100명 이상의 주민이 동시에 총살된 마을이 45개소에 이르고 북촌마을은 남녀노소를 가리지 않고 한 마을 주민 400명가량이 2연대 군인들에 의해 총살당했다. 앞의 책, 536~38쪽; 김영명, 「기억투쟁으로서의 4·3문화운동 서설」, 나간채·정근식·강창일 외 공저, 『기억투쟁과 문화운동의 전개』(역사비평사, 2004), 45쪽.

23 이 대학살로 최소한 5만 명 이상, 많으면 10만 명 이상이 희생되었을 것으로 추산된다.

24 정병준, 「한국의 과거사 유산과 진상규명작업의 역사적 의미」, 『민주주의와 인권』 제5권 2호(2005), 131~33쪽.

25 김동춘은 한국전쟁 전후 이데올로기를 앞세워 자행된 민간인 학살사건을 일종의 '의사(擬似) 인종주의'라는 관점에서 보았다. 여기서 '의사 인종주의'는 자유민주주의적 국가 수립이라는 목적하에 '좌익' 혹은 그와 연루된 사람을 '인간'으로 취급하지 않으려는 논리이다. 이 논리에 따르면 반공민족 혹은 반공국민은 빨갱이 '족속'과 빨갱이의 모든 가족들에 대해 어떠한 잔혹한 행동을 해도 용서될 수 있을뿐더러, 학살에 대한 법적·도덕적 부담으로부터 자유로울 수 있었다. 심지어 그러한 행동은 공비 토벌 공로자 포상에서 나타난 것처럼 자랑거리가 될 수도 있었다. 학살 당시 아무런 저항 능력이 없는 어린아이와 부녀자까지 마구 살해한 것은 바로 학살을 정당화하는 논리 및 문화의 존재와 밀접한 관련이 있었다. 김동춘, 『전쟁과 사회: 우리에게 한국전쟁은 무엇이었나』(돌베개, 2000), 280~83쪽.

다행히 1960~70년대에는 한국전쟁 전후 있었던 것과 같은 집단적인 민간인 학살사건은 발생하지 않았다. 그러나 불행히도 해외에 파견된 군인들을 통해 민간인 집단학살의 역사는 계속 이어졌다. 베트남 전쟁에 파견된 대한민국 군대의 베트남 민간인 학살사건이 그것이다. 비록 앞의 경우와 같은 집단학살은 아니었지만 유신체제에서 저질러진 수많은 고문·치사행위 등까지 포함한다면 국가권력의 남용에 따른 국민들의 피해 횟수는 일일이 거론할 수 없을 정도로 많다. 1970년대 들어서서 계엄령과 위수령, 긴급조치 등이 남발된 가운데 인간의 윤리와 민주주의가 함몰되고 감옥 전성시대가 열렸으며, 인혁당 사건 때처럼 다수의 피해자가 발생했다.[26]

대한민국 현대사에서 군인과 경찰로 하여금 이런 야만적인 행위를 저지르게 만든 배경에는 극우반공주의가 자리 잡고 있다. 잘 알다시피 1980년대까지도 한국은 냉전의 최전선에 위치했다. 지배권력은 전쟁 공포의 항상적인 동원을 통해 비상체제를 구축하였고, 안보가 최상의 이념이 되었으며, 사회는 노골적으로 군사화·병영화되어 극우반공주의적 사회와 국가로 정착되기에 이르렀다. 그리하여 정권을 비판하거나 반대하는 자는 경쟁 상대가 아니라 적과 동일시되었으며, 이에 따라 국가안보라는 말은 냉전질서하의 국가 간 대결체제를 표현하는 것과 동시에, 국가 내부의 사회적 관계를 설명하는 개념, 즉 내부의 적에 대한 억압과 통제를 의미했다.[27] 반공이라는 동전의 양면인 적색 공포증, 즉 레드 콤플렉스는 한국사회에서 단순히 심리적 공포심만을 가리키는 정신분석학적 용어는 아니다. 그것은 해방 후 1980년 5월에 이르기까지 우리 사회에 거대하게 뿌리내린 채 우리의 역사, 우리의 삶을 질식시켜온 반공주의와 냉전의식이라는 '광기'에 근거한 공격적인 성향을 의미하며, 왜곡된 공포심에 기초해 무자비한 인권 탄압을 정당화하거나 용인하는 사회적 심리를 포함하는 폭넓은 개념이다.[28]

---

26 조현연, 앞의 책, 21쪽.
27 조희연, 「국가폭력·민주주의 투쟁·희생에 대한 총론적 이해」, 조희연 편, 『국가폭력, 민주주의 투쟁, 그리고 희생』(함께 읽는 책, 2002), 71쪽.

이승만 정권의 수립부터 유신체제의 종식에 이르기까지 30여 년 동안 반공 이데올로기는 자유민주주의 이념보다 실제로 더 지배적인 이데올로기였다. 해방 이후의 민주화운동 과정에서 '반자유주의적 민주주의'를 비판하면서 자유민주주의 국가이념의 정상적인 실천을 요구한 민주인사들이 오히려 집권세력에 의해 반국가사범으로 박해받아온 사실이나 혹은 민주화운동 세력들이 종종 용공분자로 비난받아온 사실이 이를 말해준다. 자유민주주의를 지키고 발전시키기 위한 수단으로서 반공주의를 오히려 목표로 둔갑시키며 악용한 것이 이승만과 박정희 등 독재자들이었다.

반공 이데올로기의 비정상적 확대 재생산에 큰 역할을 담당한 것은 교육과 언론이었다. 먼저 교육기구는 반공 이데올로기를 전파하는 가장 중요한 기능을 담당해왔다. 역대 독재정권들은 제도권 교육을 통해 '붉은 괴물'에 대한 원시적 증오심을 끊임없이 주입하면서 국민들을 말 잘 듣는 순한 양으로 길들이고자 했다. 대한민국 국민들 중에는 빨갱이라고 하면 몸이 빨갛고 머리에 뿔이 난 괴물을 연상하는 사람들까지 나타났다. 보수적 언론도 반공 이데올로기의 확대 재생산에 기여했다. 특히 극우 언론의 왜곡과 과장, 날조 기사는 레드 콤플렉스의 광기를 사회화하고 국가폭력의 일상적 확대 재생산에 중요한 역할을 했다.[29]

1980년 5월, 광주에서 자행된 계엄군의 민간인 학살사건의 배후에도 어김없이 극우반공주의가 존재했다. 대통령과 계엄사령관 등 군 명령권자들은 광주항쟁의 배후에 간첩 등 불순분자들이 있으며, 시위로 조성된 국가적 혼란은 북한의 남침 가능성을 높여준다고 주장했다. 계엄군은 유신체제 아래서 반공교육을 통해 북한 공산집단에 원시적 증오심을 끊임없이 주입받았고, 시위 현장에 파견되기 전 정치군인들로부터 좌파와 체제비판세력 모두 자유민주주의 체제의 파괴자들로서 결과적으로 북한을 이롭게 만드는 자들이라고

---

28 강준만 편, 『레드 콤플렉스: 광기가 남긴 아홉 개의 초상』(삼인, 1997), 7쪽.

29 최영태, 「극우반공주의와 5·18광주항쟁」, 『역사학연구』 제26집(2006. 3), 113~39쪽 참조; 조현연, 앞의 책, 33~36쪽.

교육받았다. 특히 적진에 뛰어들어 특수 임무를 수행하도록 교육받은 공수부대는 그 어떤 군인보다도 반공의식이 투철한 부대였다. 그런 공수부대가 광주 시위 현장에서 어떤 행동을 할지는 충분히 짐작하고도 남는 일이었다. 그들이 시위대들을 향해 "이 빨갱이들아"라고 내뱉은 말 속에 그들의 행동 방향은 이미 예견되어 있었다. 광주에서 계엄군이 저지른 야만적 행위는 신군부의 권력 장악욕과 비이성적인 극우반공주의의 합작물이라고 보아야 한다. 가해자들의 야만적 행위와, 그 야만적 행위의 배후에 자리 잡은 사상적 배경인 극우반공주의라는 관점에서 보면 광주항쟁은 해방 후 자행된 다른 민간인 집단학살사건과 그 성격에서 크게 다르지 않았다.

2. 1980년 봄의 정치적 상황과 지역적 조건

1) 10 · 26사태 이후 신군부의 반민주적 음모

박정희 대통령이 피살된 다음 날인 1979년 10월 27일 제주도를 제외한 전국에 비상계엄령이 선포되었다. 국무총리 최규하가 대통령 권한대행이 되었고, 계엄사령관으로는 정승화 육군참모총장이 임명되었다. 정승화 계엄사령관을 중심으로 한 군 수뇌부는 군이 정치적 중립을 유지하고 합법적인 방법에 따라 정치 일정을 고수하겠다고 약속하였다. 최규하 권한대행도 11월 10일 특별담화를 통해 기존의 헌법 절차에 따라 대통령 선거를 실시하되 새로 선출된 대통령은 잔여 임기를 채우지 않고 빠른 시일 내에 헌법 개정을 실시하여 정치질서를 정상화하게 될 것이라고 말하였다.

최규하는 1979년 12월 6일 유신헌법에 의거하여 통일주체국민회의 대의원 대회에서 정식으로 10대 대통령에 선출되었다. 그는 대통령에 취임 후 긴급조치 9호를 해제하고 김대중의 가택연금을 해제하는 등 유신시대의 억압조치를 부분적으로 해제하는 조치를 취했다. 그러나 그는 민주화 일정에 대한 모호한 태도와 우유부단한 성격, 그리고 능력 부족으로 인해 곧바로 민주화세력들의 강력한 비판에 직면하였다.

절대권력자 박정희가 사라진 직후 집권여당인 공화당은 김종필을 총재로 선출하여 박정희 이후에 대비하기 시작했다. 제1야당인 신민당 역시 즉각 김영삼 총재 체제로 복귀하여 집권 준비에 들어갔다. 12월에 정치활동 금지조치에서 풀려난 김대중도 정치활동을 재개하였다. 그러나 박정희의 통치체제가 갑작스럽게 붕괴된 상황에서 집권세력인 공화당이나 민주화세력인 야당 모두 정치적 공백과 계엄정국에 대한 적절한 대처 방법을 찾지 못했다. 집권여당인 공화당은 김종필이 이끌고 있었지만 박정희의 후계자로서의 확고한 기반을 구축하지 못한 까닭에 집권세력 내 여러 정파들을 조정하며 비상시국을 이끌 충분한 지도력을 발휘하지 못했다. 야당 역시 오랜 민주화운동 경력에도 불구하고 비토세력을 압도할 물적 기반이나 비상시국에 대처할 일사불란한 지도력을 갖추고 있지 못했다.

한편 군부는 박정희 피살사태에 대한 처리 방식 및 계엄령하에서의 정국 운영 방식을 둘러싸고 정승화 계엄사령관을 중심으로 한 선배 그룹과 전두환 보안사령관을 중심으로 한 '신군부'세력 양 집단으로 크게 갈라졌다. 전자는 민간으로의 권력 이양과 민주정부의 수립을 대세로 여기면서 되도록 정치적 중립을 지키려 하였고, 후자는 박정희 체제의 종식에도 불구하고 여전히 유신체제의 지속과 군부의 기득권 유지를 모색하고 있었다. 특히 후자는 군 내의 비밀 서클이었던 하나회 출신들을 중심으로 견고한 단결력과 조직력을 구축한 군 내의 실세 그룹이었다. 박정희 시절부터 군 내의 요직을 장악하면서 군 내의 핵심세력으로 성장한 이들은 박정희가 피살되고 유신체제의 붕괴가 가시화되자 자신들의 특혜 조직도 와해될지 모른다는 불안감을 갖게 되었다. 그래서 그들은 그동안 누려온 기득권을 계속 유지해갈 방안을 찾았고, 그 구체적인 행동의 제1단계 조치로 군권 장악 즉 12·12사태를 일으켰다. 1979년 12월 12일 전두환 보안사령관을 중심으로 한 신군부는 박정희 피살사태에 정승화가 연루되었다는 핑계를 내세워 정승화를 제거하고 군권을 장악한 것이다. 12·12사태는 민주화를 대세로 여기던 정국에 돌연 긴장 국면을 조성하는 직접적 계기가 되었다.

1980년 봄 학기가 되자 유신체제하에서 민주화운동을 하다 강제로 학교를 떠난 교수와 학생 들이 학원으로 돌아왔다. 대학마다 조금씩 차이가 나기는 했지만 복학생들은 대개 재학생들의 민주화운동을 지도하는 입장에 섰다. 각 대학의 학생들은 먼저 유신체제하에서 훼손된 대학의 자율권·자치권을 회복하는 데 관심을 가졌다. 학도호국단을 폐지하고 총학생회를 부활시키는 운동이 첫 번째 과제였다. 대학마다 총학생회가 구성되었고, 대부분의 대학에서 학원 민주화운동이 전개되었다. 일부 대학에서는 유신체제하에서 반민주적 행위에 앞장선 어용교수 퇴진운동도 일어났다.

한편 최규하 대통령은 1980년 1월 19일 연두 기자회견 이래 개헌의 정부 주도 입장을 계속 천명하여 정치권을 긴장시켰다. 여야 정당과 국회는 먼저 국회가 개헌의 골격을 만들면 정부가 그것을 받아들여야 한다는 국회 주도의 개헌 입장을 가지고 있었다. 개헌의 내용과 관련해서도 김종필·김영삼·김대중 등 이른바 3김씨와 여야 정당들은 대통령제와 직선제를 골자로 한 개헌을 추진하려 한 반면, 최대통령은 새로 제정할 헌법에서는 남북분단 등 한반도 상황을 충분히 고려한 권력구조가 만들어져야 한다고 주장하면서 매우 모호한 입장을 드러냈다. 정치 일정과 관련해서도 여야 정당은 좀더 구체적인 정치 일정을 밝히고 신속한 개헌 작업에 들어가야 한다고 주장한 반면에 최대통령은 정치 일정을 준수하겠다는 원론적인 입장만 반복하였다. 게다가 4월 14일에는 신군부의 핵심인물인 전두환 보안사령관을 중앙정보부장서리로 겸임 발령을 내렸다. 정치권과 민주진영이 긴장하지 않을 수 없었다. 12·12 반란을 통해 군부를 장악한 전두환 보안사령관이 민간 정보 사령탑까지 겸하게 된 것은 곧 전두환이 실질적인 최고권력자가 되었다는 것을 의미하기 때문이다.[30] 최규하 대통령은 이제 허수아비로 전락했다는 것이 정치권과 언론의 평

---

30 김영택은 신군부의 권력 장악 음모와 관련하여 1979년 12·12사태를 1단계 쿠데타로, 그리고 1980년 4월 14일 전두환이 중앙정보부장서리에 취임한 것을 2단계 쿠데타로, 그리고 1980년 5월 17일 비상계엄

이었다. 전두환이 정국의 핵심인물로 부상하면서 정국의 불확실성은 더욱 가중되었다. 이원집정부제 개헌설, 친여 신당설 등 각종의 풍문이 떠돌아다녔다. '안개정국'이라는 말이 유행어가 되다시피 하였다.

이렇게 민주화 일정이 불확실하게 되자 학생들은 5월부터 본격적으로 학원 문제에서 국내 정치 문제로 관심을 돌렸다. 대학생들은 특히 5월 13일부터 16일 사이에 전국적으로 전두환 퇴진, 계엄령 해제, 직선제 개헌 실시 등의 구호를 내걸고 대규모 시위를 전개하였다. 서울에서는 5월 13일부터 5월 15일까지 시위가 계속되었는데 15일의 서울역 광장 집회에는 무려 10만여 명의 학생과 시민들이 모여 민주화를 촉구하였다.

한편 유신체제하에서 차별받고 기본적 권리조차 보호받지 못한 노동자들은 10·26사태 이후 노동운동의 탄압이 약해진 권력 재편기를 맞아 그동안 억눌렸던 불만을 격렬하게 표출해냈다. 이들의 불만이 얼마나 컸는지는 1980년 1월부터 4월 말까지 발생한 노사분규 발생 건수가 1979년 한 해 발생한 105건의 8배에 달하는 809건이라는 노동청 통계가 잘 대변하고 있다. 그 폭발력 또한 엄청났다. 어용 노조위원장 문제로 야기된 분규가 강원도 사북읍(舍北邑) 전체를 4일간이나 점령하게 만든 사북탄광 노동자투쟁이나, 부산의 동국제강 노동자 1천여 명이 임금 문제로 본사 사무실을 점거한 행위가 이를 상징적으로 보여주고 있다.

정치권은 3김씨를 중심으로 다가올 대통령 선거에 대비함과 동시에 신군부세력의 정치적 음모에 대한 경계에 들어갔다. 3김씨는 치열한 경쟁을 벌이면서도 직선제 개헌과 계엄령 해제, 그리고 민간정부로의 권력 이양이라는 기본 방향에서는 이해관계를 같이하였다. 3김씨를 포함한 주요 정치세력들은 거의 모두 자유민주주의와 자본주의 체제를 지지하였다. 그러나 3김씨를 포함한 정치세력과 학생, 재야세력들은 신군부의 세력 기반과 물리적 힘을 간

을 전국적으로 확대 실시한 것을 3단계 쿠데타로 규정하였다. 김영택, 「5·18광주민중항쟁의 초기성격」, 『한국현대사연구』(한국정신문화연구원, 1998), 161~63쪽.

과하였다. 특히 야당을 포함한 민주화세력들은 10 · 26사태에도 불구하고 박정희 정권을 지탱했던 지배세력이 그대로 온전하게 존속하고 있다는 사실을 충분히 간파하지 못했다. 김영삼과 김대중 등 민주화세력이 양편으로 갈리어 경쟁하는 것 자체가 잘못된 것은 아니었지만 기존 지배세력의 강고한 힘과 신군부세력의 유신체제 연장 음모 등을 감안하여 단결해야 할 때 그들은 분열하고 경쟁하여 민주화세력의 힘을 약화시켰다.

신군부는 12 · 12사건으로 군권을 장악한 다음 정치권과 학생들의 민주화 요구에 반격을 가할 준비에 착수했다. 신군부는 민주화세력들의 저항에 대비하여 이미 1980년 초부터 물리적 진압작전을 준비했다. 1980년 2월부터 실시된 충정훈련은 그 준비 과정 중 하나였다. 1980년 2월 18일 육군본부는 1 · 2 · 3군 사령관과 공수사령관, 수경사령관에게 내린 특별 지시를 통해 1/4분기의 폭동 진압훈련(충정훈련)을 2월 중 조기 실시해서 완료하라는 지시를 내렸는데 5 · 17조치는 바로 이 충정훈련의 이행이나 다름없었다.[31]

여기서 주목해야 할 것은 민주화운동 진압작전의 주력부대를 공수부대로 결정한 사실이다. 공수부대는 요인의 암살과 적의 후방에 침투하여 신출귀몰한 게릴라전을 수행할 수 있는 최정예 병사들로 구성된 특수부대이다. 그들은 속성상 자국의 시민들을 상대로 충정작전을 수행하기에는 지나치게 과격하고 또한 터무니없이 강력한 부대였다.[32] 그럼에도 불구하고 신군부가 일반 시민들을 상대로 할 시위 진압작전에 공수부대를 파견한 것은 그들이 민주화운동과 시위대의 성격을 사실상 적과 동일시했다는 것을 의미한다. 해방 직후 정권에 대해 비판하거나 반대하는 자들을 경쟁 상대가 아니라 적과 동일시하면서 무자비하게 양민을 학살해온 불행한 역사가 1980년 다시 재현될 조짐을 보이고 있었다.[33]

유신체제가 무너진 시점에서 오랫동안 억압통치에 짓눌렸던 노동자들과

---

31 노영기, 「5 · 18항쟁과 군대에 관한 연구와 전망」, 『민주주의와 인권』 제5권 1호(2005. 4), 269~70쪽.

32 박만규, 「신군부의 광주항쟁 진압과 미국 문제」, 『민주주의와 인권』 제3권 1호(2003. 4), 212~19쪽.

33 최영태, 앞의 글, 124쪽.

민주수호범시민궐기대회. 진압군이 물러간 5월 22일부터 26일까지 광주 시민들은 도청 앞 광장에서 집결하여 4차례에 걸쳐 민주수호범시민궐기대회를 열었다.

학생들이 노동자들의 정당한 권리를 주장하며, 혹은 민주국가로의 복귀를 주장하며 시위와 투쟁을 전개한 것은 너무나 당연한 일이었다. 그러나 오랫동안 권위주의 체제와 반공 이데올로기에 익숙해 있었던 국민들에게 노동운동과 학생운동의 갑작스러운 분출 및 경찰과의 충돌은 우려의 대상이 되기도 했다. 민주진영의 일부는 이런 상황에 우려를 표명하면서 국민들을 안심시키고 민주화 일정을 방해하려는 신군부에게 반격의 빌미를 주지 않기 위해 학생들이 당분간 시위를 자제하는 게 좋겠다는 의견을 내놓았다. 학생들은 이런 여론을 수렴하여 15일 시위를 끝으로 당분간 대규모 시위를 중지하기로 결정하였다. 3일간의 대규모 시위로 학생들의 의사를 충분히 전달했고, 또 국민들 중 일부가 사북사태 등 과격한 노동운동에 이은 학생들의 대규모 시위에 대해 불안감을 느낀다는 점, 그리고 전두환 등 신군부가 학생들의 시위를 시국 불안의 이유로 삼아 불순한 행동에 나서게 될지 모른다는 점 등을 학생들이 고려한 결과였다.

그러나 민주화 일정을 지연시키면서 유사(類似) 유신체제의 구축과 권력

1980년 5월 15일 서울역 광장 시위. 이날 집회를 끝으로 학생들은 신군부에 빌미를 주지 않으려 시위를 자제했다.

장악의 기회만을 엿보고 있던 신군부에게 학생들의 민주화 촉구 대회와 자제 노력은 전혀 영향을 주지 못했다. 신군부는 국회가 계엄령 해제를 결의할 움직임까지 보이자[34] 오히려 일정을 앞당겨 5월 17일 전격적으로 비상계엄령 확대 실시라는 반민주적 폭거를 자행하였다. 2월에 이미 폭동 진압훈련(충정훈련)을 실시하면서 물리력 행사에 대비한 신군부에게 국민들의 민주화 요구는 메아리 없는 외침에 불과했다.

1980년 봄의 민주화운동이 실패한 요인 중 하나로는 중간계층, 특히 신중산층이라고 불리는 시민들을 끌어들이지 못한 것을 들 수 있다. 1980년 봄을 '민주화의 봄'이라고 불렀지만 실제로 1980년 봄의 민주화운동은 정치권과 대학생들의 민주화운동 범위를 크게 넘어서지 못했다. 신군부의 권력 장악 음모가 충분히 감지되는 상황이었지만 중간계층들은 5월 13일부터 시작된 학

---

34 신민당 의원 66명이 계엄 해제 촉구 결의안 의결을 위한 국회 소집 요구서를 제출하자 국회는 5월 17일 이를 처리하기 위한 임시국회를 5월 20일 소집한다고 공고하였다.

생들의 시위에 거의 합류하지 않았다. 1980년 봄에 중간계층들이 보인 이런 태도는 1987년 6월항쟁 때 중간계층들이 항쟁에 적극 가담하여 중요한 역할을 한 것과 크게 비교가 된다. 1980년 당시 중간계층들은 1987년에 비해 양적으로도 훨씬 덜 성장해 있었고, 원칙적으로는 민주화를 바라면서도 중소자본가와 마찬가지로 학생들을 중심으로 한 민주화투쟁에 참여하지 않는 방관적 태도를 보이거나 경제회복을 위한 정치적 안정화를 암묵적으로 지지하는 분위기였다.[35] 결국 박정권 아래서 일정 정도 경제성장의 과실을 향유한 데다, 학생들의 시위가 정치적·경제적 안정을 깨뜨릴 수 있다는 우려감, 박정희체제가 무너진 후의 과도기 상황에서 안보 불안감 등 여러 가지 요인들이 작용하여 일반 시민들의 행동력을 제약하였다. 이렇게 다수 민중이 동참하지 않는 상황에서 견고한 물리력을 보유하고 있던 신군부에 맞서 싸운 학생과 재야세력의 투쟁력은 한계가 있을 수밖에 없었다.

2) 지역적 조건과 역량

1980년 봄에 일어난 민주화운동은 전국적 성격을 띠었다. 유신체제 선포 이후 계속된 민주화운동, 그리고 가까이는 부마항쟁의 연장선상에서 1980년 봄의 민주화운동이 일어났다. 특히 '서울의 봄'이라는 표현이 상징하듯이 1980년 봄의 민주화운동은 서울이 중심이었다. 5월 15일 서울역에는 35개 대학에 재학 중인 학생과 시민 등 10만 명가량이 모여 민주화의 열기를 내뿜었다. 5월 14일부터 16일까지 광주에 소재한 전라남도 도청 앞에서 전개된 대규모 민주화대회도 전국적으로 전개된 민주화운동의 일부로서 이해할 수 있다.

5·18광주항쟁은 멀리는 자유민주주의 국가를 건설하려는 4·19혁명의 경향성에 의해, 그리고 가까이는 1980년 봄 민주화운동의 연장선상에서 그 배경을 살필 수 있다. 그러나 이러한 전국적 상황만 가지고는 광주항쟁의 배경과 원인을 충분히 설명할 수 없다. 5월 18일 오후부터 광주에 투입된 공수

---

35 손호철, 「5·18광주민중항쟁의 재조명」, 한국정치학회 엮음, 『한국현대정치사』(법문사, 1996), 489쪽.

부대는 시위에 참가한 학생들뿐만 아니라 거리에서 눈에 띄는 거의 모든 시민들을 향해 상상을 초월한 폭력을 휘둘렀다. 이러한 폭력은 시위에 가담한 사람들을 효과적으로 제압하는 데 그치는 것이 아니었다. 그러한 잔인한 폭력은 거리의 시민들까지 공포심을 느끼게 하여 집으로 돌아가도록 하거나 혹은 시위에 참여하지 못하도록 하는 심리적 효과를 가져다주었다. 이러한 경험은 1979년 부마항쟁 진압 과정에서 어느 정도 확인되었다. 그러나 광주에서는 그것이 안 통하였다. 광주 시민들은 남녀노소를 불문하고 모두 서로 철저하게 단합하여 계엄군과 신군부에 대항하였다. 최정운의 표현을 빌리면 "개인으로서의 존재가 완전히 사라져버린 절대공동체"[36]를 형성하여 맞선 것이다.

여기서 우리는 비상계엄령이 확대 실시된 다음 날인 5월 18일 오전에 왜 전남대 학생만이, 그리고 더 나아가 광주 시민만이 5·17 계엄확대조치와 계엄군에 그토록 강하게 저항했는지 그 이유가 궁금하지 않을 수 없다. 대부분의 역사적 사실에 일반성과 특수성이 병존하는 것처럼 광주항쟁에도 전국성과 더불어 광주·전남만이 갖는 특수성이 있다고 보아야 한다. 이런 특수성에 대한 조명이 이루어져야 비로소 광주항쟁의 진정한 성격을 이해할 수 있을 것이다. 앞에서 살펴본 역사적·정치적 배경이 광주를 포함한 전국적 민주화운동의 배경이 된다면 다음에 살필 지역적 배경은 그런 특수성에 해당한다.

지역적 배경은 크게 정치적·사회경제적·역사적 배경으로 나누어 살필 필요가 있다. 먼저 정치적 배경으로서 간과해서는 안 될 요인 중 하나는 인재 등용에서 호남인들에 대한 차별이었다. 김만흠의 조사에 의하면 박정희 정권 시절 전체 고위관료의 30.1퍼센트를 경상도 인사가 차지하였으며, 이러한 비율은 절대적 규모에서 전라도의 2배 이상 되는 것이었다. 박정희 시대의 엘리트 충원에 지역 간 격차가 심각했다는 것을 보여주고 있다.[37] 지역적 격차는

---

36 「시민공동체의 형성과 변화」, 나간채·강현아 엮음, 『5·18항쟁의 이해』, 94쪽; 최정운, 『오월의 사회과학』(풀빛, 1999), 139~40쪽.

37 김만흠, 『한국사회 지역갈등 연구: 영남·호남 문제를 중심으로』(현대사회연구소, 1987), 22~23쪽.

고위직으로 갈수록, 특히 핵심 정책결정기구로 올라갈수록 더욱 심해졌다. 더욱 심각한 문제는 관료사회의 호남 배제 분위기가 민간 부문에도 그대로 투영되었다는 데 있다. 국가관료가 사회 자원의 배분과 권력 관계를 주도적으로 구축해온 제3·4공화국 시기 동안 행정기관의 눈치를 보아야 했던 기업들은 행정관료들이 호남 사람을 싫어한다는 이유로 덩달아 호남 출신을 기피했다. 호남 출신들은 개인적 능력과 무관하게 출신 지역 때문에 취업과 승진의 기회를 제약당하는 상황에 직면하게 된다. 정치적 소외와 배제가 사회 전 영역에 걸쳐 확대·심화되어 있었던 것이다.[38]

박정희 시대 불균형성장 정책의 특징 중 하나는 지역차별정책이었다. 호남 지역에 대한 차별은 그 대표적인 사례에 해당한다. 박정희 시대의 호남 지역은 사회경제적으로 두 가지 측면에서 매우 불리한 처지에 놓여 있었다. 첫째, 농림수산업의 비중이 컸던 호남 지역은 공업 우선 및 농촌 희생 정책의 최대 피해 지역이 되었다. 둘째, 공업화정책에서의 소외다. 국가 주도의 경제정책 집행 과정에서 호남 지역은 철저히 소외되었다. 1960년대 이전에도 산업지형이 수도권과 영남권을 중심으로 형성되었지만 그런 불균형은 1960년대 이후 더욱 심화되었다. 국가가 산업기지개발촉진법을 제정하여 사회간접자본의 건설에 집중적인 투자를 하였고 이를 통해 형성된 것이 동남해안 공업벨트와 서울·경기 지역의 공단이었다.[39] 종업원 수와 사업체 수, 생산액과 부가가치 등 모든 측면에서 수도권의 비중은 압도적이며, 영남권의 신장도 두드러진 반면 호남권의 비중 감소는 매우 급격하게 진행되었다.[40]

---

38 최영진, 「정체성의 정치학: 5·18과 호남지역주의」, 『민주주의와 인권』 제1권 2호(2002. 10), 334~35쪽.

39 이종범, 「지역적 배경」, 나간채·강현아, 앞의 책, 54~55쪽; 이헌창, 『한국경제통사』(법문사, 2003), 427~28쪽; 김제안, 「5·18의 경제적 배경」, 『5·18민중항쟁사』(광주광역시 사료편찬위원회, 2001), 131쪽.

40 한국사회에서 지역 간 갈등이 첨예하다고 일컬어지고 있는 호남과 영남 사이의 산업화 상황을 대비해 보면 호남 지역의 소외 현상은 더욱 분명하게 드러난다. 우선 사업체 수에서 1963년과 1976년을 비교해 보면 1976년에는 영남이 호남의 2.15배에서 2.3배로, 그리고 1963년과 1989년을 비교해 보면 5.0배로 확대되었음이 발견된다. 생산액에서는 영남과 호남의 격차가 1963년 3.5배에서 1976년 5.2배로, 1989년에는 6.6배로 더욱 큰 격차를 보이고 있다.

(단위 : %)

구분	서울	경기	충청	전라	경상	강원·제주
1960년	9.8	11.0	15.6	23.8	32.2	7.7
1970년	17.6	10.7	13.8	20.4	30.4	7.1
1980년	22.3	13.2	11.7	16.2	30.5	6.0

* 자료: 국토개발연구원, 「제2차 국토종합개발계획」 제2편 인구정착 기반의 조성(1982)

공업화 우선 정책에 따른 농촌 경제의 파탄으로 이농 인구가 급증하였지만 호남 지역의 도시들은 광공업이 부진하고 사회간접자본 시설 투자가 미흡하여 농촌의 이동 인구를 흡수할 수도 없었다. 결국 호남 지역민들은 역외 이주의 길을 택할 수밖에 없었다. 〈표 1〉에서 드러나는 것처럼 호남 지역의 인구 감소는 농촌의 피폐와 공업화로부터의 소외 현상을 가장 압축적으로 반영한다. 이 시기 인구 이동의 큰 흐름은 수도권 집중이었지만 영남 지역과 호남 지역의 인구 감소 비율을 보면 호남 지역의 상대적 피폐 현상을 쉽게 알 수 있다. 〈표 1〉에서 보듯 호남 인구는 1960년도에 23.8퍼센트이던 것이 1970년에 20.4퍼센트, 1980년에는 16.2퍼센트로 감소하였다. 반면에 영남 인구는 1960년대에 약간의 감소가 있었지만 그 후 일정한 비율을 유지하고 있음을 알 수 있다.[41]

호남 지역의 중심도시인 광주의 인구는 1980년 당시 약 73만 명이었다. 광주는 당시 전통적 농촌공동체 문화를 비교적 많이 갖고 있는 지역으로서 '한 다리 건너면 다 아는' 그런 상황이었고 따라서 거리에서 폭력을 당하는 젊은 이들을 시민들이 아는 경우가 많았다. 또 도시의 규모가 크지 않아 시내의 소식이 빠르게 광주 시민들 간에 유포될 수 있었다. 또 광주는 공간적으로 다수의 도로를 통해 호남 각지를 연결하는 교통의 중심지였고 호남을 서울과 연결하는 통로였다는 점 때문에 부근의 중소도시나 인근 농촌 지역인 목포·나주·함평·화순·해남·강진·영암 등으로 투쟁이 쉽게 확산될 수 있었다.

대자본의 존재가 미미한 탓으로 광주 시민 중 대자본에 고용된 인구는 매

---

41 최영진, 앞의 글, 334~35쪽.

우 낮았으며, 3차 산업에 종사하는 인구와 불완전 취업 인구 및 농촌에서 유입된 산업예비군층이 다수를 차지하였다. 1980년 광주 지역의 산업별 총생산은 1차 산업 2.41퍼센트, 2차 산업 31.32퍼센트, 3차 산업 66.27퍼센트로 구성되어 있어 3차 산업의 비중이 전국 평균 45퍼센트보다 20퍼센트 이상 상회하고 있다. 또 서비스 업종의 내용은 대체로 유통 부문 및 각종 서비스 업소와 영세 상인들로 구성되어 있었다. 따라서 광주 지역은 호남에서 가장 발전된 도시임에도 불구하고 광주 시민의 1인당 연간 소득은 전국 평균보다도 낮았다.

노동자들의 상황은 더욱 열악하였다. 1980년 당시 광주 지역에서 제조업 부문의 대기업으로는 섬유업 분야의 일신방직·전남방직·무등양말 등이, 기계공업 분야의 아시아자동차·화천기공·삼양타이어·호남전기 등이, 그리고 서비스·유통 부문에서는 금호그룹이 존재했다. 중소기업체들이 집중되어 있었던 광천공단은 입주업체 63개(이 중 종업원 100명 이상인 곳은 3개 업체) 중 대부분이 아시아자동차에 부품을 납품하는 영세업체였는데 가동률이 저조한 편이었고 노동조건 또한 전국 평균 수준에 비해 극히 열악했다.

노동운동의 상황을 보면 1970년대 말부터 여성 사업장 중심의 섬유업체를 비롯하여 중소기업체의 노동자들이 가톨릭노동청년회 등 종교운동단체의 지원하에 민주노조를 결성해가기 시작했고 1980년 봄 정치공간에서 다른 지역과 마찬가지로 노동쟁의가 활발하게 일어났다. 열악한 상황에 처해 있었고 1980년을 전후하여 상당 정도 활성화되었던 광주 지역의 노동자들은 초기의 학생시위가 민중항쟁으로 고양된 국면에서 적극적으로 투쟁하였다. 항쟁에 참여한 노동자들은 항쟁에서 결정적인 역할을 했던 차량시위의 운수노동자들을 비롯하여 아시아자동차 노동자, 그리고 일신방직·전남방직 등 섬유업의 여성 노동자들 외에도 일용직·임시직 노동자, 도시빈민 지대의 반(半)프롤레타리아층 등 다양하게 구성되었다. 물론 이들의 참여는 조직적 참여라기보다 자연 발생적 참여의 수준이었다.

광주시는 호남 지역이라는 농촌을 배후지로 하는 행정 사무 중심지 및 소비성 도시일 뿐만 아니라 교육의 중심지였다. 배후의 농촌 지역 및 인근 중소

도시들의 교육 인구들이 집중되는 광주에는 1980년 당시 광주 전체 인구의 7분의 1이 넘는 11만 명이 고등학교 이상의 교육기관에 재학 중이었다. 계급적으로는 농업의 몰락으로 이농한 농촌 프티 부르주아 출신이거나 전남 지역 내 농촌 출신들로서 이들이 학생 인구 중 상당 부분을 차지하고 있었다. 항쟁이 발발했을 때 부모들이 광주에 거주하는 학생들은 부모들의 보호와 만류로 항쟁 참여율이 낮았던 데 반해 농촌 출신으로서 부모를 떠나 홀로 광주에 거주하는 학생들의 참여율이 상대적으로 높았던 점은 시사하는 바가 크다.[42]

우리의 근현대사는 부당한 권력, 포악한 권력에 대한 뿌리 깊은 민중항쟁의 역사, 저항의 역사를 갖고 있다. 이러한 역사적 특징을 가장 잘 보여주는 곳이 바로 호남 지역이다. 동학농민전쟁과 한말의 의병활동, 일제 시대의 소작투쟁과 광주학생독립운동은 그 대표적 사례에 해당한다.[43] 이런 흐름은 해방 이후의 분단과 독재사회에서 전개된 활발한 민족·민주운동에서도 계속 이어졌다. 군사독재에 맞서는 재야 민주화운동의 주요 인사들이 호남을 배경으로 출현해왔다는 사실[44]이 이를 잘 말해준다. 5·18항쟁도 부당한 권력, 비민주적 권력에는 언제나 항쟁해온 호남 지역 민중항쟁사의 맥락에서 그 배경을 살펴볼 수 있다.

여기서는 광주·전남 지역에서 전개된 민족·민주운동의 흐름을 1972년 유신체제 이후로만 한정하여 살펴보겠다. 유신체제에 대한 전국적 수준의 저항운동은 이미 앞에서 기술하였지만, 광주는 그 어떤 지역보다 활발하게 저항운동을 벌인 곳이다. 유신체제가 출범한 직후인 1972년 12월에 전남대생들에 의해 「함성」[45]이라는 유신 반대 유인물이 살포되었는데 이것은 전국 최초

---

42 안진, 「5·18항쟁의 이해: 제2장 사회·경제적 배경」, 『5·18민중항쟁사』(광주광역시 사료편찬위원회, 2001), 44~45쪽.

43 강만길, 「제2장 근대 민족운동의 전통과 광주」, 『5·18민중항쟁사』, 52~80쪽; 이상식, 「5·18광주민주화운동의 역사적 배경」, 『향토문화』 제22집(향토문화개발협의회, 2002), 7~15쪽.

44 김진균·정근식, 「광주 5월항쟁의 사회경제적 배경」, 한국현대사사료연구소 엮음, 『광주5월민중항쟁』(풀빛, 1990), 100~02쪽.

45 나중에 「녹두」로 명칭이 변경되어 간행되다가 적발되어 김남주 등 주모자들이 구속되었다.

로 시도된 유신 반대운동이었다. 1974년에는 '전국민주청년학생총연맹'(이하 '민청학련사건'으로 기술) 운동사건이 적발되어 전남대생들도 18명이 구속되었다. 민청학련사건 관계자들은 1975년 출감하게 되는데 이후 윤한봉·김상윤 등 사건 관련자들은 대학으로 돌아갈 수가 없는 상황에서 농민·노동운동 등 사회 각 부문운동에 참여하여 민주화운동의 영역을 확대하였다. 그런가 하면 대학 재학생들 사이에서는 운동권 선배들의 영향 아래 혹은 자발적으로 사회과학 서적 등을 탐독하며 사회 현실에 눈을 뜬 '의식화' 동아리들이 많이 결성되었다. 또 일부 학생들은 민족문화운동에 관심을 가지면서 탈춤반과 연극반을 운영하고 은유적 방법으로 유신체제에 대한 비판적 시각을 드러냈다.

1970년대 후반에는 광주 지역의 대학생들 사이에서 가난 때문에 정규교육을 받지 못하는 중·고등학교 또래의 학생들을 모아 야간학교를 운영하는 야학운동이 활발하게 일어났다. 이때 활동했던 야학팀들 중에는 광주항쟁 때 중요한 역할을 한 들불야학팀도 있었다. 김영철·윤상원·박관현·신영일·박효선·박기순 등이 강학으로 참여한 들불야학팀은 빈민 지역인 광천동을 무대로 교육봉사활동에 나섰는데 다른 교육봉사서클과는 달리 중·고등학교 과정의 교육 외에도 노동자의 의식화와 조직화, 그리고 민주시민 교육에 큰 관심을 두고 활동하였다.[46]

1978년 6월에는 '교육지표사건'이 발생했다. 교육지표사건은 처음에는 전국적 차원에서 시작되었다. 연세대의 성래운 교수와 전남대의 송기숙 교수 등 전국의 대학교수들이 유신체제의 정신적 이정표 역할을 하던 '국민교육헌장'의 비민주적·비교육적 내용을 비판하는 성명서 '우리의 교육지표'를 발표하기 위해 서명운동을 전개한 것이다. 그러나 이 사건은 서울 지역 소재 교수들의 서명운동이 차질을 빚게 되면서 송기숙·명노근·이홍길 등 전남대 교수 11명만이 서명한 성명서 배포사건으로 끝나고 만다. 이 사건으로 전남

---

46 이종범, 「5·18항쟁의 이해: 제3장 지역적 배경」, 『5·18민중항쟁사』(광주광역시 사료편찬위원회, 2001), 58~63쪽.

대 교수 11명은 전원 해직되고 송기숙 교수는 구속되었다. 전남대 학생들은 이 사건이 발생한 이틀 후인 6월 29일에 교수들의 성명서 발표를 지지하고 구속 교수들의 석방을 요구하며 대규모 시위를 전개하였다. 조선대생들도 시위에 합류하였으며, 전국적으로도 많은 단체들이 '우리의 교육지표' 선언을 지지하는 대열에 합류하였다.

유신체제가 붕괴되기 직전인 1979년 10월에는 전남대 본관에 위치한 학생상담지도관실에 방화사건이 발생한다. 당시 학생상담지도관실은 광주 서부경찰서 정보과 형사와 중앙정보부 요원이 상주하던 곳으로 이른바 문제 학생들과 교수들을 감시하고 학내의 동태를 살피던 학문과 대학을 탄압하는 첨병 구실을 하던 곳이다. 전남대에서는 이 사건을 전후로 30여 명의 학생이 구속됐다.[47]

1980년 3월이 되자 전남대에는 1974년 민청학련사건, 1978년의 교육지표 사건, 1979년의 상담지도관실 방화사건 등 그동안 각종 시위사건으로 제적되었던 학생들이 복학하였다. 이들 중 상당수는 1980년 봄 민주화운동이 본격화되자 직·간접적으로 학내외 민주화운동에 관여하면서 학생운동의 지도적 역할을 담당하였다. 1980년 광주항쟁과 관련하여 구속된 총 49명의 전남대 학생들 중 그 이전 시기에 학생운동을 하다 구속되거나 학교에서 징계를 받은 학생이 14명이나 포함된 사실이 이를 잘 말해준다. 비록 광주항쟁 기간에 직접 구속되지는 않았지만 항쟁에 직·간접적으로 관여한 숫자까지 포함할 경우 학생운동 경력자의 숫자는 훨씬 많을 것이다.

5·17 비상계엄령 확대조치에도 불구하고 전남대생들이 5월 18일 정문 앞에서 계엄군에 맞서 시위를 전개한 배경으로 항쟁 직전인 1980년 5월 16일까지 표출된 당시 전남대·조선대생들을 비롯한 광주 지역 대학생들의 민주화 열기를 빼놓을 수 없다. 특히 항쟁 발발 직전 광주 지역에서 전개된 민주화운동의 열기와 관련하여 박관현 전남대 총학생회장의 역할은 돋보였다. 1980년

---

47 전남대학교 50년사 편찬위원회, 『전남대학교 50년사: 1952~2002』(2002), 126~27쪽.

4월에 실시된 총학생회장 선거에서 이미 출중한 대중 연설 솜씨를 선보인 박관현은 5월 14일부터 16일에 걸쳐 개최된 도청 앞 '민족·민주 대성회'에서 전 시민들을 상대로 민주화의 당위성을 역설하여 큰 호응과 강렬한 인상을 남겼다. 또 박관현과 학생운동 지도부는 도청 앞의 '민족·민주 대성회'에서 신군부가 대학에 휴교령이나 휴업령을 내리면 전남대생들의 경우 정문이나 후문 앞에서 시위를 전개할 것이라고 주지시켰고, 만약 이것이 불가능할 경우 12시 정오에 도청 앞에 집결하여 계속 시위를 전개할 것이라고 약속하였다. 5월 18일 오전 10시에 전남대 정문 앞에서 시위가 벌어진 것은 이런 일련의 민주화 운동사 속에서 그 배경을 찾아야 할 것이다.[48]

한편 1971년 대통령 선거 때 김대중이 선전한 이후 호남인들은 김대중에 대해 각별한 애정을 보였다. 그러나 엄밀히 말해 호남인들이 1980년 이전까지만 하더라도 1980년 5·18항쟁 기간에 광주 시민들이 보여주었던 운명공동체적 집단의식에 기반한 정치적 정체성을 형성했다고 보기는 어렵다. 흔히 호남 지역주의의 투표 행태가 가장 뚜렷이 표출된 최초의 선거라고 지적되는 1971년 대통령 선거에서 호남 유권자들이 보인 투표 행태는 영남 지역에 비해 오히려 덜 지역주의적이었다. 전북 유권자들의 63퍼센트, 전남의 65퍼센트가 김대중 후보를 지지함으로써 높은 지역적 결집력을 이루어냈지만 박정희 후보에게 표를 던진 유권자도 36퍼센트나 되었다. 김대중에 대한 호남 유권자들의 결집도는 영남 지역 유권자들이 박정희 후보에 던진 74~76퍼센트에 이르는 지역적 결집에 비해 상대적으로 약한 수준이었다. 야권의 단일 대통령 후보로서, 호남 지역을 대표한 정치 지도자로서 김대중의 등장은 호남인들에게 큰 희망이 되었지만 1970년대 초까지만 하더라도 그들이 각자의 계층적·신분적 이해관계를 넘어서는 차원의 지역적 결집을 이루어낸 것은 아니었다. 이러한 현상은 1970년에 실시되었던 국회의원 선거에서도 나타난다.

48 김병인, 「5·18항쟁의 이해: 제5장 5·18과 광주 지역 사회운동」, 『5·18민중항쟁사』(광주광역시 사료편찬위원회, 2001), 142~44쪽.

이 시기에 치러진 호남 지역의 선거 결과는 다른 지역에서처럼 여촌야도(與村野都)를 제일 큰 특징으로 하고 있다. 1980년 5월 이전의 호남 사람들은 자신들에게 강요되었던 정치적·사회적·경제적 배제와 차별을 인식하고 있었다 하더라도, 그에 대한 대응이나 행위 방식은 그들의 일상적인 이해관계만큼이나 분산되었던 것이다.[49]

그러나 1980년에 가까워질수록 호남인들은 영남 출신 대통령의 장기집권과 이 시기에 경제 및 인사정책에서 받는 차별에 분개하게 되고 차별 타개의 돌파구를 민주정권의 수립에서 찾고자 했다. 자연히 호남인들은 민주정권의 수립 운동에서 오랫동안 민주화의 상징으로 각인되어 있던 김대중에게 큰 기대를 가졌다. 호남과 김대중의 이 운명공동체적 성격은 단순히 호남 출신의 한 유력한 정치인과 호남의 연계로만 설명할 수는 없다. 그것은 김대중의 정치적 입지 및 특성이 호남의 정치적·경제적·사회적 위상을 첨예하게 담아내고 있었기 때문에 가능한 것이었다.[50]

박정희가 피살되자 호남인들은 당연히 유신체제는 무너지고 민주체제가 회복될 것으로 기대했으며, 민주적 질서하에서는 김대중의 집권도 가능할 것이라는 기대감을 갖게 되었다. 그런데 신군부가 비상계엄령을 확대 실시하여 민주사회로의 이행 가능성을 무산시켰고, 김대중을 체포하여 호남인들의 염원을 일순간에 무산시켜버렸다. 설상가상으로 신군부의 명령을 받고 내려온 공수부대는 민주국가의 군인으로서는 도저히 상상할 수 없는 야만성을 드러내며 광주 시민들을 학살하였다. 광주 시민들의 실망과 분노가 컸음은 물론이다. 결국 광주항쟁은 4월혁명의 경향성과 1980년 봄의 민주화운동이라는 전국적 요인에 덧붙여, 오랫동안 축적되어온 호남인의 불의에 대한 저항의식, 박정희 시대의 '호남 푸대접', 김대중을 중심으로 한 민주정부 수립에 대한 열망과 좌절, 그리고 공수부대의 만행이 가해짐으로써 폭발하게 된 것이다.

---

49 최영진, 앞의 글, 335~36쪽.
50 김만흠, 『한국정치의 재인식』(풀빛, 1997), 191~92쪽.

2

5 · 18항쟁의 전개 과정

| 정재호(조선대 · 정치학) |

1. 문제 제기

10 · 26 공간에서 민주화운동은 줄곧 전국적 범위에서 진행되었으나 신군 부세력의 5 · 17쿠데타를 계기로 그 범위가 광주라는 특정 지역으로 한정되었다. 변화된 정세와 축소된 공간에서 발발한 5 · 18광주민중항쟁(이하 5 · 18)은 1980년 한국 민주화의 봄의 연속적 대응물인 동시에, 10 · 26 공간의 정치 지형(political topography)을 마감하는 반민주세력과 광주 지역 저항민주세력 간의 대결이었다. 이처럼 광주에서 저항은 동일한 사회정치적 공간과 운동적 맥락에도 불구하고 공간과 행위의 수준 등 몇 가지 점에서 이전 운동과 차이를 보였다.

5 · 18의 전개 과정을 잘 묘사하는 문제는 결국 위에서 언급한 5 · 18의 특성을 어떻게 잘 설명하느냐가 관건이라고 생각한다. 이를 위하여 먼저 지리적 공간의 다름이 갖는 의미를 해석해야 한다. 즉 지역적이냐, 전국적이냐의 범주 문제에 초점을 맞추기보다는 특정 지역이 이전의 민주화운동을 이어가게 된 측면을 살피는 것이 중요하다고 본다. 그런 점에서 '민주화의 봄이 왜

광주에서만 이어졌는가', '광주 시민들은 왜 저항하게 됐고 무엇을 위해 싸웠는가'라는 물음이 필요하다고 본다. 다음으로 행위의 수준 차이가 담고 있는 바를 읽어내는 것이다. 10·26 공간에서 행위 수준의 문제는 저항세력과 쿠데타세력 간의 긴장도를 의미하며, 이는 신군부 쿠데타 이전과 이후의 정세 차이에 기반한다고 볼 수 있다. 학살·항쟁·무기·시민군·공동체·항쟁지도부 등은 5·18을 설명하는 데서 빠질 수 없는 언어로서 행위의 수준을 대변해주고 있다고 하겠다. 그런 의미에서 '저항자들을 비롯한 광주 시민은 어떻게 죽었는가', '저항세력은 왜 총을 들게 됐는가', '공동체는 어떻게 등장하게 됐는가'를 묻는 것은 학살과 항쟁의 역사로서 5·18의 양면성을 이해하는 데 중요하다고 판단된다.

위와 같은 질문을 충족시키기 위해 이 글은 다음 몇 가지 점에 유의해 기술하고자 한다. 먼저 시위자들과 쿠데타군(이하 군)의 대결 과정에서 나타나는 집합적 행동 및 사회운동을 잘 포착하고자 한다. 이들 행위의 기제와 유형을 살피고, 더불어 관련자들의 증언(oral history)을 검토해 적절한 내용을 소개하고자 한다. 레이(John Rae)의 주장처럼 증언(證言)은 기록들 속에서 '왜', '어떻게'라는 질문에 대해서 잘 설명할 수 있을 뿐만 아니라, 감정(感情)을 읽을 수 있는 지식을 제공하고 있기 때문이다.[1] 둘째, 광주에서 저항운동을 거시적 수준과 연결하여 살펴보겠다. 5·18이 민주화의 봄의 연속선으로서 중앙 정치권력을 장악한 쿠데타세력과의 대결 구도였다는 점에서 시위 현장의 행위들을 단순히 특정 공간의 미시적 수준에 한정해 설명하는 것은 5·18을 이해하는데 한계가 있다. 이 점을 고려할 때 경우에 따라 행위들을 거시적 수준의 결정 및 행위와 연계해 살펴볼 필요가 있다고 본다. 셋째, 상황 진행 과정에 대한 서술은 우선 사건의 흐름을 파악할 수 있도록 시간적으로 살피되, 쟁점이나 주요 내용은 분석적 기술을 시도하려 한다.

다음으로 내용 구성에 대해 언급하자면, 먼저 저항의 시작에 대해서 살펴

---

1 훕스(James Hoopes), 유병용 옮김, 『증언사 입문』(한울, 1995), 26쪽에서 재인용.

보겠다. 5 · 18의 경우 최초의 저항은 중요하게 평가받고 있기 때문에 '초기 저항은 어떻게 시작됐는가'라는 질문을 통해서 '왜 전남대에서만 시작됐을까' 하는 의문에 답을 얻고자 한다. 둘째, 저항세력의 형성과 참여 과정에 대해서 추적하겠다. 시위자들의 참여 동기, 과정 등에 대한 설명은 집합행위와 사건을 이해하는 데 중요하다고 보기 때문이다. 셋째, 쿠데타 수뇌부의 인식과 결정에 대하여 살핀다. 이들의 결정은 곧바로 진압군과 이에 맞서는 시위자들의 행위에 영향을 미쳤기 때문에, 광주 시위에 대한 쿠데타 수뇌부의 인식과 대응 방식을 살피는 것은 반드시 필요하다. 넷째, 해방공간에서 활동상을 잘 이해하기 위해 그 내용을 좀더 상세하고 체계적으로 들여다보려고 한다. 지도부의 구성과 변화 과정, 해방공간에서 갈등, 활동 내용 등에 대해 기술하려 한다.

끝으로 이 글에서 인용한 증언 내용 중 출처를 밝히지 않은 경우는 모두 한국현대사사료연구소, 『광주5월민중항쟁사료전집』(풀빛, 1990)의 내용을 참조했다.

2. 전개 과정

1) 발발과 초기 저항의 형성

전남대 정문 앞 시위

저항세력의 압박 속에 권력 내부로부터 무너져 내린 권위주의 체제 (authoritarian regime)를 다시 세우려는 신군부 집단의 음모는 마침내 쿠데타의 모습으로 나타났다. 5 · 18 전야의 신군부 쿠데타는 국무위원들을 총검으로 위협해 비상계엄의 전국 확대를 관철하는 것으로부터 시작됐다. 그리고 대학생, 정치인, 재야인사 등 총 2천 7백여 명을 한밤중에 전격 체포하고, 계엄포고령을 통해 집회 금지, 정치활동 금지, 파업 금지, 언론 사전검열, 대학 휴교령 등 민주주의 제도 자체를 정지시키는 조치를 취했다. 또한 쿠데타 집단은 군대를 동원해 국회의사당을 점거하고 국회의원의 출입을 봉쇄했으며, 전국 주요 대학과 언론기관, 공공기관 등에 군대를 배치해 쿠데타에 대한 저항을 사전에 차단했다. 신군부 집단의 이런 행위 및 조치들은 모두 불법으로서 국헌(國憲)을 문란(紊亂)하게 한 내란행위었다.[2]

광주에서도 타 지역과 마찬가지로 학생운동권과 총학생회에서 활동하고 있는 지도자와 지역 민주인사들이 예비 검속(豫備檢束)을 당했다. 그리고 전남대와 조선대 캠퍼스는 공수부대(7공수여단 33대대, 35대대)에게 점령당했으며, 그 과정에서 학교에 남아 있던 학생회 간부들과 공부하던 일반 학생들이 대거 체포됐다.[3]

쿠데타 발발과 연행 소식을 듣고 불안에 떠는 사람들과, 이를 전혀 알지 못한 사람들의 일상 속에서 군과 학생들 간 최초의 싸움이 전남대 정문 앞에서 벌어졌다. 오전 9시경부터 군과 학생 간에 긴장이 형성되기 시작했다. 자신들의 일상을 위해 학교에 들어가겠다는 학생들의 요구와 휴교령에 따라 교내 출입을 허용할 수 없다는 군의 방침이 충돌한 것이다. 군에 항의하다 붙잡혀 속옷만 입은 채 기합을 받는 학생들, 귀가 종용을 거부한 채 여전히 한쪽에 모여 있는 무리들 사이에 불만은 점점 쌓여갔다. 시간이 지날수록 학생 수는 점점 많아져 1백여 명에 달했고, 그들 속에 내재된 불만이 순환 반응(circular reaction)을 일으키면서 모인 사람들을 자연스레 시위자로 변모시켰다. 다수 대중이 쏟아내는 불만들은 상호 자극을 통해서 정문 앞에 모인 사람들을 분노의 시위자로 변모시킨 자연 발화였다. 이들은 "계엄을 해제하라!" "전두환은 퇴진하라!" 등의 구호를 외치고 노래를 부르고, 어깨동무를 하고 투석전을 전개하는 등 학원 민주화 과정에서 체화(體化)된 지극히 익숙한 모습으로 저항은 시작됐다.

---

2 12·12, 5·18사건에 대한 대법원 판결문 참조.
3 전남 지역 예비 검속 대상자 22명 중 8명이 검거됐다. 학교에서 체포된 학생 수는 전남대 69명, 조선대 43명이었다(전교사 작전일지).

5월 20일 금남로. 시민과 진압군이 대치하고 있다.

　시위에 대한 군의 대응은 마치 폭동을 진압하듯이 처음부터 강경했다.[4] 그
들은 집단적으로 돌격해 시위를 와해시키고 시위 학생들을 끝까지 쫓아가 곤
봉으로 때리고 군홧발로 짓이겨 초주검(half-dead)을 만들었다. 맨몸의 학생들

---

4 5·18 당시 전남대 정문 앞 시위에 대한 군의 대응은 충정작전 개요에 의거하여 볼 때, 폭동 단계의 대응
　이었다. 이런 수준의 대응은 대학에서 학원 민주화운동의 열기가 더해가던 때 열린 충정부대장 회의에
　서 내린 결론, "만약 군 투입을 요하는 사태 발생 시 강경한 응징조치가 요망된다"에 비추어 전남대 정문
　앞 시위 상황과 무관하게 이미 결정된 지침에 따른 것이라고 볼 수 있다.

● 표 2-1 충정작전 개요

구분	소요	폭동
정 의	학생 및 소요 집단이 의사 표현을 비정상적으로 표현 (법질서를 위협)	다중의 집단이 사회 법질서를 파괴할 목적으로 폭도 화(법질서 파괴)
진압 책임	경찰	군, 경찰
작전 성격	수세적 성격	공세적 진압
작전 목표	확산 방지, 자진 해산 (이해 설득, 봉쇄 저지)	돌격, 와해, 재집결 불허 (분쇄, 주모자 체포)
장 비	자기 보호 우선 (방석모, 방석복, 방패 등)	기본 화기 최대 활용 (진압봉 휴대: 와해 후 체포 시 필요)

* 자료: 충정부대장 회의록

은 총검으로 무장한 정예부대의 상대가 되지 못했다. 군에 밀리고 쫓기는 과정에서 학생들의 부상이 속출하자, 학생들은 정오에 도청 앞 광장에서 모이기로 한 결의를 기대하면서 시내로 향했다.

전남대 정문시위에 대해 분석적으로 살펴보고자 한다. 우선 정문시위가 갖는 의미는 무엇인가. 그것은 5·18의 역사를 만들어낸 항쟁의 시발점(starting point)이 됐다는 점일 것이다. 역사적 사건들은 경험적으로 볼 때 우연이든 의도적이든 간에 대개 그것을 점화시키고 발전시키는 한두 차례 정도 중요한 계기를 갖는다. 전남대 정문시위는 바로 사건의 초기 계기로서 의미와 위상을 갖는다고 볼 수 있다. 다음으로 전남대 정문 앞에 모인 사람들은 누구였으며, 왜 모였는가. 정문 앞에 모인 사람들 대부분은 학교 도서관에서 공부하기 위해 등교하거나, 민주화를 좌절시키려는 조치나 상황이 발생하면 각 대학의 정문에 모이자는 투쟁 결의를 기억하고 달려온 전남대 학생들, 혹은 사적인 일로 학교를 찾은 학생들, 그리고 학교 업무를 위해 출근하는 교직원들로서 그 규모는 1, 2백여 명 정도였다.

그렇다면 무엇이 정문시위를 발전시켰는가. 첫째, 학교 안으로 들어가지 못하게 막은 것에 대한 불만을 들 수 있다. 앞에서 언급했듯이 정문 앞에는 시위를 위해 모인 사람들, 도서관에 가려는 학생, 출근하는 교직원들, 학교에 사적인 일을 보거나 학내에 머문 친구의 안위를 확인하려는 학생 등 각자 학교 안으로 들어가야 할 분명한 이유들이 있었다. 이런 이들을 막무가내로 출입 금지한 군의 행위 자체가 그들의 불만을 키웠다고 볼 수 있다. 둘째, 군인들의 무차별적인 폭력 행사이다. 군인들에게 항의하거나 저항하는 사람들에게는 이유 여하, 남녀노소를 가리지 않고 무차별적 폭력을 자행했다. 군의 인정사정없는 폭력에 모두들 분노했다. 셋째, 각 대학 정문에서 만나자는 투쟁 결의에 따라 모인 학생들은 쿠데타에 저항하는 행동을 기대하고 있었다.[5] 이처럼 그 자리에는 쿠데타에 대한 저항 의도를 갖고 모인 학생들과 그렇지 않은 학

---

5 이광호, 이재의, 임낙평, 전용호 등의 증언.

생들이 섞여 있었다.

결국 교문 앞 시위는 일상의 삶(공부하기 위한 등교, 사적 방문, 출근길 등)과 함께 자발적 요소(예고된 정문 앞 시위 모임), 상황적 요소(쿠데타와 휴교령), 우연적 요소(폭력 행사)가 복합적으로 작용하여 집단적인 저항으로 전화됐다고 볼 수 있다.

다음으로 민주화운동을 이끌던 총학생회 간부나 학생운동권의 시위 지도(指導) 여부이다. 당시 총학생회 간부이거나 운동권 내 지도적 위치에 있으면서 정문 앞 시위에 참가했던 이성길, 이재의 등의 증언에 비추어 보면, 총학생회 간부나 운동권 학생 몇 명이 시위 현장에 있었으나 그들이 전면에 나서서 선동을 하거나 조직적인 지도를 하지는 않았다.

그러면 투쟁 방침을 천명했던 총학생회는 왜 시위 현장을 지도하지 못했는가. 당시 전국의 학생운동 지도부는 신군부 쿠데타에 대한 공개적인 경고와 대응 천명에도 불구하고 이에 대한 구체적 계획을 갖지 못했고, 그 점에 관해서는 전남대 역시 예외가 아니었다. 5월 18일 박관현을 비롯한 전남대 총학생회 지도부는 군의 예비 검속을 피하는 것은 성공했지만 계엄 확대 이후 상황에 대한 대응책을 내놓지는 못했다.[6] 이로 인해 그들은 대중과 한 약속을 지키지 못한 채, 자연 발생적 시위를 관망하고 피신하는 데 급급할 수밖에 없었다. 결국 전남대 정문 앞 시위는 투쟁 계획도, 지도자도 부재한 상태에서 자연 발생적으로 일어난 일종의 군중 행동(群衆行動)[7]이었다고 볼 수 있다.

시내로 확대된 대학생들의 시위

전남대 정문에서 군에 밀린 2백여 명의 대학생들은 곧바로 시내로 진출해

---

6 박관현을 비롯한 전남대 총학생회 간부들은 계엄 확대 사태를 어떻게 대처할 것인가 논의했으나 상황에 대응하자는 쪽과 일단 피신하여 다음을 기약하자는 주장이 팽팽하여 결론을 내지 못한다. 이에 박관현 등 핵심 간부들을 일단 피신시키고, 일부가 광주에 남아 상황을 지켜보기로 한다. 광주매일 정사 5·18 특별취재반, 『정사 5·18(상)』, 137~38쪽.

7 Kan-Chae, Na, "Collective Action and Organization in the Gwangju Uprising," *New Political Science*, Vol. 25, No. 2, June 2003, p. 178.

진압군에 의해 연행되는 학생과 시민들. 진압군은 시위자들을 끝까지 쫓아가 체포하고 무자비한 폭력을 가해 초주검을 만들었다.

시위를 계속했다. 그렇지만 그들은 여전히 오합지졸(烏合之卒)이었고, 소수였기 때문에 진압 경찰 병력에 일방적으로 쫓겨 다니며 시위를 할 수밖에 없었다.

쫓기는 도중에도 그들은 "전두환은 물러가라", "계엄령을 해제하라", "김대중을 석방하라" 등의 구호를 외치고 신군부 쿠데타의 진상을 시민들에게 알렸으며, 충장로·계림동·동명동 등의 파출소에 돌을 던지는 기습시위를 감행했다. 정오에 가까워지면서 시위에 동참하는 대학생들은 점점 늘어 6백여 명에 달했고, 시위 공간 또한 금남로·충장로 일대에서 주변으로 점점 확대돼갔다.

시위는 오후 들어 많은 변화를 보였다. 우선 시위자들이 크게 늘어나 오후 2~3시경에는 1천 5백~2천여 명에 달했으며, 시위자 대부분은 대학생이었지만 소수 시민들의 동참도 있었다. 시위 양상 또한 달라져 오전에는 소수 시위자들이 경찰 병력에 밀려 여기저기 쫓겨 다니면서 시위를 한 반면, 오후 들어서는 3~5백여 명 정도씩 무리를 지어 충장로와 금남로 일대, 광주공원(光州公園) 부근, 유동 삼거리 일대, 동명동 산수동 일대 등 시내 곳곳에서 '동시 다발적' 시위, 치고 빠지는 '게릴라식' 시위를 전개했다.

시위자의 양적 증가와 함께 시위 경험의 축적에 따라 대응 방식이 변화하면서 시위 진압을 전담한 경찰 병력이 군중을 제압하지 못하고 오히려 포위되거나 무장해제 당하는 경우가 발생하기도 했다. 오후 3시경 시위자들은 농장다리 부근에서 경찰 병력 40여 명을 포위해 무장을 해제시키고 체포된 학생들과 교환하기 위한 인질로 삼았다.

시위가 점차 경찰 병력을 압도하기 시작한 오후 4시경부터 군이 시위 진압에 투입됐다. 이른바 '화려한 휴가'가 시작된 것이다. 군의 진압 방식은 경찰의 그것과는 강도가 달랐고 잔인했다. 3~4명을 1조로 편성해 각자 총을 메고 방석망을 쓰고 곤봉을 든 군인들은 시위자를 끝까지 쫓아가 체포하고 가정집, 상점 등에 닥치는 대로 들어가 대학생으로 보이는 사람을 모조리 끌고 나와 무자비한 폭력을 가해 초주검을 만들었다.[8] 게다가 시위자를 도와주거나 체포를 방해한 사람들 역시 남녀노소, 신분에 관계없이 실신할 때까지 얻어맞았다.[9] 초주검이 된 사람들은 트럭에 실려 어디론가로 보내졌다. 군의 이런 잔인한 진압 방식은 훈련받은 대로 이른바 '충정작전'을 전개한 것이다. 군이 저지른 끔찍한 진압 모습을 증언을 통해 보자.

> 공수들은 붙잡은 대학생들을 관광호텔 앞으로 끌고 가 팬티만 입힌 채 고개를 길바닥에 처박아 무자비하게 구타했다. [……] 여학생들을 질질 끌고 가 발로 차고 욕설을 하고 [……] 시위자들을 풀어준 도경경비과장조차 초주검이 되도록 때렸다.[10]

---

8 김영택, 『현장기자가 쓴 10일간의 취재수첩』(사계절, 1988), 20, 24~25쪽.
9 "저희하고는 대화가 필요 없었다. 무조건 무자비한 구타와 연행 이외의 방법은 통하지 않았다. 단순한 군인의 생리, 즉 때리면 진압된다, 조선 놈들은 때려야 된다는 어리석은 생각에 가득 차 있었다." 작자 미상, 「내가 보낸 화려한 휴가」, 윤재걸, 『작전명령: 화려한 휴가』(실천문학사, 1988), 36~37쪽.
10 김후식의 증언.

군의 살인적 진압에도 불구하고 시위 군중들은 오후 4시 이후 동명동·지산동·산수동 파출소를 파괴했으며, 노동청 부근에 있던 1천여 명은 군과 대치 국면을 만들기도 했다. 태평극장 부근의 시위 군중은 공용터미널 쪽으로 진출해 충돌하면서 군의 학살적 진압을 경험했고, 오후 6시경 계림동 광주고교 부근에서 시위대와 군 간 공방전이 벌어져 군이 밀려 후퇴하는 상황이 발생기도 했다. 이에 군은 태평극장과 공용터미널 인근 지역과 계림동 등 시위 지역 일대를 샅샅이 뒤져 시위자들을 체포해 보복했다. 날이 어두워지면서 군의 시위 진압은 종료됐으나, 2천여 대학생들의 시위는 오후 9시경까지 산발적으로 계속됐다. 「특전사 충정작전 보고서」에 의하면 이날 하루 동안 시위 현장에서 체포돼 31사단 헌병대에 인계된 수는 270여 명에 달했다.

다음 날 군은 광주에 군대를 증원함과 동시에 도심시위를 원천봉쇄하기 위한 방법으로 금남로 일대의 교통을 완전히 통제한 후, 버스와 택시를 검문검색해 시위 대상자에 대한 체포 연행작전을 전개했다. 이로 인해 시민들의 출근길은 공포와 불편함, 분노로 얼룩졌고, 대학생과 시위자로 보이는 이들은 현장에서 모조리 연행됐다.

이런 군의 작전에도 불구하고 금남로 일대에는 오전 9시경부터 시위자들과, 지난밤 집에 들어오지 않은 자식을 찾아 나선 사람들, 그리고 시위를 구경하러 나온 사람들로 북적였다. 게다가 오전 10시 2백여 명이 시위를 시작하면서 금남로 일대를 통제해 시위를 차단하려는 군 작전은 몇 시간 만에 무위로 끝나버렸다.

그러나 더욱 강경한 방법으로 시위를 진압하라는 군 수뇌부의 지난밤 결정에 따라 즉각 군이 투입되고 경찰 헬기가 동원됐다. 진압에 나선 군의 폭력은 더욱 잔인해지고 야만적 행태를 띠었다. 19일 오전 금남로에서 군의 진압 장면을 당시 YWCA 신협에 근무하고 있던 김길식의 눈을 통해 살펴보자.

공수부대는 닥치는 대로 시민들을 두들겨 패서 끌고 갔으며, 충장로 쪽에서는 청년들을 '몰이'해서 잡아갔다. 〔……〕 도로 바닥에 학생들 20여 명가량을 엎드리

5월 19일 광주 대동고등학교의 임시휴업 공고. 5·18항쟁 기간에 광주 시내의 모든 학교가 사전 예고도 없이 휴교 조치되었다.

게 해놓고 공수부대들이 발로 지근지근 밟고 다니며 곤봉으로 후려치는 모습이 보였다. 신협 맞은편 건물의 전남고시학원 수강생들이 그 광경을 내려다보다 공수부대들에게 욕을 하자, 학원 건물로 우르르 뛰어 올라온 그들은 학생들을 끌고 내려가 곤봉과 개머리판으로 두들겨 팬 후 허름한 소형 버스에 모조리 싣고 가버렸다.[11]

군의 강경 진압에도 불구하고 시위자들은 굴복하지 않고 거리 곳곳에 바리케이드를 치고 돌과 각목, 화염병으로 맞섰다. 시위자가 2천여 명으로 늘어나자, 군은 오전 11시 무렵 탱크까지 동원하고, 시내 중심부 일대를 몇 구역으로 나누어 담당 구역을 설정해 시위자들을 끝까지 추적하고 샅샅이 수색해 체포하면 곤봉으로 때리고 총검으로 난자질했다. 뿐만 아니라 때리지 말라고 외쳤다는 이유로 무등고시학원에 들이닥쳐 수업을 받고 있던 학원생들을 마구잡이로 구타하고 끌고 갔다.

---

11 김길식의 증언.

고교생들도 군의 야만적인 폭력에 분노해 수업을 거부하고 시내로 나가 싸울 것을 결의하고 행동에 나섰다. 대동고, 중앙여고 학생들은 "우리 형제자매들이 지금 군에 맞아 죽어가고 있는데, 우리가 이대로 가만히 앉아서 수업만 받고 있을 수 없다"며 시내로 나가 함께 싸우자고 결의하고 가두 진출하려 했으나 선생님들의 만류와 군의 출동으로 좌절됐다. 고교생들이 시위에 동참하려는 움직임을 보이자, 교육청은 초·중·고교에 무기한 휴교조치를 내렸다.

　　이처럼 군의 강경한 진압을 뜻하는 이른바 '위력시위'(power demonstration)는 시위자들과 시민들을 공포에 떨게 하려는 군 당국의 당초 의도에도 불구하고 오히려 시위를 확대, 강화하는 쪽으로 작용했다.

　　무엇이 이처럼 초기 도심시위를 발전시켰으며, 다음 날까지 이어지게 했는가. 시위의 동력에 대하여 살펴보고자 한다. 우선 초기 동력을 형성할 수 있었던 계기는 18일 정오 도청 앞 광장에서 만나자는 투쟁 결의에 따른 동원을 상정해볼 수 있다. 실제로 꽤 많은 학생들이 민주화성회의 투쟁 결의를 기억하고 시내로 모였다. 둘째, 학원 자율화·민주화 투쟁 프로그램을 통해서 학내의 반민주적·타율적 요소들을 제거하는 데 대다수 대학생들이 참여했을 뿐만 아니라, 상당 수준의 학원 자율화·민주화의 성과를 누리고 있었다.[12] 이런 경험적 변화 속에서, 많은 대학생들이 학교와 사회가 또다시 유신체제와 같은 폭압적 상황으로 되돌아가는 것 자체를 심정적으로 용납할 수 없었을 것이다. 끝으로, 사회 민주화를 진전시키기 위해서 대학생들이 앞장서 싸워야 한다는 학생운동의 '선도적 역할론'을 들 수 있다. 학생운동은 전통적으로 식민지 시기나 정치적 혼란기에 빛과 소금으로서 역할을 다해왔다.[13] 그리

12　학생운동은 학원 자율화와 민주화를 통해 유신체제 아래 자행됐던 대학 운영에 대한 통제와 간섭, 학생 통제, 학문의 자유 등을 침해하는 권위주의적 제도와 관행을 일소하고자 노력했다. 이에 따라 총학생회 부활, 교수회의 기능 확대, 학내 언론 자유 보장, 서클활동 보장 등 대학의 자율화에 힘썼으며, 학생을 통제하는 학도호국단과 병영 집체훈련을 거부했다. 그리고 권위주의 정권과 족벌체제에 헌신한 어용교수들, 권위주의 정권에 기생하면서 사학 비리를 자행하던 족벌체제 경영자를 퇴진시키는 투쟁을 전개했다.

13　서중석, 「1960년대 이후 학생운동의 특징과 역사적 공과」, 『역사비평』, 1997년 겨울 계간 제39호, 20쪽.

고 1980년 민주화의 봄에서 사회 민주화를 위한 정치투쟁 프로그램의 시작 시점을 4·19혁명 기념일로 정한 것도 학생운동의 역사적 전통을 염두에 두었다는 점을 의심할 사람은 아무도 없을 것이다.[14] 그 당시 대다수 대학생이 이 프로그램에 참여했기 때문에 민주주의를 후퇴시키는 신군부 쿠데타에 저항하는 것은 당시 대학의 일반적 분위기였다.[15]

다음으로 초기 시위에 대한 군부의 반응은 어떠했는가. 이에 대해 「계엄군 작전상황 보고서」에 나타난 윤흥정 장군(당시 전투병과교육사령관이며 전남북계엄분소장)과 정호용 장군(특전사령관)이 나눈 짧은 대화 내용을 통해서 시위에 대한 군부의 반응을 읽어보자.[16]

> 윤흥정: 이건 상황이 대단히 틀리게 돌아가는군.
> 정호용: 중앙에서도 마찬가지입니다만 계엄 확대조치에도 이렇게 소요가 계속된다면 가만히 있을 수 없지 않습니까? 차라리 계엄군의 확고한 결의를 보여줌으로써 초기에 군중들의 심리를 가라앉혀야 옳지 않겠습니까?
> 정호용: 그런데 광주 기관장들의 대책 협의를 보니까 이번 광주 시민이나 학생 데모가 오히려 정당한 것인 양 분위기가 돌아가고 있습니다.

이 대화 내용을 통해서 다음 몇 가지 사항을 유추해볼 수 있다. 먼저 광주에서 시위 상황은 쿠데타세력 수뇌부 및 군부의 예측과 다르게 진행되고 있다는 것을 읽을 수 있다. 위의 대화 내용으로만 보면 예상 밖의 시위 발전에

---

14 『동아일보』, 1980. 4. 17.
15 학생운동 세력은 4·19혁명 기념일을 계기로 사회민주화 운동 돌입을 선언했다. 계엄 철폐, 사회 민주화 추진 등을 주장하며 진행된 이 운동은 5월 15일 정점에 달했다. 이에 동참한 대학과 학생은 전국적으로 59개 대학 10만 명에 달했다(『조선일보』, 1980. 5. 16 참조). 광주의 경우 전남대·조선대·광주교대·조선대 공전·동신실업전문대·송원전문대·성인경상전문대·기독병원간호전문대·서강전문대 학생 2만여 명이 5월 16일 전남도청 광장에 모여 시국성토대회를 열었다(『조선일보』, 1980. 5. 17 참조).
16 「계엄군 작전상황 보고서」에 나타난 당시 전투병과교육사령관이며 전남북계엄분소장인 윤흥정 장군과 특전사령관 정호용 장군이 나눴던 대화 내용을 화자 중심으로 재구성했다.

대해 대화자들의 심정이 결코 밝지 않음 또한 읽을 수 있다. 그리고 같은 날 저녁 국방부에서 열린 대책회의 참석자가 국방부장관, 계엄사령관, 보안사령관, 특전사령관 등 최고위급 관계자들이었음에 비추어 광주시위 문제는 중대 사안으로 다뤄졌다고 봐야 한다. 이런 점들을 고려해 볼 때 '왜 광주인가'에 대한 답은 군부 규정적 '선택지'라는 측면[17]보다 '상황적 대응물'이라는 측면에서 접근하는 것이 더 적절할 것으로 본다. 둘째, 예상 밖의 광주시위에 대해 군 수뇌부는 곧바로 정호용 특전사령관을 광주에 급파해 시위 상황을 점검하고, 광주 지역기관장들의 의견을 청취하는 등 매우 민감하게 반응했음을 볼 수 있다. 셋째, 군은 광주시위를 초기에 진압하기 위해 강경하게 대응하겠다는 의지를 내비치고 있는 반면, 광주 지역기관장들의 생각은 군의 그것과 달랐음을 읽을 수 있다.[18]

초기 시위에 대해 군 수뇌부는 어떤 결정을 내렸는가. 그들은 광주시위에 대한 대책회의를 열고 광주를 방문하고 돌아온 정호용 사령관의 보고를 토대로 대책을 논의했다. 그 결과 더 많은 병력을 보내서 더 강경하게 시위를 초기에 제압할 것을 결정했고, 파견 병력은 정호용 장군의 요청을 받아들여 11공수여단 4개 대대 병력을 보내기로 했다.[19] 대책회의에서 정호용 사령관의 병

17 박현채는 광주항쟁의 계기에 대해 집권을 노리는 반동의 선택이 보다 규정적이었다고 보았다. 박현채, 「80년대 민족민주운동에서 5·18광주민중항쟁의 의의와 역할」, 한국현대사사료연구소 엮음, 『역사와 현장 1』(광주: 남풍, 1990), 51쪽.

18 당시 광주 지역기관장들이 군의 진압에 대해 어떻게 생각했는지를 보여주는 몇 가지 자료를 소개하면, 윤흥정 사령관은 18일 밤 시민·기관장들의 심한 항의에 대해 "군복을 입고 있는 것이 부끄러울 정도였다"고 심경을 토로했다. 그리고 19일 오후에 열린 광주 시내 기관장회의에서는 "이놈의 군대가 어느 나라 군대냐, 왜 국민을 상대로 과격하게 진압하느냐"며 군의 과잉 진압에 대해 한목소리로 성토했다(김영택, 「80년 광주, 정호용과 정웅」, 『신동아』, 1998년 1월호). 18일 오후 1시경 2군사령부가 7공수부대를 투입하라는 지시에 대해 31사단장 정웅 장군은 우선 경찰 병력만으로 시위를 진압하자고 건의했지만 상부에서는 막무가내로 군 투입을 독촉했다(정상용 외, 『광주민중항쟁』, 돌베개, 1995, 167쪽). 또한 당시 안병하 전남경찰국장은 "만약 군이 투입되지 않고 끝까지 경찰에 책임을 맡겼더라면 광주사태는 결코 일어나지 않았을 것"이라고 단언하면서 광주항쟁의 발생 동기를 과격한 군의 진압으로 인한 유혈사태로 보고 있다는 점에서 당시 경찰의 입장을 헤아릴 수 있다. 이재의, 「5·18 당시 발포를 거부한 전남도경국장의 광주 비망록」, 『말』, 1888년 5월호.

19 「계엄군 작전상황 보고서」.

5월 18~21일 금남로. 시민들이 버스 위에서 진압군의 잔혹한 폭력에 항의하고 있다.

력 증파 요청은 받아들여진 반면, 광주·전남 지역기관장들의 의견은 묵살당했다. 당시 군 수뇌부 및 군권은 쿠데타를 일으킨 신군부 집단이 통제하고 있었고, 신군부 집단의 최우선 과제가 쿠데타 성공에 있었다는 점을 감안할 때 군 수뇌부는 어떤 희생을 감수하더라도 광주에서 시위를 조기에 진압해야만 했다. 신군부의 이런 절박함과 더불어 군의 기존 시위 진압 방식에 비추어 강경 진압 방식은 군이 선호하는 일반화된 방식이었다.[20] 이에 따라 광주는 군의 '위력시위' 대가를 톡톡히 치르게 된다.

끝으로 시위자들 중에 집단적 저항행위는 없었는가. 초기 저항은 특정 지도자나 지도조직을 갖지 못한 자연 발생적 집합행위 수준에 머물렀다. 참여 방식도 거의 개인적 차원에서 이뤄졌고 참여자들 또한 대학생들에 국한됐다. 이런 가운데 극단 광대와 대학의 소리, 백제야학, 들불야학이 집단적으로 대응했다. 이들은 마치 약속이나 한 듯 활동 단체의 일부 구성원들과 함께 유인물을 만들어 배포했다.[21] 먼저 광대는 18일 오후 김윤기·김태종·김선출 등이 모여 유인물을 제작해 산수동 일대에 뿌렸는데, 그 내용은 "광주 민주시민 총궐기하자" "전두환 드디어 마각을 드러내다" 등이었다. 그리고 백제야학은 손남승·김홍권 등이 모여 유인물을 제작해 학동 일대에 살포했다. 대학의 소리 팀은 전용호 등 탈춤반원들이 18일 오후 유인물을 제작해 계림동 등에 뿌렸다. 한편 윤상원·박용준 등 들불야학 강학들은 18일부터 시위에 참가하면서 자신들의 역할을 모색하던 중 광주의 시위 상황과 군의 학살 소식을 알리는 것이 가장 필요한 일이라고 결론짓고 소식지 발간에 들어갔다.

이들 단체 활동가들은 다 같이 학생운동권으로서 대부분 서로 아는 사이

---

20 군부 내에서도 특히 권위주의 체제의 폭압 통치에 동원됐던 특전사 부대와 정치군인들은 그동안 권력자의 최후 보루로서 국민의 저항을 무조건 강경 진압해야 한다는 강경진압론에 크게 경도돼 있었다. 특전사부대는 1960년대 박정희 정권의 정치적 위기 때마다 동원됐고, 유신체제하에서 위수령, 긴급조치, 부마민중항쟁 등 반독재 민주화투쟁을 진압하는 데 최우선적으로 파견됐다. 5·17 쿠데타세력의 핵심은 대부분 특전사 근무 경험을 갖고 있었다.

21 이와 관련한 상세한 활동 내용은 박찬승, 「선언문·성명서·소식지를 통해 본 5·18」, 광주광역시 5·18사료편찬위원회, 『5·18민중항쟁사』(광주광역시 5·18사료편찬위원회, 2001), 381~82쪽 참조.

이거나 이름 정도는 알고 있었다. 이들은 모두 우연찮게도 대중을 선동하고 조직화하는 일에 눈을 돌렸지만, 유인물의 제작·배포라는 동일한 작업은 서로 모르는 상태에서 진행됐다. 이와 같이 학생운동권 일부가 단순 시위에 참여함을 넘어 항쟁 초기부터 집단적·조직적으로 대응했다.

2) 저항의 확대

군의 야만적 폭력과 시민들의 참여

시민들이 시위에 참여하면서 시위 양상은 크게 달라졌다. 지금까지 일방적으로 쫓겨 다니던 시위자들이 시민들의 참여를 계기로 공세적 모습을 보이기 시작했다. 19일 오후 1시 무렵 군의 살육작전에 대응해 가톨릭센터를 중심으로 금남로 인근에 모인 4~5천여 명의 시위자들은 도로 주변의 대형 화분, 공중전화 부스, 인근 공사장 자재 등을 동원해 바리케이드를 치고 쇠파이프와 각목으로 무장해 군경과 공방전을 벌였다. 가톨릭센터 옥상에서 시위 상황을 무전기로 보고하던 군인 6~7명을 발견한 시위자들이 순식간에 옥상으로 쳐들어가 그들을 공격해 제압하고 무장을 해제시켰다. 하지만 시위자들은 급히 달려온 구원병들에게 잔인하게 보복을 당했다.

오후 4시경 시외버스 공용터미널 앞에서는 금남로를 향해 가던 시위자들과 이를 막아선 군이 충돌했다. 이 과정에서 수많은 시위자들이 체포돼 초주검이 된 후 트럭에 실려 어디론가 보내졌다.[22] 오후 5시경 시위자들에게 포위된 일부 군인들이 시위자들을 향해 발포했다. 시위 학생 1~2백여 명이 광주고교와 계림동 오거리 간 동원빌딩 앞에서 기계 고장으로 멈춰 선 장갑차를

---

22 초주검이 된 사람들이 트럭에 실려 간 곳은 금남로와 가까운 조선대였다. 그들은 운동장에서 또다시 무수한 구타와 기합을 받은 후 한동안 체육관에 감금돼 있다가 31사단이나 상무대로 보내졌다. 조선대에 연행된 사람들이 겪은 실상은 공수부대의 육필 수기에 잘 묘사돼 있다(작자 미상, 「내가 보낸 화려한 휴가」, 윤재걸, 앞의 책 참조). 그리고 아들을 찾아 나섰다가 군에 붙잡혀 간 허헌은 조선대 운동장에서 가혹한 폭행을 당한 뒤 보내진 31사단이나 상무대에는 연행자들로 가득했다고 증언하고 있다(허헌의 증언).

포위하자, 그중 1명이 장갑차에 뛰어올라 불을 붙이려 했고, 이에 장갑차 안에 있던 군인이 시위자들을 향해 M16소총을 발사해 4명에게 중상을 입혔다. 시민을 향한 군의 최초 발포였다.

금남로를 비롯한 시내 곳곳에서는 시위자 1~2백명이 군과 쫓고 쫓기는 공방전을 계속했고, 그 과정에서 쿠데타군의 학살적 진압은 그칠 줄 몰랐다. 특히 공용터미널 부근에서 군의 저지로 시내 진출을 차단당한 시위대 1천여 명이 도로 주변의 설치물로 바리케이드를 치고 보도블록을 깨 던지는 등 강력한 저항을 하다 최루탄을 발사하고 장갑차로 바리케이드를 깨부수면서 돌진하는 군에 밀려 공용터미널 안에서 무차별 난도질당했다.

이와 같이 군경과 시민 학생들 간에 쫓고 쫓기는 공방전 속에 자행된 군의 진압행위는 이미 정도를 넘어 학살 수준에 달했다. 하지만 시위자들을 공포에 떨게 만들어 시위를 멈추게 하려는 군의 의도와는 달리, 시위자는 오히려 수천여 명으로 불어났고, 급기야 고교생들까지 가세[23]하는 등 시위는 규모도 커지고, 기세도 더욱 강해졌다. 이런 시위 기세는 야간까지 계속돼 수천 명이 광주공원, 시외버스 터미널, 광주고속 앞에 모여 대규모 시위를 벌였고, 밤이 깊어지면서 임동·역전·양동·누문동 파출소를 불태웠고, KBS 광주방송국, 북구청 등을 습격해 파괴하는 등 공격적 양상을 보였다.

이에 대응해 쿠데타세력 수뇌부는 몇 가지 새로운 결정을 했다. 먼저 수뇌부는 특전사 3공수여단(여단장 최세창) 4개 대대 병력을 추가로 광주에 투입하기로 했다. 다음으로 과감한 타격 등의 내용이 담긴 충정작전 지침을 하달했다.[24] 마지막으로 그동안 진압에 소극적이었던 윤흥정 장군을 예편시키고 소

---

23 대동고·광주일고·중앙여고 학생들이 수업을 거부하고 시내로 진출했고, 양동시장 부근에서는 중앙여고생으로 추정되는 여학생의 가슴을 대검으로 그으며 희롱하는 쿠데타군의 만행을 보고 시민들이 항의하다 구타당했고, 이를 지켜본 시민들은 치를 떨었다(박남선의 증언).

24 제2군사령관 명의로 하달된 충정작전 지침 내용은 ① 도시 게릴라식 소요 및 난동 형태에는 소규모로 편성된 다수의 진압부대를 융통성 있게 운용한다. ② 전 작전 가용 병력을 최대로 운용한다. ③ 바둑판식 분할 점령을 실시한다. ④ 대단위로 기동타격대를 보유하여 시위대를 조기에 분할, 타격하여 체포한다. ⑤ 소요 군중의 도피 방지책을 강구한다(상점은 셔터를 내리도록 한다). ⑥ 군중들이 10인 이상 집

준열 장군을 신임 전교사 사령관에 임명했다. 군 수뇌부의 이런 결정은 세 가지 측면(병력, 전술, 인사)을 통해 강경 진압 방침을 밀고 나가겠다는 의지를 보여준 것이다.

20일 오전에는 비가 내려서인지 시위 분위기가 전날과 달리 가라앉았다. 오전 10시경 대인시장 부근에 모인 1천여 명의 시위 군중들은 시내를 돌아다니다 군에 의해 해산됐고, 가톨릭센터 앞에서는 시위 도중 체포된 남녀 30여 명이 속옷만 입은 채로 기합을 받고 있었다. 군인들의 무수한 몽둥이질, 발길질, 욕설 속에 그들의 온몸은 피로 낭자했고, 기합을 받는 여성들의 모습은 차마 눈 뜨고 보기 어려웠다. 군인들의 야만적 행위를 지켜보는 사람들의 분노와 슬픔은 극에 달했다.[25]

잠잠하던 시위는 오후가 되면서 다시 시작됐다. 오후 2시 무렵 서방 사거리에서 시작된 시위는 군의 살인적 진압에도 불구하고 그 숫자가 계속 증가해 오후 4시경 금남로와 계림동 일대에 3~5천여 명이 모였다. 시위자들은 "공수부대는 물러가라" "계엄을 해제하라" "우리를 죽여라" "전두환은 물러가라" 등의 구호와, 「우리의 소원은 통일」 「정의가」 「아리랑」 등의 노래를 부르며 연좌농성, 투석전을 전개했다. 그들 중 일부는 확성기를 들고 시민들을 선동했고, 군 저지선을 뚫기 위해 쇠파이프와 각목을 든 선봉대를 즉석에서 편성하기도 했다. 그리고 시위 현장 부근에 사는 시민들은 최루가스로 고통을 당하는 시위자들을 위해 물과 물수건, 치약 등을 내놓기도 했다.

군이 보여준 진압 전술은 기존의 도덕률과 국민의 군대로서의 상식 수준을 넘어선 잔인한 학살행위로서 시민들을 충격과 분노에 빠뜨리기에 충분했다. 광주 시민들의 심경을 비교적 잘 담고 있는 김성용 신부의 증언 일부를 인

결하지 못하도록 방지한다. ⑦ 다수의 편의대를 운용한다. ⑧ 과감한 타격을 실시한다. ⑨ 통금 시간을 대폭 연장한다. ⑩ 총기 피탈을 사전에 방지한다(피탈자는 엄중 문책). ⑪ 주민에 대한 선무활동(전단, 방송)을 강화한다(전교사 작전일지).

25 사무실에서 이 광경을 지켜봤던 조비오 신부는 "내가 비록 성직자이지만 옆에 총이 있었다면 쏴버리고 싶은 심경이었다"고 울분을 토로했다(조비오의 군법정 진술). "군인들이 도시 한복판에서 미치광이 짓을 하고 있었다. 〔……〕 짐승한테도 그렇게 잔인하게 대하지는 못할 것이다"(서명원의 증언).

용해본다.

> 만일 M16소총이 내 손에 있었더라면, 나는 군인들 전원을 사살했을 만큼 전율할 충동을 느꼈다. 국민의 피땀이 묻은 방위세로 무장한 군대, 외적의 침략을 막으라고 주어진 총검을 이 나라의 주인인 시민들에게 돌리다니······ 주인을 모르고 날뛰는 군대는 없어져야 한다. 누가 이 군인들을 미치게 했는가? 국민을 살상하라고 명령한 원흉은 누구인가?[26]

군의 학살적 폭력에도 불구하고 시민들은 왜 시위에 참여하게 됐는가. 군의 폭력은 시민들에게 공포심을 충분히 불러일으켰지만, 그 정도가 어느 수준을 넘어서면서 오히려 생존과 보호 본능을 자극했다. 시민들은 잔학한 폭력 앞에서 청년 학생들을 보호하고 자신을 비롯한 광주 시민의 생명을 지키기 위해 나서지 않으면 안 되겠다는 절박한 심정을 갖게 된 것이다. 불과 오전까지만 해도 대학생들의 시위에 무관심하거나 외면했던 시민들이 군의 강경 진압을 지켜보면서 '이러다가 공수부대가 대학생들을 다 죽이겠다' '더 이상 이대로 보고만 있을 수 없다' '우리 손으로 공수부대를 몰아내자'는 생각이 확산된 것이다. 심정 변화를 일으킨 시민들은 그동안의 방관자적 태도를 버리고 시위에 적극 동참하기 시작했다.

군의 위력시위에 굴복하지 않고 시위자가 점점 불어나고 그 기세가 강해진 것은 지역기관장들이 요구하면 강경 진압이 멈출까, 혹시 군을 자극하지 않으면 군의 강경 진압이 멈출까, 또 달리 많은 시민들이 시위에 참여해 지역민의 의사를 보여주면 강경 진압 방식이 수정될까 하는 기대도 했으나, 군의 강경 진압 방침이 변화되기는커녕 시간이 지날수록 오히려 강화되는 것을 확인하면서부터였다. 결국 시민들은 광주에서 군을 몰아내지 않으면 광주 사람들의 생사를 장담할 수 없다고 판단한 것 같다. "차라리 우리를 죽여라" "같이 죽자"는 구호는 시위자들의 심정을 잘 담고 있다고 할 것이다.

---

26 김성용의 증언.

기사들의 차량시위

군의 무차별적 폭력으로 피해를 당한 택시기사들은 시내 운전 자체가 자신들의 생명을 위협하는 위기 상황에 노출됐다고 판단하고, 자신의 생명과 광주 시민들의 생명과 안전을 지키기 위해 시위에 동참할 것을 결의했다. 그리고 20일 오후 6시 무등경기장 앞에 모여 차량시위(vehicle driver demonstration)를 하기로 했다.[27]

차량시위는 20일 오후 6시 무렵 택시와 버스, 트럭 기사 2백여 명이 모인 가운데 무등경기장 앞에서 시작됐다. 그들은 운전기사뿐만 아니라 광주 시민의 생명을 위협하는 군을 몰아내기 위해 자신들의 차량을 몰고 시위에 동참했다. 행렬의 선두에는 대형 버스와 트럭이 서고 그 뒤를 택시가 따랐고, 연도의 1천여 시위자들은 기사들의 시위 동참을 반기면서 택시 안에 돌이나 각목 등을 가득 싣고 동승하거나 차량과 같이 나아갔다. 수백 대의 차량과 수천 명의 시위자들이 한데 어우러진 행렬은 마치 대지를 삼키며 끝없이 흘러내리는 붉은 용암의 장대한 흐름을 연상하게 했다.

그들의 행렬이 금남로에 도착해 군과 대치하고 있던 시위자들과 만나면서 투쟁 분위기는 한껏 고조됐다. 손마다 쇠파이프, 각목, 화염병 등을 든 시위자들은 "군 저지선을 차로 밀어버리자"고 외치면서 돌멩이를 던지며 차량 행렬을 엄호하며 나아갔다.[28]

이런 광경에 놀란 군은 시위 차량 행렬의 진격을 차단하기 위해 쉴 새 없이 최루탄을 쏘고 최루가스를 뿜어댔다. 이에 금남로 거리는 지척을 분간할 수 없을 만큼 최루가스로 뒤덮였고, 무수히 날아드는 최루탄에 시위 차량의 유리창이 마구 깨지면서 최루가스가 차 안으로 유입되자 운전기사들은 앞을 볼

---

27 시내버스나 택시 기사들에 대한 군의 무차별 폭력이 자행되는 상황에서 기사들 사이에서 돌던 말은, "안내양도 죽었다" "기사가 대검에 찔려 죽었다" "그 ×××들에게 뭔가를 보여줘야 한다" "시민에게 무슨 죄가 있냐, 참고만 있어서는 안 된다" 등이었다. 택시기사들은 삼삼오오 모여 앉아 분노하며 이대로 있을 수 없다며 뭔가를 보여주기 위해 기사들도 시위에 동참하자고 결의했다(우익구의 증언).

28 전남사회운동협의회 엮음, 『죽음을 넘어 시대의 어둠을 넘어』(풀빛, 1985), 86쪽.

5월 20일 차량시위에 동원되었던 버스 등 많은 차량들이 불에 타거나 부서진 채 길거리에 널려 있다.

수 없게 돼버렸다. 시위자들 또한 온전히 대응할 수 없었다. 이런 최루가스의 고통에도 불구하고 선두에 선 차량 10여 대가 대치선을 향해 나아갔지만 얼마 가지 못하고 가로수에 부딪히거나 인도로 돌진해 멈춰 서버렸다. 뒤따르던 나머지 차량들 역시 군 대치선을 눈앞에 두고 더 나아가지 못했다.

그사이 방독면을 쓴 군은 시위 차량 행렬을 향해 달려들었다. 전조등의 강한 불빛 때문에 사방을 살필 수 없었던 군은 차량 전조등과 앞 유리창을 깨부수며 차량시위를 진압하기 시작했다. 앞으로 나갈 수도, 뒤로 물러날 수도 없는 상황에서 차 안의 운전기사와 시위자들은 밖으로 뛰쳐나와 시위 군중들에 합류했다. 하지만 미처 나오지 못한 사람들은 군의 곤봉 세례를 받았고 다수가 연행됐다.[29] 차량시위를 저지하려는 군의 필사적인 돌격에 뒤따르던 1천여 명의 시위자들은 돌을 던지며 끈질기게 맞섰으나 저지선을 뚫기에는 역부족이었다.

---

29 당시 차량시위에 참여했다가 연행된 사람들은 처음에는 YMCA 앞에 잡혀 있다가 나중에 도청 상황실로 옮겨졌는데, 그 수는 대략 3백여 명 정도였다(임재구, 전고선의 증언).

오후 9시경 문화방송도로를 경유한 광주고속버스 1대가 노동청 방면에서 도청 쪽으로 돌진해 그곳의 방어를 맡고 있던 경찰 병력을 덮쳤다. 이로 인해 경찰 4명이 죽고 4명이 중상을 입었다. 차량시위 이후 시위자들은 차량을 이용해 군에 저항하기 시작했다.

운전기사들은 왜 차량시위를 하게 됐는가. 연일 계속되는 시위 상황에서 벌어진 군의 무차별적·비인간적 폭력은 운전기사의 정상적인 근무 자체를 위태롭게 했다. 당시 그들이 처한 상황을 운전기사의 증언을 통해 확인해보자.

5월 19일 오후에 젊은 승객 3명을 태우고 시외버스 공용터미널 옆을 지나는데, 공수 10여 명이 차를 세우더니 택시에 타고 있던 승객을 끌어내려 무자비한 폭행을 가했다. 운전석에 앉아 있는 나에게 "이 자식도 데모하는 학생을 싣고 다니니 똑같은 놈"이라고 욕설을 퍼부으며 마구잡이로 휘두른 곤봉에 맞아 정신을 잃어버렸다.[30]

기사들은 "우리가 영업하다가 손님을 실어준 것이 무슨 죄가 되느냐"며 항변했다. 그리고 대다수 국민들이 국가와 사회의 민주화를 염원하는 상황에서 쿠데타세력에 저항하는 대학생들에게 승차 거부 행위를 한다는 것은 상상할 수 없는 일이었다.

운전기사들이 차량시위를 하게 된 또 다른 이유는 기사들의 다음 말 속에 잘 나타나 있다. "공수부대가 우리를 곤봉과 대검으로 살해한다면 영업을 집어치우고 우리도 싸워야 한다." 공수부대들에게 이대로 당하고만 있을 수 없다는 것이다. 기사들은 자신뿐만 아니라 대학생을 비롯한 광주 시민의 생명을 위협하는 군의 진압행위를 멈추게 하기 위해서 시위 대열에 동참하고자 했다. 강경 진압이 멈추지 않고 계속되자, 그들은 무등경기장, 광주역 인근에 모여 차량시위를 시작하게 된 것이다.

---

30 정영동의 증언.

다음으로 차량시위가 갖는 의미는 무엇인가. 5·18행사위원회는 매년 5월 20일을 '민주기사의 날'(Democratic Driver's Day)로 정해 당시 차량시위를 기억하고 그 정신을 기리고 있다. 차량시위의 의미는 첫째, 차량시위를 계기로 시민들이 시위에 본격적으로 참여하게 되었다는 점이다. 차량시위는 기사들 스스로가 시위 대열에 참여해야 한다는 자발적 결의를 통해 집단행동으로 표출했다는 데서 다른 집단이나 개인들에게 큰 영향을 미쳤다. 기사들의 용기 있는 행위는 군중에게 투쟁심을 자극하고 기존의 공포심을 약화시켜 많은 시민들을 시위에 동참하게 만들었다.[31] 둘째, 도심시위의 새로운 투쟁 방법을 일깨워주었다는 것이다. 기존 시위가 개개인들이 각목과 쇠파이프를 휘두르고, 화염병과 돌을 던지며, 더불어 바리케이드를 치고 대치하는 등 각개 전투 수준이었다면, 차량시위는 자동차라는 기계적 수단과 시위자가 결합된 좀더 높은 수준의 전투 방식이었다. 차량과 함께 시위자가 동시에 돌진하여 군의 저지선을 돌파하는 방식은 기존 방법보다 훨씬 더 위력적이었다. 차량시위는 이런 도심 전투 방식의 단초를 제공했다.[32] 차량시위 이후 시위자들은 차량을 이용하여 군의 저지선을 돌파하려는 시도를 많이 했다. 특히 아시아자동차 공장에서 시위자들이 가져간 차량 대수만 해도 260여 대에 달했다. 셋째, 5·18의 투쟁 역량을 제고한 중요한 기제가 됐다는 점이다. 당시 자동차 보급률이 높지 않았던 조건에서 차량은 광주 해방공동체를 지키는 데 저항세력의 중요한 수단이 됐다. 이와 같이 차량시위는 도심 시위투쟁의 양과 질을 발전시키는 중요한 계기로 작용했다.

끝으로 저항의 확대 과정에서 드러난 집단적 활동에 대해 알아보자. 이 시기(19일 오후~20일 오후) 집단적 내지 조직적 행동은 앞에서도 언급했지만 18일 이후 계속해서 광대, 대학의 소리, 백제야학 집단이 조직적으로 지하 유인물을 제작, 배포했다. 그리고 들불야학은 저항이 확대되는 19일 이후부터 광

---

31 전남사회운동협의회 엮음, 앞의 책, 85쪽.
32 광주매일 5·18취재반, 앞의 책, 258쪽.

천동 들불야학당에서 조선대민주투쟁위원회, 광주시민민주투쟁위원회 등 이런저런 이름으로 유인물을 제작해 시내 곳곳에 배포했으며, 이후 『투사회보』라는 단일한 제호로 '지하 신문'을 만들어내기 시작했다.

3) 저항의 심화

심야 전투

차량시위를 계기로 시위자들은 더욱 많아졌고 투쟁력과 기동력 또한 크게 높아졌다. 비록 차량시위로 많은 시위자들이 체포됐음에도 불구하고 얼마 지나지 않아 시위 전열은 정비됐다. 이 결과 오후 8시 이후 도청 부근에는 사방에서 모여드는 시위자들로 가득 찼다.

시위 군중의 기세에 대응해 군경은 도청을 사수하고자 많은 병력을 동원했다. 시위자들이 가장 많이 모인 금남로는 군이 담당하고, 나머지 구역은 경찰이 맡아 밀려드는 시위자들[33]을 필사적으로 막았다. 대부분의 병력이 도청 지역에 배치됨으로써 도청 이외 지역에 대한 군경의 장악력은 크게 떨어졌다. 군경은 사실상 시위자들에게 포위된 형국이었다. 이런 형국을 틈타 일부 시위자들은 시청과 검찰청, 법원, 경찰서 등에 쳐들어가 지키고 있던 병력을 모두 쫓아내고 점령하려 했지만, 청사를 지키고 있던 당직자들의 설득과 시위자들의 자제로 건물에 난입하거나 부수는 일은 일어나지 않았다. 또 다른 시위자들은 시 외곽 지역의 파출소들을 습격하고, 차량을 끌어내 시위에 동원하기도 했다. 이들은 차를 타고 이동했기 때문에 여러 곳을 매우 빠르게 파괴하고 점령할 수 있었다.

오후 9시가 지나면서 시위 군중은 군 추산으로 7만여 명에 달했다.[34] 이들의

---

33 시위자들의 운집 상황을 보면, 금남로에 1만여 명, 노동청 쪽에 3천여 명, 전남대병원 쪽에 1만여 명, 전남매일 쪽에 2천여 명의 시위자들이 도청을 지키고 있는 군경을 압박해갔다(계엄사 상황일지, 시청 상황일지, 특전사 전투상보).
34 계엄사 상황일지.

5월 20일 왜곡 보도에 분노한 시위대의 공격을 받아 불타고 있는 광주문화방송국.

공격 대상은 이제 군경 등 물리적 집단에 한정되지 않고, 방송국과 세무서로까지 확대됐다. 이들은 저녁 뉴스 시간에 시위 관련 소식을 왜곡 보도한 지역 방송국들을 공격했다. 먼저 시위자들은 MBC 광주방송국으로 몰려가 화염병을 던졌으며, 새벽녘에는 광주역 근처에 있던 KBS 광주방송국, 새벽 1시경에는 광주세무서와 노동청에 화염병을 던졌고, 그 결과 일부 시설물이 불탔다.

오후 10시경 10만 명으로 불어난 시위자들은 도청과 도경, 교도소, 광주역, 전남대, 조선대를 제외한 모든 지역을 점령했다. 시위자들은 이들 미점령 지역을 장악하기 위해 힘을 집중했다. 광주역 부근에 모인 2만여 시위자들은 오후 10시경 광주역에 주둔한 군을 몰아내고 역을 점령하기 위한 싸움, 이른바 '광주역 전투'를 벌였다.[35] 시위자들은 여섯 방향에서 군을 압박했다. 인근 지

---

35 광주역에서 군을 몰아내기 위한 싸움은 차량시위 이후부터 시작됐으나 본격적인 싸움은 오후 10시 무렵부터였다고 할 수 있다.

역에 있는 고속버스와 트럭과 주유소에서 만든 화염병, 휘발유통을 이용해 군 저지선을 뚫고갔다.

군 작전상 광주역은 자체 방어뿐만 아니라, KBS 광주방송국을 지키고 시외버스 공용터미널, 광주시청, 전남대를 연결하는 주요 거점이었다. 이에 군은 KBS 광주방송국 앞까지 나와 진을 쳤고,[36] 시위자들을 저지하기 위해 가스탄과 화염방사기, E-8 발사통을 사용했고, 돌진해 들어오는 버스는 예광탄·공포탄으로 대응했다. 군의 강력한 대응에도 불구하고 시위자들의 공세를 막기에는 역부족이었다. 더 버티기 어렵다고 판단한 군은 오후 11시 무렵 실탄을 장전해 쏘기 시작했다. 발포는 광주역뿐만 아니라 시청, 도청 지역에서 동시에 이루어졌다.

군의 발포에도 시위자들의 기세는 꺾이지 않았고, 밤이 깊어갔음에도 시위는 멈출 줄 몰랐다. 심야 시위자들은 주로 10대, 20대의 젊은이들로 각목과 쇠파이프, 화염병으로 무장하고 차를 타고 돌아다니며 시위를 했다. 시위자들은 주로 도청과 노동청, 조선대, 광주역에서 싸웠고, 일부는 방송 장비를 마련해 시내를 돌아다니며 시민들의 참여를 호소하고 군의 잔학한 진압 상황을 알리는 가두방송을 했다.[37]

금남로, 노동청, MBC 광주방송국 등 도청 인근 지역에서는 격렬한 싸움과 진압이 이뤄졌고, 오전 3시경 3천여 명이 재차 도청 공략에 나섰으나 끝내 접수하지 못했다. 시청과 광주역에서는 시위자들의 공격이 강화되면서 군이 위기에 처할 때마다 병력을 서로 지원하면서 시위자들의 공격을 격퇴했으나,

---

36 당시 광주역에는 특전사 15대대와 31사단 병력 2백 명이 주둔하고 있었는데, 31사단 병력은 시위자들에게 자신들은 공수부대가 아니며 철수하려 한다고 호소하며 현장을 빠져나갔고, 대신 시청에 주둔하고 있던 3공수여단의 12대대 병력이 광주역에 합류했다.

37 가두방송의 필요성을 느낀 시위자들은 방송 장비 구입을 위한 모금과 함께, 동사무소 방송 장비를 일부 옮겨 와 방송에 나섰다. 방송은 전춘심과 차명숙이 담당했는데, 이들은 차량을 이용하여 전 시가지를 돌아다니며 방송을 했다. 방송 내용은 주로 "계엄군 아저씨, 당신들은 피도 눈물도 없습니까?" "광주 시민 여러분, 여러분은 어떻게 편안하게 집에서 잠을 잘 수가 있습니까? 우리 동생, 형제들이 죽어가고 있습니다" 등 시민들의 참여를 호소하고 군의 잔학성을 부각했다. 시위 차량 주위에는 항상 시위자들이 따라다니며 보호했다(전옥주의 증언).

오전 4시경 시위자들의 공격을 더 감당하지 못하고 전남대로 퇴각했다. 오전 5시경 KBS 광주방송국과 역전 파출소는 시위자들에 의해 불탔다.

또한 조선대를 점령하기 위한 시위자들의 노력은 자정부터 새벽 5시까지 계속됐다. 자정 무렵 2천여 명 시위자들이 차량을 앞세워 정문 돌파를 시도했으나 실패했고 오전 3시경 3천여 명의 시위자들 역시 차량과 함께 공격하는 등 오전 5시경까지 진입을 시도했으나 진입에 성공하지 못했다.

지금까지 살펴본 바와 같이 심야시위는 이전까지 군에게 쫓기며 살상당하던 시위자들이 반대로 군을 공격하고 몰아붙이는 공세적 양상을 띠었다. 시위 군중들이 비록 군을 물리치지는 못했지만 군이 장악하고 있던 주요 지역을 공격해 시내 대부분을 차지했다.

그렇다면 심야시위의 동력은 어디에서 나온 것일까. 이는 차량시위를 계기로 시민들이 대거 참여하기 시작했다는 점에서 찾을 수 있을 것 같다. 시위자는 오후 9시경 7만, 오후 10시경에는 10만에 이르렀다. 이 정도 숫자면 당시 광주시 인구 73만 중에서 노약자·부녀자·어린이를 제외한 대다수 시민들이 시위에 참여했다고 볼 수 있으며, 다음 날 여성들이 시위자들에게 주먹밥과 음료수 등의 제공을 통해서 시위를 지지하고 동참했다는 점까지 고려할 때, 광주 시민들 거의 모두가 시위에 참여한 것이다.

그리고 심야시위 참여자들은 운전기사들처럼 시위의 필요성에 공감하고 자발적으로 참가했다. 적어도 시위자들에게 군은 이미 광주 시민의 생명을 위협하는 존재로 받아들여졌고, 광주에서 축출해야 할 대상에 불과했다. 모든 광주 시민이 힘을 합해 그들을 광주에서 몰아내는 것만이 유일한 살길이라고 인식했기 때문에 시위 동참은 의심의 여지 없는 생존 차원의 행동이었다.

심야시위 이후 군 수뇌부는 어떤 결정을 내렸는가. 시위가 양·질적으로 크게 발전하게 되자 군 수뇌부는 광주에 추가 파병, 선무활동 강화, 시위 진압용 가스 살포용 헬기 파견 등을 결정했다. 이에 따라 한양대, 동국대 등에 주둔하고 있던 20사단 병력이 오전 5시경 광주에 도착했고, 오전 6시경 시위 진압을 위해 가스 살포용 헬리콥터(500MD) 5대도 광주에 도착했다.[38] 그리고 계엄사령부는 21일 오전 8시경 광주항쟁 관련 소식을 최초로 발표했다.

군 수뇌부의 이런 결정은, 우선 병력을 추가로 파견하여 시위를 끝장내겠다는 것이다. 새롭게 파병된 20사단[39]의 최초 임무가 시위자들이 광주 시내로 진입하거나 타 지역으로 이동하는 것을 봉쇄하는 것임에 미루어 군 수뇌부의 의도를 명확히 읽을 수 있다. 다음으로 수만 명의 시위자들을 진압할 수 있는 새로운 장비를 동원해 시위 진압을 강행하겠다는 의지를 담고 있다는 점을 확인할 수 있다. 마지막으로 시위를 누그러뜨리기 위한 심리전을 강화하겠다는 것이다. 이를 위해 전남 지역 출신 영관급 장교 50~60명 동원 계획을 짰다.[40] 이처럼 군 수뇌부는 시위자들과 대화를 통한 타협 방식보다는, 오직 군대 무력을 통해서 굴복시키겠다는 군사주의적 해결 방식에 골몰했다.

시위자들의 협상 요구와 이를 외면한 당국

지난밤을 뜬눈으로 지새운 심야 시위자 1천여 명, 그리고 아침 일찍 나온 시위자들을 합해 1만여 명이 가톨릭센터 부근에 운집했다. 전날 밤 차량시위에서 차량의 위력을 경험한 시위자들은 오전 일찍 방위산업체인 아시아자동차 공장으로 달려가 버스, 군용 지프, 군용 트럭, 장갑차(APC), 페퍼포그(Pepper Fog) 차량 등을 끌고 나왔다. 이들 차량은 다양한 용도로 쓰였다. 장갑차나 군용 트럭 등은 도청 인근, 전남대, 조선대 등 군과 대치하고 저지선을 돌파하는 데 사용하고, 대형 버스 등은 타 지역에 소식을 전하고 지원을 끌어내고 시위에 참가하려는 외곽 지역 사람들을 도심으로 운송하는 데 활용됐다.

---

38 육본 상황일지.

39 20사단 병력은 미군사령관으로부터 부대 이동 승인을 받기 전에 미리 광주로 이동했고, 도착 직후 곧바로 임무 수행에 들어갔다. 이 부대 이동에 대한 미군의 공식 승인은 22일자로 받았는데 20사단은 승인되기 하루 전인 21일 오전 1시에 이동한 것이다. 그런데 21일 광주에서는 쿠데타군의 집단발포를 통한 학살이 진행됐고, 이에 시위자들은 총으로 무장하고 격렬하게 저항했음에도 불구하고 미국은 20사단 병력의 이동을 승인한 것이다. 이런 점에 미루어 볼 때 미국은 광주에서 군의 학살, 무력 진압에 동의한 것으로 봐야 한다.

40 육본 상황일지.

시위자들은 쇠파이프, 각목 등을 들고, 광주역에서 죽은 시위자의 주검 2구를 실은 리어카와 차량들로 군과 대치하면서 "도지사와 시장은 시체를 인수하라"고 외치며 도지사와의 면담을 요구했다.[41] 오전 10시경 김범태·전옥주·김상호 등 시민 대표는 장형태 도지사를 만나 시민들의 요구를 전달하고 그 답을 들었다. 시민 대표가 주장한 네 가지 요구는 첫째 유혈사태에 대해 도지사가 공개 사과할 것, 둘째 연행 시민, 학생 전원을 석방하고 입원 중인 학생의 소재와 생사를 알릴 것, 셋째 계엄군은 21일 정오까지 시내에서 모두 철수할 것, 넷째 전남북계엄분소장과 시민 대표의 협상을 주선할 것 등이었다. 이에 대해 도지사는 "군 철수 문제는 최대한 노력하겠다. 나머지도 책임지고 수락하겠다"면서 "오늘 12시까지 계엄분소장을 만나게 해줄 테니 나가서 시민들을 제지해달라"고 주문했다. 시민 대표가 "12시까지 기다리기에는 시민들의 감정이 너무 격앙돼 있으니 도지사가 직접 그들 앞에 나서서 이야기해달라"고 요구하자, 도지사는 "그러면 5분 후에 시민들 앞에 나가 사과의 말을 하겠다"고 약속했다. 그러나 도지사는 끝내 시위자들 앞에 나타나지 않았다.

도지사와의 면담이 좌절되자 시위자들은 도청·시청·전남대·조선대에 주둔하고 있는 군을 축출하기 위해 공격을 강화했고, 지하 유인물과 가두방송은 대학생과 광주 시민들이 도청 광장으로 모여줄 것을 호소했다. 이에 시민들은 시위에 동참하기 위해 시내로 모여들었고 정오 무렵 그 수가 30만 명을 헤아렸다. 그리고 여성들은 동별로 곳곳에 모여 시위자들을 위해 음식물을 만들어 나눠주고 격려를 아끼지 않았다.[42]

---

41 계엄사 상황일지.

42 "당시 서석1동 반장을 맡고 있던 나는 선배 언니의 제안으로 동네 아주머니들과 쌀을 거둬 8명이 모여 밥을 지어 주먹밥을 만들었다. 〔……〕 전남대 치과대학 담장 부근에서 시위 차량이 지나가면 차에 올려주고 몸조심하라고 격려도 해줬다"(김경애의 증언). "산수동 오거리에서는 '산수동 봉사대'라고 글씨를 써놓고 아주머니들이 블록에 솥을 걸어놓고 장작불을 피워 밥을 짓고 있었다. 이런 광경은 산수동 오거리만이 아니었다. 통반장을 주축으로 여러 곳에서 볼 수 있었다. 또한 주유소에서는 청년이 걸어나와 기름을 가득 채워주었다. 기름이 채워지자 우리는 다시 출발했고, 청년과 우리들 간에는 아무런 말도 오가지 않았다"(손종대의 증언).

시위는 이미 시민들의 절대적 지지를 받았을 뿐만 아니라, 시민들 스스로가 시위에 동참하고자 자신의 몫을 찾아 움직였다. 이 시점에서 군은 이미 시위 진압의 정당성과 명분을 완전히 상실해버렸고, 정치적으로도 실패한 것이었다.

군의 집단발포와 시민군 등장

광주 시민 전체가 시위에 동조하고 참여하게 되자, 군 수뇌부는 기존 방식으로 시위 진압이 어렵다고 판단하고 광주 시내에서 군의 철수를 결정했다. 동시에 대다수 시민이 동참해버린 시위를 제압하기 위한 새로운 작전을 준비했다. 이에 따라 오전 10시 계엄사령관 이름으로 담화문을 발표하고 군의 발포를 예고했다. 담화문의 주요 내용은 시위자들을 타 지역에서 잠입한 고정간첩이나 불순분자, 혹은 그들에 동조하는 불량배로 규정했다. 그리고 그들의 행위에 대해 자위권을 발동할 수 있고, 나아가 시민들 또한 그들에게 동참하게 되면 불이익을 받게 될 것임을 경고했다. 광주 상황을 완전히 왜곡하고 무시한 군 수뇌부의 이런 반응은 시위자들을 비롯한 시민들에게 충격과 함께 군에 대한 불신과 분노의 감정을 자극했다.

정오까지 군을 철수시키겠다던 당국의 약속은 지켜지지 않았다. 군 수뇌부는 철수는커녕 탱크와 1천여 명의 특전사 병력을 도청 앞 광장과 건물에 배치해놓고 시위 군중들의 전진에 대비하고 있었다.

오후 1시경 갑자기 도청 옥상 스피커에서 애국가가 울려 퍼지자, 군은 금남로에 운집해 있는 시위 군중을 향해 일제히 발포하기 시작했다. 분수대 주변 병력뿐만 아니라, 건물 옥상에 배치된 저격수들까지 동시에 사격을 했다. 그들은 움직이는 것은 무엇이든지 쏘았다. 일순간 금남로 거리는 텅 비었고 정적에 휩싸였다.

그러나 죽음의 정적은 얼마 지나지 않아 텅 빈 거리를 질주하는 장갑차와 한 청년에 의해 깨졌다. 장갑차에는 상의를 벗고 흰 머리띠를 두른 청년이 태극기를 흔들며 광주 만세를 외치고 있었다. 그 청년의 행동은 심리적으로 이

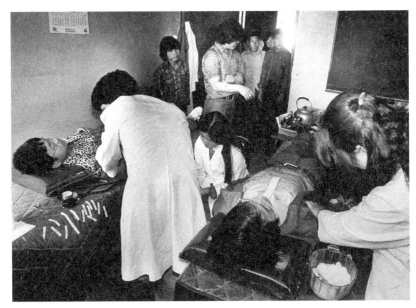

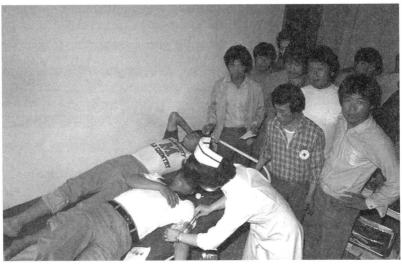

헌혈하기 위해 전남대병원에 몰려든 시민들. 광주기독병원에서 헌혈을 마치고 귀가하던 박금희(당시 전남여자상업고등학교 3학년)는 1시간 만에 진압군에 의해 살해되었다.

미 죽음과 공포심을 넘어서버린 듯했고, 군중을 집단적으로 전염시키기에 충분했으며, 장갑차 또한 저항자들의 전투력에 대한 시위였다. 이를 알아차린 듯 군의 총탄은 시위 청년의 목에 정확히 꽂혔고 장갑차를 향해 집중적으로 쏟아졌다. 하지만 청년을 태운 장갑차는 군의 저지선을 뚫고 학동 방면으로 재빨리 사라졌다. 노동청 부근에서는 또 다른 청년이 군용 트럭을 몰고 도청으로 돌진해 들어가다 도청 옥상에 설치된 기관총 사격을 받아 죽고 트럭은 담벼락에 부딪혀 도중에 섰다. 이렇게 대여섯 대 차량이 군을 향해 계속 돌진해 들어갔으나, 안타깝게도 그때마다 모두들 주검으로 변했고 트럭들은 중간에 멈춰 서버렸다.

시위자들도 군 병력과 조금 떨어진 금남로 지하상가 부근에 다시 모여 애국가를 부르며 투쟁 의지를 가다듬었다. 애국가가 끝나자 5~6명의 청년들은 태극기를 들고 "전두환 물러가라" "계엄령을 해제하라"는 구호를 외치며 시위를 계속했다. 군은 시위를 이끄는 이들을 정조준해 모두 쓰러뜨렸다. 이들을 재빠르게 옮긴 시위자들은 또다시 태극기를 들고 구호를 외치면서 시위를 계속했다. 군은 또다시 그들을 향해 방아쇠를 당겼다.[43] 눈앞에서 벌어지는 죽음의 광경에도 불구하고 시위자들은 어떤 망설임도 없이 계속해서 시위에 앞장섰다. 학살을 통해 저항을 잠재우려는 지배자의 광기를 시위자들은 죽음을 넘어선 저항으로 맞받은 것이다. 도청 앞에서 집단발포로 인해 죽은 사람들은 최소 20여 명이었고, 전체적으로 이날 사상자는 60여 명에 이르렀다.

광주 시내 병원은 집단발포로 생긴 수백 명의 사상자들로 가득 찼다. 신체가 파손된 주검들, 죽음의 고통에 신음하는 부상자들로 응급실은 차마 눈 뜨고 보기 힘들 정도로 처참했고, 여기에 단 한 명이라도 살려내려는 의사와 간호원들의 헌신적 노력과, 시민들의 적극적 동참은 눈물겨웠다. 이런 모습은 광주가 이미 저항공동체적 단계에 들어섰음을 상징한다. 시위자들은 부족한 의약품과 피를 확보해 각 병원에 공급하는 일에 적극 나섰다. 시민들은 헌혈

---

43 김영택, 앞의 책, 104쪽 참조.

호소에 적극적으로 참여했고, 약국과 개인 병원들은 부족한 의약품을 기꺼이 내놓았다. 그리고 병원들은 부상자를 무료로 치료해주는 데 주저하지 않았다. 이와 관련한 증언들을 살펴본다.

"환자들만 데려오면 어떡해요. 약품과 피가 부족하니 그것도 구해달라"는 병원의 요청에 따라 필요한 의약 품목을 신청받고 헌혈을 위해서 적십자 완장을 차고 지프차를 타고 시내 거리로 나갔다. 시민들의 호응은 너무 좋았다. 일반인들은 음식물을 차에 실어주고 약국에서는 필요한 응급약품을 무상으로 내주었다. 시내 약국에 의약품이 부족하자 개인 병원을 돌며 필요한 약을 구했는데 개인 병원 역시 적극 호응해주었다.[44]

또 다른 증언을 살펴보면,

적십자병원 직원과 함께 헌혈차를 몰고 [……] 양림동 오거리에서 헌혈을 받았다. 헌혈차가 도착하자마자 여기저기에서 시민들이 몰려왔다. 시민들 중에는 술집 아가씨들도 많은 것 같았다. 노약자들은 양해를 구해 헌혈을 받지 않고 돌려보냈으며 방림동 아주머니들은 김밥과 음료수를 가져왔다.[45]

이와 같이 시민들은 시위자들과 하나가 되는 공동체적 모습(civitas)을 보였다. 집단발포를 계기로 군은 이미 광주 시민 모두를 적으로 돌려버렸다.

그런데 비무장한 시위자들이 아무리 죽음을 무릅쓰고 군을 물리치려 했지만 사상자만 늘어났을 뿐, 각종 화기로 무장을 하고 있는 정예군을 제압한다는 것은 현실적으로 불가능했다. 시위자들을 향해 무차별적으로 총을 쏘아대는 군에 대응하기 위해서는 총으로 맞서야 한다는 데 공감하기 시작했다. 공

---

44 이광영의 증언.
45 정무근의 증언.

감대가 형성되자, 그들은 조금의 망설임도 없이 총을 찾아 나섰다. 시위자들은 광주 시내·화순·나주·함평의 지서, 경찰서 등에서 다량의 무기를 탈취해 광주로 들여왔다. 시위자들이 총을 들게 된 이유와 그 과정을 몇 사람의 증언을 통해 확인해보자.

나는 진내과 앞에서 시민들을 향해 현재 공수부대들이 무차별 발포를 하고 있는데 우리는 돌멩이나 각목 따위로 싸울 수만은 없지 않습니까? 그러니 우리도 무기를 가집시다. 〔……〕 화순 탄광, 나주 등지에 무기가 많이 있을 테니 모두 무기를 가지러 갑시다. 청년들 역시 무기 탈취의 필요성을 절실히 느끼고 있었다.[46]

공수부대들이 오후 1시경 도청 앞에서 발포해 시민들이 많이 죽었다는 소식을 듣고 우리도 그들을 다 죽여야 한다고 흥분했다. 나도 끓어오르는 분노와 함께 우리에게도 무기가 있어야 한다는 필요성을 느끼게 됐다. 버스는 곧바로 나주경찰서로 향했다. 도착해보니 경찰서는 텅 비어 있어서 우리는 바로 무기고 담을 차로 부수고 안에 있는 카빈총과 권총을 시위자들에게 나눠줬다. 총탄을 구하기 위해 금성파출소로 가서 보관 중이던 총알과 수류탄을 총 소지자에 맞게 배분했다.[47]

이들이 무기고를 습격한 것은 군의 무차별적 발포와 폭력으로부터 자신과 지역민의 생명을 지키기 위한 맞대응이었다. 탈취한 무기들은 모두 광주공원으로 모아져 간단한 총기 교육을 실시한 후 시위자들에게 지급됐다. 무장한 시위자들, 이른바 '시민군'(armed demonstrators)이 탄생한 것이다. 이들은 카빈소총, M1소총, 기관총, 권총, 수류탄, 군 지프와 트럭, 장갑차, TNT 등으로 무장했다. 시위자들은 정규군에 비할 바는 못 됐으나 이전과는 전혀 다른 차원의 전투력을 가진 행위자로 변모한 것이다.

---

46 문장우의 증언.
47 위성삼의 증언.

도청에서 무기를 분배하는 시위자들. 수천 명의 시위자들이 무장한 시민군으로 등장함에 따라 진압군은 광주시 외곽으로 '작전상' 철수했다.

　무장한 시위자들은 곧바로 도청 인근, 전남대, 조선대로 달려가 무차별적으로 발포하는 군에 대응해 싸웠다. 오후 3시경 금남로에는 무장한 시위자 1천여 명이 군과 맞서 싸웠다. 군은 시내 건물 요소요소에 저격병을 배치해 눈에 띄는 대로 시위자들을 사살했다. 수많은 사상자들이 흩어져 있는 거리에는 부상자들의 비명과 총소리, 시위자들의 구호, 헬기 소리 등이 섞여 전쟁터 그 자체였다.

　시간이 지나면서 시내·외에서 탈취한 무기들이 대거 반입됐고 무장한 시위자들 또한 급속히 늘어났다. 시위자들은 특공대[48]를 조직해 지프차, 군용 트

---

48 특공대는 6개 조 60명으로 구성됐으며 1인당 카빈소총 1정, 실탄 60발, 탄창 2클립을 지급받고 각 조별로 태극기 1장, 자동차 1대, 무전기 1개, 수류탄 1~2발로 무장했다.

력, 버스 등을 타고 활동하는 무장시위대 양상을 띠었다. 무장시위대는 전남대 의대 옥상에 LMG 2대를 설치해 도청 및 인근 지역에 있는 군을 위협했다.

수천 명의 무장시위대, 수십만의 시위 군중, 그리고 시위 대열에 동참해버린 광주 시민들을 제압한다는 것은 불가능하다고 판단한 군 수뇌부는 광주 시내에서 군 철수를 명령했다. 그에 따라 전남대 주둔 병력은 오후 5시경 광주교도소로 퇴각했고, 도청 병력은 이보다 조금 늦게 조선대로 퇴각했다가 지원동 숙실마을과 주남마을로 각각 퇴각했다. 군이 시 외곽으로 철수함으로써 광주는 4일 만에 학살적 진압에서 벗어나 해방공간이 됐다.

군의 집단발포와 관련해 몇 가지를 정리해보자. 먼저 집단발포는 정당방위로 볼 수 있는가. 집단발포에 대해 현장 지휘관들은 한결같이 정당방위[49]라고 주장했다. 하지만 차량과 각목이나 쇠파이프 정도로 무장한 시위자들에게 무려 10분 동안이나 집단발포했을 뿐만 아니라, 집단발포 이후 오후 3시경까지 금남로 주변 시위 군중들을 향해 저격병까지 배치해놓고 시위에 나선 사람들에게 총격을 가했다. 게다가 금남로와 제봉로(霽峰路: 당시 MBC 앞 도로) 인근 시위자들을 제압하기 위해 헬기까지 동원해 기총 소사를 한 행위를 과연 정당방위라고 할 수 있을까.

군의 집단발포 및 발포행위는 기본적으로 국헌 문란 기도자들(쿠데타세력)의 잘못된 명령에 따른 것으로,[50] 정당방위의 범위를 넘어선 것이다. 비록 현장에 투입된 군의 집단발포행위가 군 특성상 조각사유(阻却事由)에 해당된다고 하더라도 그들의 행위는 시위자들을 무차별적으로 학살한 범죄행위에 해당된다.

다음으로 군의 철수가 예정된 상황에서 집단발포한 군의 행위를 어떻게 봐야 하는가. 21일 오전 계엄사령관은 "계엄군을 광주 시내로부터 외곽으로

---

49 형법 21조에 따르면, 정당방위는 자신 또는 타인의 법익에 대해 현재의 부당한 침해를 방위하기 위한 행위로서 위법한 개인의 법익을 보호하기 위해 허용될 뿐, 국가적·사회적 법익을 보호하기 위한 정당방위는 허용되지 않는다.

50 12·12, 5·18사건 1심 판결문 참조.

전투 재배치한다"고 결정했고,[51] 도지사는 시민 대표들과 만난 자리에서 군대 철수를 위해 최선을 다하겠다고 약속했다. 그리고 당시 전교사 사령관 윤흥정 중장은 "공수부대를 철수시킬 예정인 상황에서 무엇 때문에 발포까지 하면서 시위대를 막을 필요가 있겠는가?"[52]라고 증언하고 있다. 뿐만 아니라 공식 지휘 계통에 있는 지휘관들 중 어느 누구도 자위권 발동을 승인하지 않았다는 점이다.[53] 이와 같은 점들을 종합해 볼 때, 집단발포행위는 비공식 지휘 계통에서 이뤄졌다고 볼 수 있으며,[54] 쿠데타 수뇌부들이 내란 목적을 달성하기 위해 광주 시민들의 시위를 어떤 희생이 따르더라도 조기에 진압해야 할 절박한 필요성[55]에 따른 결과였다고 볼 수 있다.

그렇다면 누가 발포 명령을 내렸는가. 공식 지휘 계통에 있는 지휘관들 중 어느 누구도 자위권 발동을 승인하지 않았다. 발포 명령이 군의 공식 지휘 계통에서 이루어지지 않았다면 11여단 대대장들로부터 11여단장을 거쳐 특전사령관 그리고 최상위에 '신군부'라는 비공식적 지휘 계통에서 이루어졌을 가능성을 상정해볼 수 있다. 하지만 신군부가 집권 이후 관련 증거를 모두 폐기해버려 도청 앞 집단발포를 명령한 사람이 누구인지 밝혀지지 않고 있다. 전-노 재판에 대한 대법원의 판결에서 신군부 집단이 발포 명령에 개입한 정황은 인정되나 이를 입증할 명백한 증거는 찾을 수 없다고 했다.[56]

다음으로 시민군(市民軍)에 대하여 이야기해 보자. 시민군은 군의 무차별

---

51 결정 내용은 첫째, 계엄군을 광주 시내로부터 외곽으로 전환하여 재배치한다. 둘째, 군은 자위권을 발동한다. 셋째, 1개 연대 병력을 추가 투입한다. 넷째, 전투력 공백의 보전책으로 2개 훈련단을 훈련 동원 소집한다. 다섯째, 폭도 소탕작전은 5월 23일 이후에 의명 실시한다. 여섯째, 5월 21일 오후 4시를 기해 전국 일원에 '진돗개 둘'을 발령하고 아울러 방어 준비 태세를 변경, 주둔지 자체 경계와 대태업 대책 등을 강화한다(육군본부, 「소요 진압과 그 교훈」, 61~62쪽. 정상용 외, 앞의 책에서 재인용).

52 1988년 12월 8일에 열린 광주특위 제17차 청문회 증언 중에서.

53 1988년 국회 '광주 청문회'에서 정웅, 윤흥정의 증언 참조. 계엄사령관이 자위권을 발동한 시기는 계엄사령관의 특별담화 이후였고, 전교사가 자위권 발동을 하달받은 시점은 정확히 5월 21일 오후 8시 30분이었다.

54 12·12, 5·18사건 상고심 판결문 참조.

55 12·12, 5·18사건 1심 판결문 참조.

56 12·12, 5·18사건 상고심 판결문 참조.

	도시빈민	농 업	사무직	학 생	기 타	합계(명)
구속자 수	26	1	1	3	1	30

* 출처: 전남사회운동협의회 편, 『죽음을 넘어 시대의 어둠을 넘어』, 304~05쪽.

적 발포와 학살에 대항해 총기로 무장한 시위자들을 일컫는다. 그들은 민주화를 압살하려는 신군부 쿠데타에 저항하는 시위에 동참한 사람들 중에서 무장한 사람들이었으며, 시민군에 참여한 사람들은 〈표 2-2〉와 같이 대부분 하층민 출신의 청년들이었다.

시민군은 군 복무를 마친 장병 출신자(예비군)들에 의해 지도·통제되었고, 그들의 전투력은 자연 발생적 무장, 짧은 기간, 그리고 무기를 둘러싼 갈등 등으로 인해 전체적으로 초보적 수준을 넘지 못했다.

마지막으로 군의 철수를 어떻게 봐야 하는가. 우선 광주 시내에서 진압군의 철수는 21일 오전 계엄사령부가 군을 광주 시내에서 외곽으로 전환하여 재배치하기로 결정함에 따라 이뤄졌다. 이는 수세에 몰린 특전사 부대를 외곽으로 철수시키고 20사단을 증파해 23일 이후 진압작전을 실시한다는 작전 방침에 따른 조치였다. 즉 '작전상 철수'라고 할 수 있다.

그러면 작전상 철군이 의미하는 바는 무엇인가. 우선 그것은 강경한 진압 작전의 실패를 의미했다. 항쟁 발발 이후 광주시 외곽으로 퇴각할 때까지 군 수뇌부의 입장은 오직 강경 진압뿐이었다. 퇴각이 결정된 상황에서도 군 수뇌부는 미련을 버리지 못하고 집단발포를 결행했다는 점에서 시위에 유연하게 대응하기보다는 강경한 군사적 대응만을 끝까지 고집했음을 보여주었다. 강경 진압을 위해 군 수뇌부는 4일 동안 거의 매일같이 병력을 증파했다. 그 결과 5월 21일 오후 5시 철군할 때까지 광주에 파병된 병력은 특전사 3개 여단 10개 대대와 20사단 병력을 합해 2만 명에 달했다.

둘째로는 군사적 실패를 넘어선 정치적 타격이었다. 군이 그동안 고수해 왔던 강경 대응 전술은 군이 보일 수 있는 가장 위력적 카드였던 집단발포에도 불구하고, 시위자들이 굴복하지 않고 오히려 무장투쟁으로 맞서게 되면서 완전히 무너졌다. 단순 시위가 무장항쟁으로 발전하고 광주가 저항공동체로 변모한 것은 군사 전술적 차원의 패배를 넘어선 지배세력의 타격이었다.[57]

철군으로 광주는 쿠데타세력의 폭력으로부터 자유로워진 '해방공간', 권위주의적 유신체제의 지배력이 전혀 미치지 않는 '민주공간'으로 변모했다. 게다가 철군은 총리까지 경질되는 내각 총사퇴라는 정치적 책임으로 나타났다는 점에서 분명 정치적 패배였다.[58]

다음으로 저항의 심화 시기(20일 저녁~21일 오후)에 나타난 집단적·조직적 행동에 대해 살펴보면, 항쟁 초기부터 광대를 비롯한 운동단체들이 계속해온 지하 유인물 작업이다. 이 시기에 제작·살포된 유인물은 『투사회보』 1호, '결전의 순간이 다가왔다' '광주 시민 총궐기문' '우리는 피의 투쟁을 계속한다' 등이다. 그리고 주 내용은 피해 상황 알림, 시민들의 참여 독려, 행동 요령 등으로 참상 소식과 함께 대중들을 조직화하고 동원하기 위한 선전선동에 초점이 맞춰져 있다.

4) 공동체의 등장

지도부 구성과 변화

국가와 사회의 민주화 요구를 짓밟는 신군부 집단의 쿠데타에 맞서 싸운 시위자들은 자력으로 학살적인 진압군을 광주로부터 퇴각시켰다. 기존 지배 질서와 폭력이 사라진 자유공간에는 이를 지켜낼 지도력과 공동체 질서의 생성이라는 새로운 과제가 그들을 기다리고 있었다. 여기서는 해방공간에서 탄생한 지도부의 성격과 그들의 주장 등에 대해 살펴보고자 한다.

---

57 김영택, 앞의 책, 114쪽.
58 쿠데타세력은 자신들이 져야 할 책임을 오히려 내각에 전가해 총사퇴시켰고, 이를 자신들의 정치적 지배력을 강화하는 계기로 역이용했다.

I. 전기 시민수습대책위원회(5 · 18광주사태수습대책위원회)

해방된 민주공간을 이끌어갈 지도부를 결성하기 위한 최초의 시도는 저항 세력에 의해서 이뤄지지 못하고, '관(官)이 주도하는 수습'의 개념으로 시작됐다. 5월 22일 오전 도청 부지사실에서는 정시채 부지사를 중심으로 각계각층의 지역 유지들이 한자리에 모여 권력 공백 상태에 빠진 광주를 이끌 방안을 마련하고자 '5 · 18광주사태수습대책위원회'(위원장: 이종기, 총무: 장휴동)를 결성했다. 이들의 인식은 당시 상황을 무정부 상태(anarchy)라고 규정하고 혼란한 상황을 수습할 대책을 마련하는 것이 시급하다고 보았다.

참여자들을 보면 정시채(부지사), 이종기(변호사), 장휴동(사업가), 박윤종(대한적십자 전남지사장), 장세균(목사), 신승균(목사), 박영복(목사), 최한영(독립운동가), 한완석(목사), 김재회(목사), 조비오(신부), 김창길(대학생) 등 15명이었다. 이들은 친정부적 지역 유지, 교계 지도자들로서 사태 수습과 무기 반납에 역점을 두고 활동했다.

5 · 18광주사태수습대책위원회(이하 전기 시민수습대책위)는 출범 후 회의를 열고 군 당국과 협상하기 위한 요구 조건 7개 항을 정리했다. ① 사태 수습 전에 군을 투입하지 말라. ② 연행자를 석방하라. ③ 군의 과잉 진압을 인정하라. ④ 사태 수습 후 보복을 금지하라. ⑤ 책임을 면제하라. ⑥ 사망자, 부상자에 대해 보상하라. ⑦ 이상의 요구가 관철되면 무장을 해제할 것을 주장했다. 전기 시민수습대책위원들은 이들 7개 항을 가지고 군 당국과 협상을 벌였다. 이 자리에서 군 당국은 군의 과잉 진압을 인정할 수 없으며, 연행자 석방과 사상자 보상 문제는 선별적으로 처리하겠다고 밝혔다. 군은 또 보복 금지에 동의하며, 무기의 자진 회수 반납은 적극 환영한다는 반응을 보였다. 그런데 오후 12시 30분부터 전교사에서 진행된 군과 전기 시민수습대책위 간의 협상에서 전기 시민수습대책위가 얻은 것은 실제 아무것도 없었다.

군 당국과 전기 시민수습대책위 간의 협상 결과에 대한 보고 대회가 정시채 부지사의 사회로 오후 5시 도청 앞 분수대에서 열렸는데, 협상 대표들은 협상 결과 발표와 함께 신상 발언도 했다. 그런데 협상 대표 중의 한 사람인 장휴동의 신상 발언이 문제가 됐다. 그가 "이런 식으로 해서는 결국 폭도(暴徒)밖에 안 된다. 어서 빨리 모든 무기를 계엄사에 반납하고 시내 치안 질서 유지권을 계엄사에 넘겨주어야 한다"고 주장하자, 집회에 참가한 사람들이 격렬한 항의와 야유를 보내고, 공포를 쏘는 등 상황이 험악해졌다.[59] 험악한 상황이 어느 정도 진정 기미를 보이자 명노근(전남대 교수)이 연단에 올라가 무기 회수의 필요성을 호소했다. 이에 따라 약 3천 5백여 정의 소총이 회수됐고, 전기 시민수습대책위원들은 그중 1백 50정을 상무대에 반납하고 재야인사, 민주인사, 총학생회 간부를 제외한 일반인 약 850명을 석방시켰다.

하지만 시위자들을 비롯한 시민들은 7개 항의 요구 조건을 관철하지 못한 채, 군 당국의 요구만을 일방적으로 수용하는 협상 대표들의 행동[60]에 대해 거세게 항의했을 뿐만 아니라, 그들을 어용인사로 의심했다.[61] 저항세력이 배제된 채, 관변적인 인사들 중심으로 만들어진 전기 시민수습대책위는 애초부터 명백한 한계와 문제를 안고 있었다고 하겠다. 학살의 공포를 뚫고 생존을 위한 무장항쟁을 전개한 대중의 의사와 정서에 반하는 태도를 취한 최초의 시민수습대책위는 지도부의 역할을 더 지속할 수 없었다. 이에 따라 지도부는 결성 당일 무너졌다.

II. 후기 시민수습대책위원회(5·18광주사태수습대책위원회)

부지사가 주도한 최초 수습대책위가 저항세력과 시민들에게 외면당하게 되자, 다음 날 오전 도청 부지사실에서는 역시 정시채 부지사의 주도로 대책위를 새롭게 조직하기 위한 회의가 열렸다. 그 결과 개편된 '후기 시민수습대책위원회'(5·18광주사태수습대책위원회, 이하 후기 시민수습대책위)는 관변인사,

---

59 협상 대표 장휴동이 단상에 올라가 이런저런 말을 했다고 하자, 흥분한 시민들이 "사기치지 말라, 현 상황을 정치적으로 악용하지 말라"며 그를 끌어내리는 일이 발생했다(조아라의 증언).

60 "계엄사령부에 수시로 연락하며 지시를 받아 총기 회수에만 초점을 맞추려는 어용인사들과는 더 이상 같이 일을 할 수 없었다"(김성용의 증언).

61 조비오의 증언.

재야인사 등 일반인과 전남대 · 조선대 대학생 등 모두 30명으로 구성됐으며, 위원장에는 윤공희 대주교가 추대됐고, 대변인은 김성용 신부가 맡았다. 새롭게 확대 개편된 후기 시민수습대책위에 대학생들과 재야인사들(남동성당파)이 참여하면서 시민들의 불신은 어느 정도 줄어들었다. 그러나 이들은 여전히 수습 차원에 머물렀고 무기 반납 활동에 많은 관심을 기울였다는 점에 비추어 이전 지도부와 성격상 별반 차이가 없었다.

후기 시민수습대책위는 정부와 군 당국과 협상을 위해서, 그리고 평화적인 수습 방안을 추진하기 위해서 무기를 회수해 반납해야 한다고 주장했다.[62] 이런 주장을 펴면서 후기 시민수습대책위원들은 학생 수습위원들과 함께 시 외곽을 돌면서 외곽을 경비하고 있는 시민군들을 상대로 무기 회수 활동을 벌였다. 이들의 무기 회수 및 반납 활동은 해방공간을 붕괴시키려 교란작전을 벌이고 있는 군과 대치하거나, 교전이 발생하고 있는 상황에서 이뤄졌기 때문에 시민군들과 심한 갈등을 빚었다. 또한 후기 시민수습대책위는 시민들의 의사를 수렴하고, 나아가 시민들을 조직해 저항세력의 요구를 관철하려는 궐기대회조차도 반대하고 못마땅하게 생각했다.[63]

후기 시민수습대책위와 학생수습위가 보인 이와 같은 일련의 행위들은 군의 학살 만행을 직 · 간접적으로 경험한 시민에게 투항주의적 행위로 비쳐지는 측면이 강했다. 게다가 후기 시민수습대책위가 군 당국에 협조적인 태도를 보였음에도 불구하고 군 당국과 협상에서 거둔 성과는 거의 없었다. 결국 이들 지도부는 군의 재진입이 임박한 가운데 진행된 '죽음의 대행진'을 끝으로 스스로 해산했다.

항쟁에 대한 이들의 관점 및 해법을 보면, 우선 항쟁이 군의 잔학한 폭력행위로부터 비롯됐다고 보았다. 때문에 광주 시민들의 저항은 정당하다고 생각하고 있었다. 이 문제를 풀기 위해서는 무엇보다도 군이 저항자들에게 보복

---

62 조비오, 조아라의 증언.
63 정상용의 증언.

을 해서는 안 되고, 정부는 학살 책임자를 처벌해야 하며, 구속자를 석방하고 피해를 보상해야 한다고 주장했다. 더불어 저항자들은 무기를 회수해서 자진 반납해야 한다고 생각했다. 이들의 관점과 주장은 계엄사와 협상할 때 제시한 8개 항에 잘 나타난다. 8개 항의 내용은 ① 광주사태는 공수단의 살상에 대한 광주 시민의 정당방위 행위이다. ② 구속 학생을 석방하라. ③ 공수단의 책임자를 처단하라. ④ 계엄군의 시내 투입을 금지하라. ⑤ 시민·학생의 처벌 및 보복을 엄금하라. ⑥ 계엄군은 사과하라. ⑦ 정부 책임하에 피해를 보상하라. ⑧ 무기는 자진 회수 반납한다 등이다.

여기서 후기 시민수습대책위에 참여한 남동성당파(南洞聖堂派)에 대해 잠깐 살펴보겠다. 이른바 '남동성당파'란 남동성당에서 모이는 사람들이라고 해서 얻은 별칭으로, 광주가 해방되자 22일 오전 남동성당에서 모임을 갖고 향후 수습책에 대해 논의했다.

남동성당 모임에 참석한 이들은 이른바 '광주·전남 지역 재야인사'들로서 시민사회단체나 교계·법조계·학계 등에 몸담고 있으면서 반독재 민주화운동에 동참하고 있는 인권운동가들이었다. 이들 명단은 김성용(신부), 남재희(신부), 명노근(교수), 박석무(교사), 송기숙(교수), 윤광장(교사), 윤영규(교사), 이기홍(변호사), 이성학(NCC 전남지부장), 이애신(YWCA 총무), 장두석(양서조합), 장사남(교사), 정태성(신민당원), 조비오(신부), 조아라(YWCA 회장), 차재연(사업), 홍남순(변호사) 등이다.

광주 해방공간에서 남동성당파가 견지했던 입장과 해법을 살펴보면, 우선 이들은 수습활동에 참여했지만 통일된 행동이나 조직적 입장을 견지하지 못한 채, 각기 다른 모습을 보였다.[64] 하지만 항쟁의 요인은 군의 강경 진압에 있다는 데 모두들 생각을 같이했다. 그래서 이 문제를 풀기 위해서는 정부와 군이 먼저 잘못을 인정하고 광주 시민에게 사과할 것을 주장했다.[65] 그리고 상황

---

64 재야인사들은 개인별로 도청 내 시민수습대책위원회에 참가하여 미온적인 활동을 하고 있던 사람, 학생수습위원들과 관련하고 있던 사람, 전체적인 상황을 주시하고 있는 사람 등 서로 다른 입장을 보였다. 전남사회운동협의회 엮음, 앞의 책, 186쪽.

을 더 악화시키지 않고 문제를 매듭짓기 위해서는 군이 시내 재진입을 절대로 해서는 안 되며, 항쟁 지도부나 시위자들도 무기를 들고 강경하게 저항해서는 안 된다고 판단했다.[66]

다음으로 이들은 최후의 항쟁 지도부였던 민주시민투쟁위원회에 대한 지지 및 동참을 거절했다. 민주시민투쟁위원회 결성을 앞두고 평소 재야인사들과 알고 지내던 윤상원과 정상용이 남동성당파를 만나 새로운 지도부에 합류해 항쟁 지도부를 지지하는 성명서를 궐기대회에서 발표해달라는 요청을 했으나 이들은 받아들이지 않았다.[67]

관변인사들과 재야인사들이 함께 참여한 후기 시민수습대책위는 참여자들 간 성향 차이가 컸기 때문에 차별적으로 공존했으며, 이로 인해 상호 불신과 내적 갈등에 시달렸다. 그리고 참여자들이 대부분 명망가였기에 조직적·체계적인 활동을 기대하기는 어려웠다. 이들의 활동 내용은 전기 시민수습대책위와 비교해 볼 때 특별한 차이를 보이지 않았다.

III. 학생수습(대책)위원회

대학생들이 수습활동에 참여하게 된 것은 해방공간의 무질서 상태를 조금이나마 해소하려는 취지였다. 당시 난무하는 유언비어와 군의 심리전 아래서 해방공간의 질서를 형성하기 위해서는 무엇보다도 대중의 신뢰와 지지를 받는 집단이 나서는 것이 필요했다. 이에 일부 시민수습대책위원들이 사회적 신뢰도가 높은 대학생을 수습활동에 참여시키고자 한 것이다. 하지만 무장시위자들은 대학생들이 수습활동에 동원되는 것에 대해 매우 부정적인 반응을 보였다. 이와 관련해 송기숙(전남대 교수)의 증언을 보자.

---

65 김성용 신부가 작성하고 남동성당파 대부분이 연명한 문건, 「최대통령 각하에게 드리는 호소문」에서 주장한 4개 항은 첫째 이번 사태는 정부의 잘못임을 인정할 것, 둘째 대통령은 사과와 용서를 청할 것, 셋째 모든 피해는 정부가 보상할 것, 넷째 어떤 보복도 있을 수 없다는 것을 확약할 것 등이다.

66 김성용의 증언.

67 전남사회운동협의회 엮음, 앞의 책, 187쪽.

수습위는 무슨 수습위냐 전투본부를 만들어야지 하고 악을 쓰기도 하고, 카빈
총을 목에 들이대며 위협하기도 했다. 또한 대학생들이 뭔데 이제 와서 설치느냐
고 대들었다. 〔……〕 이에 나는 그래 전투본부든 수습위원회든 조직을 만들어야
하지 않겠어, 이렇게 오합지졸로 우왕좌왕하고 있다가 공수단이 다시 쳐들어오면
어찌할 것인가? 수습을 하다가 우리의 요구를 들어주지 않으면 항쟁을 하는 수밖
에 없겠지, 누가 누구인지도 모르는 판에 어떤 사람들이 앞에 나설 것인가? 총을
들고 싸웠다고 아무나 앞장을 설 때 당장 같이 싸운 시민군들부터 그들을 믿지 않
을 것인데, 그러면 그런 사람들이 어떻게 지도력을 발휘하지? 지금 모두 믿을 수
있는 건 대학생들밖에 없잖아. 그렇게 3~4시간을 설득했다.[68]

'학생수습위원회'는 22일 밤 8시 남도예술회관 앞에 모인 1~2백 명의 대
학생들 앞에서 명노근(전남대 교수)이 학생수습(대책)위원회(이하 학생수습위)의
필요성을 역설하면서 만들어졌다. 학생수습위 구성을 주도한 명노근의 증언
을 보자.

여러분! 이제까지 치열한 시위로 공수부대와 경찰 병력을 광주에서 철수시킨
것은 대단히 성공적이었습니다. 그러나 이제부터 어떻게 수습할 것인가를 깊이 생
각해보아야 할 것입니다. 여러 학생들이 많은 문제를 제기해왔습니다. 그러니 학
생들과 우리들이 힘을 합쳐 수습하는 일에 최선을 다합시다. 내일 되도록 많은 교
수들을 동원해서 도청으로 나오게 하겠으니 제군들도 모두 참여하여 수습에 나섭
시다.[69]

학생수습위의 조직은 전남대, 조선대, 광주 시내 전문대에서 각 5명씩으로
구성됐다. 조직 및 명단은 위원장(김창길), 부위원장 및 장례 담당(김종배), 총

68 송기숙의 증언.
69 명노근의 증언.

무(정해민), 대변인(양원식), 홍보부장(허규정), 총기회수반, 차량통제반, 수리보수반, 질서회복반, 의료반 등이었다.

위원장은 주로 시민수습대책위와 함께 군 당국과 협상에 참가했고 부위원장 이하 부서들은 업무에 충실히 활동함으로써 질서를 형성하는 데 기여했다. 이들은 4개 요구 사항을 정리하여 군 당국과 협상에 나서기도 했다. 4개 요구사항은 ① 시위자들에 대한 폭도 규정 사과 ② 장례식은 시민장으로 ③ 구속 학생과 시민 전원 석방 ④ 피해 보상 등이다.

학생수습위가 단합된 모습으로 여러 가지 헌신적인 활동을 했음에도 불구하고 무기 반납 문제에서만큼은 의견이 극명하게 갈라졌다. 김창길 위원장을 비롯한 일부는 "더 이상 피를 흘리지 않기 위해서 무기를 회수하여 군 당국에 반납해야 한다"고 주장하면서 무기 회수 활동에 나섰다. 김창길은 23일 오전 회수된 무기 중 2백 정을 군 당국에 반납하고 34명의 연행자를 인계받았다. 반면 김종배, 허규정 등은 시민들이 납득할 수 있는 최소한의 요구 조건이 충족된 상태에서 무기 반납이 이뤄져야 한다고 주장하면서 위원장을 비롯한 일부의 무조건적 무기 반납에 반대했다.

이런 갈등 현상은 시민들의 최소한 요구조차도 받아들이지 않는 군 당국의 고압적이고 협박적인 협상 태도가 크게 작용했다. 이로 말미암아 무기 반납 문제에 대한 입장 차이는 전혀 좁혀지지 않았고 시간이 지날수록 오히려 조직 내 긴장을 고조시켰다. 내적 긴장이 계속되자 일부 대학생들이 조직을 이탈했다. 이에 학생수습위는 대학생이 아닌 일부 일반인(황금선·박남선·김화성)을 받아들여 조직을 개편했다.

25일 밤 9시 군의 재진입이 임박한 가운데 무기 반납을 둘러싼 '온건파'와 '강경파' 간의 대립이 격화돼 위원장이 사퇴함에 따라 '강경파'가 지도부를 이끌게 된다.

IV. 민주시민투쟁위원회

군의 재진입을 확인한 후기 시민수습대책위원들과 학생수습위 온건파가 도청을 빠져나가면서 도청 내에 수습이나 타협을 주장하는 세력은 더는 존재하지 않았다. 도청에서는 윤상원·정상용·김영철·박효선 등 민주수호범시민궐기대회를 주도한 민주화 운동세력과 김종배·박남선·허규정 등을 비롯한 학생수습위 강경파, 그리고 무장 시위세력이 중심이 돼 25일 오후 10시 '민주시민투쟁위원회'(이하 민투)를 결성했다.

민투의 조직 및 명단은, 위원장(김종배: 학생수습위 부위원장, 대학생), 내무 담당 부위원장(허규정: 학생수습위 홍보부장, 대학생), 외무 담당 부위원장(정상용: 회사원, 학생운동 출신), 대변인(윤상원: 노동운동가, 들불야학 강학), 상황실장(박남선: 학생수습위 상황실장, 운전기사), 기획실장(김영철: 빈민지역 운동가, 들불야학 강학), 기획위원(이양현: 노동운동가, 학생운동 출신), 기획위원(윤강옥: 복적생), 홍보부장(박효선: 문화운동가, 들불야학 강학), 조사부장(김준봉: 무장시위대, 회사원), 민원실장(정해직: 흥사단 아카데미 활동, 교사), 보급부장(구성주: 회사원) 등이다.

그들의 주장을 살펴보면, 민주화와 시민의 생명을 지키기 위해 일어선 저항세력은 광주 시민을 무참히 학살한 군에 대해 정부 당국의 공식 사과, 사상자 피해 보상, 저항자 명예 회복과 처벌 반대 등을 주장했다. 그리고 광주항쟁은 민주화를 압살하는 신군부 쿠데타에 대한 민주화운동이기 때문에 광주 시민을 비롯한 전 국민이 민주주의를 쟁취하기 위하여 총궐기할 것을 촉구했다. 또한 민투는 저항세력의 요구 사항을 외면한 채 무기 반납만을 요구하는 군 당국의 일방적인 주장을 받아들일 수 없을 뿐만 아니라, 지도부의 주장을 관철하기 위한 무장투쟁도 불사할 것임을 천명했다.

광주항쟁에 대한 민투의 시각과 해법은 '광주 시민 결의 사항'[70]에 잘 나타

---

70 26일 정오 궐기대회를 통해 민투 지도부는 정부에 요구하는 7개 항의 '광주 시민 결의 사항'을 채택했다. 그 내용을 보면 ① 이번 사태의 모든 책임은 과도정부에 있다. 과도정부는 모든 피해를 보상하고 즉각 물러나라. ② 무력 탄압만 계속하는 계엄령을 즉각 해제하라. ③ 민족의 이름으로 살인마 전두환을 공개 처형하라. ④ 구속 중인 민주인사를 즉각 석방하고 민주인사로 구국 과도정부를 수립하라. ⑤ 정부와 언론은 이번 광주의거를 허위 조작, 왜곡 보도하지 말라. ⑥ 우리가 요구하는 것은 피해 보상과 연행자의 석방만이 아니다. 우리는 진정한 민주정부 수립을 요구한다. ⑦ 이상의 요구가 관철될 때까지, 최후의 일각까지, 최후의 일인까지 우리 80만 시민 일동은 투쟁할 것을 온 민족 앞에 선언한다.

나 있는데, 우선 광주 시민들의 저항 성격을 민주정부 수립을 열망하는 민주화운동이라고 규정했다. 때문에 저항 과정에서 나타난 모든 피해와 책임을 과도정부가 져야 한다고 주장하고 계엄령 해제, 민주인사 석방, 민주인사가 참여하는 과도정부 구성 등을 요구했다.

지도부를 구성한 민투는 향후 활동 계획을 두 가지 방향에서 수립했다. 하나는 무장투쟁을 기정사실화하고 준비했다. 이런 계획에 대해 광주 시민들 누구도 반대하거나 공포감을 갖지 않았다. 군은 처음부터 협상에 진지하게 응하지 않을 뿐만 아니라, 광주 시민들의 요구를 애초에 들어주려 하지 않았기 때문에 광주 시민들의 요구를 관철하기 위한 민투의 투쟁 주장에 대해 반대하지 않았고 단지 희생을 우려했을 뿐이었다.[71] 지도부는 군 당국의 강경 진압 위협에 대해 TNT를 활용해 대응하고, 무장시위대의 전투력을 강화하기 위해서 예비군 동원령을 내려 전투조직화하고자 했다. 하지만 TNT는 군에 의해 이미 뇌관이 제거돼버렸고, 예비군을 전투조직화하기에는 시간이 너무 짧았다.

또 하나의 방향으로는 좀더 오랜 싸움을 위해서 일상생활을 정상화하고자 했다. 이를 위해 시내버스 정상 운행, 광주시 비축미 공급, 방송 및 언론기관 가동, 치안질서를 유지하기 위한 치안대 조직, 유류 통제 관리 등을 시행하기 위한 방안을 마련했다. 민투는 이 계획 또한 시행되기도 전에 최후를 맞는다.

민투는 투항적 태도와 수습 성격을 띠었던 이전 지도부와는 달리, 처음부터 국가와 사회의 민주화를 위한 투쟁적 성격을 분명히 했으며, 저항세력과 광주 시민들의 정당한 요구를 관철하고자 군 당국의 무력 진압에 맞서 최후까지 투쟁한 무장항쟁 지도부였다.

지금까지 살펴본 바에 의거해 해방공간에서 지도부의 등장과 변화 과정에서 나타난 특징을 도표(표 2-3)로 정리해보았다.

---

71 나의갑, 「5·18의 전개 과정」, 광주광역시 5·18사료편찬위원회, 앞의 책, 251쪽.

● 표 2-3 도청 지도부에 대한 비교

	전기 시민수습대책위원회 (5·18광주사태수습 대책위원회)	후기 시민수습대책위원회 (5·18광주사태수습 대책위원회)	학생수습(대책)위원회	민주시민투쟁위원회
결성 주도	관(官)(정시채 부지사)	관(官)(정시채 부지사)	명노근, 송기숙 (전남대 교수)	민주화운동세력/학생수습 위 강경파/무장시위자들
활동 기간	22일 오전~22일 오후 (1일간)	23일 오전~25일 저녁 (3일간)	22일 저녁~25일 저녁 (3일간)	25일 저녁~27일 새벽 (1일간)
참여 중심	각계 관변적 인사	각계 관변적 인사/ 재야인사(남동성당파)	대학생	사회운동가/노동자/대학생
무기 문제	무조건적 무기 반납	무기 반납	무기 반납(온건파)/ 일방적 무기 반납 반대 (강경파)	일방적 무기 반납 절대 반대
활동 초점	수습 무기 회수와 반납	수습 무기 회수와 반납	수습 무기 회수와 반납	민주화를 위한 대중항 쟁/민의수렴과 요구관철
시민 군과 관계	갈등관계 (시민군에 대한 부정적 인식)	갈등관계 (시민군에 대한 부정적 인식)	갈등-공존관계 (시민군에 대한 긍정적, 부정적 인식 공존)	조직적 관계 (시민군에 대한 긍정적 인식)
정부 및 군 당국 에 요구 사항	① 사태 수습 전에 군을 투입하지 말라 ② 연행자를 석방하라 ③ 군의 과잉진압을 인정 하라 ④ 사태 수습 후 보복을 금지하라 ⑤ 책임을 면제하라 ⑥ 사망자, 부상자에 대해 보상하라 ⑦ 이상의 요구가 관철되 면 무장을 해제할 것	① 광주사태는 공수단의 살상에 대한 광주 시민의 정당한 방위행위이다 ② 구속학생을 석방하라 ③ 공수단의 책임자를 처 단하라 ④ 계엄군의 시내 투입을 금지하라 ⑤ 시민·학생의 처벌 및 보복을 엄금하라 ⑥ 계엄군은 사과하라 ⑦ 정부 책임하에 피해를 보상하라 ⑧ 무기는 자진 회수 반 납한다	① 시위자들에 대한 폭도 규정 사과 ② 장례식은 시민장 ③ 구속학생과 시민 전원 석방 ④ 피해보상	① 이번 사태의 모든 책 임은 과도정부에 있다. 과 도정부는 모든 피해 보상 하고 즉각 물러나라 ② 무력탄압만 계속하는 계엄령을 즉각 해제하라 ③ 민족의 이름으로 살인마 전두환을 공개 처형하라 ④ 구속 중인 민주인사를 즉각 석방하고 민주인사 로 구국과도정부를 수립 하라 ⑤ 정부와 언론은 이번 광주의거를 허위 조작, 왜 곡 보도하지 말라 ⑥ 우리가 요구하는 것은 피해보상과 연행자의 석 방만이 아니다. 우리는 진 정한 민주정부 수립을 요 구한다 ⑦ 이상의 요구 관철될 때까지, 최후 일각까지, 최후의 일인까지 우리 80만 시민일동은 투쟁할 것을 온 민족 앞에 선언 한다

해방공간에서 공동체 활동

I. 광주 방위와 치안

5월 21일 오후 8시경 무장시위대가 도청을 접수함으로써 광주는 해방공간
이 됐다. 하지만 군이 언제 또다시 진입해올지 알 수 없는 상황에서 저항세력
은 광주를 방위할 대책, 즉 무력(시민군)을 키워야 했다.

시위자들이 가진 방위력의 토대는 저항 과정에서 만들어진 무장시위자들
이었기 때문에 광주 방위의 출발점은 무장시위자들을 조직하는 데서부터 시
작됐다. 방위 무력의 조직화는 시내 일원을 방어하는 시내방위대와 외곽 지
역 방어를 담당하는 지역방위대로 나누어 출발했다.

하지만 시민수습대책위원들의 무기 회수 활동을 계기로 광주 방위 무력은
변화를 겪게 된다. 외곽 지역에서 무기 회수 활동으로 인해 지역방위대는 힘
을 잃었으며, 시내방위대는 도청을 접수한 후 상황실 통제하의 기동순찰대로
재편됐다. 그리고 군의 재진입이 임박한 시점에서 상황실 휘하에 기동타격대
가 추가로 만들어졌다. 이와 같이 광주 방위를 담당했던 무력조직은 지역방
위대, 시내방위대로 출발한 후 기동순찰대, 기동타격대로 재편돼 상황실 체
제로 운영됐다.

방위무력조직에 대해 좀더 상세하게 살펴보면, 광주 방위는 군의 집단발
포를 계기로 시위자들의 무장을 역설한 문장우(학운동 예비군 소대장)에 의해
맨 처음 시작됐다. 그리고 시위자들이 탈취한 총기류들이 한데 모인 광주공
원은 광주 방위 무력의 출발지가 됐다.[72]

광주공원에는 구경 나온 사람들이 많이 있었고, 무장한 사람들은 중·고교 학
생까지 아무렇게나 소총을 들고 있거나, 수류탄의 안전핀을 주머니에 달고 다니는

---

72 "당시 광주공원 광장에는 소총이 1천 5백 정 정도가 쌓여 있었고, 4~5백 명이 총과 수류탄으로 무장하
고 있었다"(문장우의 증언).

등 위험천만한 모습을 하고 있었다. 이에 그들을 주변에 정차해 있던 고속버스 11 대에 태웠고, 나머지는 줄을 세워 땅바닥에 앉혔다. 폭발 사고를 우려해 수류탄을 모두 회수하고 기본적인 총기 교육을 시켰다. 그리고 군과 대치 및 전투를 대비해 야간 사격술, 수류탄 투척법, 총기 안전 관리법 등을 교육했다.[73]

또한 문장우는 무장시위자들을 군의 이동선 및 주둔지를 예상해 지역방위를 담당할 지역방위대와 광주 시내를 사수할 시내방위대로 편제하여 군사조직으로 만들었다. 지역방위대는 10명을 기본 단위로 하여 11개 조를 편성했고 조장은 군에 다녀온 사람이 맡도록 했다. 각 조는 지급된 고속버스를 타고 활동했다. 그리고 땅바닥에 모여 있는 무장시위자들은 시내방위를 담당하도록 했다.

이에 따라 지역방위대는 도청에서 조선대 뒷산으로 철수한 군을 막기 위해 그 주변 지역으로 이동해 전대병원 주변에 2개 조, 남광주 철로 부근에 2개 조, 조선대병원 응급실 부근에 2개 조, 학동에 2개 조, 숭의실고 안에 1개 조, 학운동 배고픈 다리에 2개 조를 배치해 지역방위에 나섰다. 이를 계기로 동별로 거주 지역을 지키는 지역방위 활동이 이뤄지는데 지역방위대 활동에 특히 예비군들이 많이 참여했다. 이런 현상은 잔인한 군의 폭력으로부터 자신이 살고 있는 지역 동민(洞民) 사람들의 희생을 예방하고 안전을 확보하려는 발로였다.[74] 하지만 지역방위대는 무기 회수 활동에 따라 23일 이후 사라졌다.

한편 시내방위대는 시 외곽을 돌면서 요소요소에 바리케이드를 설치하고, 돌고개·교도소·운암동·지원동·광천동·고속도로 진입로 등 군의 침투가 예상되는 7개 지역에 임시 초소를 세우고 무장시위대 6백 명을 나누어 배치했다.[75] 또한 22일 5~6명이 광주공원 앞에서 운행되고 있는 차량들에 대한

---

73 문장우의 증언.

74 최정기, 「광주민중항쟁의 지역적 확산 과정과 주민 참여 기제」, 나간채 엮음, 『광주민중항쟁과 5월운동 연구』(전남대 5·18연구소, 1997), 69쪽.

75 김영택, 앞의 책, 124쪽.

등록 작업과 역할 분담에 나서서 흰색 페인트로 차량 앞뒤에 크게 번호를 쓰고 운전자의 신원을 확인하고 수첩에 기록한 후, 등록된 차량을 종류별로 분류해 각각의 역할을 부여하는 등 차량 통제 작업도 실시했다.[76]

또한 시내방위대는 도청을 접수해 본관 1층 서무과를 상황실로 정하고 제반 활동에 들어갔다. 그 활동 내용은 먼저, 행정 전화로 광주 상황을 전국 각지에 알리고, 군의 이동 및 작전 상황을 청취했으며, 외곽 경비 지역과 연락 등 통신 업무를 수행했다. 둘째, 사망자에 대한 시민들의 제보를 접수하고 사망자의 명단을 발표하며, 옥외 방송을 통해 사망자의 신원과 인적 사항을 제공하는 등 사망자 관련 업무를 처리했다. 셋째, 방송 장비를 마련하고 시민들에게 소식을 알리고 도청 앞 집회 준비를 전담하는 선전 업무를 행했다. 넷째, 무장시위대들에게 붙잡혀 온 수상한 사람들을 조사하는 업무를 수행했다. 이로써 군의 재진입 및 교란작전에 대응해 광주 지역을 사수하기 위한 최소한의 작업이 이뤄진 셈이다.

다음으로 광주 방위 및 치안을 담당한 조직 중의 하나로 기동순찰대가 있었다. 기동순찰대는 5월 22일 상황실이 만들어지면서 상황실 업무를 수행하기 위해 창설됐다. 기동순찰대는 여러 가지 복합적 업무 중 광주 시내를 순찰하면서 군의 동태 파악, 시내 총기 사고 통제, 치안 업무를 수행했다. 이 조직은 5명을 1조로 교전에 대비해 총과 무전기, 차량 통행증과 신분증을 휴대하고 지정된 구역을 순찰했다.

해방공간에서 치안 문제는 시민들의 범죄행위보다는 해방공동체를 붕괴시키기 위한 군의 심리적 교란작전으로서 의도적인 도발 및 사건화가 더 큰 문제였다. 군은 독침사건, 시 외곽지에서 절도사건 등을 일으켜 민심 불안과 동요를 조장했다. 기동순찰대는 군의 의도적 범죄사건에 대응하기 위해 시 외곽 지역의 순찰과 주민 신고를 강화했고, 일반 시민들의 범죄를 막기 위해

---

76 소형 차량은 구호 · 연락, 대형 차량은 병력과 시민 수송 · 보급 · 연락, 군용 지프는 지휘 통제 · 순찰 · 헌병, 군용 트럭은 전투 업무를 담당하도록 했다.

정기적 순찰과 신고 홍보, 야간 순찰활동 등 치안활동에 주력했다. 그러나 기동순찰대의 치안활동에도 불구하고 치안력이 미비한 조건에서 시민들의 높은 도덕성은 범죄 없는 공동체를 유지하는 데 결정적인 기여를 했다.

마지막으로 광주 방위를 위한 또 다른 조직으로 기동타격대를 들 수 있다. 이 조직은 군의 재진입에 대응하기 위해 만들어진 무장조직으로 군의 재진입이 임박한 26일 오후 2시 도청 식산국장실에서 결성됐고, 주 업무는 군의 동태 파악과 치안활동이었다. 모두 7개 조로 구성됐는데, 각 조는 5~6명이며, 1조부터 6조까지 각기 상기 주 업무와 함께 담당 구역을 지정받았으며, 7조는 보급을 담당했다. 각 조마다 군용 지프 1대와 무전기 1대씩 공급됐고, 개인 화기로는 1인당 카빈소총 1정, 실탄 1클립이 지급됐다. 조직은 타격대장(윤석루)·부대장(이재호)·조장·조원으로 이뤄졌고, 대원들은 공개 모집됐으며 기동순찰대에서 활동한 사람들이 주로 많이 선발됐다. 군이 재진입하자 이들은 광주 방위조직으로서 방어선으로 나가 최후까지 싸웠다.

II. 해방공동체에 대한 정부와 쿠데타군의 대응

광주가 군의 폭력과 유신체제의 통치로부터 벗어나 해방공간으로 바뀌자 정부와 군 수뇌부는 이를 와해시키기 위해 여러 가지 방법을 동원했다. 5월 21일 오후부터 27일 오전까지 약 6일간 쿠데타 집단과 정부의 대응, 그리고 현지 군·관료의 와해 공작 내용을 중심으로 살펴보고자 한다.

먼저 5월 21일 이후 광주가 국가권력의 통제를 벗어난 무정부 상태(해방공간)로 바뀌면서 정부와 쿠데타 수뇌부가 보인 대응부터 살펴보겠다. 첫째, 그들의 첫 대응은 광주시위에 대한 책임을 묻는 것으로부터 시작됐다. 광주시위의 원인 제공자는 주지하다시피 쿠데타를 일으킨 신군부 집단이었고, 시위계기는 쿠데타세력 직할부대의 강경 진압 때문이었음에도 불구하고 모든 책임을 내각과 현지 사령관, 그리고 김대중에게 떠밀었다. 그에 따라 내각은 이른바 광주사태의 책임을 지고 총사퇴했으며,[77] 전남북계엄분소장 윤흥정은 보직 해임됐고,[78] 김대중은 광주시위의 배후 조종자로 규정됐다.[79]

둘째, 광주사태 수습책을 마련하기 위해 광주를 방문한 신임 국무총리서리(박충훈)는 광주의 민심과 항쟁의 현장을 외면했다. 신임 국무총리서리가 항쟁의 현장을 시찰하기 위해 광주를 방문한다는 소식에 많은 시민들이 도청 광장에 모여 총리서리의 도착을 기다렸다. 하지만 총리서리는 전남북계엄분소에서 군·경·관 관계자들에게 보고를 들은 후 몇 가지 지시[80]와 호소문만 남기고 서둘러 서울로 돌아가버렸다. 광주 사람들은 그가 현장을 직접 방문해 당사자들을 만나 의견을 듣고 해결 방안을 제시하기를 기대했지만, 항쟁 현장을 방문하기는커녕 광주 시민, 시위자, 수습대책위원들 중 그 누구도 만나지 않았다. 그렇게 돌아간 총리서리는 내각에 '광주사태대책위원회'[81]를 설치했다.

이 기구가 대통령의 지시에 따라 광주사태 수습책 마련 차원에서 설치됐음에도 불구하고 진행 중인 광주의 무력항쟁에 대한 정치적 차원의 조치나 해결 방안은 전혀 없고, 오직 군의 무력 진압 이후 시위에 가담하지 않은 양민(良民)만을 선별해서 구호물자를 공급하겠다는 것만 담고 있다. 이런 점에서

---

77 『조선일보』, 1980. 5. 21 참조.

78 윤흥정을 비롯한 광주·전남 지역 군·경찰·행정 책임자들은 광주시위의 원인과 발전을 군의 과잉 진압 때문이라고 진단하고 있었다. 만약 이런 인식을 가진 군 책임자들과 항쟁세력 대표자들 간에 협상이 진행된다면 강경 진압만을 주장해온 쿠데타세력에게 유리한 방향으로 협상이 진행될 가능성을 장담할 수 없다. 게다가 협상 자체를 달가워하지 않은 쿠데타세력으로서는 큰 부담이 아닐 수 없었다. 그런 점에서 강경 진압에 소극적인 윤흥정 장군의 해임은 협상 국면에서 제기될 수 있는 제 문제들을 사전에 차단한 조치로 볼 수 있다. 실제로 협상 과정에서 전남북계엄분소 지휘관들 간에 반목 현상이 목격됐으며, 군과 수습대책위원 간의 협상 또한 그 어떤 진전이나 성과를 거두지 못했다는 점을 상기해볼 필요가 있다.

79 김대중 중간 수사 결과 참조.

80 전교사 작전일지에 기록된 국무총리서리 지시 사항을 보면, ① 폭도들과 대화의 길 모색하라. ② 공수부대의 성격 및 훈련 상태 등을 광주 시민에게 이해시켜라. ③ 지역감정 문제는 조금도 차별 없고 모든 지원을 부족함 없이 실시하고 있음을 설득하라. ④ 도 당국은 민방위, 예비군 조직을 이용하여 설득작전을 전개하고, 군 작전은 현지 지휘관에게 모든 권한을 위임한다. ⑤ 군 작전과 선무활동을 병행하고 계속하여 선무활동을 강화하라.

81 이 기구는 경제기획원 차관을 중심으로 관계 부처의 차관으로 구성되고, 주요 업무는 광주 양민을 구호할 목적으로 일상생활에 필요한 물자 보급과 부상자 치료에 필요한 의약품과 의료 기기를 긴급히 보급하는 것으로 돼 있다. 『조선일보』, 1980. 5. 22 참조.

광주사태대책위원회는 사태 수습책이라기보다 무력 진압을 기정사실화하고 진압 이후를 대비하는 사후 대응조치에 불과했다. 쿠데타 집단이 정치권력을 위협하고 있는 현실에서 정부 차원의 대책에서도 항쟁에 대한 정치적 해결은 찾아볼 수 없었고 군사적 진압 이후 생필품 공급이라는 주변부적 해결책만을 드러내고 있었다.

셋째, 광주 현지에서 직접 발표한 최규하 대통령의 특별담화는 광주의 진실을 외면했다. 최대통령은 군의 진압을 앞둔 5월 25일 오후 6시 각료들과 함께 광주를 방문해 군을 격려하고 광주 시민들에게 특별담화를 발표했다. 그 내용에는 분노와 슬픔에 찬 광주 시민을 설득할 만한 해결 방안이나 수습책을 찾을 수 없었고, 군의 기존 주장을 확인하고 되풀이함으로써 광주의 진실을 외면했다.[82] 대통령이 담화문을 발표하는 동안 시위자들을 비롯한 시민들은 그간 줄곧 주장해온 최소한의 요구조차도 들어줄 곳이 없다는 생각과 함께, 군과 무력 충돌을 피할 수 없게 됐다는 점을 확인하는 시간에 불과했다.

다음으로 광주 해방공동체를 와해시키려는 군의 다양한 공작에 대하여 살펴보자. 첫째, 그들은 먼저 광주의 상황을 보도하면서 진실을 왜곡·조작했다. 군은 광주의 시위가 전국으로 확산되는 것을 우려한 나머지 언론에 공개하지 않고 비밀에 부치면서 분쇄하려 했지만 결국 실패하고 광주를 저항세력에게 내주었다. 더는 상황을 감당할 수 없었던 군은 기존의 보도 차단과 은폐 수법을 버리고 보도를 왜곡하고 조작하는 수법으로 대응 방식을 달리했다. 그동안 소문만 무성하던 광주의 진상은 언론과 자체 발행 홍보물을 통해서 철저히 왜곡, 과장, 조작되어 국민에게 전달됐다.[83] 민주화를 염원하는 저항을 영호남 간의 지역주의적 갈등으로, 북한의 사주와 불순분자의 책동으로, 특정 정치인의 배후 조종으로 묘사하였으며, 군의 잔혹한 폭력과 학살에 대응한 무장시위를 폭동, 난동, 무법천지로 보도함으로써 광주의 진실은 묻혀

---

82 대통령의 특별담화 참조.
83 김성, 「5·18과 매스커뮤니케이션」, 광주광역시 5·18사료편찬위원회, 앞의 책 참조.

버렸다. 당시 신문 기사 제목들을 보면, "폐허 같은 광주" "시위 선동하는 간첩 검거" "강력사건 늘어 시민들 불안" "바리케이드 너머 텅 빈 거리엔 불안감만······" "무정부 상태 광주 1주일" "총 들고 서성대는 과격파들" "외부와 두절돼 생필품난 극심" "확대되면 외세 오판 위험" 등이다.[84] 진실 조작과 왜곡 보도의 최종 목표는 5·18의 전국적 확산을 막고 광주의 진실을 은폐하여 쿠데타 이후 민주화를 열망하는 국민들의 저항과 동요를 막기 위함이었다. 이는 새로 구성된 박충훈 내각의 첫머리 과제가 민심 수습이었다는 점이 잘 보여주고 있다.

둘째, 광주를 완전 포위하여 고립시키려는 전략을 펼쳤다. 20일 심야시위를 지켜본 쿠데타 수뇌부는 광주시위를 제압하기 위한 해법으로 고립전략을 수립하고, 이를 수행하기 위해 20사단을 광주에 급파했다. 농촌으로부터 생필품 보급, 광주 소식의 외부 전달, 외부의 지원 등을 차단해 민주화를 외치는 저항세력의 숨통을 조이고자 한 것이다. 이런 고립전략은 2단계로 나뉘어 실시됐다. 첫 단계는 군이 외곽으로 철수한 직후부터 재진입을 준비한 22일부터 24일까지로, 이 기간 동안 군은 광주 지역의 출입을 무조건 통제하고 출입자들에게 무차별 사격을 가했다. 당시 군의 목표는 광주항쟁이 외부 지역으로 알려지거나 시위가 확산되는 것을 차단하는 데 있었다. 이 때문에 외곽 지역 주민들이 무차별 학살당했고, 자식이나 연고자를 찾기 위해 광주에 들어오거나 나가는 사람들이 많은 피해를 입었다. 하지만 광주 시내로 재진입작전이 임박한 25일 이후 군은 고립작전 내용을 수정했다. 2단계는 진압작전상 저항력을 반감시키고 주민 이동에 따른 공포 분위기를 조성하기 위해 제한적인 피난 통로를 열어 외부로 빠져나갈 수 있도록 하는 고립정책을 썼다.[85]

셋째, 내부 분열을 유도하기 위한 책동을 벌였다. 해방공동체에는 몇 가지

---

84 항쟁 기간 동안 『조선일보』가 뽑은 제목들.
85 "현재 광주 시민은 사실상 인질 상태에 있으며, 일익(一翼) 폭도 측에 가담할 가능성이 증대되고 있어 피해가 극심할 것으로 예상될 뿐만 아니라"(육군본부, 「소요 진압과 그 교훈」, 63쪽. 정상용 외, 앞의 책, 294쪽에서 재인용).

분열 요소가 내재해 있었다. 수습대책위원들 간의 성향 차이, 무기 반납 문제에 대한 입장 차이, 그리고 수습이냐 항쟁이냐에 대한 지도노선의 차이 등은 공동체를 긴장시키는 내적 갈등 요인으로 작용하고 있었다. 이런 갈등 요인으로 인해 지도부 내, 그리고 지도부와 무장시위대 간, 지도부와 대중들 간의 불신과 긴장이 조성돼 지도력과 조직력을 제대로 발휘하지 못하는 상황이었다. 군은 지도부 내 이런 내적 갈등에 주목하고 공동체 분열과 와해 공작을 펼쳤다. 독침사건, 상황실 침투, 간첩사건, 절도사건 등을 일으켜 지도부와 무장시위대를 흔들고, 시민들의 불안감을 조장했다.

넷째, 외곽 지역에 주둔한 군은 양민들에게 발포하여 무참히 살상했다. 주지하다시피 진월동·송암동 마을 양민학살, 통합병원 앞의 무차별 발포, 주남마을 버스 발포사건은 대표적인 사례이며, 그 밖에 일반 시민들이 연고자를 찾아 광주로 들어오거나 혹은 데리고 나가다 집중 사격을 당해 죽거나 살상을 당한 경우 등이다. 대표적으로 진월동·송암동 양민학살의 경우를 살펴보겠다. 24일 오후 2시 특전사부대와 전교사부대 간 오인 사격 이후 11공수여단은 진월동과 송암동 마을에 무차별 발포해 주민들과 가축들을 살상하고 마을에 진입하여 사람들을 끌어내 죽이는 학살 만행을 저질렀다. 이와 같은 피해들은 22일부터 24일까지 군이 주둔하고 있던 7개 지역(화정동·지원동·송암동·문화동·오치·동운동·광주교도소)에서 발생했다.

마지막으로 장비나 시설물 파괴 공작을 전개했다. 전문 공작조를 침투시켜 다이너마이트 뇌관을 해체하고, 차량이나 방송 기자재 등을 파손했다.[86]

III. 언론 및 홍보활동, 궐기대회

역사적으로 사회 변동 상황에서 선전선동활동은 대중을 조직·동원하고, 나아가 정치적 목표를 실현하기 위한 중요한 무기였다. 5·18 공간에서도 여론을 형성하고 민의를 수렴하고 대중을 동원하는 등의 활동은 광주공동체의

---

86 전남사회운동협의회 엮음, 앞의 책, 210~11쪽.

운명을 좌우하는 정치사회적 행위요, 힘이었다.

5·18 기간 동안 지하 언론이나 유인물이 등장하게 된 데에는 광주 상황에 대한 정권의 보도 금지조치가 크게 작용했다고 볼 수 있다. 대안 매체들은 난무하는 유언비어와, 동일 공간에서조차 정황을 알 수 없었던 광주 시민들의 궁금증과 불안감을 해소하는 데 큰 역할을 했다. 그리고 해방광주 기간 동안에는 대안 언론, 대자보, 현수막, 유인물, 궐기대회, 가두방송 등 다양한 유형의 선전선동활동이 전개됐다. 이들 매개물들은 공동체 질서를 형성하는 데 요구되는 소통과 참여의 기회를 조성하는 중요한 도구가 됐다.

5·18 해방공간에서 등장했던 선전선동활동을 유형 중심으로 좀더 구체적으로 살펴보겠다. 먼저 지하 언론 및 유인물은 군이 시 외곽으로 철수하기 전까지는 주로 들불야학, 광대, 대학의 소리, 백제야학, 월산동팀 등에 의해 지속적으로 제작·배포됐다.[87] 하지만 광주가 해방공간으로 바뀌면서 24일까지는 들불야학이, 이후부터 도청이 함락될 때까지는 항쟁 지도부인 민투가 직접 담당했다. 해방공간 초기 들불야학이 전담한 것은 월산동팀을 제외한 제작팀이 모두 학생운동권으로서 평소 친분과 함께 교류를 하고 있었기 때문에 굳이 따로 활동할 필요가 없었기 때문이다. 이에 따라 들불야학에서 발행한 『투사회보』는 대안 언론으로서 1호부터 7호까지 제작·배포됐다. 『투사회보』는 여러 가지 소식을 전하고 자율적 질서를 촉구하고 항쟁에 동참을 유도하기 위한 시민 행동 요령을 제시했고, 또한 정세와 상황에 대한 인식의 전환, 즉 광주항쟁을 단순한 군의 학살에 대한 대응 차원을 넘어 국가와 사회의 민주화를 위한 정치적 투쟁의 계기로 삼아야 한다는 인식을 심어주려 했다.

윤상원을 비롯한 사회운동 세력이 항쟁 지도부인 민투를 이끌게 되면서부터 언론 작업은 민투가 직접 담당했다. 이에 따라 제작 장소도 광천동 들불야학당에서 YWCA로 옮겨졌고, 담당자도 들불야학팀 일부와 광대팀을 중심으로 전담팀이 구성됐다. 그리고 이전까지 지속돼왔던 『투사회보』라는 제호(題

---

87 당시 유인물 관련 내용은 박찬승, 앞의 글 참조.

號)도 『민주시민회보』로 변경돼 8호부터 11호까지 제작·배포됐다. 『민주시민회보』는 군의 재진입 소식을 알리고 시민의 요구를 관철하기 위한 투쟁의 필요성을 강조하였으며, 기존의 투항주의적 자세를 버리고 시민들과 함께 민주화와 광주항쟁의 정당성을 위해 끝까지 싸우겠다는 항쟁 지도부의 입장 등을 주요 내용으로 실었다.

대자보(大字報)는 그때그때 상황에 부응해 신속하게 대응할 수 있는 매체로서 역할과 효과가 컸으나 이따금씩 정보 부족으로 오보(誤報)가 생기기도 해 애를 먹는 경우도 발생했다. 하지만 언론 부재 상황에서 시내 곳곳에 붙은 대자보는 시민들의 눈길을 끌기에는 충분했다. 현수막은 역시 광대팀에 의해 제작됐는데, 이는 궐기대회를 홍보하거나 행사를 진행할 때 주로 사용됐다. 이들 작업은 YWCA와 불에 타버린 국세청에서 이뤄졌다.

한편 가두방송은 시민들의 의사와 요구를 외면하는 시민수습대책위의 행동에 제동을 걸기 위해 윤상원을 비롯한 사람들이 가두방송의 필요성을 제기하면서 시작됐다. 그들은 전남대 버스에 대형 스피커를 달고 시내 곳곳을 돌며, 시민들에게 소식을 전하고, 불안감을 해소시켜 희망과 용기를 북돋고, 궐기대회나 보고대회에 동참을 호소했다. 가두방송은 군이 철수하기 전에는 전춘심·차명숙 등에 의해 이뤄졌으며, 군 철수 이후에는 민주화운동가들이 맡았다. 가두방송은 공동체 초기 궐기대회의 홍보 방송, 소식 전달, 행사 안내, 시민들의 동참을 목적으로 실시됐다. 27일 새벽 군의 재진입을 알리는 방송을 끝으로 막을 내렸다.

'민주수호범시민궐기대회'(이하 궐기대회)는 시민수습대책위에 대한 시민들의 불만, 무기 반납에 대한 입장 차이에 따른 지도부 내의 균열, 군 당국과의 협상 성과 부재 등으로 인해 공동체가 붕괴 위기에 직면하자, 이를 넘어서기 위한 대안으로 시작됐다.[88] 때문에 궐기대회는 해방공동체가 낳은 위기의

---

88 수습대책위원회가 주최한 투항적 시민 집회의 문제점을 인식하고 올바른 인식의 확산과 대중의 건전한 요구를 수렴하기 위해 시민궐기대회를 열기로 결정했다(김정희의 증언).

산물인 동시에, 대중의 지지와 동참을 통하여 공동체의 역사를 창조해내기 위한 하나의 사회정치적 기제나 다름없었다. 이와 관련해 당시 궐기대회의 사회를 맡았던 김태종의 증언을 보자.

녹두서점에는 윤상원을 비롯한 교수, 학생 등 몇 사람들이 모여 숨 가쁘게 돌아가는 상황에 대해 토론했다. 그 결과 이런 식으로 무기를 반납해서는 안 되며, 분위기를 고조시켜 민주화를 이룩해야 한다고 결론을 내렸다. 이를 위한 실천 방안으로 '시민궐기대회'를 개최하기로 결정했다. 광대팀을 중심으로 궐기대회조를 만들고, 방송 시설을 준비하고 버스를 타고 시내를 돌면서 궐기대회에 대해 홍보했다.[89]

5월 23일부터 시작된 궐기대회는 5월 26일 오후까지 모두 다섯 차례에 걸쳐 진행됐는데, 궐기대회를 이끌어간 준비위원회는 제2차 대회 때 구성됐다. 준비위원회의 부서와 명단을 보면, 기획부(이양현·정상용·윤강옥), 홍보부(윤상원·박용준), 집행부(정현애·정유아·이행자)가 있었다. 이들은 모두 민주세력이었다. 시민들의 분노와 아픔을 어루만지고 수렴할 통로가 부재한 현실에서 궐기대회에 대한 시민들의 관심은 대단했다. 집회에 참가한 각계각층의 사람들은 그동안 군에게 당한 고통, 피해, 경험담, 방안 등에 대해 자신의 생각을 자유롭게 이야기했다. 그 열기와 관심은 너무 뜨거워 5만 명이 모인 제2차 궐기대회 중에 소나기가 내렸음에도 자리를 뜨는 이가 없었으며, 부족한 장례 비용 모금에는 1백만 원이라는 거금이 즉석에서 걷히기도 했다. 그런가 하면 이른바 깡패들조차도 해방공간을 수호하는 데 협력하겠다고 다짐했다. 궐기대회는 그야말로 민의(民意)의 장이요, 직접민주주의의 실례였다.

군이 탱크를 몰고 농성동까지 재진입한 26일 두 차례 열린 궐기대회에서는 '국군 장병과 대통령에게 드리는 글'을 통해 진압 군인은 시민 학살을 명령하는 전두환의 사병화를 거부해야 하며, 대통령은 민주정부를 수립하는 데

---

89 김태종의 증언.

노력해줄 것을 요구했다. 궐기대회 참여자들의 뜨거운 관심과 열의는 군사적 폭력과 권위주의적 통치로부터 공동체를 지키려는 시민 행동 강령과 결의문으로 나타났다.[90]

언론이나 홍보, 궐기대회를 이끌어간 사람들은 들불야학, 극단 광대, 송백회에서 활동하고 있던 민주화 운동세력이었다. 이들은 녹두서점과 YWCA를 중심으로 해방공동체의 소식을 알리고 시민들의 요구와 바람을 민의로 발전시키는 데 역점을 두었으며, 이를 바탕으로 대중을 조직화하고 동원하는 데 심혈을 기울였다. 이와 같은 활동은 대중적 공감대와 공론장 형성을 통해 시민들의 의사를 수렴하고 시민들의 참여공간을 만들어냄으로써 학살과 폭력에 대한 저항의 정당성을 이끌어내 대중적 인식으로 승화시켰을 뿐만 아니라, 위기에 처한 공동체의 정치적 지지 기반을 강화하는 데 크게 기여했다.

5) 최후의 항전

26일 오후 11시 군의 최후통첩을 받은 도청은 무거운 분위기 속에서도 분주했다. 항쟁 지도부는 예고된 죽음 앞에서도 민주화 실현에 대한 국민적 염원과 대중의 정당한 요구 관철을 위해 도청을 최후까지 사수하기로 결의했다.

윤상원 등 항쟁 지도부는 군의 진입에 대비해 도청을 떠나고 싶은 사람들은 모두 떠날 것을 권고하고, 나이 어린 학생, 노약자, 여성 등을 집으로 돌려보냈다. 그 후 스스로 잔류한 사람들에게 총을 나누어주고 총 쏘는 법을 가르쳤고, 비장한 심정으로 그들 앞에 선 윤상원은 "우리가 저들의 총탄에 맞아 죽는다고 해도 그것이 우리가 영원히 사는 길입니다. 지금 우리는 비록 패배하지만 역사는 반드시 우리를 승리자로 만들 것입니다"는 결의를 다지는 마

---

[90] 결의문 내용은 ① 유신 잔당은 불법으로 계엄령을 확대 선포하고 피에 굶주린 맹수들을 풀어 무자비한 만행을 자행하며 무차별 학살과 탄압을 자행했다. ② 우리 시민은 민주주의와 내 고장을 지키기 위해 분연히 총을 들고 일어섰다. ③ 우리 80만 시민은 최후의 일각까지, 최후의 1인까지 싸울 것을 죽음으로 다짐한다. ④ 과도정부는 모든 피해를 보상하고 즉각 물러가라. ⑤ 무력 탄압만 계속하고 있는 명분 없는 계엄령을 즉각 철폐하라. ⑥ 우리 80만 시민은 피가 헛되지 않게 반민주세력과 끝까지 투쟁할 것을 결의한다.

「님을 위한 행진곡」의 주인공인 고(故) 윤상원·박기순의 합장묘. 윤상원은 5월 27일 도청에서 전사했으며, 박기순은 노동야학의 강사로 활동하다가 불의의 사고로 운명하였다.

지막 연설을 했다.

한편 무장시위대는 상황실장 박남선의 지휘하에 시내 일원에 기동타격대를 배치하고 시 외곽 전투 상황을 점검하는 등 결사항전에 대비했다.[91] 당시 저항세력의 무력은 시 외곽을 방위하는 무력, 기동타격대, 도청 등에 배치된 병력 등으로 어림잡아 500명 정도였다.[92]

기동타격대 배치 상황[93]을 살펴보면, 계림국교 30여 명(도청항쟁본부 병력 파견), 유동 삼거리 10여 명(도청항쟁본부 파견), 덕림산 20여 명(도청항쟁본부 병력 파견), 전일빌딩 40여 명(LMG기관총 설치), 전남대 병원 옥상 병력 수 미상(LMG

91 "상황실장 박남선이 총을 쏠 수 있고 죽음이 두렵지 않은 사람은 기동타격대에 지원하라고 해서 '나는 광주를 지켜야 한다'는 생각으로 죽음을 각오하고 총을 지급받았다"(신광성의 증언).

92 27일 군의 진압작전에 대응해 싸운 무장시위대의 병력 수가 정확히 얼마인지 아직까지 알려져 있지 않다. 이에 대해 임철우는 500여 명으로 추정했다. 임철우, 「5·18 정치폭력의 잔학성」, 변주나·박원순 엮음, 『치유되지 않은 5월』(다해, 2000), 93쪽.

93 전남사회운동협의회 엮음, 앞의 책, 232쪽.

도청에서 무기를 분배하는 시민군. 5월 27일 새벽, 진압군의 도청 장악 과정에서 시민군 30여 명이 사망하고 10여 명이 생포되었다.

기관총 설치), 서방시장 병력 수 미상(LMG기관총 설치), 학동·지원동·학운동 30여 명(지역방위대), 광주공원 병력 수 미상, YWCA 20명 등이다. 시 외곽에는 규모 미상의 외곽 방위 병력이 있었고, 도청에는 200~500여 명이 있었다.

한편 군의 진압작전, 이른바 폭도 소탕작전(작전명 尙武忠正作戰)은 27일 새벽 8개의 진입로를 설정해 작전을 개시했다.[94] 이 작전에는 2만여 명 이상의 정규군과 특전사 부대, 그리고 탱크와 헬기 등 각종 장비가 동원된 대규모 군사작전이었다.

새벽 3시경 군의 작전 개시와 더불어 이를 알리는 항쟁 지도부의 가두방송이 시작됐다. "광주 시민 여러분, 지금 계엄군이 쳐들어오고 있습니다" "시민

94 진입로 및 병력 배치 상황은 ① 지원동→광주천→적십자병원→도청 남쪽(20사단) ② 지원동→학동→전남대병원→도청 후문(20사단) ③ 백운동→한일은행→도청 정문(20사단) ④ 화정동→양동→유동 삼거리→금남로→도청 정문(상무대 병력) ⑤ 서방→계림국교→시청→도청 북쪽(31사단) ⑥ 광주공원(7공수여단) ⑦ 도청(3공수) ⑧ 관광호텔과 전일빌딩(11공수여단).

여러분은 모두 나와 계엄군을 저지합시다" 박영순, 이경희의 애절한 목소리가 깊은 밤하늘에 메아리쳤다.

외곽 지역에 배치된 무장시위대로부터 군의 진입 상황을 알리는 보고가 도청 항쟁 지도부 상황실로 쉴 새 없이 들어왔다. 정규군과 특수부대에 맞서 끝까지 싸운 무장시위대의 최후 전투에 대해 살펴보면, 먼저 도청의 경우 진압부대(3공수)는 예상과 달리 도청 뒷담을 넘어 들어왔다. 당시 도청에는 200~500여 명이 남아 있었는데 진압이 시작되면서 여성을 비롯한 일부가 빠져나가고, 윤상원·김영철 등 항쟁 지도부 사람들과 4, 50명의 청년·학생들이 도청 민원실 건물에 있었고, 나머지 사람들은 본관 건물에 배치돼 있었다. 도청 민원실에 있던 사람들은 모두 정문 쪽을 향해 총구를 겨누어 접전을 벌이고 있는 사이 뒤쪽으로 침투한 특공대가 창문을 타고 들어와 총을 난사(亂射)하고 수류탄을 던지며 진압했다. 이 과정에서 윤상원 등 30여 명이 죽고 10여 명이 생포됐다. 도청 본관은 역시 뒤쪽으로 잠입한 특공대가 정문 진입에 대응하기 위해 복도에 나와 있던 무장시위대를 향해 발사해 많은 사람들이 죽었다. 사무실로 피신한 생존자들은 진압군과 맞서 싸우다 모두 체포당했다. 이에 대한 증언을 보자.

30명의 시민군과 함께 도청 2층 강당에 있었는데 총성이 울렸다. 도청 정문으로 탱크와 장갑차가 들어오고, 뒷문 쪽에서도 총소리가 들렸다. 도청 앞에 공수들의 모습이 드러나자 나는 강당에서 총을 쏘기 시작했다. 2층 계단으로 공수들이 들어오자 2, 3명이 화장실로 숨었다. 화장실에 있다가는 흔적도 없이 죽을 것 같아 손을 들고 나갔다. 우리를 본 공수들은 폭도들은 계단으로 내려갈 자격이 없으니 2층에서 나무를 타고 도청 마당으로 내려가라고 했다.[95]

한편 도청 옆 YWCA에는 여성 50여 명이 오전 2시경 인근 교회로 빠져나

---

95 박내풍의 증언.

가고 문화선전조 · 고교생 · 근로자 등 20여 명이 남아 방어하고 있었다. 이곳 책임자는 들불야학 강학이며 YWCA 신용협동조합 직원인 박용준이었다. 군의 진압작전은 도청보다 조금 늦게 시작됐고, 2층으로 침투해 들어왔다. 대응 과정에서 박용준 등 2~3명이 사망했고 나머지는 자수했거나 체포당했다.

끝으로 금남로 지역에서 최후까지 맞서 싸운 무장시위대의 증언을 들여다 보자.

> 지역 경비를 맡은 7~8명과 함께 시외버스 공용터미널 부근 건물에 있던 중 잠깐 잠이 들었다. 새벽녘의 요란한 총소리에 놀라 잠을 깬 우리는 총소리가 가까이 들리자 공중을 향해 총을 쐈다. 그 순간 바로 옆 건물 옥상에서 우리를 향해 집중 사격을 했다. 우리도 그곳을 향해 필사적으로 방아쇠를 당겼다. 그때 내 친구가 총을 맞고 죽었다. 나도 다리에 파편을 맞았다.[96]

최후까지 물러서지 않고 죽음을 불사한 저항세력은 골리앗과 같은 군 무력에게 오전 5시 30분경 제압당했다. 이들이 민주주의를 짓밟은 신군부 쿠데타에 저항한 지 10일 만, 지배권력의 폭력을 물리치고 자유와 해방의 공동체를 일군 지 6일 만이었다. 하지만 5 · 18 역사는 무심하게 사라지지 않고 안타까운 심정으로 최후의 밤을 지새운 시민들의 가슴속에 고스란히 남았다.

최후까지 항전한 저항세력은 얼마나 죽고 체포됐을까. 당시 관련 자료가 신군부에 의해 폐기돼버려 피해 상황을 정확히 가늠하기 힘들다. 그나마 일부 남은 자료도 그 수가 제각각이다. 먼저 사망자의 경우, 군 당국은 27일 당시 17명이 죽었다고 공식 발표했지만, 이와 관련한 군 자료들이 모두 달라서[97] 신뢰하기 어렵다. 게다가 항쟁 관련자들은 도청에서만 60~70명이 사망했을 것이라고 주장함으로써 정확한 사망자 수를 단정하기는 쉽지 않다. 그렇지만 당

---

96 조성환의 증언.
97 사망자의 경우, 「도청 진압작전에 대한 20사단 보고서」 30명, 기존에 알려진 각종 자료 종합 26명, 미국 측 발표 자료 30명 등으로 모두 다르다.

시 사망자를 대개 30여 명 정도로 보고 있다. 그리고 27일 진압 과정에서 체포·연행된 사람은 계엄사에 의하면 295명이다.

다음으로 5·18 기간 동안 발생한 시위자 및 시민들의 피해 상황을 살펴보면, 먼저 사망자의 경우 당시 계엄사령부는 사망자를 144명으로 공식 발표했다. 하지만 육본 153명, 국보위 보고 자료 158명, 육본 「소요진압 교훈집」 162명 등으로 다르게 명기하고 있다. 그리고 부상자는 계엄사령부 127명, 육본 127명, 국보위 보고 자료 321명, 육본 「소요진압 교훈집」 377명 등으로 집계하고 있다. 하지만 군의 폭력을 직·간접적으로 경험한 사람들은 지금까지도 군의 발표와 기록을 선뜻 받아들이려 하지 않는다.

전체적으로 5·18 관련 인적 피해 규모를 정확하게 알 수는 없지만 5·18 관련자에 대한 2006년 제5차 보상 때까지 광주시가 인정한 관련 피해자 규모가 사망 166명, 행방불명 64명, 부상 3,139명, 구속 연행 훈방 등 503명을 합해 총 3,860명인 점에 비추어 대체적인 그 피해 규모를 추정해볼 수 있을 것이다.

5·17쿠데타를 계기로 광주에서 형성된 저항 민주세력과 신군부 집단 간의 대응 전선에는 신군부 집단의 권위주의적 강경책으로 인해 민주와 반민주, 저항과 진압, 삶과 죽음이라는 이분법만 존재했을 뿐, 어떤 종류의 정치적 타협이나 수습 노력도 기대할 수 없었다. 그 결과 광주는 죽음의 고통과 학살의 공포를 겪게 되었지만, 쿠데타세력의 학살에 맞서 시민군을 조직하고 무장투쟁을 전개한 끝에 해방공동체의 역사를 창조했으며, 민주주의 진전을 위해 최후까지 투쟁하다 장렬히 산화해갔다.

그런 측면에서 5·18의 전 과정은 1980년 한국 민주화운동의 비극적 대단원인 동시에, 한국 민주주의 진전을 위한 희망의 정신사였다. 그리고 광주는 한국 민주화운동의 무덤인 동시에 정신적 고향이 되었다.

3

5·18항쟁이 한국 민주화에 미친 영향

| 조정관(전남대 · 정치학) |

1. 서론

오늘날 대한민국은 민주주의 국가이다. 지금 이 점에 관하여 의심하는 사람은 없다. 그러나 약 20년 전, 1987년까지는 한국이 곧 민주화될 것이라고 예상했던 전문가들은 소수에 불과했다. 무엇보다도 분단과 전쟁이라는 엄청난 역사구조적 조건을 지닌 한국은 고도로 군사화되어 있었고 이념적 공간이 협애하고 자유와 인권이 실질적으로 크게 제약되었으며 따라서 민주주의의 발달을 가로막는 요인이 상당하였다. 권위주의, 공동체주의적인 유교문화의 영향, 오랜 세월 뿌리내린 중앙집권주의, 인척 중심 및 파벌주의로 점철된 한국의 정치문화는 민주발전을 저해하는 요인들로 간주되었다. 더구나 후발 공업화와 그에 따른 강력한 리더십의 필요는 완전한 민주화를 지연시키는 정치적 명분으로 상존하였다. 여기에 더하여 분단의 비극적 조건을 활용한 이승만의 제왕적 통치와 가난으로부터 탈출을 명분으로 한 박정희의 개발독재로 이어지는 장기적인 권위주의적 통치 경험은 한국에서 민주화 가능성을 바라는 것은 "진흙탕에서 장미꽃이 피기를 바라는 것과 같다"는 서구인의 평가를 받을 정도였다.

그러나 한국 현대사는 다른 한편으로 민주화를 향한 끝없는 투쟁으로 점철되어왔다. 동학농민전쟁, 의병운동, 3·1운동, 광주학생운동과 같은 투쟁의 전통은 해방 이후 대한민국의 건국 후에도 4·19혁명과 5·18항쟁으로 이어져왔다. 한국 국민들은 민주주의를 위하여 오랫동안 싸웠고, 1980년대에 수많은 투쟁, 그리고 마침내 1987년 6월항쟁을 통하여 민주주의로의 평화적인 이행을 달성하였다. 이후에도 민주주의를 공고히하기 위하여 — 즉 권위주의 정치의 유산을 청산하고 민주주의 제도를 창조하며 민주주의를 확고하게 정립하기 위하여 — 한국인들은 상당한 기간 동안 민주화투쟁을 전개하지 않을 수 없었다.

한국 민주화는 경제적 풍요가 민주주의를 이끈다는 우리의 신념을 강화하는 중요한 사례이다. 일부에서는 오늘날의 싱가포르나 중국에서처럼 민주주의 없이도 경제발전을 달성할 수 있는 사례들이 있다고 말한다. 또 어떤 이들은 아시아적 가치가 민주화를 방해한다고 말한다. 그러나 이러한 주장들은 오직 부분적으로만 옳다고 할 수 있다. 경제적 풍요와 이에 수반하는 사회적 변화 및 근대적 인본주의의 고양, 그리고 민주화된 외부 세계로의 그 사회의 노출 등은 민주주의를 향한 열망의 상승을 가져온다.

물론 나라에 따라 민주화를 가로막는 특별한 조건들이 있을 수 있다. 즉 경제발전에도 불구하고 각국에 특유한 제약 조건들에 따라서 민주화가 다소 지연될 수도 있다. 그러나 만약 한 국가가 어느 정도의 경제적 풍요에 도달하면 엘리트와 대중의 민주화를 향한 노력은 궁극적으로 민주주의를 가져다줄 수밖에 없다. 따라서 민주화의 시기는 그 나라 민주화운동의 힘과 민주화를 요구하는 정치세력의 힘에 결정적으로 의존한다. 한국은 앞서 언급한 것처럼 구조적으로 민주화를 어렵게 하는 조건들을 갖고 있었다. 그러나 이러한 제약 조건들에도 불구하고 한국민들은 엄청난 억압과 난관을 뚫고 용기와 희생을 토대로 건설해나간 놀라운 민주화운동의 성과를 통하여 민주주의를 쟁취하였다. 그리고 5·18항쟁은 바로 그 민주화운동의 견인차였다.

해방광주. 5월 22일부터 26일까지 매일 수만 명의 시민들이 민주수호범시민궐기대회에 참여하기 위해 도청에 모여들었다.

1980년 5월 13일부터 15일까지 전국을 휩쓸었던 민주화 요구 시위로 대표되는 '서울의 봄'을 일거에 잠재운 신군부의 5·17쿠데타는 오직 광주에서만 강력한 저항을 만났다. 이 저항을 학살과 고립을 통하여 해결하고자 한 신군부의 정치군사적 시도는 적어도 1980년 당시에는 외견상 성공적인 것으로 보였다. 그러나 열흘간의 짧은 광주항쟁의 기억은 광주 시민들의 마음속에 시간이 흘러도 결코 해소되기 어려운 '집단적 기억'을 각인시켜주었다. 광주 시민의 집단적 기억과 이에 근거한 집단적 분노는 광주의 재구조화, 광주 시민의 재조직화로 나타났다. 뿐만 아니라 국지적 폭력의 전국화 현상에 기초해서 광주 시민의 집단적 기억은 머잖아 전체 국민의 집단적 기억으로 확산되었다. 이 기억은 당연히 신군부와 5공 정권에 대한 분노로 발전되었다.

5·18항쟁이 학살로 종료된 후 사흘 만인 5월 30일 종로5가 기독교회관에서 투신자살한 서강대 학생 김의기는 그가 남긴 두 개의 성명서에서 이렇게 외쳤다.

국민 여러분! 과연 무엇이 산 것이고 무엇이 죽은 것입니까? 하루 삼시 세끼 끼 니만 이어가면 사는 것입니까? 도대체 한 나라 안에서 자기 나라 군인들한테 어린 학생부터 노인에 이르기까지 수백, 수천 명이 피를 흘리고 쓰러지며 죽어가고 있 는데 나만, 우리 식구만 무사하면 된다는 생각들은 어디서부터 온 것입니까? 〔……〕내 작은 몸뚱이를 불살라 국민 몇 사람이라도 용기를 얻을 수 있게 된다면 나는 몸을 던지겠습니다. 내 작은 몸뚱이를 불질러 광주 시민·학생들의 의로운 넋을 위로해드리고 싶습니다. 아무 대가 없이 이 민족을 위하여 몸을 던진다는 생 각은 해보지 않았습니다. 너무 과분한, 너무 거룩한 말이기에 가까이할 수도 없지 만, 도저히 이 의분을 진정할 길이 없어 몸을 던집니다.

우리는 지금 중대한 선택의 기로에 서 있다. 공포와 불안에 떨면서 개처럼 노예 처럼 살 것인가? 아니면 높푸른 하늘을 우러르며 자유시민으로서 맑은 공기를 마 음껏 마시며 환희와 승리의 노래를 부르며 살 것인가? 또다시 치욕의 역사를 지속 할 것인가? 아니면 우리의 후손들에게 자랑스럽고 떳떳한 조상이 될 것인가? 동포 여, 일어나라, 마지막 한 사람까지 일어나라! 우리의 힘을 모아 싸워 역사를 정방향 에 서게 하자. 우리는 이긴다. 반드시 이기고야 만다. 동포여, 일어나 유신 잔당의 마지막 숨통에 결정적 철퇴를 가하자. 일어나라, 일어나라 동포여!

광주항쟁은 이런 방식으로 처음에 아무런 시간적 간극도 없이 학생들의 기억으로 전이되었으며 이어 사회운동 영역으로 빠르게 확산되었다. 그 결과 1980년 이후 독재권력과의 투쟁, 민주주의를 위한 투쟁은 '80년 5월 광주'에 관한 진실의 싸움, 즉 "광주항쟁"이라는 민주화세력의 텍스트(text)와 "광주 사태"라는 군부독재의 공식적 규정 간의 투쟁이 되었다. 그리고 진실이 거짓 을 이기는 데에는 많은 시간이 필요하지 않았다.

2. 정통성 없는 전두환 정권의 구조적 한계와 지배의 침식

5·18항쟁이 한국의 민주화에 미친 영향은 크게 네 가지로 정리하여 바라볼 수 있다. 먼저 광주에서의 학살과 그러한 군부 탄압에 항거하여 전개된 광주 민중의 영웅적인 투쟁은 전두환 권위주의 정권이 그 나름의 정권 정통성을 확립하는 데 치명적인 타격을 가했다. 해외의 사례를 보면 그러한 학살에도 불구하고 안정을 유지할 수 있는 권위주의 정권들도 다소 발견할 수 있다. 그러나 여러 가지 구조적인 이유로 대단히 해외 의존적이고 국제적으로 개방될 수밖에 없는 전두환 정권은 국내에서뿐만 아니라 국제적으로 쏟아지는 비난들에 의하여 그들의 통치를 위한 최소한의 명분을 얻어내기가 매우 힘들었다. 이러한 정통성의 결여는 처음부터 이 독재정권이 몇 년 이내에 점진적인 자유화와 민주개혁을 하겠다는 약속을 하지 않으면 안 되도록 유도하였다. 이러한 상황은 결국 권위주의 반대세력이 이용할 수 있는 정치적 기회를 마련하였고 최종적으로는 독재자와의 싸움에서 승리하게끔 하였다.

한국 권위주의 정치사를 살펴보면 제5공화국은 제4공화국(유신체제)과 대비할 때, 같은 군부 권위주의 체제로서의 지속성을 갖지만 동시에 여러 가지 상이한 점이 있음을 알 수 있다. 물론 인적 구성에서 세대적 차이가 그중 하나이지만, 무엇보다도 정권이 내세운 체제 정통성의 원천 측면에서 유신과 제5공화국은 중요한 차이가 있다. 국가안보/안정과 경제발전이라는 두 개의 정통성을 내세우고 서구적 의미의 자유민주주의는 한국인에게 맞지 않다고 선언하며 '한국적 민주주의'를 발전시키고자 주창하였던 유신체제에 비하여, 제5공화국은 그 체제 정통성의 항목에 '민주화'라는 목표를 추가하였다. 제12대 대통령 취임사에서부터 일관되게 그리고 되풀이하여 제시된 전두환 정권의 주장에 의하면 이 새로운 목표는 전두환 대통령의 단임 임기의 만료와 함께 '평화적 정권 교체'를 이룩함으로써 달성될 것이었다. 이러한 전두환 정권의 체제 정통성 창출 공식은 무엇보다도 전두환 정권의 태생적 한계에서 나왔다고 볼 수 있다.

해방 이후 한국 현대 정치사에서 이승만·박정희·전두환의 세 권위주의 혹은 유사 민주주의적 정권을 바라볼 때, 이승만 정권은 분단과 한국전쟁을 배경으로 한 '반공독재', 박정희 정권은 '개발독재'라는 나름의 명분을 내걸고 권위주의 지배를 정당화했다고 볼 수 있다.[1] 그러나 박정희의 갑작스러운 죽음을 계기로 터져 나온 국민의 민주화 요구를 압살하고, 특히 무엇보다도 국민의 군대를 동원하여 이에 반대하는 국민을 학살한 살인적 억압을 통해 등장한 전두환 정권은 처음부터 적나라하게 지배의 정당성이 결여된 채로 출범하였다. 따라서 전두환 정권은 한편으로는 광범하고 고도의 억압을 구사하였으나 다른 한편으로는 민주화로 가기 위한 — 단임 대통령의 임기라는 나름의 민주화 일정을 천명한 — '과도기' 정부라는 의미로 정권의 존재 정당성을 주장하지 않을 수 없었던 것이다.

　이미 유신정권의 붕괴와 '서울의 봄'을 통하여 5공 독재정권의 지도자들은 국민 다수가 비록 신중하기는 하지만 점진적인 민주화와 사회정의 실현을 바라고 있음을 인식하고 정권의 존립 정당성의 상당 부분을 '점진적 민주화' 약속과 '정의사회 구현'에 두었는데, 문제는 이 정통성 창출의 공식이 광주항쟁의 진실이 단순히 드러나기만 해도 그 뿌리부터 흔들릴 수밖에 없는 주장이었다는 취약함이었다. 따라서 민주화운동이 단순히 광주의 진실을 드러내기만 해도 — 예를 들어 "그때 광주에서 실은 ○○○ 했다" — 정권의 정당성은 곧바로 무너지고 마는 상황이 벌어지게 되었던 것이다. 그러므로 5공 독재정권이 언론 조작을 통하여 애써 확대, 심화하려는 정권의 이미지 — 예를 들어 자율화, 민주화, 국제화, 선진화 등 — 는 '광주'에 대한 거짓이 탄로 나는 순간 어느새 조소의 대상이 되고 희화화되었다. 대표적인 사례는 '땡전뉴스'라고 할 수 있다. 5공 정권은 전국 텔레비전 방송의 메인 뉴스인 9시 뉴스의 시작마다 전두환에 대한 기사를 방송하게 함으로써 대통령으로서 나름의 권위를 창출하려고 했지만, 학생과 민주화운동에 의하여 광주학살의 주범으로서

1　정해구, 「한국 민주변혁운동과 5·18민중항쟁」, 『5·18은 끝났는가』(푸른숲, 1999), 85쪽.

"살인마 전두환"으로 꼬리표가 붙은 그는 오히려 일종의 코미디 대상으로 인식되기에 이르렀던 것이다.

이러한 '과도기' 정부라는 정통성 공식의 채택은 5공 정권으로 하여금 그 이전의 유신시대보다는 훨씬 더 높은 수준의 정치적 다원주의와 사회적 자율성을 허용하게 하는 조건이 되었다. 물론 그러한 정치적 조건은 1960~70년대의 고도성장을 통하여 이미 성숙한 국제화된 자본주의 시장경제의 활성화를 위한 전제 조건이기도 하였다. 그러나 그러한 다원주의의 허용은 곧바로 전통적인 야당이나 민주화운동의 활동을 허용하여 정권에 대한 반대를 허용해주는 방식을 취하는 것은 아니었다. 5공 정권은 자본 자유화, 해외여행 자유화, 통행금지 해제 등 일반 시민 개개인들에 대한 자율화와 국제화는 추진하였다. 그러나 이 정권은 안정적 지배를 달성할 때까지 김대중과 같은 주요 정치인은 투옥, 연금 등으로 묶어두고 '정치활동 금지조치'를 통하여 기타 주요한 야당 정치인들을 정치에 참여할 수 없게 만들었으며, 다만 정권에 협조적인 일부 구 야당 정치인들과 신인 정치인들을 통하여 관제 야당을 조직하여 허울뿐인 제도정치를 운영하였다. 또 5공 정권이 거리나 대학 곳곳에 경찰력을 배치하여 시위 등을 사전에 방지하려 하고 각종 탄압, 불법 구금이나 고문을 일삼았다는 점에서는 전형적인 군부독재의 한 형태였다는 데에 이견이 있을 수 없다.

그럼에도 불구하고 5공 정권은 스스로가 공표한 '과도기'와 대통령 단임이라는 약속에 의하여 그 운행에서 상당 부분 매이게 되었고 이것은 고비고비마다 정권으로 하여금 선택할 수 있는 수단의 폭을 좁히게 되었다. 그 대표적인 사례는 1983년 12월부터 점진적으로 개시한 유화조치라고 할 수 있다. 학자들은 이 조치의 배경으로 국제 환경의 변화로 집권 초기 극심했던 경제적 어려움이 극복됨에 따라 5공 정권이 극단적인 수준의 초기 탄압을 지속할 명분을 잃게 되었다는 점과 이러한 상황에서 어느 정도 자신감을 갖게 된 권위주의 정권이 보다 정통성 있는 총선을 통하여 권위주의 패권 정당을 강화하고, 이를 통하여 단임 임기를 넘어 장기적인 지배를 도모하려는 의도가 결합되어 나온 것이라고 보고 있다. 그러나 이처럼 보다 완화된 형태의 권위주의 지배체제를 수립하려고 하였던 전두환 정권의 의도는 실제로는 여지없이 빗나갔으며, 정치적 해빙은 오히려 민주화운동의 전면적인 부활을 가져왔다. '광주'로부터 배우고 '광주'의 진실로 무장한 사회운동은 그 범위와 심도에서 과거의 어느 시대보다도 강력하게 발전하여 독재체제에 항거하였다. 유화조치를 통하여 단계적으로 정치 규제에서 풀려난 전통 야당 정치인들은 난관 속에서도 김영삼과 김대중의 강력한 상징적 리더십 아래 '신한민주당'을 꾸려내어 학생 및 사회운동과의 연대 속에서 1985년 2월의 제12대 총선에서 화려하게 부활하였다.

한편 7년 단임제라는 시한에 묶여 있던 전두환 대통령은 임기 후반에 있을 수 있는 정권 내부의 권력누수 현상을 최소화하고, 순조로운 후계자 계승 및 퇴임 후 자신의 영향력 유지 등을 목표로 야당과의 합의에 의한 내각책임제의 도입 등 다양한 방책을 도모하였다. 그러나 이러한 시도는 한편으로 1985~87년 동안 권위주의 정권이 야당에 대해 강력한 탄압이라는 정책 대안을 선택하기를 회피하게 하는 요인이 되었고, 다른 한편으로는 정권이 오히려 야당이 제기한 '대통령 직선제' 주장을 잠재우지 못하고 끝내는 이 개헌 이슈를 중심으로 야당과 제 민주화세력이 연대하는 1987년 6월항쟁을 초래하게 되었다고 할 수 있다.

3. 민주화운동 이념의 강화와 발전

5·18항쟁은 권위주의에 대한 반대 운동세력이 군부 권위주의 정권의 탄압을 극복하고 민주화를 성취할 수 있는 투쟁을 주도할 만큼 충분히 강력해지도록 성장하는 데에 큰 도움이 되었다. 1980년대 한국의 민주화운동에 5·18이 준 영향에 관하여는 크게 두 가지로 나누어 볼 수 있다. 5·18은 먼저 1980년대 민주화운동이 그 현실 인식과 이념 및 운동의 비전에서 급진 민주

주의, 민중주의 그리고 반미자주주의(혹은 민족주의)로 발전하는 데에 결정적인 영향을 미쳤다.

5·18은 이제껏 은폐된 한국사회의 모순이 본격적으로 생생하게 드러나는 계기였고, 그 모순의 극복을 향한 방향을 계시해주었다. 과거 이승만 정권에서나 유신체제하에서 민주화운동을 주도한 세력은 시대의 상황을 주로 정치적인 민주주의의 — 즉 자유의 제한과 경쟁의 왜곡이라는 관점에서 — 왜곡, 오작동, 부패 내지는 강압적 중단 때문이라고 진단하였다. 따라서 그들은 문제의 책임이 사회경제적 구조나 그러한 구조를 보호·유지하던 국가(기구)에 있다고 보기보다는 독재자 및 그 시대의 권위주의적 지배 엘리트에 있다고 인식하였고, 문제의 해결, 즉 민주화는 1960년의 4·19혁명에서 보였듯이 운동의 압력에 의한 지도자들의 각성과 결단으로 가능하리라고 주로 믿어왔다. 그러나 1960년대부터 전개된 압축적 산업화는 1970년대에 들어서 이미 한국사회의 문제를 완연히 변화시키고, 국가가 이제 직접적인 개발독재의 주도자이자 이에 따른 모순의 억압 및 지배자로서 나서게 된 상황의 변화를 가져오게 되었다. 따라서 1970년 전태일의 분신을 기점으로 민주화 운동세력은 점차 사회경제적 문제에 관심을 기울여오고 있었으며 이른바 '민중주의(populism)적 민주화운동'이 발전하기 시작했다.[2] 그럼에도 불구하고 5·18항쟁이 발발하기 직전인 1980년 '서울의 봄'까지 민주화운동 지도세력은 다분히 기존의 자유주의적 반독재 민주화운동의 관점을 유지하고 있었고, 이에 따라 전통적 야당세력을 포함한 기존의 제도권 정치행위자들에 대한 기대가 팽배하였다.

그러나 1980년 5월 17일에 개시된 신군부세력의 권력 찬탈 쿠데타에 의하여 민주화를 도모하던 민간사회는 순식간에 허망하게 무너졌다. 그리고 국민의 정당한 저항에 대하여 자행된 엄청난 수준의 벌거벗은 야만적 국가폭력,

---

2 조희연, 「5·18과 80년대 사회운동」, 광주광역시 5·18사료편찬위원회, 『5·18민중항쟁사』(광주광역시 5·18사료편찬위원회, 2001), 564쪽.

그리고 이에 대항하여 전개된 5·18민중항쟁의 경험은 1980년대 한국사회의 온갖 문제와 모순들을 집약적으로 표출하였고 이에 따라 민주화 운동세력의 현실 인식과 운동관은 크게 변화하였다. 1980년대 민주화운동의 중요한 원동력이 되었던 '민주화운동청년연합'(이하 민청련)의 기관지 『민주화의 길』 창간사는 광주에 대하여 이렇게 말하고 있다(조대엽, 2003: 194).

> 80년 '민주화의 봄'이 5·17쿠데타에 의해 무너진 지 벌써 4년의 세월을 보냈습니다. 지난 4년 동안 우리는 좌절과 죄책감 속에서 방황하면서도 뼈아픈 자기비판과 반성을 게을리 하지 않았습니다. **5월의 참담했던 패배는 그 이전까지 우리가 쌓아 올렸던 역량의 한계를 일깨워줌과 동시에 민주화운동에 보다 넓은 지평을 열어주는 계기가 되기도 하였습니다.** (강조는 필자)

항쟁에 대한 국가의 유혈 진압이라는 사실은 과거 자유주의적 민주화운동이 추구하였던 성명서나 선언 등을 통한 소극적 저항의 태도를 버릴 수 있는 계기로 작용하였다. 항쟁에서 나타났듯이 단지 민중의 소리를 통하여 국가에 선처를 기대한 태도 — 구래의 유교주의적 국가관 — 는 권위주의 정권에 의하여 가차 없이 짓밟혔다. 억압적 정권이 공산주의 이데올로기에 의존했던 중국에서는 톈안먼사태의 경험이 민주화운동가들로 하여금 공산당에 대한 일말의 희망을 포기하고 자유주의적인 이데올로기로 돌아서게 하는 계기가 되었다. 이와는 정반대로 자유민주주의라고 하는 허울을 쓰고 있는 억압적 정권 아래에서 한국의 민주화운동가들은 자유민주주의에 대한 일말의 희망을 포기하고 급진적인 이데올로기를 찾기 시작하였다. 항쟁에서 전면적으로 드러난 야만적 국가폭력은 개발독재 자본주의의 질서를 폭력적으로 관철해 나가는 국가의 본질에 대한 급진적 해석을 가능하게 하였다. 역으로 항쟁 과정에서 나타난 민중의 자발적 참여와 주도는 기존의 사회적 지배질서를 뒤엎는 사회학적 상상력을 불러오게 하였다. 그 결과 한국 민주화운동의 상층부에는 급진 민주주의 이론들이 받아들여졌다. 투쟁에 나선 민주투사들은 이제 과거에 지향하였던 개혁이 아니라 혁명을 꿈꾸게 되었고 보다 철저하고 전투적인 방법으로 반정부활동을 전개하였다.

둘째, 죽음을 무릅쓰고 억압적 국가에 항거하면서 계급·계층·성별·나이 등을 초월하며 일종의 절대공동체를 형성했던 광주 민중을 바라보면서 1980년대 민주화운동 지도자들은 엄청난 용기와 영감을 얻었다. 그들은 이제 노동자·농민·도시빈민을 포함하여 온 민중의 조직화와 동원을 통한 연대를 추구하였다. 1984년 5월 민청련이 발표한 추모 성명은 이렇게 말한다.

> 광주는 죽지 않았다. 그날의 함성은 그치지 않았다. 〔……〕 80년 5월의, 독재를 타도하려 했던 '민주'는, 외세를 배격하고 통일을 외치던 '민족'은, 경제적 평등을 실현하려 했던 '민중'은 5월 광주의 기억 속에 아직도 생생히 살아 있다. 〔……〕 '전두환 군부독재 타도'를 외치며 맨몸으로 민주주의의 방패가 되었던 광주 민중은 우리나라 민주화운동의 타오르는 불꽃이었다. 우리는 80년 5월의 불꽃 속에서 투혼을 안고 태어난 광주의 아들딸들이어야 한다. **5월은 민중이 바로 민주화운동의 주체라는 사실을 피로써 증거한 투쟁의 달이다.** (강조는 필자)[3]

1980년대 민주화운동 사회에서 가장 보편적으로 애용되었던 용어는 불특정 다수의 광범한 피지배계급·계층을 일컫는 '민중'이었다. 운동가들은 5·18항쟁에서의 민중의 혁명적 진출을 보면서 민중의 잠재적인 변혁 역량을 확인하고, 이러한 민중의 투쟁을 지도할 수 있는 목적의식적인 전위세력 및 선도조직의 필요성과 자연 발생적이고 고립 분산적인 봉기 및 투쟁의 통일적 지도의 필요성을 인식하게 되었다. 그리하여 학생운동 및 기타 운동은 다양한 분야에서 민중을 의식화하고 조직화하는 데에, 그리고 연대를 구축하는 데에 집중하게 되었다.

1970년 온몸을 불살라 노동자의 현실을 고발한 전태일 열사의 죽음 등으

---

3 조대엽, 「광주항쟁과 80년대의 사회운동문화」, 『민주주의와 인권』 제3권 1호(2003. 4), 199쪽.

로부터 촉발되어 그 후 1970년대에 지속적으로 발전되어왔던 민중운동과 학생 및 지식인들의 이에 대한 연대는 5·18의 학살과 5공 군부정권의 엄청난 탄압을 뚫고 다시금 일어났다. 5·18 이후 캠퍼스 밖에서 공안당국에 포착된 최초의 대규모 민주화운동 조직사건이 1970년대 말부터 시작하여 5·18 이후 1980년 후반기에 세를 불린 대표적 노학연대였던 '전국민주노동자연맹' 및 '전국민주학생연맹'이라는 지하조직이었던 점은 이런 면에서 의미심장하다고 할 수 있다. 5·18 이후 '서울의 봄'의 실패 원인을 통일적 지도부와 대중 기반의 부재 때문이라고 보았던 전위적 학생운동 활동가들은 이런 조직을 만들어 학생운동 활동가들의 공장 현장운동으로의 이전을 준비하기도 하였으며 1980년대 중반부터는 각 캠퍼스 단위 및 운동조직 단위별로 학생운동가들의 공장 투신 및 농촌 현장 투신, 그리고 빈민운동 투신 등이 본격화하였다. 또 1980년대 민중운동에 대한 학생들의 나로드니키적 투신은 이후 노동자들의 계급의식을 고취하고 민주노조운동을 지원하기 위한 다양한 노동야학의 확대로도 나타났다.

전두환 정권이 집권의 자신감 속에서 유연성과 자율성을 확대하여 보다 '문화적인' 통치를 통하여 정권의 정통성과 지배의 수준을 고양하고자 시도했던 1983년경의 유화 제스처 및 이어지는 '유화 국면'은 국지적으로 그리고 산발적으로 전개되고 있던 다양한 사회운동을 엮어내고 대중화해 나갈 수 있는 중대한 계기가 되었다. 1983년 9월 30일에는 투쟁성 회복, 대중노선, 운동의 조직화를 기치로 내건 민청련이 결성되었고, 그해 12월에 이어지는 유화 국면을 활용한 이 조직의 생존은 다른 사회운동 및 연대운동이 잇따라 결성되는 계기가 되었다. 해직교수협의회가 결성되었으며, 이듬해 봄에는 학도호국단을 대체하는 자율적 학생대표 기구를 만들기 위한 학원자율화추진위원회가 각 대학에서 우후죽순으로 만들어졌다. 이어서 한국노동자복지협의회, 민족문화운동협의회, 자유실천문인협의회, 민주언론운동협의회, 민중불교운동연합, 서울노동운동연합, 민주화실천가족운동협의회, 민주교육실천협의회 및 한국출판문화운동협의회 등이 출현하였다. 또 사회운동의 지역적 기반을 강화하고 지역 노동운동 등 민중운동과의 결합을 위한 지역운동 및 지역협의 회 운동도 전개되었다.

5·18에 대한 반성, 유화 국면을 활용한 사회운동의 확산, 그리고 1985년 2 월 총선 및 그 이후 연대의 필요는 광범위하고 다양한 운동들을 하나로 묶어 내는 연대운동을 발전시켰다. 1984년 6월에는 각 부문운동들을 조직적으로 엮어낸 민중·민주운동협의회(민민협)가 탄생했고, 그해 10월에는 명망 있는 지도자들을 광범하게 엮어낸 민주·통일국민회의(국민회의)가 출범하였다. 그 리고 1985년 3월에는 민민협과 국민회의가 통합하여 민주·통일민중운동연 합(이하 민통련)을 만들어냈다. 민통련은 따라서 부문운동단체들을 총괄하였 고, 각 지역조직을 통하여 산재한 운동가들을 결집시켰다.

1980년대 사회운동의 확산과 연대운동의 발전은 1987년 6월 민주항쟁 과 정에서 '민주헌법쟁취국민운동본부'(이하 국민운동본부)로 승화되었다. 1980년 대 한국 민주화 과정에서 형성된 가장 광범위한 반군부독재 전선이며 최대의 연대운동인 국민운동본부는 심각한 정치적 위기에 직면한 전두환 독재정권 에 대한 국민적 항쟁을 성공적으로 전개하여 6·29선언을 이끌어낸 한 주역 이었다. 국민운동본부에 모여든 모든 부문운동과 모든 지역운동, 그리고 국 민운동본부에 직접 속하지는 않으나 외곽에서 굳게 결합한 학생운동은 정 권 측의 타격과 통제가 어려운 나름의 느슨한 연대의 틀 속에서 사력을 다하 여 '거리의 정치'를 전개하였다. "1980년대 사회운동의 전국적 조직이자 최 대 연합으로서 6월 민주항쟁을 지도했던 이 국민운동본부는 1980년 광주의 고립을 목적의식적으로 극복한 결과라 할 수 있다."[4]

셋째, 1970년대 민주화 운동세력이 민주주의의 응원자라고 인식하고 있던 미국이 1979년 10·26 이후 '서울의 봄'의 진행 과정 및 5·18항쟁에서 보여 준 태도와 역할에 대해 비판적인 견해가 부상하면서 운동세력의 자주 및 반

---

4 정대화, 「광주항쟁과 1980년대 민주화운동」, 한국정치학회 학술대회, 『한국의 정치변동과 민주주의』, 11~12쪽.

미주의적 관점이 확립되었다. 5·18 이후에는 일부 온건/보수적인 운동가들도 미국에 대한 과거의 막연한 기대를 접고 현실적인 이해관계 속에서 하나의 지배적 외부세력으로 인식하게 되었다.

5·18은 가장 잔인하고 가장 철저한 패배를 통해 세계관을 확장하는 과정을 거칠 수밖에 없었다. 민주화운동가들은 이제 단순히 '유신체제 철폐'나 '군사정권 퇴진'만으로 문제 해결이 불가능하다는 인식을 갖게 되었다. 이것은 유신체제와 군사정권의 배후에 역사적 조건으로서의 분단이라는 장벽이 엄존하고 있으며, 이 장벽이 미국이라는 초강대국의 이기적이고 패권적인 세계전략과 맞닿아 있다는 인식으로 이어졌다. 즉 우리의 분단구조가 독재체제의 구조적 조건이며 미국이 분단구조의 원인 제공자이자 수혜자라는 인식이 확산되는 계기가 5·18에 의하여 주어졌다는 것이다. 이러한 세계관의 확장은 '통일 없이 민주화 없다'는 인식으로, 그리고 '반미 없이 통일 없고 반미 없이 민주주의 없다'는 인식으로 확장되었으며, 반미 자주화운동은 1980년대 및 그 후 민주화운동의 주요한 한 축을 형성하게 되었다.

광주항쟁 이후 미국은 학살의 공범으로, 군부정권의 배후 조력자로 지목받게 되었다. 1980년 12월 9일의 광주 미문화원 방화, 1982년 3월에 불타오른 부산 미문화원과 1985년 5월에 점거농성의 대상이 된 서울 도심의 미문화원은 1980년대 반미주의의 양상을 드라마틱하게 나타냈다. 이러한 반미주의의 증진 — 특히 한국 민주화운동가들과 대학생들 사이에서 반미주의의 증가는 이를 우려한 미국 정부가 민주화를 향한 결정적 시기가 왔을 때 권위주의하의 안정보다는 민주화 쪽으로 정책 방향을 틀게 하는 데 큰 영향을 미쳤다. 또 이러한 변화는 1980년 이래 한국 민주화운동가들이 우리의 민주주의는 우리의 손으로 만들어야 한다는 자주적 관점을 갖게 하는 데 기여하였다. 또 민주화 지도자들은 한국의 민주주의 문제가 분단구조와 연관되어 있다는 것을 인식하게 되었고 민주화 과업의 궁극적인 해결 과제로 남북한 간의 통일 문제를 인식하게 되었다. 이것은 결국 2000년 민주화된 김대중 정부하에서 만들어낸 남북공동선언으로 하나의 결실을 맺었다고 할 수 있다.

● 표 3 5·18 이전과 이후의 민주화운동[5]

광주민중항쟁 이전 반독재 민주화운동	측면	광주민중항쟁 이후 반독재 민주화운동
'자유주의'적 운동	총체적 성격	혁명적 민주주의 운동
장기집권 군부독재	투쟁 대상의 재인식	독점자본의 이해와 밀착되어 있는, 파쇼적 억압기구(반파쇼운동)
미국 = 민주화운동에 우호적인 '혈맹'		광주학살을 방조한, 독재정권을 지원하는 미국(반미주의)
지식인, 학생, 양심적 정치인 등 범재야 중심 운동	투쟁 주체의 재인식	노동자를 중심으로 하는 민중 (민중주체주의)
비합법적 전위조직을 제외하고서는 문제의식 부재		대중의 자연 발생적 투쟁을 지도하는 전위 세력 필요(혁명적 전위주의)

따라서 이념적 차원에서 광주항쟁은 급진 민주주의, 민중주의 및 반미주의 혹은 민족자주주의로의 물꼬를 텄다고 할 수 있다. 1980년대 새로이 재정비된 민주화운동은 5·18항쟁에서 나타난 혁명성의 분출과 신군부의 정치적 기반으로서의 부르주아 기득권세력 및 억압적 국가의 반동성을 인식함으로써 완연히 급진화되었다. 유신체제하에서 민주화운동 주도자들의 지향점이 자유민주주의 — 다분히 미국이나 서구 선진국들 — 체제를 벗어나지 못했던 데에 비하여 1980년대 민주화운동에서는 정치적 자유주의뿐만 아니라 사회/경제적 평등주의를 포함하여 다분히 민중 지향의 진보적 이념을 꿈꾸게 되었다. 따라서 진보적인 민중주의 이념의 지향과 민족주의적인 태도의 결합으로 1980년대 민주화운동은 민중의 생존권 투쟁과 반미 자주화투쟁을 포함하게 되었으며 남북한 문제에 대해서도 구래의 흑백논리를 벗어나 통일 지향적인 민족운동을 추진하게 되었다.

---

5 조희연, 앞의 글, 567쪽.

4. 5 · 18이 민주화운동의 행태(방법)에 미친 영향

5 · 18은 민주화운동의 방법, 즉 전략 · 전술을 포함한 제반 행태에 깊은 영향을 주었다. 5 · 18은 그 전개 과정과 도청에서의 마지막 산화로 상징되는 절대공동체를 통하여 한국 민주화를 향한 흔들리지 않는 계시를 던져주었으며 그 후 전개된 민주화운동의 행태적 전범을 제공하였다. 광주항쟁은 1980년대 운동의 모본(母本)을 제공하였고 문화적 틀(cultural frame)을 제공하였다. 홉스봄이 말하듯이 프랑스혁명이나 광주항쟁과 같은 특별한 결정적 역사 이벤트의 중요점은 이것이 "어떤 곳에서든 반란을 일으키는 사람들이 활용할 수 있도록 마련된 정치적 격변의 모델이요 패턴이 되었다"는 데 있다.

사람됨을 위하여, 정의와 진실을 위하여 죽음으로써 싸운다는 것을 상징하는 5 · 18의 '신화'는 민주화운동이 더욱 전투적이고 극단적인 수단을 주저 없이 택하도록 하는 바탕이 되었다. 계엄군이 쳐들어오고 있는 5월 27일 새벽에 동지들과의 대화에서 윤상원이 남긴 말 — "우리는 지금 패배할 수밖에 없지만 역사 속에서 우리가 영원히 승리하기 위해서 끝까지 도청을 사수해야 한다. 우리 저세상 가서도 이렇게 동지로 믿음과 사랑을 나누세" — 은 그와 박기순의 영혼결혼식에서 만들어져 불린 「님을 위한 행진곡」으로 이어져 민주화운동 최고의 노래로 살아남았다.

> 사랑도 명예도 이름도 남김없이 한평생 나가자던 뜨거운 맹세
> 동지는 간데없고 깃발만 나부껴 새날이 올 때까지 흔들리지 말자
> 세월은 흘러가도 산천은 안다 깨어나서 외치는 뜨거운 함성
> 앞서서 나가니 산 자여 따르라 앞서서 나가니 산 자여 따르라

그리하여 5 · 18 이후의 민주화운동은 유신시대까지의 민주화 요구 방법이 주로 성명서 · 시위 · 농성 등 보다 비폭력적이고 온건한 수단에 의존했던 데에 비하여 훨씬 더 전투적이고 극단적인 수단을 발전시켰다. 1980년대에만

17건의 분신자살과 4건의 투신자살이 기록되었으며, 시위 현장에서도 농성장에서도 종종 목숨을 건 투쟁이 전개되었다. 1982년 결사적인 단식투쟁 끝에 목숨을 버린 전남대 총학생회장 출신 박관현 열사의 경우처럼 많은 정치범들은 감옥 안에서도 나름의 항쟁을 전개하였다. 1980년대 많은 민주화운동 참여자들은 지금 그들이 시도하는 행동이 '아무리 과격하고 치열해도 5·18의 그것만은 못할 것'이라고 인식했다고 할 수 있다. 민주화운동의 이러한 높은 투쟁정신은 군부독재의 각종 다양하고 극악한 탄압과 교활한 회유를 극복하고 도도한 민주화의 물결을 이루어낸 중요한 동인이었다.

둘째로 1980년대에 5·18항쟁은 그 기억을 중심으로 진실을 추구하고 군부독재의 본질을 드러내어 동원을 가능하게 하는 '5월운동'이라고 불리는 독특한 형태의 사회운동을 1980년대에 생산하였다. 나간채가 말하듯이 "1980년 5월 27일의 계엄군 공격작전에서 시민군의 저항이 좌절된 후에도 항쟁은 종결된 것이 아니라 계속되었다."[6] 5월운동은 한편으로 1980년 5월의 직접 피해자들, 즉 유가족·구속자·부상자들이 중심이 되어 전개되었고, 다른 한편으로는 직접 피해자가 아닌 민주세력에 의해 전개되었다. 후자의 5월운동은 5·18을 통한 일상적인 교육 및 선전 활동, 그리고 해마다 주기적으로 그리고 집중적으로 '1980년 광주'에 대한 집단적 기억을 재생하고 확인하며 그것을 통하여 민주화운동을 발전시켜나갔다. 5·18은 1980년대 민주화운동의 가장 중요한 상상력의 원천이었다!

전두환 권위주의 정권이 지배를 위하여 취한 각종 억압과 회유의 조치들은 5월운동의 영향으로 전반적으로 긍정적인 성과를 거두지 못하였다. 5·18부터 지속된 극도의 강압조치들 — 예를 들어 시위 진압을 위한 사복경찰을 대학 캠퍼스에 상주하게 함 — 은 이내 협박의 효과가 떨어지고 오히려 학생 및 대중 일반의 분노와 저항의 확산에 기여하였다. 1980년 5월 광주에 대한 독재정권의 은폐와 공식적 거짓말은 그 약효를 지속하기보다는 오히려 민주

---

6 나간채·강현아 엮음, 『5·18항쟁의 이해』(전남대학교 출판부, 2002), 78쪽.

화운동이 1980년 광주의 진실을 무기로 정권의 반대자들을 늘려나가는 데에 손쉬운 도구로 활용되었다. 탄압을 피하여 지하로 들어가 비밀스러운 집회와 공부를 조직하던 학생운동의 조직가들은 5·18의 진실을 바탕으로 가증스러운 독재권력에 대한 투쟁의 열의를 다지곤 하였다. 즉 광주항쟁은 그 자체로 '집단행동의 틀'(collective action frames)이 되어서 민주화운동의 투사들과 동참하는 대중을 강력하게 동원할 수 있는 도구가 되었다. 광주항쟁의 영웅적인 서사시는 정권과의 대결과 투사들의 충원에 간편한 도구가 되었다. 정부가 항쟁의 진실을 감추려고 했기 때문에 광주에서 실제로 무엇이 일어났는지를 드러내기만 해도 대중은 분노하고 반정부행동은 힘을 얻었다. 또 마지막 도청에서의 '산화' 등 다양한 광주항쟁의 서사적 이야기와 상징적 소재 — 예를 들어 '도청 앞 분수대' '금남로' '주먹밥' '망월동' — 들은 운동세력으로 하여금 승리에 대한 확신과 의지를 강화해주는 역할을 하였다. 앞에서 언급한 1983년 말에 취해진 유화조치는 정권이 이제껏 취한 강경 일변도의 탄압책이 5·18이 던져주는 진실과 신화를 바탕으로 강력히 성장해간 민주화운동의 저항에 직면하여 그 효율성을 잃고 있었던 상황을 배경으로 하고 있었다.

셋째로 5·18은 그 깊이와 폭에서 한국 현대사의 최대 사건 중 하나로서 단순히 정치투쟁뿐만 아니라 사회의 전 영역에 영향을 미쳤으며, 이러한 영향은 다시 민주화운동을 강화하고 사회 전 영역에서 민주·민중·자주 및 인권을 희구하는 큰 시대사적 흐름을 만들어내었다. 이러한 변화는 고도의 억압이 지배하였던 1980~83년 중에는 크게 드러나지 않고 저변에 깔려 있다가 1983년 말 유화조치에서부터는 폭발적으로 시대적 조류를 이끌었다. 그러므로 유화 국면은 군사정권에게 '의도하지 않은 결과'를 초래했다. 유화 국면은 광주항쟁으로 실추된 군사정권의 정통성을 회복해주기는커녕 군사정권에 대한 반대를 강화하여 그 정통성을 더욱 실추시키는 운동과 문화의 확산을 초래했다. 이 책의 다른 부분에서 다루고 있듯이 폭발하듯 터져 나온 항쟁 예술을 계기로 사회의 다양한 영역(학술, 출판, 문학, 영화, 미술, 음악, 무용 등)에서 냉전시대·성장시대·친미시대의 이데올로기적 지배가 무너지고 서구로 비유하자면 '1968'의 '탈근대적' 도전이 거대하게 형성되었다. 이러한 현상은 1960년 4 · 19에서나 그 이후의 어떠한 운동에서도 비견할 바가 없는 5 · 18의 고유한 특징이라고 할 수 있다. 다소 부침이 있더라도 1980년대에 민주화의 흐름이 지속되고 끝내 독재정권을 끝내고 승리하게 한 바탕은 바로 이렇게 반세기 가까이 지배해온 권위주의의 문화 담론에 대항하고 그것을 극복하는 새로운 문화 헤게모니가 등장하고 성장했다는 데에 있었다고 할 수 있다.

넷째로 5 · 18은 1980년대 민주화운동의 인식의 공통성과 동질화, 그리고 승리의 원동력이 된 연대의 틀을 만들어내고 강화한 중요한 원천으로 작동하였다. 우선 5 · 18은 민주화운동의 참여자들에게 공통된 교본(text)이 되었고, 시대를 보는 공통의 문화적 틀을 제공하였다. 이것은 합법, 비합법을 망라하는 각종 다양한 운동 및 심지어는 전통적인 보수 야당에 이르기까지 소통과 연대의 바탕이 되었다. 특히 1980년 5월 광주에서 계엄군과의 투쟁과 해방광주의 경험을 통하여 얻어진 남녀노소와 빈부귀천을 넘어선 '공동체'의 경험은 구성원 서로 간의 절대적 헌신과 강력한 투쟁 연대를 학습하게 하였다. 이는 학생운동을 비롯한 이후의 민주화운동에서 일상의 공동성, 상호 의존적 생활방식, 동지적 일체성, 그리고 강한 연대성을 만드는 데 기여하였고 군부 독재와의 피나는 싸움에서 끝내는 승리할 수 있는 동력이 되었다.

1980년대 민주화운동의 적극적 동참자들은 그 분야가 어느 쪽이건 과거와 같이 추상적인 도덕성이나 이상으로서의 '민주주의' 운동을 선택하였다기보다는 대부분 '살아남은 자의 의무감'에서, 그리고 앞으로 학살과 탄압이 되풀이되지 않고 '인간다움을 유지하고 살기 위해서' 운동에 참여한 사람들이었다. 그러므로 그들은 어디에서나 '광주'의 진실을 들고 대중을 설득하였다. 혁명적 변화를 위하여 극단적인 투쟁을 추구한 핵심 운동권뿐만 아니라 이른바 중산층에 가까운 수많은 양심적 혹은 자유주의적 학생, 교회, 제 사회단체들의 광주의 진실 알리기 — '광주 비디오' 상영으로 대변되는 — 는 일반 대중을 설득하고 정권의 정통성을 와해시켰다. 민주화의 기로가 되었던 1987년 6월 민중항쟁에서 돋보인 넥타이부대의 민주화 요구 시위 동참이라는 현상은 이러한 과정의 결과물이었다.

급진적인 학생운동을 포함한 제 사회운동과 전통적 보수 야당세력이 비록 서로 지향하는 이념은 달랐지만 투쟁의 전선에서 강력한 연대와 상호 보조의 활동 및 조직을 꾸려낼 수 있었던 것도 상당 부분 광주의 진실에 대한 헌신이라는 공감대 속에서 가능할 수 있었던 것이다. 1983년 유화 국면 이후 1987년 6월 민주항쟁까지 5공 군사정권이 처한 상황은 정치적 위기의 단계적 심화 과정이라 할 수 있다. 정치적 위기의 심화는 이후 계속되는 사회운동의 발전과 연대운동으로의 확산, 신군부에 의해 강제로 정치 영역에서 추방되어 비제도적 정치권을 형성하고 있던 구정치권 인사들의 복권과 조직화를 통한 민주화운동의 시작, 그리고 이에 대한 국민적 지지와 동원의 증대에 기인한 것이다. 1985년 2월 총선에서 전통 야당의 예측되지 않았던 약진, 그 후 1986년 12월까지의 대통령 직선제 개헌 추진대회를 통한 민주화세력의 동원, 1987년 1월 학생 박종철의 고문치사사건을 계기로 한 대규모 동원, 4 · 13 호헌조치에 대한 반대투쟁, 그리고 종국적으로는 민주헌법쟁취국민운동본부의 결성과 6월항쟁은 모두 보수 야당 정치권과 운동권의 적극적인 연대에 의하여 가능하였음은 주지의 사실이다.

5. 5 · 18과 1987년 6월 민주항쟁

한국 민주 이행의 정점으로서 1987년 6월항쟁은 '4 · 13 호헌조치'를 통하여 일방적으로 군부정치를 연장하려는 5공 정권에 맞서 그동안 발전해온 민주화 운동세력 전체가 전면적인 투쟁을 감행하여 승리한 역사적 대회전이었다. 이미 서술한 것처럼 5 · 18은 이 민주화세력의 성공적인 부활과 성장에 결정적으로 기여하였다. 여기에 더하여 5 · 18은 이 6월항쟁의 승리, 그 자체에 대해서도 직접적인 영향을 끼쳤다.

1985년 2 · 12총선 이후 팽팽하게 펼쳐진 5공 정권과 반대세력 간의 대치

박종철군 고문살인 은폐규탄 및 호헌철폐 부산시민대회 홍보전단(1987년 6월 10일).

는 1986년 5·3 인천투쟁 및 10월 말 건국대사태를 통하여 급진 학생운동의
대규모 진압과 그에 이은 이념 공세, 그리고 군부독재의 강경한 탄압 쪽으로
정리되는 듯하였다. 그러나 해를 넘기자마자 민주화세력의 기세를 부활시킨
서울대생 박종철의 고문치사와 은폐시도 사건이 발생하였다. 이 사건은 밀폐
된 고문실에서 물고문으로 학생을 죽여놓고 "조사 도중 탁자를 탁 치니 억 하

고 죽었다"는 억지 주장을 통하여 사실을 호도하려고 시도했다가 용기 있는 증언자들과 언론에 의하여 진실이 밝혀진 것이었다. 이 사건은 5·18항쟁과 그 이후 군부 독재정권의 진실 왜곡을 이미 겪고 이제야 무엇이 5·18의 진실인지 다소 알아가던 한국 국민들로 하여금 다시 한 번 군부정권의 부도덕성에 치를 떨게 한 직접적 계기로 작용하였다. 따라서 이데올로기 공세를 통하여 민주화운동에 대한 국민의 지지를 무너뜨리고자 했던 군부정권의 의도는 소기의 목적을 달성하기 어렵게 되었다.

이에 따라 전두환 정권은 이른바 4·13 호헌선언을 통하여 다시 힘에 의한 강압적인 지배와 그에 따른 권위주의적인 후계 계승을 추진하게 되었고 이에 대한 반발이 범국민적으로 확대되어갔다. 이때 1987년 5·18에 천주교정의구현사제단은 박종철 사건의 실제적인 배후자들이 조직적으로 감추어졌음을 밝혀내었고 이는 군부정권의 도덕성에 치명적인 일격을 가했다. 국민의 분노는 폭발적으로 확산되었고 민주화 운동세력은 사회운동, 학생운동과 제도권내 야당을 망라하는 광범한 연대 운동기구로서 '민주헌법쟁취국민운동본부'(국본)를 조직하는 데 성공하였다. 국본은 전두환의 후계자로 내정된 노태우가 집권 민주정의당의 대통령 후보로 선출되는 의식을 거행하는 6월 10일 '박종철 고문살인 은폐조작 규탄 및 민주헌법 쟁취 범국민대회'를 개최하였고 그때부터 20여 일간 전국적으로 500여만 명이 참여하는 6월 민주항쟁이 시작되었던 것이다.

그런데 이러한 광범한 시위가 전개되었을 때, 그리고 정상적인 경찰력으로는 그것을 진압하기 어려운 형국이 되면 군부 권위주의 정권은 시시때때로 군을 거리로 불러들여 문제를 해결하고자 하는 선택을 고민할 수 있다. 특히 1987년의 한국 전두환 정권에서처럼 집권세력 및 군 내부에서 가시적인 분열의 기미가 존재하지 않고 응집력이 충분할 때에는 군을 동원하는 것이 가장 효율적인 대안일 수 있다. 1980년 광주학살, 1988년 미얀마사태, 1989년 6월 톈안먼사태는 모두 그러한 사례라고 할 수 있다. 그러나 1987년 한국의 권위주의 정권 지도자들은 이러한 강경책을 피하였고 오히려 거리의 질서를 파괴하고 안정을 해친 반대세력의 주요한 요구를 모두 들어주는 6 · 29선언을 발표함으로써 '타협에 의한 민주화'의 길을 열었다. 이러한 사태 전개의 가장 중요한 요인 중의 하나는 1980년 5 · 18이 남긴 유산 때문이었다. 5 · 18항쟁의 기억은 1987년 6월의 위기 국면 — 즉 민주화를 향한 시위대가 길거리에서 전투경찰을 압도하는 상황 — 에서 독재자들로 하여금 군 동원이라는 조치를 선택하지 못하도록 막는 역할을 하였다.

이렇게 경찰력으로 막을 수 없는 상황에서, 군부 권위주의 정권의 군사력 동원 가능성은 이러한 방법에 대하여 당시 권력 엘리트들이 얼마만 한 자신감을 갖고 있는가에 따라 좌우된다고도 볼 수 있다. 그런데 1987년 6월에는 권력 핵심 엘리트들 사이에서 군사력 동원은 합의를 얻어내기 어려웠다. 출생의 오점으로서 광주학살이라는 문제는 전두환 정권 내내 전두환과 주변 엘리트들이 당면해야 했던 치명적인 것이었다. 5공 정권 측에서는 공식적으로 1980년 광주에서의 군 진압이 국가안보와 정치 안정을 위해서는 어쩔 수 없는 선택이었다고 주장해왔다. 그러나 경험적인 연구에 의하면 이러한 주장은 심지어는 전두환 정권의 핵심 엘리트 사이에서도 1987년에는 충분한 설득력을 발휘하지 못하였다.[7] 따라서 1987년 당시 5공 정권의 핵심세력들 사이에서는 만일 군부를 동원하여 6월항쟁을 설사 물리적으로 진압한다고 하더라도 그 후유증을 정권이 감당하기는 어려울 것으로 보는 견해가 지배적이었다.

또 5 · 18은 6월항쟁에서 미국 정부가 한국 정부의 군사적 해결을 명시적으로 반대하도록 하는 데에 깊은 영향을 미쳤다. 미국 정부는 1980년 광주항쟁에서 그들이 행동했던 방식과 내용이 가져다준 부정적인 경험과 그에 따른 한국에서의 반미감정의 가시적인 증가에 대하여 상당히 우려하고 있었다. 그래서 미국은 특히 1985년 이후에는 전두환 정권이 '점진적인 민주화 일정'에 따른 수순을 안정적으로 진행해주기를 바랐고 전두환 정권 및 민주화세력 양자 모두에게 나름의 압력과 협의를 병행해왔던 것이다. 그런데 막상 거리에서

---

7 Cho, 2003: 75.

의 투쟁으로 점철된 6월항쟁이 진행되자 미국 정부의 고위관리들은 명시적으로 미국이 민주화를 추진하는 쪽에 기울어 있다는 것을 한국민들에게 보이기 위한 행동을 취하였고 진행되는 일련의 과정에서 통제력을 잃지 않으려고 노력하였다. 한반도의 안정과 미국의 영향력 유지라는 전략적 목표 아래 미국 정부는 공개적으로 한국에서의 군부 동원에 의한 문제 해결에 반대한다는 점을 분명히 하였고, 야당 지도자들 및 전두환 대통령과 각각 만나서 타협에 의한 민주화로 결론지어지도록 나름의 설득을 능동적으로 진행하였다. 전시 및 평시 모두 군의 작전통제권을 행사하고 있던 미국의 이러한 입장은 전두환 정권의 군 동원 불가 결정에 분명한 하나의 요인이 되었을 것으로 본다.

결론적으로 5 · 18은 그것이 발생한 후 7년 만에 6월 민주항쟁이라는 대회전을 개시하는 데도, 그 불확실한 투쟁 속에서도 그것을 유혈 참극으로 몰아가지 않고 타협을 통한 평화적인 민주화 쪽으로 결론을 몰아가는 데도 깊은 영향을 주었다. 즉 광주항쟁의 유혈이 6월항쟁에서의 무혈 민주화를 달성하는 데 '결정적' 역할을 하였던 것이다.

6. 5 · 18과 1987년 대통령 선거 이후의 민주주의 공고화

국가 정치권력을 국민의 손으로 선출하게 되었다고 해서 바로 민주화가 완성되는 것은 아니다. 오랜 권위주의 정치를 거친 후에는, 특정한 계기를 맞아 대통령과 국회의원을 보다 자유롭고 경쟁적인 선거 절차를 통해서 선출한다고 해도 그러한 과정을 제도화하고 습관화하는 민주주의의 공고화 과정을 거쳐야 새로운 민주주의가 안정적으로 운영될 수 있는 기반이 생기는 것이다. 민주주의의 공고화를 위해서는 한편으로는 민주화 이전에 행해졌던 구권위주의 정치 행태 청산과 관련된 제도의 척결이 중요하며, 다른 한편으로는 정치 엘리트 및 국민 대중 모두가 민주주의 체제의 절대성을 인식하고 민주주의를 일상화 · 체화(habituation)하는 것이 필요하다.

한국의 민주화는 전체적으로 볼 때 제도정치가 주도하였다기보다는 5·18 항쟁의 영향을 딛고 강고하게 싸워나간 민주주의 운동의 강제력이 근본 동인이라고 볼 수 있다. 그러나 실제 민주 이행이 실현되는 1987년 6~12월의 과정은 민주화 운동세력의 일방적인 승리였다고 하기보다는 군부 권위주의 정권이 제시한 6·29선언이라는 타협안에 민주화세력이 동의하여 '타협에 의한 민주화'가 진행되었다고 할 수 있다. 이러한 역사적 경로는 구 권위주의 체제의 질서를 가능한 한 수호하고 민주적 개혁에 저항하는 구 권위주의 세력과 그 반대세력 간의 치열한 대결이 1987년 민주 이행 이후에 펼쳐질 것을 예고하고 있었다. '광주 문제'는 이 대결의 중심 이슈로서, 펼쳐지면 펼쳐질수록 그 자체가 민주화세력을 위한 엄청난 자산으로 작용하여 한국 민주주의를 발전시키는 역할을 감당하였다.

1987년 12월 대통령 선거에서 야권의 분열로 승리한 노태우의 5공세력은 최초에는 광주 문제를 적당한 수준에서 봉합하려고 하였다. 1988년 1월에 정부는 민주화합추진위원회(이하 민화위)를 출범시켜 5·18의 위상을 '광주사태'에서 '민주화운동'으로 재정립하고 사상자의 신고 및 보상 등을 논의하게 하였다. 그러나 한때는 불순한 세력으로 매도되었던 5·18 관련자들이 처음으로 전국적 미디어가 중계하는 가운데 그들이 겪은 '1980년 광주'의 진실을 증언하고 그들의 이야기가 공식적으로 인정받게 되는 상황의 전개는 민화위의 미봉책으로는 막아낼 수 없는 진상규명과 책임자 처벌에의 도도한 국민적 요구로 이어질 수밖에 없었다.

민주 이행 이후 독재의 잔재를 드러내어 청산하려는 국민적 요구는 민주화를 요구하는 야당 정치권의 적극적 호응을 얻게 되었다. 지역주의 정치색에 따른 전선 분열로 1987년 대선에서 패배하고 약화된 야당세력은 1988년 4·26총선에서 형성된 '여소야대'의 정치 지형을 적극적으로 활용하여 노태우 정부에 대항하고자 하였다. 김대중의 평화민주당, 김영삼의 통일민주당 및 김종필의 신민주공화당은 정책 공조를 통하여 국회 특별위원회를 구성하여 5공 비리 및 광주 문제를 제기하고 정국의 주도권을 잡고자 하였다. 노태

1988년 12월 7일 5공 청문회에 증인으로 출석한 정호용(5·18 당시 특전사령관). 당시 여소야대의 정국 속에서 국회에 광주특별위원회가 구성되고 광주 청문회가 방송으로 보도되면서 5·18항쟁의 진실이 전국에 폭로되기 시작했다.

우 대통령 및 여당인 민주정의당은 한편으로는 국민적 요구를 무시할 수 없었고, 다른 한편으로는 그러한 과정을 통하여 자신들과 전두환 및 5공 정권의 직접 지배자들 간의 차별화를 추구하려는 전략을 채택하였다. 그 결과 총선후 수개월도 지나지 않은 1988년 6월, 국회는 '광주민주화운동 진상조사 특별위원회'(광주특위)와 '제5공화국에서의 권력형 비리조사 특별위원회'(5공비리특위) 등을 구성하기로 하였다.

1988년 11월 18일 김대중과 이희성 1980년 당시 계엄사령관의 증언 청취로 시작된 '광주 청문회'는 1989년 2월 24일까지 17회에 걸쳐서 증인 67명을 불러내며 연일 국민의 이목을 집중시켰다. 정부와 여당은 거푸 이슈의 물타기를 시도하였으며 핵심 증언자들이 증언을 거부하는 사례가 빈발하였음에도 광주 청문회는 은폐되었던 진상들의 상당 부분을 규명하였다. TV로 전국에 생중계된 청문회 과정은 그동안 독재정권이 주장해온 5·18에 관한 이야기의 거짓을 폭로하고 대체적인 진실을 국민 앞에 드러내주었다. 밝혀지는 광주학살 진상은 동시에 진행된 5공 정권하의 대규모 비리 폭로까지 겹치면

1987년 9월 8일 국립 5 · 18묘지를 처음으로 찾은 김대중 당시 민주당 상임고문의 오열.

서 5공 정권을 '있어서는 안 되는 정권'으로 명명하게 되었으며, 그 총책임자 격인 전두환은 그해 11월 23일 강원도 백담사로 2년여의 유배를 떠나기도 하였다. 이 광주 청문회 과정은 한국에서 군사독재의 잔영을 떨어내고 향후 문민화를 진행하기 위한 큰 진전을 이룩하였으며 다시는 군부가 정치에 개입하지 못하게 하고 민주주의를 공고히하는 데 커다란 역할을 하게 되었다.

그러나 노태우 정권의 핵심세력은 5 · 18 진상규명과 책임자 처벌 요구는 궁극적으로 그들 자신을 겨냥하리라는 위기의식으로 국회의 공세를 마감시키고 정국의 주도권을 장악하고자 비밀 협상을 통하여 1990년 1월 김영삼, 김종필의 정당과 노태우의 민주정의당이 결합하여 민주자유당(민자당)을 구성하는 3당 합당을 결행하였다. 비호남 연합이며 보수 대연합을 지향한 3당 합당은 곧바로 노태우 정권의 국회 다수파 장악을 결과하였고, 민주개혁의 기세를 중단시켰다. 이어지는 1992년의 총선과 대선에서는 지역주의 정치전략이 지배하였고 민주자유당과 김영삼이 승리하였다.

보수 연합을 통하여 권력을 창출했지만 김영삼 대통령의 새로운 정부는 오히려 태생적 한계를 어느 정도 극복하며 민주개혁을 통하여 한국사회의 도도한 민주화의 물결을 주도함으로써 권력을 공고히하고자 하였다. 김영삼 정부는 과거의 정권을 군부정권으로 규정하며 자신을 최초의 '문민정부'로 이름 지었다. 문민정부는 5·18을 명예롭게 계승할 것을 천명하였으며 그 정부가 광주항쟁의 연장선상에 서 있는 민주정부임을 강조하였다. 김영삼 대통령은 그러한 맥락에서 자신의 보수적 날개이며 잠재적 도전자들인 정치군인들을 과감히 숙청하였다. 물론 이러한 민군 관계 개혁이 성공적일 수 있었던 것은 이제 널리 알려진 광주 문제를 통하여 5공 군부에 대한 부정적인 민심이 확실히 형성되었으며, 5·18과 5공 비리의 진상 공개를 통하여 군부가 다시 정치에 개입하기는 어려운 분위기가 조성되었기 때문이었다.[8]

그러나 김영삼 정권은 5·18의 진상 조사와 그에 따른 가해자의 형사적 책임 문제를 추진하고자 하는 의욕은 보이지 않았다. 김영삼 대통령은 이 문제는 훗날의 역사에 맡기자는 태도를 견지하였다. 이것은 삼당 야합에 따라 탄생한 민자당을 토대로 정권을 취득한 김영삼 정권의 태생적 한계이기도 하였다. 이에 반발한 피해자단체와 일반 시민사회단체들이 진상 조사와 가해자 처벌을 위한 고소·고발운동을 시작하였다. 1993년 7월 정승화 계엄사령관을 비롯한 12·12쿠데타 피해자들이 신군부세력을 고소한 것을 비롯하여 신군부세력의 집권 과정에서 있었던 피해자들의 다양한 고소·고발이 줄을 이었다. 또 시민사회단체들도 5·18민중항쟁의 진상 조사와 가해자 처벌을 위한 다양한 활동을 전개하였다. 각계각층이 집결한 연대기구인 '5·18 진상규명과 광주항쟁정신계승 국민위원회'는 1994년 5월 5·18 당시 진압 책임을 들어 전두환, 노태우 두 전직 대통령을 포함하여 모두 35명을 서울지방검찰청에 고발했다. 피고발인들은 당시 진압군 가운데 대대장급 이상의 지휘관들이었으며 죄목은 내란 및 내란목적살인죄였다. 또 광주항쟁 피해자, 부상자,

8 Cho, Jung-Kwan, "Taming the Military to Consolidate Democracy: The South Korean Experience," *Pacific Focus*, 16: 1, pp. 117~48.

유가족 등 322명이 연대 서명한 고소장도 함께 접수되었다. 이 고소장은 "1980년 5월의 시민 학살은 12·12쿠데타를 일으킨 반란군들이 정권 탈취를 위해 자행한 범죄"라며 "전씨 등 피고발인들이 불법적으로 국회를 해산하는 등 국가기관을 전복하고 저항하는 시민을 총칼로 살상했으므로 내란 및 내란목적살인죄에 해당한다"고 주장하였다. 이 고발에는 일반 시민들도 동참하기 시작하여 '5·18' 14돌을 맞이하여 망월동 묘역과 금남로 일대에 설치된 고발 운동 창구에는 서명하려는 시민들이 줄을 이어 광주에서만 1만 명을 넘어섰다. 단일 사건에 관한 사상 최대의 고발인 숫자이다.[9]

그러나 김영삼 정권의 충실한 하부기구인 검찰은 이들 모두에 대해 1995년 7월 18일 공소권 없음 결정을 내렸다. 검찰은 이 사건이 1979년 10·26사태 이후 권력 공백기에 12·12사건을 기점으로 군의 주도권을 장악한 전두환 보안사령관의 집권 과정에서 일어난 일로서 점진적으로 집권 기반을 다져나간 일련의 조치들을 '성공한 쿠데타'로 보면서 쿠데타가 성공하여 새로운 헌정질서가 생겨났기 때문에 사법 심사의 대상이 될 수 없다고 단정하였다. 검찰은 12·12사건과 5·18을 '역사적 평가'에 맡기자는 김대통령의 요구를 그대로 따랐던 것이다.

검찰의 공소권 없음 결정에 따른 불기소 처리는 즉각 온 국민의 반발을 샀다. 검찰의 발표 당일 광주·전남 지역 136개 단체들로 구성된 '5·18 학살자 기소 관철을 위한 공동대책위원회'는 긴급 대책회의를 열고 명동성당에서 농성에 들어가는 등 전국적 농성·집회가 벌어졌다. 광주시의회에서도 7월 29일 기소 촉구 결의안을 채택했다. 1995년 7월 31일 고려대 교수 131명의 성명을 필두로 전국 54개 대학 6,963명의 교수들이 검찰의 불기소 처분에 항의하는 서명에 동참하였다. 1987년 호헌철폐운동에 동참한 이후 8년 만의 일이었다. 이어 같은 해 8월 25일 전국 78개 대학 3,560명의 교수들이 5·18 특별법

---

9 박원순, 「5·18 특별법의 제정과 법적 청산」, 광주광역시 5·18사료편찬위원회, 『5·18민중항쟁사』(광주광역시 5·18사료편찬위원회, 2001), 548~49쪽.

을 입법 청원하였다. 또한 대한변호사협회가 5 · 18 범법자들의 처벌을 위한 특별법 제정 촉구 서명운동에 돌입하였고 민주사회를 위한 변호사모임은 가두시위에 나서기도 하였다. 국민위원회가 5 · 18 특별법 입법을 국회에 청원하였고 참여연대 역시 특별검사임명법을 청원하였다. 5 · 18민중항쟁 관련자 처벌에 대한 국민적 압력은 마치 도도한 강물처럼 정치권을 압박하였다.

이러한 거대한 국민적 항의에도 김영삼 정부는 꿋꿋이 책임자 처벌을 거부하였다. 그런 가운데 노태우 · 전두환 전 대통령이 엄청난 액수의 통치자금을 재벌 등으로부터 조성하여 쓰고 비자금으로 남긴 사실이 1995년 10월에 밝혀져 국민적 분노를 자아내게 되었다. 김영삼 정부는 정치적 위기를 타개하기 위해 입장을 바꾸게 되었다. 11월 24일 김영삼 대통령의 5 · 18 특별법 제정 지시와 11월 30일 12 · 12 및 5 · 18사건 특별수사본부의 발족, 이에 따른 전 · 노 전 대통령의 구속이 이루어졌다. 이는 검찰이 '성공한 쿠데타'는 사법 심사의 대상이 되지 않는다는 결정을 내린 지 4개월 만의 일이었다. 검찰은 전 · 노 두 대통령과 관련자들을 내란 혐의로 기소하였고 국회 역시 5 · 18 특별법, 즉 '5 · 18 민주화운동 등에 관한 특례법'과 '헌정질서파괴범죄의 공소시효 등에 관한 특례법'을 제정, 공포하였다. 이 두 법률은 무엇보다도 전두환 · 노태우 두 전직 대통령의 집권 기간이 공소시효 진행이 중단되는 기간으로 못 박고 있고 재정 신청, 특별 재심을 규정함으로써 5 · 18 당시 처벌받았던 사람들이 무죄를 주장할 기회가 주어졌다. 공소시효에 관한 형사소송법상의 규정을 배척하는 대신 "1979년 12월 12일과 1980년 5월 18일을 전후하여 발생한 헌정질서파괴범죄"에 관하여 "당해 범죄행위의 종료일부터 1993년 2월 24일까지의 기간"을 국가의 소추권 행사에 장애 사유가 존재한 기간으로 규정하는 것이 이 특별법의 핵심적 내용이다.

이 법에 따른 '세기의 재판'은 빠른 속도로 진행되었고 1997년 4월 17일 전두환 · 노태우 및 제5공화국 및 광주학살의 주역들은 대법원의 최종 유죄 판결을 받게 되었다. 대법원의 판결은 쿠데타는 설사 성공했다고 하더라도 사후에 처벌받을 수 있음을 명시하였으며, 12 · 12사건은 명백한 군사반란이었고 5 · 18은 내란 및 내란목적 살인행위였다고 규정하였다. 전두환은 무기징역, 노태우는 징역 17년, 그리고 그 외에 12명의 전직 장성들은 17년부터 3년 6월까지 징역형을 선고받았다(Cho, 2006).

　이 드라마틱한 사법적 사건은 한국사회의 민주화 과정에서 군사 쿠데타의 주역이면서 동시에 독재정권의 최고 통치자들을 감옥에 보낼 수 있는 법적 기초를 마련함으로써 민주화의 도정에서 확고한 기념비적 기틀을 마련할 수 있었다. 과거 청산의 세계적 흐름 속에서도 전직 대통령들을 이렇게 처단한 것은 대단히 희귀한 일이었다. 이것은 단순히 보복적 차원이 아니라 정의를 실현한 사례이며 동시에 앞날의 독재체제에의 회귀를 저지하는 결정적 안전판이 될 수 있었다. 이 과거 청산행위는 다른 민주화된 국가들의 과거사 청산 사례와는 달리 대규모의 사회적 갈등과 쟁투를 야기하지 않았는데, 그 주요한 이유는 5 · 18 광주항쟁에서의 이들 범죄자들의 책임에 대한 국민적 공감대에 기인했다고 볼 수 있다.

4

5 · 18항쟁과
1980년대 아시아 민주화운동

| 신일섭(호남대 · 사학) |

1. 머리말: 동아시아에서 1980년 5 · 18광주민중항쟁의 의미

20세기 후반 즉 1970년대 중반부터 1980년대 전반에 걸쳐 민주화운동은 세계적인 추세였으며 권위주의 체제의 종식과 민정(民政)체제로의 이행이 세계 각지에서 진행되었다. 민주화의 정도나 실태의 차이는 있을지라도 지난 1970년대 중반부터 포르투갈 · 스페인 · 그리스 등 지중해 연안의 여러 국가들에서 민정체제로의 이행이 시작되었으며 1970년대 말부터 1980년대 중반까지 에콰도르 · 니카라과 · 아르헨티나 · 과테말라 등 남미 제국에서도 민정 이양이 시행되었다. 또한 아시아에서는 1980년대부터 민주화의 파도가 일어나기 시작하여 필리핀 · 한국 · 타이 등에서 권위주의적인 체제와 군부독재가 서서히 붕괴되기 시작했다. 이러한 민주화 도미노 현상과 같은 이행 열풍에 대해 미국의 헌팅턴(Samuel P. Huntington) 교수는 "제3의 물결"이라고 했다.[1] 이것은 또 세계사적으로 제2차 세계대전 후 형성되었던 냉전체제의 해체와 함께 진행되었고 지금까지 축적되어온 제반 모순 구조의 역사적 해결의 실마리가 되기도 했다. 특히 1989년 동구 공산권의 몰락과 1991년 소비에트 연방의 붕괴는 이와 같은 세계적인 민주화운동의 흐름에 일익을 형성하기도 했다.

이런 세계사적인 흐름 속에서 특히 동아시아 국가들은 1980년대부터 민주화운동이 대중적으로 활발하게 시작되었는데 이것은 곧 자유와 인권, 정의 등 인간의 기본권을 위한 제반 사회운동을 뜻한다. 20세기 후반의 변화 속에서 한국의 1980년 5·18광주민주화운동은 시간적으로 1980년대 초 동아시아에서 민주화운동의 첫 봉화이자 상징이었다. 5·18광주민주화운동은 1980년대 이후 이념적으로 지향해야 할 방향과 이정표를 세웠다고 할 수 있다.[2]

1980년 5월 광주민중항쟁이 일어났던 한국을 위시한 동아시아 각국은 역사적 배경과 내용에 차이가 있긴 하지만 몇 가지 공통점이 있다. 첫째, 거의 모든 국가가 제국주의적 침략의 식민지 지배 과정을 경험했고 반봉건 반식민지 상태에서 식민지 잔재를 완전하게 청산하지 못했다는 것이다. 둘째, 대부분 전통적인 권위주의적 독재체제나 군부 독재체제를 완전하게 벗어나지 못하고 있었다는 것이다. 셋째, 소수의 선각자적인 지식인이나 양심세력 그리고 사회의 기층세력에서 반체제세력으로서 민주화운동이 면면히 계속되어왔다는 것이다. 이런 의미에서 동아시아 각국에서 일어났던 민주화운동은 일정한 시대적 흐름과 맥락 속에서 그 의미를 파악해볼 수 있을 것이다.

먼저 동아시아라는 지리적·역사적인 유사점과 공통점 속에서 1980년에 일어났던 5·18광주민주화운동이 한국의 역사 속에서 갖는 의미를 파악해보면서 1980년대 동아시아 민주화운동의 내용을 살펴보고자 한다. 지금까지 일반적으로 5·18광주민주화운동을 보는 시각은 군사독재에 대한 국민의 저항

---

1 Samuel P. Huntington, *The Third Wave: Democratization in the Late Twentieth Century*, Uni. of Oklahoma Press, 1991. 헌팅턴에 의하면 1980년대의 민주주의는 역사적으로 이념적인 경쟁자의 붕괴로 인해 뒷받침되었다. 즉 역사 순서에 따라 파시즘, 마르크스-레닌주의, 사회주의, 대중동원 모델, 그리고 군부체제는 그 빛을 잃고 쇠퇴하였으며 이제 민주주의가 유일한 모델로서 거대한 물결을 이루고 있다고 하였다.

2 여기에서 말한 5·18광주민주화운동은 시공간적 경계를 넘어선 1980년대 전체 한국의 민주화운동을 포괄하는 의미로 사용하고 있다.

에 초점을 맞춘 민중민주운동의 시각에서, 광주 시민의 무장투쟁을 유발한 군사작전 또는 이를 통하여 또 하나의 군사독재정권을 창출한 권력집단의 의도와 과정에 주목하는 정치공학적 시각, 광주민중항쟁의 역사적 뿌리를 조명해보려는 이념적 시각, 지역 간의 정치적 불평등과 사회구조적 갈등에서 문제의 원인을 찾는 사회학적 시각 등 몇 가지로 요약할 수 있다. 근래 학계에서는 5·18광주민주화운동을 인권이라는 보편적 가치에 관심을 두고 국제적 연대와 비교 연구를 통하여 인류가 공유할 수 있는 도덕적 자산으로 그 의미를 고찰하기 시작하고 있다.[3]

1960년 4·19혁명 이후 이를 부정한 1961년 5·16 군사 쿠데타세력의 등장과 집권, 1980년 5·18광주민주화운동과 이를 부정한 전두환 군부집단의 쿠데타, 1987년 6·10시민항쟁과 전두환·노태우 군부정권의 항복, 1993년 문민정부의 등장과 전·노 군부세력의 법적 심판, 그리고 1998년 국민의 정부 선출로 한국에서의 역사 심판 작업은 큰 테두리에서 어느 정도 일단락되었다고 할 수 있다. 이것은 프랑스혁명 초기 급진파와 온건파 간 권력의 추가 우왕좌왕하면서 혼미를 거듭하다가 급기야는 반동체제로 복귀하는 듯 보였지만 그 후 19세기 약 백 년 동안 혁명과 반혁명을 번갈아 가면서 정치적 변동을 거듭하다가 결국 구체제의 완전한 종식과 공화정의 정착으로 귀결한 과정과 비슷하다고 할 수 있다. 그렇다고 한국이 '김대중 국민의 정부' 선출로 민주화운동과 혁명이 완결 단계에 이르렀다는 것은 아니다. 아직 우리는 국내

---

3 1998년도 18주년 5·18 국제학술심포지엄에서 한상진 교수는 5·18광주민주화운동을 인권의 관점에서 해석해보려는 시도를 하고 있다. 「광주민주화운동에서 본 국민주권과 승인투쟁」, 한국사회학회 엮음, 『세계화시대의 인권과 사회운동: 5·18광주민주화운동의 재조명』(나남, 1998). 또한 같은 해 8월에 제주도에서 제주 4·3연구소 주관으로 개최되었던 '제주 4·3 제50주년 기념 국제학술대회'는 동아시아 국가들의 아픈 역사를 공유하면서 동아시아 연대를 할 수 있는 좋은 기회였다고 생각한다. 그리고 1999년도 5·18 제19주년 기념 학술강연회에서 독일 브레멘 대학 H. J. Sandkühler 교수의 논문 「인간의 존엄성과 근대국가의 정당화, 그리고 광주민중항쟁의 보편적 의의」(전남대 5·18연구소, 1999)에서는 5·18을 통한 국가의 존재 의미와 정당성 문제를 제기하면서 광주민중항쟁의 보편적 의의를 1948년의 세계인권선언에 맞추어 조명하고 있다. 그는 광주민중항쟁은 한국의 현대사에서 민주화의 출발점으로 그리고 인간의 자유와 존엄성을 고취하는 항쟁으로 자리매김 되어야 한다고 주장하고 있다.

외의 복잡다단한 정치·경제적 환경과 구조 속에서 진정한 사회개혁과 정치 개혁을 위한 초보 단계에 불과하다고 말할 수 있다. 현재 한국은 개혁의 성공이냐 아니면 좌절이냐 하는 기로에 서 있다고 할 수 있다. 또한 동아시아 각국들도 비슷한 역사적 조건과 상황에 놓여 있다. 동아시아의 여러 국가들은 상호 연대와 협력을 통해 미완의 혁명을 역사적 필연성 속에서 완결의 단계로 향하는 믿음과 희망을 간직하고 나아가야 할 것이다.

1980년 5·18광주민주화운동은 1970년대에 전개되었던 반유신체제 민주화운동의 도달점이자 1980년대 전두환 군부 독재정권 아래서 전개될 새로운 민주화운동의 기원이었다. 5·18광주민주화운동을 비롯한 한국의 민주화운동은 한국 내의 특수한 조건과 원인만으로 발생했던 사건이 아니라 주위의 보편적인 국제적 조건들과도 밀접하게 관련되어 있다. 이것은 1919년 조선의 3·1독립운동이 그 직후 일어났던 중국의 5·4운동, 즉 5·4 반제반봉건운동에 영향을 주었듯이 가까운 동아시아 국가들과도 서로 밀접한 관계가 있는 것이다. 또한 한국의 1987년 6·10시민항쟁도 민주화운동으로서 이에 선행했던 필리핀의 마르코스 정권을 타도한 1986년 2월 혁명의 경험에서 직·간접적으로 큰 영향을 받았다는 것은 널리 알려져 있는 사실이다.[4]

이제 5·18 광주민주화운동은 세기를 달리하는 시대적 상황 속에서 새로운 역사적 평가와 함께 그 자리매김을 해야 할 때가 되었다. 이에 필자는 국제적 관계 속에서 비슷한 역사적 과정을 거쳐왔던 동아시아 지역 국가들의 민주화운동 선상에서 5·18광주민주화운동도 파악해본다면 그 의미가 더욱 확대되리라고 생각한다. 18세기 프랑스혁명이 세계사적 혁명운동의 차원에서 역사적으로 평가되고 그 의미가 확대되었듯이 5·18광주민주화운동도 지역적·정치적인 차원을 넘어 인류의 보편적 가치 위에서 새롭게 평가되어야 한다. 이런 의미에서 동아시아 제국의 민주화운동을 살펴보는 것은 5·18을 민

---

4 한국기독교사회문제연구원 엮음, 『필리핀 2월혁명: 마르코스 독재정권의 붕괴와 민족민주운동사』(민중사, 1987) 참조.

주화와 인권이라는 공통적이고 보편적인 가치 위에서 살펴볼 수 있는 한 시도가 될 수 있다고 생각한다. 따라서 이 글에서는 1980년 5·18 광주민주화운동 이후 동아시아 국가들 가운데서 일어났던 반독재 민주화운동으로서 필리핀의 1986년 2월 혁명과 통칭 톈안먼사건으로 불리는 1989년 6월 중국의 반체제 민주화운동, 10여만 명의 방콕 시민이 참여해서 군부의 수친다 총리를 물러나게 했던 태국의 1992년 4월 시민혁명에 대해 살펴보고자 한다. 이들 나라의 민주화운동은 공통적으로 1960~70년대 이후 근대화, 개방화 과정에서 성장한 학생·시민들이 주체세력이었다는 점에서 5·18광주민주화운동과 같은 궤도에 있다고 할 수 있다. 이런 의미에서도 동아시아 각국의 민주화운동을 살펴보는 것은 곧 한국 민주화운동의 보편적 의미와 그 지평을 확대하는 일이라고 생각한다.

2. 동아시아의 민주화운동

1) 1986년 필리핀의 반독재 민주화운동

필리핀의 민주화운동 ― 그 역사적 배경

동아시아의 많은 국가들과 같이 필리핀의 역사도 외세에 의한 억압과 굴종의 연속으로 점철되어왔다. 1570년경부터 시작된 300여 년간의 기나긴 스페인 식민지 시대를 지나 1888년 미국과 스페인의 전쟁에서 미국의 승리로 인해 미국의 지배를 받기 시작했다. 이어 1941년 12월 일본의 침략으로 미국은 물러나고 1945년 2월까지 일본 통치하에 있다가 일본의 패전으로 미국에 다시 접수되어 한국과 같이 이른바 미 극동군(USAFFE: The United States Army Forces of Far East)의 지배 과정을 거치게 되었다. 필리핀은 스페인 식민시대를 거치면서 서구의 근대적인 교육제도가 일찍 도입되었고 종교적으로도 가톨릭 교회가 번성하여 국민들의 단체의식은 가톨릭화되었다. 식민지 시대 필리핀 민중도 외세의 지배에 대한 끊임없는 저항과 독립운동을 벌였다. 특히 교육과 종교를 통해 일찍 개명되기 시작한 필리핀인들은 점차 피지배 식민지국가라는 것을 인식하면서 식민 지배의 침략과 수탈에 대한 거부운동을 시작하였다. 스페인 식민시대뿐만 아니라 미국과 일본의 지배하에서도 독립운동은 계속되었다.[5]

1946년 7월 4일 과거 일본 제국주의 군대에 대한 최고 쌀 공급책이었던 로하스는 미국의 막대한 지원에 힘입어 필리핀 의회에서 필리핀공화국(the Republic of the Philippines)의 초대 대통령으로 선출되었다. 로하스는 철저한 미국의 협력자로 미국과 불평등 조약을 체결했을 뿐만 아니라 지방에서 지주권력을 강화하면서 필리핀 민중을 탄압했다. 1948년 4월 로하스의 급작스러운 죽음으로 부통령이었던 엘피디오 키리노가 대통령직을 이어받으면서 로하스의 정책 기조는 계속되었다. 이후 1950~60년대 필리핀의 역대 대통령들은 철저한 개혁정책을 시행하지 못하고 미국의 영향력 아래서 자본가와 지주 중심의 정책을 펴나갔다. 제2차 세계대전 후 자주독립국가를 세울 수 있었던 필리핀은 그 기회를 살리지 못하고 미국의 힘에 의지하면서 그 스스로 개혁을 포기한 것이다. 해방 후 미 군정 아래 남쪽에서 대한민국을 건설했던 이승만과 한민당을 중심으로 한 부르주아 세력의 역사적 역할이 필리핀에서도 거의 비슷한 형태로 진행된 것이었다. 그나마 선거에 의한 정권 교체도 마카파갈 대통령(Diosdado Macapagal, 1962~65 재임)으로 끝났다. 1965년 11월에 마르코스(Ferdinand Marcos) 대통령이 당선되어 1986년 2월 '국민의 힘'(People's power)에 의해 축출될 때까지 20여 년 이상 마르코스 장기독재 시대를 겪어야 했다.

---

5 19세기 말 Katipunan 결사대의 독립운동, Aguinaldo의 Biak-na-Bato 공화국 선포와 홍콩 망명, 미국 지배 시기 1930년 필리핀공산당(CPP)의 창건과 민족민주혁명을 위한 각종 봉기활동과 공장 파업 등 필리핀인들의 끊임없는 독립운동은 계속되었다. 또한 일제 지배 시기 반제혁명세력들을 중심으로 한 필리핀공산당은 일제와 투쟁하면서 필리핀 민중의 유일한 정당이 되었으며 1942년 3월에는 항일인민군(통칭 후크단: Hukbo ng Bayan Laban sa Hapon-Hukbalahap)을 창설하기도 하였다. 필리핀공산당과 후크단은 게릴라활동으로 일제에 대한 가장 강력한 투쟁조직이었다. 아마도 구에레로 지음, 정종길 옮김, 『필리핀사회와 혁명』(도서출판 공동체, 1987), 제1장 필리핀 역사의 재조명.

마르코스 대통령 이전 막사이사이(Ramon Magsaysay)가 국방부장관에서 1953년 대통령에 당선되어 그의 평화와 번영을 위한 리더십으로 당시 루손(Luzon) 지방을 중심으로 활발하게 활동하던 공산 게릴라들도 공산혁명을 포기하고 협력하여 상당히 안정된 사회를 이룩하기도 하였다. 이들 공산 게릴라들은 주로 식민지 시대부터 독립운동을 하던 세력으로 급진적 혁명세력의 한 축을 담당하고 있었다.

막사이사이의 개혁적 한계와 1957년 급작스러운 비행기 사고로 그가 사망하면서 필리핀 사회는 다시 정치적 혼란에 빠지게 되었으며 부정부패하는 분위기로 치닫게 되었다. 막사이사이 대통령에 이어 가르시아(Carlos Garcia) 대통령과 마카파갈 대통령이 차례로 선출되었으나 미국의 이해관계를 벗어나지 못한 신식민지 상태에서[6] 근본적인 개혁도 없이 마르코스 대통령으로 이어지게 되었다.[7] 때문에 독립 후의 필리핀도 그 전의 식민지 시대와 같이 사회의 근본적인 모순과 갈등은 그대로 온존된 상태에서 정권 교체만 이루어졌을 뿐이었다.

마르코스의 집권과 일인 독재정권 시대

페르디난드 마르코스는 당시 마카파갈 대통령을 물리치고 1965년 11월 공화국의 제6대 대통령으로 당선되었고 연이어 1969년에 재출마하여 재당선되었다. 마르코스는 초기 필리핀 경제의 대외 예속 탈피를 추구하는 민족주의자라고 선언했으나 이것은 국민용 선전이었을 뿐 현실적으로 미국과 연결된 대기업과 군부세력 그리고 그의 추종세력들로 이루어진 반(半)식민적 반봉건 사회를 만들어가고 있었다. 당시 마르코스는 외국인 투자를 촉진하기 위해 '투자촉진법'을 제정하고 필리핀의 민족적인 회사를 설립한다는 명분 아래

---

6 한국기독교사회문제연구원 엮음, 앞의 책, 제1부 필리핀의 사회구성과 계급구조, 15~17쪽.
7 1946년 독립 후 마르코스 대통령에 이르기까지 필리핀의 역대 대통령들은 충실한 미국의 동반자이자 반공주의자였으며 근본적인 사회 변화와 개혁을 거부하였다. 이에 반해 민족민주 혁명세력들은 미국과 토착지주세력에 대한 반대운동과 반체제운동을 계속하였다. 아마도 구에레로, 앞의 책, 제1장 8절 참조.

각 회사 주식의 40퍼센트까지를 외국인 투자 가능치로 세웠다.[8] 미국은 이 법에 의해 회사 연동체제(a system of interlocking corporations)를 구축, 이미 40퍼센트의 외국 투자액을 가지고 있는 하나의 민족회사로 하여금 다른 회사와 연결짓도록 하고 이러한 공작을 통해 다른 회사의 40퍼센트 이상의 주식을 교묘히 지배할 수 있게 되었다. 투자촉진법은 또 외국인 투자자들의 소득세율을 25퍼센트에서 15퍼센트로 낮추는 등 재산권과 소득을 보장하는 데서 한 걸음 더 나아가 외국 투자를 통한 주권의 침해와 경제 침탈로 식민 상태를 더욱 악화시켰다. 결과적으로 마르코스 정권은 미국 독점자본주의의 충실한 봉사자로서 경제적 예속과 농지 혁명의 미실시로 계급적 갈등을 심화하면서 정권 유지를 위한 무절제한 지출로 계엄령 직전인 1972년 2월 국내 부채는 71억 페소, 대외 부채는 21억 3,400만 달러에 이르게 되었다. 여기에 미국은 필리핀의 재정 파탄을 이용, IMF를 통하여 또다시 화폐가치 절하를 요구하였다. 이러한 모든 것들은 물론 광범위한 필리핀 대중들의 희생을 의미하는 것이었다.

1970년대에 접어들면서 위기의식을 절감한 마르코스는 정치적 안정과 경제발전을 위한다는 명분으로 1972년 9월 21일 계엄령을 선포하였다. 마르코스의 계엄령 선포 요인은 첫째 국가권력을 강화하여 사회의 혼란과 위기를 극복하고, 둘째 당시 강력한 권위주의적 정부의 출현을 원하는 필리핀 외국 기업들의 요구, 셋째 1969년 이른바 닉슨 독트린에 의한 미군 감축 계획으로 자국의 강력한 군대의 필요성 등이었다.[9] 이와 같은 이유로 마르코스는 군대를 강화하고, 의회를 해산하는 등 입법·사법·행정 등 모든 권력을 자신에게 집중시켰다. 사회세력을 효율적으로 통제하기 위해 모든 지방경찰을 중앙경찰에 편입하고 1975년에는 국민투표를 통해 모든 지방 공무원의 임면권을 갖게 됨으로써 마르코스 일인 독재구조를 거의 완벽하게 만들었다.

이와 같이 마르코스의 일인 독재 지배구조가 강화되어감에 따라 노동자·

---

8 아마도 구에레로, 앞의 책, 83~84쪽.

9 고우성 외, 「필리핀 산업화의 정치경제」, 『동남아의 정치경제: 산업화와 발전전략』(21세기한국연구재단, 1995), 212~13쪽.

농민 등 사회 기층세력과 야당 · 학생 · 교회 · 지식인 등 민중운동진영도 급격한 성장을 이루면서 보다 격렬한 투쟁을 시작하였다. 마르코스 집권 당시 야당이었던 자유당(Liberal Party)의 지도자 베니그노 아키노(Benigno Aquino Jr.)는 마르코스 독재를 비판하다가[10] 계엄령 선포와 함께 체포 · 기소되어 사형선고를 받고 7년 7개월 동안 유폐되었다가 미국으로 추방당하기도 했다. 마르코스는 세계적인 비판 여론의 비등과 함께 자신의 비판세력을 무력화하고 또한 급진세력과 온건세력 사이의 분열을 획책하여 그들 사이의 결속력을 와해시켜 자신의 장기적인 안정세력을 구축하고자 1981년 7월에 계엄령을 해제하였다. 그는 계엄령 해제 이전에 이미 헌법 수정 제6호로 긴급시 포고령을 발할 권한과 대통령령(1736, 1737호)으로 국민의 예방 · 구금 · 체포 · 구류의 권한을 확보하여 독재권력의 제도적 장치를 구축해놓았다.[11]

반독재 민주화운동 — 그 과정과 결과

1972년 계엄령을 통해서 이미 마르코스 일인 독재체제가 구축되었던 필리핀사회는 계엄령 해제 후 1980년대에도 사회적 갈등과 정치적 긴장을 더해가고 있었다. 마르코스는 이러한 갈등과 긴장을 국민투표라는 형식적인 제도를 통해 해소하려고 노력했지만 권력집단의 부정부패와 농촌의 토지개혁, 정치경제 문제 등 근본적인 문제의 해결 없이는 불가능했다. 또 1970년대 원유가 상승, 설탕 · 코코넛 등 필리핀의 주요 수출품의 가격 하락은 장기적인 경기

---

10 당시 아키노는 "비판 없는 정부는 유지될 수 없고, 반대 없는 정부는 효율적으로 통치할 수 없다"는 발언으로 체포, 구금되었다. 그는 기소되지 않은 상태에서 11개월간 구금되었다가 1973년 8월에 기소되자 "변칙적이고 비도덕적이고 부당하고 불공평할 뿐만 아니라 정의에 대한 무도한 조롱이자 비열한 웃음극"이라고 규탄하며 재판 출석과 자신의 변호를 거부하기도 했다. 1977년 11월 25일 아키노는 사형선고를 받았으나 세계 도처의 항의와 분노에 부딪혀 마르코스는 이를 철회하였다. 1980년 아키노는 심장병을 앓게 되자 이를 계기로 신병 치료차 미국으로 보내졌다가 병 완치 후 미국에서 반마르코스 활동을 계속했다. 그는 고국에서 민주화투쟁을 하고자 1983년 8월 21일 필리핀 마닐라공항에 도착하면서 암살당했다. 찰스 C. 맥더걸드 지음, 이광식 옮김, 『마르코스狂想劇』(삼우당, 1987), 제26장 순교, 282~84쪽.

11 한국기독교사회문제연구원 엮음, 앞의 책, 216쪽.

침체와 무역 적자를 가져왔다. 1970년대 필리핀의 평균 GNP 성장률은 6.5퍼센트였지만 1980년대에 들어와서 1980년 4.9퍼센트, 1981년 3.8퍼센트, 1982년 2.7퍼센트, 1983년 1.4퍼센트를 기록했다. 다수 농민들의 극심한 빈곤과 도시의 실업률 상승으로 생활 수준은 매우 악화되었다. 이 경제 난국 속에서 필리핀 국민들은 마르코스 독재정치의 실상과 경제적 빈곤의 원인을 깨닫기 시작했다. 여기에 1983년 8월 미국에서 망명 중 귀국하던 마르코스의 최대 정적(政敵) 아키노의 암살사건은 필리핀 사회를 혼란에 빠뜨리면서 도시 중간계급의 이반(離反)뿐만 아니라 급진적 좌파, 중도파, 보수파, 교회, 노동세력, 학생집단 등 여러 세력을 급속도로 집결하게 했다.

당시 필리핀의 반마르코스 민주화운동 진영은 크게 2개 군으로 나누어 볼 수 있다. 하나는 좌파조직으로 필리핀공산당(CPP)과 신인민군(NPA), 그리고 민족민주전선(NDF)이 있으며, 또 하나는 부문운동으로 노동자를 중심으로 한 '5월 1일 운동'(KMU)과 분산적이지만 뿌리 깊은 반체제 성향을 띤 농민운동과 도시빈민운동과 학생운동, 소수민족운동(MNLF) 등이 있다.[12] 특히 민족민주전선은 마르코스의 계엄령 선포와 함께 굳어지기 시작한 권위주의 체제를 타파하고 반제 반봉건을 위해 좌우파 이념을 넘어선 모든 애국적 계급 및 계층을 망라한 조직으로 확대하였다. 민족민주전선은 민중민족해방과 민주주의 성취를 위해 노동자·농민의 계급동맹과 프티 부르주아·소수민족·지식인·종교집단·학생 등 중간세력을 획득하기 위해 민주연합정부 수립을 주장하면서 당시 실질적으로 가장 광범위한 재야 지지세력을 획득할 수 있었다.[13] 마르코스에 가장 강력한 저항세력은 필리핀공산당과 신인민군 그리고

---

12 한국기독교사회문제연구원 엮음, 앞의 책, 제2부 4) 민중운동의 성장 참조.

13 1977년에는 정부지원발전문제연구소의 소장이며 대통령의 경제자문위원이었던 호레이쇼 모잘레스가 NDF에 참여하여 마르코스 정권에 큰 충격을 주었다. 그는 당시 마르코스 정권의 부패와 미국에 대한 예속에 실망하여 "마르코스 정권의 유일한 현실적 대안은 현 체제의 전복과 혁명적 연합정부의 수립을 추구하는 민족주의자 및 민주주의자들의 광범한 동맹인 NDF밖에 없다"는 것을 깨닫게 되었다고 술회하고 있다. 또 당시 이념적으로 온건한 재야세력으로 미국에 망명 중이던 아키노 전 상원의원도 1981년 NDF를 긍정적으로 평가하면서 자신의 조직인 민족민주조직연합(UNIDO)과 함께 반마르코스투쟁을

민족민주전선이었으며 특히 민족민주전선은 1983년 8월 아키노 암살사건 이후 노동자·학생 등 부문운동 집단까지를 포함하는 대규모 군중을 동원할 수 있는 단체로 성장하였다.

1983년 이후 반마르코스 운동이 고조되어가던 시기에 마르코스는 신사회운동당(KBL) 조직을 중심으로 국내적으로 정치적 기반을 재확인하고 대외적으로 민주적 정통성을 보여주고자 1984년 5월 국민의회 선거를 실시하였다. 이에 대해 반마르코스 운동단체들은 연합하여 독재정권하의 선거란 불법적인 선거이며 미국에의 식민지적 예속과 마르코스 독재를 합법화 내지는 강화하는 것으로 이들의 타도와 민주적 민중연합정권 수립을 위해 노력하자는 구호 아래 보이코트하였다. 그러나 선거 결과는 마르코스 신사회운동당 측의 압승(108석)과 아키노를 중심한 온건한 야당세력이었던 민족민주조직연합(UNIDO)(49석)과 소수의 기타 의석(22석) 순으로 끝났다. 마르코스 집권 측의 승리에도 불구하고 민주화에 대한 국내외의 압력과 그에 대한 비난은 더욱 거세게 일어났다. 이에 마르코스는 헌법에 규정된 1986년의 지방자치 선거와 1987년의 대통령 선거를 앞당겨 실시함으로써 이에 대한 압력을 벗어나고자 했다.

마르코스의 조기 선거 전략에 맞선 반마르코스 운동세력들은 선거 자체를 부정하고 보이코트하자는 좌파 그룹과 야당 분열을 극복하고 단일 후보를 주장하는 야당 그룹으로 나뉘었다. 좌파 그룹은 선거가 실시되자 좌파세력의 대연합체인 신애국동맹(BAYAN)을 조직하여 선거에 참여하는 것 자체가 마르코스 독재를 연장하는 도구에 불과한 것이기 때문에 불참할 것을 주장하였다.[14] 실제 좌파 그룹의 지도부만 선거 불참을 결정하였을 뿐 민족민주전선의 산하 하부조직과 지방조직들은 참여하였다. 선거 참여는 이념과 원칙의 문제가 아니라 이론과 실천을 포괄하는 행동(praxis)의 문제였다. 때문에 민족민주전선의 산하 조직들은 구체적인 지방 현장의 선거 열기와 그 정치적 결과를

할 것을 표명하고 있다. 『필리핀 2월 혁명』, 120쪽에서 재인용.

14 신애국동맹은 도시에서 투쟁을 좀더 효율적으로 수행하기 위해 1985년 3월 21개의 전국조직이 가입한 대중조직의 연합체이자 좌익 합법조직으로 결성되었다. 회원은 약 200만 명으로 알려졌다. 앞의 책, 120쪽.

알 수 있기 때문에 대중교육 차원에서도 선거에 참여하였다. 이때부터 좌파 지도 그룹은 민족민주전선이 주도하는 주류에서 멀어져 소수파로 전락하고 분열하기 시작했다.

당시 야당은 재야와 제도정치권을 포함한 통합민주조직(UNIDO)과 민주당의 민족통합위원회(NUC)로 분열되어 대통령 후보를 양보하려 하지 않았다. 이때 가톨릭 신추기경의 중재로 코라손 아키노 대통령 후보와 라우렐 부통령 후보로 단일화되면서 상황은 급진전되었다. 필리핀은 85퍼센트 이상이 가톨릭교도로 가장 큰 종교적 힘을 발휘할 수 있었으며 추기경의 역할에 호응하고자 600명의 성직자와 수녀들, 그리고 반마르코스 세력들이 참여한 약 40여만 명 규모의 '전국자유선거시민운동'(NAMFREL)이 조직되었다. 특히 아키노의 대통령 후보 단일화는 당시 반마르코스 운동진영의 다양한 정치세력과 집단을 수용할 수 있는 최선의 대안이었다. 대중들은 아키노 지지를 통해 반마르코스 감정을 자연스럽게 표출할 수 있었고 동시에 전통적 정치가들에 대한 혐오감을 표현할 수 있었기 때문에 선거 과정은 투표행위 그 이상의 의미를 지닐 수 있었다. 특히 부정선거의 방지와 협잡을 적발·공개하고 "깨어 있는 민중"이란 구호 아래 전국적으로 활동한 NAMFREL과 폭발하는 대중의 열기와 지지에 비춰 볼 때 아키노의 승리는 명백했다.

예상과는 정반대로 1986년 2월 15일 국민의회는 마르코스의 승리를 선언했다. 이것은 선거관리위원회의 개표 부정과 협잡의 결과였다. 선거 과정이 완전한 부정과 기만으로 드러나자 성난 민중들(people's power)은 발표 다음날 150여만 명이 모인 '승리의 집회'를 개최하여 시민불복종운동과 총파업을 주장하였다. 아키노도 이날 연설에서 '승리의 집회'를 지지하는 연설을 하였다. 이어 가톨릭 주교회의를 중심으로 한 교회세력은 마르코스의 당선을 부정하고 아키노를 공개 지지했다. 무엇보다 결정적인 사건은 2월 22일 국방장관 엔릴레와 육군참모차장 라모스가 마르코스 정권에서 이탈하고 야당의 승리를 주장한다는 기자회견이었다. 이 사건은 지금까지 마르코스의 가장 핵심적이고 큰 권력집단이 분열되기 시작했음을 의미하였으며 군부의 분열은 곧

마르코스 권력의 붕괴를 예고하는 것이었다.

마르코스 권력으로부터 이탈한 반군세력이 계속 그의 사임을 요구하며 대중들에게 협력을 호소하자 30여만 명의 시위 군중들은 인의 장막을 치면서 군의 진입을 막았다. 마르코스는 자신의 충성스러운 군에게 반군 공격을 명령했으나 도리어 군이 반군 측에 가담하는 역전의 상황을 맞이하였다. 이와 같은 사태의 심각성을 알아차린 미국도 드디어 마르코스에게 정권을 포기하라고 요구하였다.[15] 2월 25일 아침 아키노는 온 국민을 상대로 공화국 대통령 취임 선서를 하였고, 같은 날 아침 마르코스는 대통령궁에서 4천여 명의 측근들에 둘러싸여 취임식을 치렀다. 그러나 마르코스는 그날 대통령궁으로 몰려든 수십만의 성난 군중들에게 쫓겨나듯 저녁 9시에 4대의 헬리콥터를 이용하여 하와이로 떠남으로써 필리핀 민주화운동의 대장정은 일단 막을 내렸다. 결과적으로 마르코스가 정치적 위기 극복을 위해 실시했던 조기 선거는 오히려 그의 종말을 촉진하는 계기가 되었다.

필리핀 민주화운동의 과제

필리핀 마르코스 독재정권을 붕괴시킨 1986년 2월 혁명은 분명 민중들의 자발적인 참여에 의한 민주화운동의 승리였다. 그러면 승리의 결과는 구체적으로 무엇이었던가. 사회의 모든 계층과 집단을 포함한 민중운동의 요구는 구체적으로 실현되었는가. 사회복지제도나 토지개혁 문제, 노동자나 농민 문제 등 사회·경제적 근본 모순과 갈등 문제들은 여전히 미해결의 과제로 남아 있다. 필리핀은 여전히 신식민지적 속성을 지닌 부르주아 국가이며 마르

---

15 선거 직후 대중들의 반미감정의 확산과 심화를 두려워하던 미국은 처음에 양비론의 입장에서 여야 간에 권력을 배분하도록(power-sharing) 중재하고자 하였는데, 군부세력의 이탈이 시작된 다음 날인 2월 23일 백악관은 마르코스의 통치 능력의 상실을 표명하고 정치적 해결을 촉구하였다. 이어 2월 24일 레이건 대통령은 공식적으로 마르코스에게 정권을 포기하라고 요구하고 이를 거부할 때는 군사 원조를 동결하고 필리핀의 해외 자산을 동결하겠다고 압력을 가했다. 미국의 원칙 없는 기회주의적인 외교정책의 일면을 잘 관찰할 수 있다. 또한 마르코스 몰락 이후에도 필리핀 내 진보진영에서는 정권교체 과정에 대해 미국의 CIA 음모설을 계속 제기하기도 하였다. 앞의 책, 149~51쪽.

코스 정권에서 아키노 정권으로의 교체도 따지고 보면 지배계층의 인적 구성 변화에 불과하다. 더구나 혁명 후 아키노 정권의 분열과 끊임없는 군부세력의 반발, 아직도 건재한 마르코스 잔존세력들은 필리핀 사회의 불투명한 앞날을 보여주고 있다. 그러나 국민을 직접적으로 억압하고 착취했던 독재정권을 타도한 2월혁명은 민중의 권익에 부합하는 민주화운동의 결과로서 역사의 진일보임이 틀림없을 것이다. 이제 단순히 지배계층의 정치구조를 바꾸는 형식적 민주주의에서 보다 근원적인 사회 · 경제적 변혁을 실질적으로 이룩하는 민주화운동이 또 하나의 과제로 남아 있다고 할 수 있다.

2) 1989년 중국의 반체제 민주화운동

중국의 반체제 민주화운동 ─ 그 역사적 배경

중국은 역사적으로 이른바 중화세계의 중심 국가로서 2천 년 가까이 동아시아 세계의 종주국으로 군림해왔다. 19세기 중엽 서세동점(西勢東漸)의 시대에 중국은 서구 열강의 제국주의적 침략과 식민지적 지배를 경험하고 이에 반제국주의적 민족주의와 근대적 국가이념이 형성되기 시작한다. 20세기에 접어들면서 봉건왕조인 청조(淸朝)는 신해혁명으로 멸망(1911)하고, 개혁과 혁명을 주장하는 쑨원(孫文)의 민주공화파 세력과 전통적인 봉건왕조의 부활을 꿈꾸는 보수 군벌세력 사이에 치열한 싸움이 전개된다. 이어 1915년부터 젊은 신지식인들과 학생들을 중심으로 5 · 4신문화운동이 일어나면서 중국은 개혁과 혁명의 소용돌이 속으로 들어간다. 당시 창간된 잡지 『신청년』을 중심으로 하는 5 · 4신문화운동 그룹은 서구의 '민주'와 '과학'을 부르짖으면서 중국의 전통적 봉건체제와 사상을 타파하자고 주장한다. 이들은 중국을 개혁과 혁명의 열풍으로 이끌어가고자 했지만 전통적인 봉건사상으로 굳어져온 보수파들의 반대 또한 적지 않았다. 1910년대의 신문화운동은 반제 반봉건을 슬로건으로, 1919년 5월 4일 톈안먼광장에서의 사건은 베이징 대학생들을 중심으로 전국적으로 확산되었던 5 · 4사건으로 자리매김할 수 있을 것이다.[16]

이후 중국은 사상적인 분열 속에서 새로운 상황이 전개되었다.

1920년대 초 중국은 이미 국민당과 중국공산당으로 나뉘어 국공합작(國共合作)과 분열을 거듭하였다. 국민당 측에서는 전국적인 국가통일을 우선적인 목표로 단결을 요구했지만 중국공산당 측에서는 국가통일론을 일부 수용하면서도 계급해방론의 입장에서 주체세력인 노동자·농민의 입장을 대변하고자 했다. 이 때문에 중국공산당은 대규모로 일어나기 시작한 노동운동·농민운동과 깊은 관계를 맺으면서 국민당과 마찰을 거듭하였다. 그러나 기득권을 장악하고 있던 장제스(蔣介石) 국민당은 월등한 힘을 바탕으로 공산당을 변방으로 내몰면서 통일을 마친 뒤 1930년대 초부터 일당 독재권력으로 변질되기 시작한다.

당시 일제의 침략에 대한 항일노선 대신 국내의 반대자들을 제거하는 데 앞장섰던 장제스 일당독재에 반대하여 수많은 학생과 젊은이들, 노동자·농민들이 궐기하기 시작했다. 이때 쑹칭링(宋慶齡)·차이위안페이(蔡元培)·루쉰(魯迅) 등 양심적인 지식인과 문인 정치가 들이 중심이 되어 '중국민권보장동맹'[17]을 결성하여 장제스의 일당독재 지배에 반대하는 신선한 바람을 일으켰고, 장제스의 가혹한 탄압 속에서도 이른바 7군자(君子)사건[18] 등 학생과 교수 지식인들이 계속 항일 반독재 민주화운동을 전개하였던 것이다. 1930년대

---

16 중국 현대사에서 '5·4신문화운동'은 하나의 역사적인 용어로 정착되었다. 즉 1915년 진보적인 『신청년』 잡지의 창간과 함께 시작되어, 일련의 전통적인 봉건사상을 타파하고 서구의 민주와 과학사상을 옹호하는 운동을 신문화운동이라고 하는데, 이 운동은 1919년 5월 4일 베이징 대학생들이 주축이 되어 일어났던 5·4사건과 함께 5·4신문화운동이라고 부른다.

17 중국민권보장동맹(中國民權保障同盟)은 1933년 4월에 결성된 조직으로(회장: 쑹칭링) 민중들을 깨우쳐 민권을 보장하고 노력할 것을 종지로 삼고 있다. 또한 정치범의 석방, 민권을 유린하는 일체의 구금이나 체벌 금지, 정치범에 대한 법률적 원조와 감시, 언론·출판·결사·집회의 자유를 포함한 일체의 민권을 위해 노력할 것을 밝히고 있다. 彭明 主編(1993), 『中國現代史資料選輯』 第4冊(北京: 中國人民大學出版社, 1931~37), 29~30쪽.

18 1936년 11월 장제스의 攘外必先安內(외적 즉 일본을 물리치기 전에 먼저 국내를 안정시킨다) 정책에 반대하여 전국적인 항일 구국운동 활동을 하던 구국회(救國會)의 선쥔루(沈鈞儒), 쩌우타오펀(鄒韜奮), 장나이치(章乃器) 등 7명(당시 민중들은 이들을 7君子로 존칭하여 부름)이 당국에 의해 체포된 사건이다. 신승하, 『중국현대사』(대명출판사, 1992), 제7장, 7절 시안사변, 355쪽.

후반 일제의 침략이 더욱 본격화되고 1940년대 태평양전쟁이 발발하면서 장 제스 국민당은 그 한계에 이르고, 중국공산당은 농민과 노동자 등 기층 민중의 지지를 받으면서 급신장해나갔다. 1945년 8월 일제의 패망과 함께 중국은 대륙의 지배권을 둘러싸고 다시 4년에 가까운 처참한 국공내전(國共內戰)을 겪어야 했다. 1949년 10월 1일 중국 대륙은 마오쩌둥(毛澤東)을 중심으로 한 중국공산당의 승리로 세계 역사상 소련에 이어 둘째로 노동자·농민의 정권이 수립되었다. 중공 정권의 수립은 그동안 군벌들의 가혹한 경제적 착취와 탄압, 국민당의 부정부패, 전쟁의 공포에서 허덕이던 중국 민중들에게 수십 년 만에 맞이하는 참다운 해방이었다.

중화인민공화국의 건국과 일인 독재체제의 강화

중국공산당의 집권은 백만을 헤아리는 농민·노동자 군대가 부패한 구지배계급을 물리치고, 제국주의 세력을 축출하고 아울러 새로운 사회질서의 토대를 구축했다는 의미에서 진정한 혁명이었다. 건국 과정에서 국공 양당의 영향권 밖에서 제3의 세력 역할을 했던 학자·문인 등 지식인 중심의 비정치 세력들도 대부분 건국 이후에는 중국공산당의 충실한 협조자로 변하였다. 중국공산당의 최종적인 목표는 정치혁명을 통해 국민당 정권하의 자본주의 체제를 청산하고 공산주의 사회제도로 개편하는 것이었다. 이 과정에서 1950년대 공산주의 사회체제에 도달하기 위한 방법론의 차이로 이른바 급진파와 온건파로 나뉘었다. 급진파는 마오쩌둥을 중심으로 사회제도의 급속한 개편과 사상교육 강화, 발전전략으로 경제평등을 중시하고, 온건파는 류사오치(劉少奇)를 중심으로 점진적 개편과 함께 물질적 자극에 의한 경제성장과 시장 메커니즘을 중시했다. 이 양대 세력은 견제와 균형을 이루면서 1950년대의 중국 혁명사업을 잘 이끌어갔으나 1950년대 후반 온건파의 반대에도 불구하고 시작했던 대약진운동의 실패를 계기로 큰 변화를 맞이하게 되었다. 즉 대약진운동의 실패에 대한 강온 양파의 갈등은 류사오치의 패배와 마오쩌둥의 승리로 결정되면서 중국사회는 마오쩌둥 중심의 일인 독재정치로 굳어지고 정치적인 긴장과 갈등이 심화되기 시작했다.

1960년대 중국사회를 암흑으로 몰아갔던 이른바 문화대혁명은 마오쩌둥의 대중노선에 입각한 일인 독재정치를 강화하기 위한 하나의 방편이었다. 문화대혁명 초기에 전면적으로 중국 경제가 파탄되기 시작했으며[19] 이와 아울러 사회적 혼란이 극심해졌다. 그리고 1974년 문화대혁명 막바지에 이르러서는 비림비공(批林批孔) 운동의 사상투쟁과 정치투쟁의 강화로 국민경제는 더욱 파괴되었다. 1974년도 전국 공업 생산액은 전년 계획의 35.7퍼센트밖에 달성하지 못하였다. 이와 같은 장기간의 경제악화와 혼란으로 중국 민중의 불만은 전국적으로 더해가고 있었다. 이 무렵 등장한 것이 1980년대를 이끌어갈 덩샤오핑(鄧小平)으로 문화대혁명 기간에 농촌으로 하방당했던 그는 당으로 복귀하여 마오쩌둥과 저우언라이(周恩來)의 지지 아래 철도 수송과 공업 생산 등 각 분야를 정돈하여 상황을 그 전보다 훨씬 호전시켰다.[20] 그러나 1975년 말부터 장칭(江靑) · 장춘차오(張春橋) · 왕홍원(王洪文) · 야오원위안(姚文元) 등 이른바 4인방의 극좌파에게 자본주의를 획책하는 주자파(走資派)로 비판받으면서 그는 4인방이 분쇄될 때까지 다시 일선에서 잠시 물러나야 했다.

문화대혁명이 끝나갈 무렵인 1976년 1월 8일에 저우언라이의 사망으로 강온파의 갈등은 더욱 첨예해졌다. 마르크스주의자로서 중국혁명 건설에 누구보다도 성실했고 공을 세웠던 저우언라이의 죽음은 전체 중국 인민들에게 큰 손실이자 슬픔이었다. 수많은 인파들이 4월 4일 청명절을 맞아 톈안먼광장에 모여 그를 추도했으나 4인방은 이를 정치적 목적으로 저지하고 방해하였다.

---

19 문화대혁명이 시작되기 직전인 1966년 중국 경제는 건국 이래 최고의 수준을 이루었으나 대혁명이 시작된 후 1968년의 공업 생산총액은 1966년도의 86.6퍼센트에 불과했으며 식량 생산은 99억 근이 감산되고 강철 생산량은 41퍼센트, 석탄 생산량은 12.7퍼센트, 발전량은 13.2퍼센트, 면사는 12퍼센트 감산되었다. 국민소득도 해마다 감소되고 국가의 재정 수입도 줄어들어 1967년에 22.5억 원의 재정 적자가 났다. 신승하, 『중국당대40년사』(고려원, 1993), 제6장 문화대혁명과 중국문화부흥운동(1966~70) 참조.
20 덩샤오핑은 1975년 1월 제4기 전국인민대표대회에서 국무원 부총리로 임명되었다(저우언라이는 국무원 총리로 임명됨). 이어 5월에 소집된 중앙정치국회의에서 마오쩌둥과 저우언라이는 덩샤오핑에게 4인방에 대처하도록 하고 또한 일상적인 당 · 정 · 군의 업무를 처리하게 하였다. 신승하, 앞의 책, 280쪽.

이에 분노한 베이징 시민들이 "저우언라이 총리를 반대하는 사람은 누구라도 타도하자"는 구호를 외치며 경찰과 충돌했는데[21] 이 사건으로 4인방은 베이징 시민들의 분노의 표적이 되었다. 당시 톈안먼사건은 문화대혁명과 굳어져가던 일당 독재체제에 따른 전국 인민의 항의가 집중적으로 표현된 최초의 사건이었다. 이어 9월 9일 반세기 동안 중국공산당을 이끌어온 마오쩌둥이 죽었다. 마오쩌둥의 죽음은 문화대혁명에 종지부를 찍고 사상과 권력투쟁만을 일삼던 극좌파 4인방의 몰락과 그 반대파인 실용주의 노선의 덩샤오핑 시대 개막을 의미했다.

반체제 민주화운동 ─ 그 과정과 결과

마오쩌둥 사후 중국공산당은 피폐해진 경제 건설을 위해 농업과 공업, 국방, 과학 등 4개 현대화를 국가의 최우선 과제로 선정하고 국가체제 정비에 나섰다. 그리고 정치적인 면으로 실사구시의 입장에서 정치투쟁 과정에서나 문화대혁명기에 억울하게 희생당한 사람들을 복권시키고 원한을 씻어주는 (平反) 일에 착수했다. 마오쩌둥에 의해 무고하게 정적으로 희생되었던 류사오치 등 많은 당 원로에 대해서도 추도회를 열어주었으며,[22] 생존한 사람들에게는 복권도 시켜주었다.

건국 이후 1960년대 문화대혁명을 거치면서 일인 독재체제로 굳어져왔던 중국공산당 체제는 절대권력자의 죽음과 함께 그동안 억압되어왔던 사상 해방운동과 민주화운동 시대를 맞이했다. 이 운동은 1978년 11월부터 시작되어 1979년 초까지 계속되었는데 이것을 이른바 '베이징의 봄'(北京之春)[23]이라고

---

21 신승하, 앞의 책, 288쪽.

22 문화대혁명 당시 수정주의자 혹은 주자파(走資派)로 몰려 희생당했던 대표적인 사람이 류사오치였는데, 그를 위하여 1980년 5월 17일 베이징에서 엄숙하게 추도회를 개최해주었다.

23 중국공산당 내에서 덩샤오핑의 개혁파(改革派)와 화궈펑 중심의 범시파(凡是派, 保守派) 사이에 치열한 당권 싸움이 진행되고 있을 때 1978년 11월부터 베이징에서 자발적인 민중 민주화운동이 일어나 다음 해 봄까지 전국적으로 확산되었는데 이것을 '베이징의 봄'이라고 일컫는다. 그 대표자와 잡지는 웨이징성의 『探索』, 왕시저의 『學友通訊』, 왕쥔타오(王軍濤)의 『北京之春』, 런왕팅(任畹町)의 『中國人

하고 통칭 민주화운동이라고 부른다. 이 운동은 1980년 광주민중항쟁 꼭 1년 전이었다. '베이징의 봄'이라는 민주화운동은 민중의 자발적인 운동으로 자금성(紫禁城) 근처 서쪽 민주벽이나 공공장소(민주의 벽)에 대자보를 붙이거나 민간 간행물을 발간하여 자신들의 주장을 알렸는데 그동안 정치적 억압을 당했던 군중과 농촌으로 들어갔던(下放) 청년·대학생·지식인들이 주류를 이루었다. 베이징의 봄이 추구했던 민주화는 1949년 건국 이래 정치적으로 억울하게 피해를 당한 원한을 풀어주도록 요구하여 많은 지식인과 청년 대중들에게 지지를 받았으며 사상·언론 면에서 중국공산당에 대하여 공개적으로 언론·출판·파업의 자유와 헌법상의 권리를 실현하라고 요구하였으며, 정치이념적으로는 철저한 개혁파의 입장이었다.

1979년 봄 민주화운동이 갈수록 거세게 일어나자 덩샤오핑은 1979년 3월 '4항 기본원칙의 견지'라는 강화(講話)를 통해 사회주의 노선과 무산계급 독재, 공산당의 영도, 마르크스-레닌-마오쩌둥 사상 등 4개 노선 위에 4개 현대화를 추진한다고 재확인 발표하였다. 이것은 웨이징성(魏京生)을 비롯한 민주화운동 그룹에서 중국공산당의 4개 현대화 주장 위에 중국사회의 전면적인 민주화개혁을 포함한 5개 현대화를 주장한 것에 쐐기를 박기 위한 것이었다.[24] 이어 중국공산당 당국이 요원의 불길처럼 일어나는 민주화운동을 탄압하고 웨이징성과 왕시저(王希哲) 등 그 주동자들을 체포·투옥하자 중국의 민

權』, 시인 베이다오와 망커(茫克) 등이 창간한 문학 간행물 『今天』 등이 있었는데 이들의 활동이 중국 공산당의 한계를 벗어나자 덩샤오핑은 1979년 3월 이들을 탄압하기 시작, 왕쥔타오를 제외한 나머지는 모두 체포되어 형을 받았다. 신승하, 앞의 책, 337~38쪽.

24 1979년 3월 베이징의 민주화운동을 대표적으로 이끌었던 웨이징성은 당시 29세로 베이징동물원의 전 기공이었다. 물리학도인 그의 친구 양광(楊光)과 함께 발행한 지하 잡지 『探索』에서 그는 덩샤오핑 등 이 주장한 개혁노선과 자신이 주장한 민주화운동의 차이를 밝혔다. 즉 그는 경제로 한정된 현대화를 바라는 것이 아니라 중국사회의 전면적인 현대화(5개 현대화)를 주장하였다. 한 걸음 나아가 마오쩌둥이 당권을 장악하여 독재를 한 것이나 덩샤오핑이 등장하여 독재하는 것이나 다를 것이 없다고 하였다. 이 때문에 웨이징성은 덩샤오핑 정권에게 반체제인물로 낙인찍혀 1979년 5월 29일 체포되어 국가기밀을 누설한 반역죄 등으로 15년형을 언도받았다. 따라서 이 사건은 새로 등장한 덩샤오핑 정권의 한계를 보여준 것이라고 할 수 있다. 조너선 D. 스펜스 지음, 정영무 옮김, 『천안문』(도서출판 녹두, 1985), 376~81쪽.

주화운동은 표면적으로 사라지고 다시 지하운동으로 들어갔으며 다음 해부터 학생들은 대학으로 들어가 경선운동[25] 형식으로 나타내기도 했다. 민주화운동 당시 웨이징성 등과 같이 사회주의 체제 자체를 부정했던 일부 세력도 있었지만 이 시기 민주화운동은 대체적으로 사회주의나 공산당의 지배를 부정하지는 않았다. '베이징의 봄'에서 나왔던 여러 민주화운동의 구호는 앞으로 중국이 해결해야 할 가장 큰 과제의 하나로 남게 되었다.

문혁의 종결과 극좌 4인방의 체포, 화궈펑(華國鋒)을 중심으로 한 보수파의 퇴진과 덩샤오핑의 실용주의 노선의 등장, 4개 분야의 현대화와 4개 노선의 견지, 이어 실사구시적인 입장에서 건국 이래 32년 동안의 재평가와[26] 함께 당 노선을 재정비한 중국공산당은 중국사회의 4개 분야 현대화 건설을 위해 마르크스의 보편적 진리와 중국의 구체적 현실을 결합한 중국 특색의 사회주의 건설의 방향을 설정했다. 특히 1983년 후야오방(胡耀邦)을 중심으로 하는 정당(整黨) 운동은 중국공산당을 젊음화 · 지식화 · 전문화 · 혁명화하여 새바람을 일으키고 아울러 경제개혁과 개방화를 가속화했다. 경제개혁과 개방화는 자유시장경제와 민주정치의 사조를 확대하는 동시에 교육에서 해외 유학이 크게 늘어나 학생과 일반인에게 자본주의 자유화 바람을 일으켰다.

개혁 · 개방의 물결 속에 1986년 12월 안후이 성(安徽省) 허페이(合肥)의 과학기술대학에서 안후이 성 지방 인민대표 선거의 입후보자를 관에서 지정하

---

25 경선운동(競選運動)이란 학생들이 전국 대학 안에서 스스로 후보자를 천거하여 선거운동을 전개한 것을 말한다. 이 가운데 후난사범학원(湖南師範學院)에서는 자칭 비(非)마르크스주의자를 칭하는 학생이 출마하자 이를 학교 측에서 제명한 것이 학생들의 분노를 불러일으켜 이에 항의하는 대대적인 시위운동이 일어났다. 베이징 대학과 상하이의 푸단 대학, 그 외 공장 등에서 학생과 노동자가 경선운동을 펴기도 했다. 이러한 활동은 곧 중국공산당 일당독재의 문제점을 일깨워주었던 활동이었으며 민주화운동의 중심 주제로 자리 잡아가고 있다고 볼 수 있다. 신승하, 앞의 책, 338~39쪽.

26 중국공산당은 1981년 6월에 개최된 제11기 중앙위원회 제6차 전체회의에서 "건국 이래 당의 약간의 역사문제에 관한 결의"를 통해 1921년 중국공산당 창당 이래 60년에 걸친 빛나는 역정을 회고하고 건국 이래 32년간의 역사도 재평가했다. 특히 여기에서 문화대혁명과 4인방에 대한 냉엄한 비판을 진행하면서 처음으로 마오쩌둥의 영도상의 좌경 오류를 지적하기도 했다. 중국공산당 중앙문헌연구실 엮음, 허원 옮김, 『정통 중국현대사』(사계절, 1990), 33~41쪽.

자 학생들이 독자적인 후보자를 내고 경쟁 선거를 치르려는 움직임이 학생들과 학교 당국 사이에 갈등의 원인이 되어 확대된 사건이 발생했다. 갈등의 와중에서 과학기술대 부학장 팡리즈(方勵之)와 원위안카이(溫元凱) 교수가 학생들의 입장을 지지하자 대규모 민주화운동의 학생시위로 발전하게 되었다. 같은 날 허페이의 학생들을 지지하는 시위가 후베이(湖北) 우한(武漢)에서 발생하고 이어 베이징과 시안(西安), 창사(長沙), 청두(成都), 난징(南京), 상하이(上海) 등 20여 개 이상의 도시와 150여 개 대학에서 대자보와 시위로 학생 민주화운동은 전국적으로 확산되었다.[27] 1987년 1월 겨울방학으로 학생들의 민주화운동이 종결된 후 중국공산당 정치국 긴급회의에서 펑전(彭眞), 후차오무(胡喬木), 천윈(陳雲) 등의 보수파는 후야오방을 총서기직에서 해임할 것을 덩샤오핑에게 요구하였고 이어 정치국 확대회의에서 후야오방의 해임이 결정되었다. 해임 사유로는 학생들이 부패한 자본주의 정신에 오염된 결과로 학생시위가 발생했으며 이에 대한 책임은 개혁과 개방을 주도한 후야오방에 있기 때문이라는 것이다. 이에 앞서 과학기술대학 부학장 팡리즈와 『인민일보』기자 류빈옌(劉賓雁), 문학이론가 왕뤄왕(王若望)의 직위 해제와 출당(黜黨)이 결정되었다. 1979년 베이징의 봄에 일어났던 민주화운동은 1986년 학생들의 민주화운동으로 이어지고 전국적으로 확산되는 과정에서 많은 지식인·당원·학자들이 지원하고 동조하였다. 이 운동은 비록 좌절되었지만 1989년 6월 톈안먼사태까지 그대로 직접적인 관련성을 가지고 계속되었다.

개혁을 지지했던 후야오방이 당 총서기직에서 해임되고 뒤이어 그 자리에 같은 개혁파의 자오쯔양(趙紫陽)이 오르기는 했지만 1986년의 민주화운동에 대해 덩샤오핑이 부정적으로 평가했던 대로[28] 중국공산당은 전반적으로 급격

---

27 찰리 호어 지음, 조남선 옮김, 『바로 보는 중국 현대사』(도서출판 풀무질, 1996), 141~44쪽.

28 덩샤오핑은 1986년 말에 발생했던 학생들의 소요(민주화운동)와 주장을 공산주의와 사회주의를 반대하는 운동으로 파악하고 또한 서구의 자본주의 제도를 들여오자는 것이며 자산계급 자유화에 오염된 결과로 인식하고, 이를 막지 못한 후야오방 동지를 비판한다. 또한 그는 중국공산당은 4대 노선의 기본원칙을 철저히 견지할 것을 거듭 확인한다. 덩샤오핑 지음, 이문규 옮김, 『등소평문선』(인간사랑, 1989), 「소요를 제거하고 개혁과 개방정책을 확고하게 집행하자」, 「기치 선명하게 자본계급 자유화를 반대하자」 부분 참조.

한 개혁과 개방을 반대하는 보수파의 세력이 강해졌다. 4개 분야 현대화를 위해 경제 분야의 개혁과 개방은 계속 추진되었지만 정치 분야는 자산계급 자유화 노선에 반대하는 보수적인 노선을 엄격하게 고수했다. 경제개방과 정치의 보수화는 경제와 정치의 부조화된 발전을 초래하여 결국 정치적 민주주의 세력들을 형성했으며 이것은 1989년의 민주화운동으로 표출되었다. 1989년의 민주화운동은 1979년 이후 10여 년간 계속된 중국의 개혁·개방운동의 문제점들이 축적된 사건이었으며, 덩샤오핑 중국공산당 정권의 한계를 보여준 사건이라고 할 수 있다.

먼저 1989년 민주화운동의 발단과 전개 과정에 대해 일별해보고 그 원인과 문제점들을 살펴보고자 한다. 1979년 '베이징의 봄' 이후 형성되기 시작한 체제 비판적 세력과 학생, 자유주의적 지식인들은 중국공산당 정권의 한계를 느끼면서 그 전과는 달리 하나의 조직을 이루어가기 시작했다. 이들의 사상과 움직임은 1986년 말 민주화운동을 통해 일부 표현되었지만 좌절되었고 이때문에 개혁과 개방을 지지했던 후야오방 당 총서기마저도 해임되었다. 1987년 이후 중국공산당 정권이 정치적으로 더욱 보수화되어가자 민주화 운동세력들은 위기의식을 느끼면서 자신들의 활동을 넓혀나갔다. 베이징을 중심으로 하는 지식인과 학생 들은 각종 토론회와 강연회 등을 통해 정치개혁의 당위성과 사상을 준비하고 알렸다.[29]

특히 1979년 민주화운동 때 투옥된 웨이징성의 석방 청원운동은 민주화운동의 지식인들을 결집시킨 중요한 요인이었으며, 1988년 12월 1일 런완팅(任畹町)이 유엔인권위원회에 중국의 인권 문제에 관심을 가져줄 것을 호소하면서부터 중국의 인권 문제는 국내뿐만 아니라 세계의 주목을 받기 시작했

---

29 토론회로는 왕단(王丹)을 중심으로 하는 '民主沙龍', 쉔퉁(宣童)의 '올림픽 科學協會', 우얼카이시(吾爾開希)의 '孔子硏究社' 등이 있었으며, 쑤사오즈(蘇紹智)·팡리즈·왕뤄수이(王若水)를 포함한 저명한 지식인들에 의해서 '新啓蒙沙龍'이 조직되었다. 또한 1987년 이후 지식계에서는 중공 정권 창립 40주년, 5·4운동 70주년, 웨이징성의 투옥 10주년 등 1989년이란 역사적인 시점에서 여러 가지 행사를 준비하였다. 寒山碧 編, 「陳希同關於北京事件的報告」, 『歷史的創傷: 1989 中國民運史料彙編』(臺北: 東西文化事業公司, 1989), 483~87쪽.

다. 1989년 1월 팡리즈가 덩샤오핑에게 웨이징성과 기타 정치범의 석방을 요구하는 공개 편지를 보내면서 인권 문제는 더욱 관심을 불러일으켰다. 이어 2월 13일에는 1979년 민주화운동의 상징적 인물인 베이다오(北島)와 천쥔(陳軍) 등 13인이 서명한 공개 편지가 전인대(全人代)와 중공중앙(中共中央)에 전달되면서 석방 서명운동은 광범위하게 확대되었고 2월 16일에는 대중적으로 잘 알려진 작가, 개혁이론가, 기자 등 30인이 서명한 석방 청원서가 발표되었다. 석방 서명운동은 '89 특사(特赦)'라는 인권조직의 성립 선언으로 이어지면서 중국공산당의 인권정책에 계속 비판을 가하자 당국은 체포와 국외 추방 등 탄압을 시작하면서 일단 진정되었다.

경제적인 면에서 1987~88년 당시 2년에 걸쳐서 인플레이션의 악화와 관리들의 부정부패로 대중들은 분노했으며 임금 상승에 의한 국가의 긴축 재정으로 많은 분야에서 경기는 후퇴하였다. 건설업에서는 농촌에서 도시로 올라온 수백만의 일용노동자들이 대거 해고당했으며, 농촌의 공장들은 대부분 원자재와 자본 부족으로 문을 닫은 상태였다. 1989년 3월 공식 통계에 의하면 광저우(廣州) 시에만 하더라도 4개 성(省)에서 몰려든 1백만 명 이상의 무직 농업노동자들이 넘쳐흐르고 있었다.[30] 또한 국가의 긴축 재정으로 인한 은행들의 지불 불능 사태는 경제혼란을 더욱 가중시켰으며 1989년 초에는 최악의 경제위기에 빠졌다.

정치·경제적 위기 속에서 설상가상으로 1989년 4월 15일 개혁파의 기수였던 후야오방이 사망하였다. 그의 사망은 정치개혁의 부진과 경제악화로 인하여 강한 불만을 느끼던 시민과 학생 들에게 상징적인 민주주의자의 죽음으로 인식되었으며, 민주개혁운동에 불을 붙이는 역할을 했다. 후야오방의 사망이 4월 15일 공식 발표되자 민주개혁파였던 왕뤄왕, 리훙린(李洪林) 등이 후야오방에 대한 재평가를 중국공산당에 공식 요청하였고 이어 연일 학생들과 시민들이 그를 추모하는 집회에 몰려들면서 '자유와 민주 쟁취' '타도탐관'

---

30 찰리 호어, 앞의 책, 150쪽.

(打倒貪官) 등을 외치고 그 열기는 전국적으로 확산되기 시작했다. 5월 4일 (1919년 5·4운동 기념일)에는 베이징뿐만 아니라 상하이·우한·시안·톈진 등 주요 도시에서 정치개혁과 부정부패 타도를 외치는 대규모의 시위가 발생하였다.

후야오방 사망에서 촉발된 학생들의 추모 열기가 민주개혁운동으로 점차 가열되고 전국적으로 확산되었으며 시민과 지식계 등의 참여 계층도 확대되어가자 정부 당국은 이미 4월 26일 『인민일보』 사설을 통해 이를 계획적인 반체제적 음모이자 동란(動亂)으로 공식 규정하였다. 그러나 초기 학생들의 주장은 당시 부패와 침체의 늪에 빠져 있던 당과 국가의 잘못을 지적하고 정화를 요구하는 항의자 입장이었으며 당과 국가 그리고 사회주의 체제 자체를 인정하였다. 때문에 개혁파였던 당 총서기 자오쯔양은 당시의 학생사태를 동란으로 규정하던 당의 공식 입장보다는 개혁운동의 차원으로 평가하기도 했다.[31] 당시 학생 그룹 내에서는 학생시위를 음모와 동란으로 규정한 중국공산당의 공식적 입장 철회를 요구하면서 정부 당국과의 대화 과정에서 비타협적인 강경세력이 주도하게 되고, 5월 13일 학생들은 단식투쟁을 결정하면서 정부 당국과의 대화는 중단되었다.

강경파 학생들의 주도로 시작된 5월 13일의 단식투쟁은 그동안 당과 국가에 불만이 쌓여 있던 노동자와 일반 시민 그리고 개혁적인 지식인의 적극적인 참여로 대중성을 획득하면서 운동이 급격히 고조되었으며 상하이·난징·항저우·광둥·허페이 등 다른 많은 도시들에서도 단식투쟁이 진행되었다. 이들 속에서 때로 중국공산당 자체를 부정하는 구호도 나왔지만 전반적으로 민주와 자유 그리고 인치(人治) 아닌 법치(法治)를 주장하는 구호들이 주류를 이루었다. 단식투쟁이 시작되면서 강경파 운동세력이 주류를 이루자 중국공산당 내에서도 온건파인 자오쯔양 세력이 약화되면서 리펑(李鵬)과 야오

---

31 寒山碧, 앞의 책, 「趙紫陽會見『亞銀』各人的談話」, 321~23쪽. 자오쯔양은 5월 3일 아시아개발은행 연차회의에 참석하여 학생시위를 우호적으로 평가한다. 자오쯔양의 이 발언으로 중국공산당 내에서 보수파와 개혁파의 갈등이 시작되었으며 결국 자오쯔양의 실각으로 이어졌다.

이린(姚依林) 같은 강경파 세력이 강화되었다. 강경파가 득세하면서 계엄령이 점점 강화되고 5월 19일에는 국방장관 양상쿤(楊尙昆)이 군의 시내 입성을 지시하자 톈안먼 앞 광장에는 단식 학생들을 보호하고 돕기 위한 일반 시민들이 줄을 이었으며 외곽 도로 요소마다 바리케이드를 설치하여 군 진입을 막고 인간띠를 잇기 시작했다. 5월 20일에는 계엄령이 선포되고 톈안먼 앞 광장에는 수십만 명에 가까운 사람들이 운집하였다.

군 병력이 베이징 시 외곽에서 서서히 중심부를 향해 진입해 오기 시작하자 노동자들도 총파업을 결행하고 운동세력을 보호하기 위해 나섰으며 트럭이나 자동차·전신주·오토바이 등으로 진입로를 차단하였다. 베이징 시가 거의 완전히 인민의 손에 장악되는 상황이었으며 어떠한 약탈사건이나 불상사도 일어나지 않았다. 이것은 마치 지난 1980년 5·18민중항쟁 시기 광주를 연상할 수 있는 해방광장이었다. 학생과 노동자들이 조직화되고 역할 분담을 이루면서 투쟁 요구를 보다 심화해나갔다. 시위 대열을 외곽에서 포위하고 있던 군대 가운데 일부는 학생들의 요구에 동조하는 경우도 있었으며 군 지휘관들이 계엄령 실시 명령을 공개적으로 거부하기까지 하였다.[32] 베이징 톈안먼에서와 같은 학생·시민의 민주화투쟁과 시위는 전국의 수많은 도시에까지 확대되었고 이에 따라 군 당국의 계엄령도 확대 실시되었다.

5월 22일에는 베이징 교외에서 학생·시민들이 계엄군과 충돌하여 부상자가 발생하였다. 시위대는 리펑의 퇴진과 계엄령 해제, 전인대회(全人大會)의 개최를 요구하였으며 국가기관의 공무원이 이에 동조하기도 하였다. 톈안먼 광장에서는 3인의 학생이 마오쩌둥 초상화에 페인트를 투척하여 더럽힌 사건이 일어나 공안기관에 체포되기도 했다. 이때 학생조직에서도 일부 톈안먼광장에서 철수하자는 의견도 나왔으나 강경파 학생과 외지에서 올라온 학생들은 오는 6월 20일 전인대상무위원회(全人代常務委員會) 개최 때까지 톈안먼 사수를 천명하고 '민주의 여신' 상을 설치하여 그곳을 중심으로 무기한 농성을

---

32 찰리 호어, 앞의 책, 174쪽.

시작했다. 이때까지 학생 지휘부를 총지휘했던 학생은 차이링(柴玲)이었으나 광장 철수 시기를 놓고 의견이 나뉘면서 지도부는 총사퇴했다. 6월 2일부터 거리에 군인들이 나타나면서 3일 새벽 탱크를 앞세운 계엄군은 톈안먼 광장으로 진입, 무차별 사격으로 수많은 사상자를 내면서 농성 학생들과 시민들을 진압했다. 이어 계엄군은 신문을 봉쇄했으며 민주화운동의 지도자들을 체포하기 시작했고 직후 팡리즈는 미 대사관으로 피신하였고, 얼마 지나지 않아(6월 24일) 자오쯔양은 모든 직을 박탈당했다.[33] 이로써 중국 학생·시민들의 기나긴 민주화투쟁은 군인들의 탱크에 의해 압살당했으며 또다시 지하운동으로 들어가 새로운 봄을 준비해야만 했다.

중국 민주화운동의 과제

결론적으로 중국의 민주화운동은 중국공산당의 체제가 갖는 구조적 모순과 한계점에서 찾을 수 있다. 1978년 말 개혁·개방 이후 그 모순과 문제점은 더욱 확대되고 심화되면서 밖으로 표출되기 시작했으며, 1989년의 민주화운동은 중국적 사회주의의 모순과 위기의 산물이고 그동안 변화된 중국사회를 기반으로 새롭게 성장한 사회세력에 의한 광범위한 대중운동이었다고 할 수 있다. 이런 의미에서 중국의 민주화운동은 탄력을 잃어버린 당과 국가에 대해 새로운 시민계층의 성장이라는 차원에서 접근해 볼 수 있다. 시민사회는 탈권위주의적이며 민주주의와 자유를 핵심으로 하고 있다. 이런 의미에서 1989년의 민주화운동은 시민사회를 위한 정치적 민주주의 지향을 일차적 목표로 반체제적 성향을 띠고 있다. 그런데 중국은 아직 정치적 민주주의 자체마저도 정립하지 못한 채 혼돈을 거듭하고 있다고 할 수 있다. 특히 중국과 같은 사회주의 체제는 개인보다는 국가적인 차원에서 시민사회의 민주화운동 자체를 인정하지 않기 때문에 더욱 어려운 과제라고 할 수 있다.

---

33 加加美光行 編, 『天安門の渦潮』(東京: 岩波書店, 1990), 6~9쪽 뒤편 관계일지 참조.

3) 1992년 태국의 시민 민주화운동

태국의 시민 민주화운동 — 그 역사적 배경

태국은 한반도의 약 2.3배로 현재 인구는 약 6,500만 명이며, 95퍼센트가 불교도 국가로서 이 가운데 80퍼센트 정도가 농업에 종사하고 있다. 태국은 사회 · 문화 · 경제의 각 분야에 걸쳐 700여 년의 투쟁과 승리를 통해 독립국가로 발전해왔다. 13세기에 시암(Siam)국이 통일 왕국으로 출현한 이후 강력한 민족국가로서의 발전이 가속화되었으며, 언어 · 신앙 · 관습 · 예술양식 등에서 나타나는 태국 고유의 특성은 다양한 종족성과 단일문화의 혼합에서 형성되었다.[34] 태국은 동아시아의 다른 나라들과 달리 서양의 식민주의 지배를 직접적으로 받지 않은 채 전통사회에서 비교적 서서히 근대로 이행해온 나라로서 다른 나라에 비해 민족주의적 감정이 비교적 약하고 전통적 군주국가적 요소를 지금도 많이 내포하고 있다. 17~18세기 동안에는 외부 세계와 거의 절연된 상태에서 중앙집권적 절대군주국가를 형성하였으나, 19세기 말부터 서서히 서구 문명과 접촉하면서 20세기에 들어와 서구식 군사 및 문화 교육을 받은 새로운 군부 엘리트 집단들이 1932년 6월 무혈혁명(쿠데타)을 일으켜 입헌군주제로 대치하였다. 특히 태국의 국왕은 국가의 원수이자 국교인 불교를 보호하며 국민의 절대적 존경과 숭앙을 받고 있으며 왕실에 대한 국민의 존경은 국민 단결, 정치 안정에 큰 힘이 되고 있다.

태국의 절대군주제를 종식시킨 1932년 최초의 무혈혁명 후 혁명을 주도한

---

[34] 태국은 1238년 두 타이(Thai)의 수장들이 크메르 요새를 격파함으로써 명실상부한 시암(Siam)이라는 독립국가로서 수코타이(Sukhothai) 왕조로 이후 200년간 존속하였다. 이어 15세기 중엽 아유타야 (Ayuthaya) 왕조가 흥기하면서 33대에 걸친 4세기 동안 시암국을 통치하였으며 이 시기 처음으로 서방과 무역을 개시했다. 1767년 아유타야 왕조는 버마인들의 침략으로 패망하고 뒤이어 피아 차크리(Phya Chakri)가 현 차크리 왕조의 태조로서 라마 1세 국왕이 되었으며 오늘날 태국의 부미볼 아둘리아데즈 국왕은 이 차크리 왕조의 9대 왕이다. 인종은 타이족이 전 인구의 약 50퍼센트, 중국계 화교가 6.5퍼센트, 이슬람을 신봉하는 말레이족이 약 2퍼센트, 카렌족 · 메모족 · 야오족 등이 있다. 언어는 타이어가 공용어이고 상용어로 영어를 사용하고 있으며, 라모스어 · 중국어 · 말레이어 등이 지역에 따라 사용되고 있다. 동남아시아연구소 엮음, 『동남아시아 지역학 개론』(한남대학교 출판부, 155~57쪽).

군부집단은 인민당(People's Party)을 결성하여 내각제에 의한 군부 독재체제를 구축하였다. 즉 의회 구성원의 반은 선거로 선출되었으나 나머지 반은 군부가 임명하고 또 군부 지도자가 수상으로 정부권력을 장악한 독재체제였다. 무혈혁명으로 들어선 군부 과두제 통치는 안정되지 못하고 빈번한 쿠데타로 인하여 수많은 정권 교체가 일어났다. 1932년 이래 1992년까지 총 17차례 쿠데타가 발생했으며 15차례의 헌법이 공포되었고 18차례의 선거가 치러졌는데 4차례의 선거만이 진정한 정권 교체의 의미가 있었으며 14차례는 군부 지도자들 간의 교체에 그친 것이었다.[35] 빈번한 군부 쿠데타로 태국의 정치질서는 민주적 정치 과정(democratic political process)을 정착시키지 못했고 정치적 악순환만이 계속되었다. 태국에는 1932년 무혈혁명 후 군부 지배의 전통이 계속되어 하나의 통치계급화했다고 할 수 있다. 이것은 근대화 과정에서 민주 절차에 대한 사회의 미성숙과 빈약한 관료조직에 비해 강력한 조직체계와 무기를 가진 군부사회의 사회 장악력이 월등했기 때문이라 할 수 있다.[36]

1932년 무혈 쿠데타의 주역들이 제2차 세계대전 말까지 태국 정부 — 피분(Phibun Songgram) 정부 — 를 주도하였다. 1944년 일본의 지지를 받던 피분 정부는 일본의 패망이 가까워오면서 피분의 수상직 사임으로 군부집단이 퇴조하고 처음으로 민간인 주도의 쿠엉(Khuang Aphaiwong) 정부가 성립되었다. 전후 정치적 불안정과 경제적 난국에 처하자 퇴각했던 피분 군사집단은 쿠엉 민간정부의 무능함을 이유로 1947년 11월 쿠데타로 전복시키고 정치권력을 재장악했다.[37] 피분은 경찰의 수장이었던 파오 씨야논(Phao Siyanon) 장군과 군부의 싸릿 타나랏(Sarit Thanarat) 장군을 양 축으로 1950년대 한동안 안정을 이루었으나 1957년 싸릿은 무혈 쿠데타로 피분과 파오를 축출하였다. 1957년 9월 쿠데타 직후 싸릿은 12월 총선을 실시했으나 어느 당도 다수 의석을 차지

35 김홍구, 『태국군과 정치』(전예원 학술총서 55, 1996), 10쪽.
36 차상호, 『태국 현대정치의 이해』(한국외국어대학교 출판부, 1995), 제2장 피분 정권의 성립과 그 배경, 42~43쪽.
37 피분 정권에 대한 성립 과정과 분석, 그 영향은 차상호의 앞의 책 참조.

하지 못하자 전국사회당(National Socialist Party)이라는 대정당을 조직하여 좌파까지도 포함하는 각종 정당과 파벌을 연합시켰다. 싸릿은 전형적인 태국 방식대로 전국사회당 외의 모든 정당을 불법화하고 비판을 봉쇄하고 신문을 폐간하였다.[38]

1963년 권위주의적 군부권력 싸릿의 사망과 함께 그 밑에서 정권을 담당했던 타놈(Thanom Kittikachorn)이 등장하여 싸릿의 민족주의적 국가자본주의 정책을 계속 추진하였다. 군부독재가 장기화됨에 따라 연고주의, 후견인 제도 및 정치와 경제의 결속에 따른 부패 등이 만연했고, 군부권력은 새로운 사회세력으로 등장한 도시의 산업노동자와 학생·농민 등의 요구를 수용할 수 없었다.[39] 점증하는 사회적 요구와 성장하는 시민세력 속에 타놈 수상은 1968년 6월 정당 결성을 합법화하는 신헌법을 공포하고 이듬해 1969년 2월 10개가 넘는 정당이 총선에 참여하면서 태국사회는 전반적으로 국민들의 정치의식이나 수준도 훨씬 높아졌다. 타놈은 연합태국인민당(UTPP)을 결성하여 무소속 당선자들과 연합하여 겨우 다수당을 차지하였고 다시 수상직에 올랐다. 그러나 타놈 연합태국인민당의 반대 당으로서 당시 야당이었던 민주당은 진보적인 정책으로 일반 시민들에게 상당한 인기를 모았으며, 방콕의 저명한 언론인이자 출판인인 쿠릿 쁘라못(Kukrit Pramoj)의 사회행동당(Social Action Party)을 지지하는 유권자들에게도 좋은 이미지를 주었다.[40]

학생·시민세력의 성장

1968년 정당의 합법화 조치 이후 정치질서가 많이 변화되고 국민들의 정치참여도 다양해지기 시작했다. 정치구조의 변화와 함께 경제발전과 사회구조

---

38 John H. Esterline and Mae H. Esterline, *How the Dominoes Fell: Southeast Asia in Perspective* (Lanham and London: Hamilton Press, 1986), p. 248.

39 최석만·김두식·손장권 공저, 『태국의 사회변동과 경제발전』(집문당, 1993), 제4장 정치발전과 국가의 역할, 84쪽.

40 Esterline, 앞의 책, p. 258.

의 개편에 따른 새 질서가 요구되었다. 국민들의 다양한 욕구는 여러 갈래의 정치적 파당과 계파정치를 초래했다. 점증하는 정치적 욕구와 세력에 위협을 느낀 타놈은 군부세력의 지원 속에 자신의 정부를 뒤엎는 이른바 친위 쿠데타를 일으키고 1971년 11월 혁명평의회를 결성하고 의회를 해산하였다. 국왕은 이들의 쿠데타를 묵인해주었다. 타놈과 군부는 부패한 군부와 정치권력을 개혁하기보다는 자신의 정적들을 제거하고 군부권력을 강화하는 데 주력하였으며 1972년 12월 행정권의 우위와 지명 의회의 구성을 근간으로 하는 잠정 헌법을 발표하였다. 따라서 군부와 정부관료의 부패는 갈수록 심화되었다.[41]

타놈이 자신의 아들을 국가행정위원회의 사무차장에 앉히고 가족 중심의 독재권력을 강화해나가자 1973년 6월 학생들은 부패한 독재권력에 대한 강력한 반대투쟁을 시작했다. 전국 대학생 조직인 태국전국학생센터(NSCT)는 타놈과 군부가 마음대로 임기를 연기한 결정을 풍자했다는 혐의로 9명의 람캄행(Ramkhamhaeng) 대학생들을 제적한 것에 항의하는 태국 역사상 최대 시위를 벌였다. 9명의 학생들은 다시 복적되었고 학생들은 7월까지 새 헌법을 제정할 것을 요구하였고 시위는 8~9월까지 계속되었다. 1973년 10월 5일 6명의 학생을 포함한 13명이 신헌법 요구 전단을 배포한 혐의로 체포되었다. 10월 13일 약 40만 명의 학생과 시민들이 방콕 민주기념비에 모여들어 구속자 석방을 요구하는 시위를 감행했다. 이어 14일 새벽 학생과 경찰 간의 충돌을 시발로 시위는 방콕 전역으로 확산되었다. 군은 진압에 나섰으나 실패했으며 마침내 군과 무력 충돌하였다. 구속자의 석방으로 시위대가 해산하면서 사태는 수습되었고 타놈 수상과 그의 아들 그리고 쁘라팟 부수상이 해외로 망명하면서 일단락되었다.[42]

---

41 1973년 9월 당시 태국의 경제사회개발계획 연구 결과에 따르면 국영 기업체의 고위 행정직 임원 510명 가운데 147명이 전직 군 출신인데 이 숫자는 전체의 28.8퍼센트에 해당한다. 군 출신은 주로 철도·해운·전신·항공·운송 관련 국영 기업체에 근무하였으며, 태국 국방부에서는 직접적으로 사업에 참여하고 군인은행의 주요한 주주이기도 하였다. 재향군인회도 몇 개의 사업을 독점하고 있었다. 부를 축적한 군 지도자들은 세력을 규합하여 정치 파벌을 형성하고 언론을 장악하여 정치적 영향력을 발휘하였다. 김홍구, 앞의 책, 122~23쪽.

1973년 학생·시민 주도의 혁명 후 국왕이 시민 봉기의 선봉에 섰던 대학의 총장이자 민간인인 쌴야(Sanya Dharmasakti)를 수상으로 임명하였는데, 이것은 1947년 이후 26년간 지속되어온 군부 통치를 중단시키고 민간정부의 복귀를 가져왔다. 민주정치를 열망하는 사회개혁의 분위기에 따라 민간 통치가 다시 실시되고 17개 정당이 서로 연합하여 원활한 운영을 다짐했으나 1975년 1월 총선에서 42개 정당으로 분열되었다. 미군 철수와 반공법 철폐 등 좌익세력의 발호, 군부집단 내의 분열 조장으로 정치적인 암살과 폭력이 난무하였다. 좌우익 간의 정치적 긴장과 분열, 사회적 혼란이 지속됨에 따라 공공질서가 파괴되고 사회·정치적 불안이 악화되었다. 여기에다 에너지 위기에 따른 경제적 불안은 더욱 가중되었다. 즉 1972년 소비자 물가지수는 4.9퍼센트 증가했으며 1973년 15.5퍼센트, 1974년 24.3퍼센트, 1975년 5.5퍼센트로 증가했다. 1974년 국제수지는 80억 1,200만 바트 흑자에서 1975년에는 28억 5,800만 바트의 적자를 기록했다. 국내 투자도 위축되었다. 1972년 투자 장려를 받은 건수는 116건에 67억 2,900만 바트, 1973년에는 325건에 26억 8,270만 바트, 1974년에는 176건에 91억 9,530만 바트, 1975년에는 83건에 19억 5,010만 바트로 감소했다. 태국의 가장 큰 외국 투자국인 일본과 서구 국가들은 투자 기피 현상을 보였다. 일본의 태국에 대한 투자는 1974년 7억 4,960만 달러에서 1975년 4억 2,360만 달러로 감소했다. 외국 자본의 해외 유출 현상도 심각해 1975년 초기 8개월 동안 5,990만 달러가 유출되었다.[43] 또한 태국 자본가들의 해외로의 자본 유출 현상도 증대되어 1975년 태국은 미국, 일본 다음의 홍콩 투자국가가 되었다.

정치·경제·사회적 혼란이 가중되면서 태국사회는 국왕을 정점으로 상층부 지배계급과 군부집단이 기존의 사회질서를 유지하기 위한 비상수단을 동원했다. 기존의 사회질서가 좌익세력 등에 위협받았을 때 특히 군부집단은

---

42 Esterline, 앞의 책, pp. 259~60. 군의 무력 충돌로 당시 약 65명의 사망자와 1천여 명의 부상자가 발생하였다.

43 김홍구, 앞의 책, 98~99쪽.

그에 철저히 대응해왔다. 1973년 민간정권 등장 이후 좌우익 분열의 심화와 사회적 혼란은 기존의 지배집단들을 위협하였다.[44] 따라서 태국사회의 기득 권을 가진 지배집단에 의해 기존 질서를 옹호하고 유지한다는 명목 아래 우 익집단과 경찰을 동원하여 1976년 10월 그동안 학생운동의 근거지였던 탐마 쌋(Thammasat) 대학에 난입하여 학생 및 시민을 무차별적으로 탄압 체포하고 살해하는 사건이 발생했다.[45] 같은 날 군부는 경찰의 유혈 진압을 계기로 쿠데 타를 일으켜 정권을 다시 잡음으로써 3년간의 짧은 민주주의는 종말을 고하 고 1973년 이전의 권위주의적인 체제로 되돌아갔다. 이 사건으로 계엄령이 선포되고 군부집단에 의한 또 다른 통치의 계기가 되었다. 3년간의 민간정부 는 사회적 혼란을 수습하지 못했고 결과적으로 군부와 경찰의 재등장을 초래 했다. 재등장한 군부집단은 국왕과 국가, 종교의 삼위일체 이념체제를 강화 하고 태국 민족주의와 반공주의 노선을 강화하였다.

군부는 1978년 12월 신헌법을 공포하여 선거에 의해 선출되는 하원(301석) 과 지명되는 상원(225석)으로 양원을 구성하여 군이 상원을 통제함으로써 국 가안보, 경제 예산 및 불신임에 대한 하원의 결정을 거부할 수 있는 제도적 장 치를 마련하였다. 1979년 제2차 원유 파동으로 군사정권(크리앙삭 정부)이 유 류와 전기 값을 대폭 인상하자 민심이 동요하고 사회가 불안해지기 시작했 다. 이러한 위기를 극복하고자 군부는 크리앙삭을 물러나게 하고 1980년 3월 육군총사령관이자 국방장관이던 프렘 탄술라논(Prem Tinsulanonda)을 수상에 오르게 하였다. 군 내외에서 모두 신임을 받던 프렘 수상은 민간인을 과감히 등용하고 민주적인 제도를 도입하는 등 과감한 정치개혁조치들을 취하였다. 과감한 개혁정치와 경제의 안정적 성장 기조를 유지함으로써[46] 민주화의 기

---

44 1973년 민간정권 등장 이후 3년 동안 1,333번의 스트라이크와 322번의 시위가 발생했고 동 기간 중 정 치인과 농민 지도자 30명이 암살당했다. 김홍구, 앞의 책, 89~90쪽.

45 Esterline, 앞의 책, pp. 261~62. 탐마쌋 대학 내 좌우익의 충돌과 무장경찰의 투입으로 46명의 사상자, 180여 명의 부상자, 3천여 명의 체포자가 발생하였다.

46 1987년 태국의 무역 적자는 40퍼센트 감소하였고 인플레는 2퍼센트에 불과했으며 경제성장률은 7퍼센 트였다. 이러한 경제성장률은 한국, 대만과 함께 아시아에서 최상위권에 속하는 것이었다. Clark D.

반을 구축하고 어느 정도 민심이 수습되었지만 의회에서 민선 하원의원으로 선출되지 않은 수상 임명 반대운동에 직면하자 1988년 4월 프렘은 의회를 해산하였다. 이어 1988년 7월 실시된 총선에서 찻타이당(Chart Thai)이 제1당이 되고 민선 의원인 민간인 당수 찻차이 춘하완(Chatichai Choonhavan)이 수상직을 승계하였다. 찻차이의 수상직 임명은 태국의 정당정치와 민주주의 발전이 진일보하는 계기가 되었으며 군부통치에서 문민통치로 이행된 셈이었다.

5월 학생 · 시민 민주화운동

프렘 수상의 개혁정치와 선거에 의한 순조로운 정권 이양, 민간인 수상에 의해 안정된 사회가 대체적으로 이루어지자 1988년에서 1991년 초까지 대부분의 태국 국민들은 쿠데타를 통한 정권의 탈취는 이제 구시대의 유물이라고 생각하게 되었다. 그러나 기업가 출신을 다수로 정권 기반을 형성한 찻타이당은 정권 출범 후 군부와 갈등을 빚게 되었다. 특히 육군사령관과 최고사령관을 역임했고 군부의 전폭적인 지지하에 퇴임 후 부수상직에 임명되었던 차와릿(Chavalit Yonghaiyuh)이 부정부패 스캔들로 사임하자 찻차이 정권과 군부의 관계는 악화되었다. 이후 찻차이가 군부 내 자신의 영향력하에 있는 마눈을 육군 소장으로 진급 발령하여 군사보좌관에 임명하고 아팃 장군을 부수상 겸 국방차관에 임명하여 숙군을 단행하려 하자 군부는 육군총사령관 쑤찐다(Suchinda Kraprayoon)를 중심으로 1991년 2월 쿠데타를 일으켜 찻타이 정권을 붕괴시켰다. 쿠데타의 명분은 정부의 부정부패,[47] 정치인의 관료 영역 개입, 의회독재, 군부 분열, 왕정전복 음모사건 수사 왜곡 등이었다. 쑤찐다의 쿠데타로 1980년대부터 진행되어온 태국의 정치발전에 대한 국내외의 기대는 하루아침에 물거품이 되었다. 따라서 1991년 2월 쿠데타에 대해 정당 · 지식

Neher, "Thailand in 1987: Semi-Successful Semi-Democracy," *Asian Survey*, vol. 28, no. 2(Feb. 1988), p. 200.

47 정부의 비리사건에 대한 반정부시위가 1990년 10월 람캄행 대학에서 열렸을 때 한 학생이 분신자살하는 사건이 발생함으로써 찻타이 정권의 정통성은 훼손되었다. 김홍구, 앞의 책, 100~01쪽.

인·태국학생동맹(SFT)이 중심이 되어 대규모의 헌법 개악 반대집회를 개최함으로써 조직적인 저항을 시도하였다.

쿠데타 후 최고사령관 쑨턴과 육군사령관 쑤찐다를 각각 위원장과 부위원장으로 하는 국가평화유지위원회는 부정축재조사특별위원회를 구성하여 구정치인을 숙청한 후 헌법을 정지시키고 국회를 해산한 후 새 헌법 제정을 위한 입법의회를 구성하고 직업 외교관 출신인 아난(Anand P.) 과도내각을 출범시켜 6개월 내에 민간정부에 권력을 이양하고 새 헌법을 제정하기로 하는 등의 정치 일정을 발표하였다. 1992년 3월 22일 총선이 실시되었다. 총선 결과는 1991년 4월에 창당된 친군부 정당인 싸막키탐당(Samakki Tham)이 제1당이 되었으며 찻타이당, 낏쌍콤당(Social Action) 등으로 연립내각을 구성하게 되었다. 친군부 여당은 싸막키탐당의 당수인 나롱(Narong W.)을 수상으로 지명했다. 이후 나롱이 마약 거래 스캔들로 수상의 지명을 받지 못하자 쑤찐다가 수상에 임명되었다. 쑤찐다는 지난 1991년 쿠데타 당시 절대로 정치 참여를 하지 않을 것을 약속한 바 있었는데 사실상 쑤찐다의 수상 임명은 일종의 또 다른 쿠데타였으며 약속 위반이었다.

쑤찐다의 수상 임명과 정치 개입 약속 번의에 반대하여 4월 8일 전직 의원인 찰랏(Chalard V.)의 단식투쟁을 선두로 하여 5월 5일 전직 방콕 시장 잠롱(Chamlong S.)의 단식투쟁과 5월 17일 잠롱이 주도하는 민주주의연맹의 대규모 반정부시위가 발생하였다. 신여망당(New Aspiration Party), 민주당(Democrat), 팔랑탐당(Palang Dharma)과 단결당(Solidarity) 등 4개 야당을 포함한 반군부세력은 쑤찐다의 사임과 의회 해산, 선출직 의원의 수상 임명을 보장하는 헌법 개정을 요구하였다. 잠롱 주도의 시위는 공교롭게도 1980년 5월 광주민중항쟁과 같은 기간인 1992년 5월 17일부터 20일까지 계속되었는데 이를 '5월 민주화사태' 혹은 '5월 시민혁명'이라고 불렀다. 군부의 시위대에 대한 발포가 이루어지면서 5월 18일 비상사태를 선포했으나 5월 20일 국왕의 중재로 유혈사태를 종식하고 5월 24일 쑤찐다 수상과 군부의 퇴진으로 일단락되었다.

5월 사태는 특히 방콕 시민 등 중산층이 대거 참여하였는데 이는 그동안 경제발전과 함께 꾸준하게 성장해온 시민세력의 정치세력화라고 할 수 있다. 1980년 후반부터 태국 경제는 비록 분배구조의 악화, 지역 간의 발전 격차 등 고질적인 문제점들을 안고 있었지만 수출의 급속한 신장을 바탕으로 유사 이래 볼 수 없었던 고도 경제성장을 기록했다. 1987~90년 중의 경제성장률은 각각 9.5퍼센트, 13.2퍼센트, 11.7퍼센트 그리고 10퍼센트를 기록하고 있으며 인플레율은 2.5퍼센트, 3.8퍼센트, 6.0퍼센트로 별로 높지 않았다. 무역수지 적자는 1987년 17억 1,300만 달러에서 1990년 84억 달러로 적자 폭이 증가했으나 외국인 직접 투자와 관광 수입 등이 적자 폭을 크게 상쇄하는 경향을 보였다.[48] 이러한 고도 경제성장에도 불구하고 정부의 경제정책 수행 과정에서 이권 개입으로 인한 경제비리사건은 경제성장에 큰 저해 요인이자 정부 정통성 약화의 주요 요인이 되었다. 따라서 경제발전에 의한 시민의식의 성장으로 정부의 권력형 부정부패에 그 불만이 높아가고 있는 가운데 잠롱 등의 단식투쟁은 시민들의 억압된 불만에 기름을 붓는 격이었다.

태국 민주화운동의 과제

태국의 민주화 작업은 1992년 5월 사태 이후에 1992년 9월과 1995년 7월의 선거를 통하여 탄생한 두 차례의 문민 내각에 의해서 다시 계속 추진되었고, 5월 사태의 발포 명령자에 대한 진상 조사를 통해 법적인 책임을 묻지는 않았으나 군에 대한 문책 인사를 단행했다. 또한 태국 군부는 정치적 중립을 표방하면서 군부의 정치적 영향력도 전보다 훨씬 감소했다. 그러나 태국은 지금까지 민주주의 발전을 가장 저해하고 있는 군부의 상원에 대한 정치적 영향력 행사나[49] 연립정부의 약체성, 부정부패와 금권정치의 만연 등이 해결되지 않고 있다. 특히 부정부패와 금권정치 문제는 군부의 민간 정치인에 대한 불

---

48 김홍구, 앞의 책, 100쪽.
49 태국의 상원은 대부분 군 출신으로 충원되고 있고 하원에서 이송된 법안의 심의권을 가지고 있으며 또한 군은 상원을 통해서 제도적으로 그들의 이해를 반영할 수 있다. 김홍구, 앞의 책, 188쪽.

신을 초래하여 정치 개입의 구실을 제공해줄 수 있었다. 태국 정부는 현재 완전한 문민 우위의 민주정치 제도가 정착되지 않았으며 따라서 군의 원시적인 정치 개입 문제는 아직 민주화운동의 장애 요인으로 남아 있다. 앞으로 태국의 민주화운동은 1992년 '5월 사태'의 경험을 바탕으로 성장한 시민과 학생들의 건전한 민주의식에 달려 있다고 할 수 있다.

3. 맺음말: 동아시아 민주화운동의 과제와 전망

이상의 논문에서 1980년 '5월 광주민주화운동' 이후 1980년대와 1990년대 초에 걸쳐 일어났던 동아시아 국가들의 대표적인 민주화운동으로 필리핀, 중국 그리고 태국의 경우를 살펴보았다. 필리핀과 태국의 민주화운동은 경제체제로서 권위주의적 독재자본주의 국가형에서 일어났으며 중국의 민주화운동은 일당독재 사회주의 국가에서 일어난 운동이었다. 이념과 체제 그리고 그 역사적 배경이 다소 다를지라도 인간의 자유와 인권이라는 기본권 차원에서 민주화운동은 서로 밀접한 관계가 있다고 생각한다. 이런 의미에서 1980년 5월 한국의 광주민주화운동은 동아시아 국가들 가운데 근대화 과정을 거치면서 축적되었던 모순과 문제점이 가장 먼저 집약되어 나타난 반독재 민주화운동이라고 할 수 있다.

1980년 5월 광주민중항쟁 이후 필리핀에서는 20여 년 이상 독재자로 군림해온 마르코스가 1986년 2월 '학생·시민 민주화운동'으로 퇴진했으며, 중국에서는 개방화 물결 속에서 형성되어온 민주화세력이 1989년 6월 이른바 '톈안먼사건'으로 폭발하면서 중국 사회주의 정권의 정통성에 큰 문제점을 제기했다. 이어 태국에서는 1992년 '5월 민주화운동'으로 그동안 꾸준히 성장해온 야당과 학생·시민들이 부패한 군부 쿠데타세력을 몰아내고 선거에 의해 그 나름대로 문민정권을 확립했다. 우연하게도 1986년 2월 필리핀 민주화운동 이후 3년 간격을 두고 동아시아 국가들에서 일어난 민주화운동이었다. 필리핀과 태국에서는 정권을 교체하는 데 성공했고, 중국에서는 큰 상처만 남긴 채 봉합되어 있다. 정치적 관점에서 본다면 지난 20세기 후반 동아시아 역사는 반군부 반독재 민주화운동의 시대였다고 할 수 있다. 필리핀이나 태국이 학생·시민의 민중항쟁을 통해 혁명적인 정권 교체를 했다 하더라도 그에 따른 참다운 정치·경제·사회개혁을 이룩했느냐 하는 것은 별개의 문제로 남아 있다.

한국에서 1980년 이른바 '서울의 봄'과 '5월 광주민주화운동'은 그것을 부정했던 군부세력에게 오히려 폭도 혹은 사회혼란세력으로 몰리면서 결국 군부 쿠데타로 다시 권위주의적 군사독재 시대를 맞이하게 되었다. 5·18광주민주화운동을 부정하고 등장했던 그 쿠데타세력은 민주화 운동세력과 야당의 끈질긴 투쟁의 결과 1987년 '6월 시민항쟁'으로 당시 직선제 개헌이라는 국민적 요구를 받아들이는 일종의 항복 선언을 하였다. 그리고 1993년 김영삼 문민정권에 들어서 그 쿠데타 주역들은 유죄라는 역사적인 법적 심판을 받게 되었는데 거기까지 약 15년의 세월이 흘렀다. 정치적인 역사 청산 작업, 다시 말하면 형식적인 민주화 작업을 하는 데도 1980년 광주민주화운동 이후 15년의 세월이 흘러야 했다. 그러나 사회·경제의 제반 개혁은 아직도 아득하다고 할 수 있다. 필리핀이나 태국 등 민주화운동이 활발하게 일어나 정권을 교체했던 동아시아 국가들도 한국과 똑같이 수많은 역사적인 난제들이 놓여 있다. 이 글에서 살펴본 바와 같이 상징적인 독재세력은 물러났지만 그것을 대체할 만한 민주화세력이 완전하게 뿌리내리지 못하였으며 따라서 실제 내용면에서도 구체적인 민주화는 아직 요원하다고 할 수 있다.

이와 같이 동아시아 국가들에서 민주화 작업이 쉽게 이루어지지 못한 이유를 이 글에서는 무엇보다도 역사적인 연원에서 찾고자 한다. 다시 말하면 동아시아 국가들은 뿌리 깊은 유교적 전통과 반(半)봉건적 유제의 굴레 속에서 보수적인 경향이 강하고 변화와 개혁에 대한 역사적 경험도 거의 없다는 것이다. 따라서 대부분의 일반 국민들아 민주화운동의 결과로서 정권 교체에 의한 단순한 정치적인 변화로 만족해버리든가 더는 변화를 바라지 않는다는 것이다. 이런 의미에서 근본적인 체제 변혁을 이룩했던 프랑스 혁명과 비교해보면 많은 시사점이 있다. 그리고 동아시아 국가들 대부분이 비록 제국주의 식민지 지배에서 정치적으로는 해방되었지만 실제 내용 면에서 미국의 영향력을 벗어나지 못하고 있는 것도 하나의 큰 이유라고 할 수 있다. 어떤 의미에서 미국의 영향력으로부터 완전히 벗어나지 못하는 한 참다운 민주화 개혁과 해방을 맞이할 수 없다는 것이다. 동아시아 민주화운동의 미래는 앞으로 미국과 대등한 관계로부터 출발해야 한다고 해도 과언이 아니다.

지난 1998년 9월 인도네시아에서는 30여 년간 독재권력을 휘둘러온 수하르토 정권이 학생·시민들의 반독재 반군부 민주화운동으로 퇴진하였다. 인도네시아에서 아직도 군부 독재권력의 그림자가 완전하게 걷힌 것은 아니지만 새롭게 깨어난 학생·시민의 민주화운동이 독재의 어둠을 밀어내고 있음은 틀림없다. 수하르토 퇴진 후 민주적인 절차와 선거에 의해 새로 선출된 압두라만 와히드 인도네시아 대통령이 한국을 공식 방문하여 한국의 민주화투쟁을 격찬하면서 투쟁의 선두에 섰던 김대중 대통령을 민주화투쟁의 동지이자 선배로 극찬했던 대목은 동아시아 민주화운동의 연대의식을 깊이 있게 시사해주고 있다.[50] 동아시아의 민주화운동은 무능하고 부패한 군부 독재권력을 몰아내고 새로운 정치개혁을 선도했지만 그러나 아직도 버마(미얀마)에서는 권위주의적 군사독재 정치가 그대로 존속하고 있다. 지난 수십 년간 유지되어온 군부 독재권력의 부패에 항의하는 학생·시민들이 1980년대 후반부터 아웅산 수지 야당세력을 중심으로 기나긴 투쟁을 전개해오고 있지만 아직도 참된 민주화 세상을 맞이하지 못하고 있다. 그뿐 아니라 지난 20세기 후반 동티모르의 독립투쟁과 처참한 학살 소식은 동아시아 국가들이 극복해야 할 지난한 과제를 예시해주고 있다. 20세기 후반 동아시아 국가들의 민주화운동은 앞으로 민족과 국경을 넘어 21세기 인권과 자유를 향한 민주화운동의 연대를 통해 완성해나가야 할 것이다.

---

50 『동아일보』 2000년 2월 11일자 참조.

제 2 부

5월운동과 문화·예술

5

5월운동의 진전과 그 성과

| 나간채(전남대 · 사회학) |

1. 머리말

이 장은 과거에 죽었던 항쟁이 다시 살아나는 역사적 과정을 다룬다. 좀더 구체적으로 말하면, 1980년 5월 27일 새벽에서 아침까지 계엄군에 맞서 싸우던 시민군이 장렬하게 최후를 맞이함으로써 죽었던 광주항쟁이, 그 이후에 장기간 계속된 저항운동을 통해서 신군부에 의해 은폐되고 왜곡되었던 항쟁의 정당성을 바로 세우고, 신군부 집권세력을 법정에서 단죄함으로써 민중이 승리하는 과정과 그 결과를 서술한다.

한국의 현대사를 보면, 해방 이후 반세기 동안에 몇 차례에 걸쳐 억눌린 사람들이 들고 일어난 항쟁들이 있었다. 예를 들면 1946년 대구항쟁, 1948년 제주 4 · 3항쟁, 1960년 4 · 19혁명, 1979년 부마항쟁, 1980년 광주항쟁, 1987년 6월항쟁 등이 그것이다. 이 항쟁들은 국가권력의 억압과 횡포에 대항하여 기본적 자유와 생존권을 향유하고자 했던 민중의 소박한 요구로부터 시작되었다. 그러나 이 항쟁들의 다수는 무자비한 국가폭력에 의해 비극적으로 패배하는 종말을 맞게 되었고, 그 결과 지역민과 지역사회에 큰 피해와 그로 인한 충격을 남겼다. 이러한 사실은 인류의 역사에서 정의로운 항쟁이 겪게 되는 수난의 역설을 말해주고 있는 것이다.

항쟁의 운명이 이러하게 되는 이유 중에는, 물론 여러 가지 요인이 복합적으로 작용하겠지만, 그 자체가 갖는 자기 제한적 성격이 강조되기도 한다. 말하자면, 항쟁은 대체로 특정한 제한된 과제를 해결하기 위하여 폭발한 집합적이고 폭력적인 저항운동의 형태를 띠게 되는데, 제한된 목표를 갖기 때문에 전체적이고 근본적인 변혁, 즉 체제 전복적 전망을 갖기가 어렵고, 폭력적 저항 수단이 사용되기 때문에 더 강한 대응폭력을 마주하게 된다. 그리하여 항쟁의 이와 같은 자기 제한적 성격은 항쟁의 운명을 비극적 패배의 역사로 인도하는 원인의 하나가 된다는 것이다.

그런데 위에서 예시된 항쟁들 중에서 광주항쟁은 이와 관련하여 특별히 주목할 만한 의미를 갖는다. 이 항쟁은 다수의 희생자와 회복하기 어려운 상처를 지역사회에 남기고 무너졌지만, 항쟁의 불씨가 꺼져버리지 않고 다시 살아나서 그 항쟁이 남긴 과제를 해결해냈기 때문이다. 즉 그때 패배했던 항쟁이 장기간의 재생 과정을 거쳐 항쟁의 원래 목표와 과제를 일정한 정도로 해결하고 성취하게 되었다는 것이다. 이 장기간의 재생 과정은 항쟁 못지않게 치열한 저항운동의 과정이었으며, 이는 항쟁을 승리로 만들어내는 역사적 과정이었다. 이 저항운동, 즉 재생 과정을 우리는 '5월운동'이라고 부른다.[1]

5월운동이란 용어는 1980년 5월 18일에 발발하여 5월 27일에 좌절되었던 항쟁을 기억하고 그로 인하여 남겨진 과제를 해결하고, 그것이 추구했던 이념을 실현하고자 하는 집단적 활동이 해마다 5월에 집중적으로 전개되는 사실에 근거하여 개념화되었다(정근식, 1997). 다음에서 확인하게 되겠지만, 5월

---

1 이 개념은 광주항쟁에 관심을 공유하는 소모임의 토론 과정에서 제시되고 검토되었다. 이 소모임은 광주 지역 사회과학자들의 토론모임으로 1994~97년까지 지속되었다. 참여자는 오수성 · 박만규 · 정근식 · 정태신 · 나간채 등이었다. 모임은 격주로 이루어졌으며, 5 · 18항쟁에 관한 발표와 토론으로 진행되었다. 이 연구모임의 과정에서 형성된 성과물의 하나가 『광주민중항쟁과 5월운동연구』(나간채 엮음, 1997)이다.

운동은 그것의 주기성과 집중성을 개념적 특성으로 하고 있다. 물론 5월운동이 5월에만 행해지는 것은 아니며, 5월에 행해지는 모든 운동이 5월운동인 것도 아니다. 5월운동은 적어도 다음의 네 가지 과제와 이슈를 중심으로 전개되는 집합적 행동을 포함한다. 첫째로는 한국에서 정치사회의 민주화를 위해 광주항쟁의 이름으로 전개된 민주화운동을 포함한다. 항쟁 이후 한국에서 전개된 모든 민주화운동을 5월운동으로 개념화할 수는 없다. 그러나 민주화운동 가운데 광주항쟁의 이름으로 전개된 것, 예를 들면 5·18 기념행사의 일부분으로서 서울의 한 대학에서 거행된 '전두환 정권 퇴진을 위한 궐기대회'는 5월운동으로 규정할 수 있다. 따라서 5월운동은 한국사회 정치 민주화운동에서 근간이 되는 한 부분을 형성하는 것이다. 둘째, 광주항쟁의 과정에서 발생된 문제들을 해결하려는 집합적인 활동이 5월운동에 포함된다. 이는 항쟁 과정에서 자행된 계엄군의 만행과 부당하게 행사된 국가폭력에 의해 지역사회에 파생된 인적·물적·제도적 피해에 대한 진상규명 및 복원과 배상을 위한 활동을 포함한다. 구체적으로는 진상규명과 책임자 처벌을 위한 운동, 피해자에 대한 배상과 명예 회복을 주요 내용으로 하는 권리 회복 운동 등이 그것이다. 셋째는 항쟁을 추모하고 기념하는 각종 의례와 행사를 포함한다. 전야제, 기념식, 추모제 등 항쟁을 재현하는 각종 의례와 공연이 해당된다. 여기에는 문화예술적 생산과 공적 재현 활동도 포함된다. 이를 통해서 5월운동의 에너지가 생산될 뿐만 아니라, 국면에 따라 의례 과정에서 직접적으로 저항적 집합행위가 감행되기 때문이다. 넷째, 항쟁이 추구했던 가치와 이념을 변화된 환경에서 발전적으로 계승하고 재생산하는 활동이 포함된다. 예를 들면 항쟁의 이름으로 전개된 이웃돕기, 수재민 구호활동, 동티모르 난민 구호운동 등이다. 실제로 이러한 관점에서 5월운동은 인권운동, 반전평화운동, 통일운동 등으로 그 외연을 확장하고 재생산해왔다.

이 장에서는 5월운동을 사회운동의 한 형태로 규정하고, 사회운동론적 관점에서 5월운동의 몇 가지 측면을 다음과 같이 정리하고자 한다. 먼저, 진전과정을 요약적으로 서술한다. 이는 5월운동과 관련된 현실의 무한복합성 속에서 그 의미와 효과가 중요하다고 판단되는 주요 현상만을 선정하여 간략히 기술한다는 것이다. 다음에는 5월운동의 성과 또는 결과를 정리한다. 이 결과는 광주 문제 해결의 5대 목표에 비추어 설명된다. 그리고 마무리에서는 5월운동에 대한 전체적인 평가와 남은 과제를 제시할 것이다. 특히 다른 나라에서의 과거청산 사례와 비교하여 검토함으로써 5월운동이 갖는 국제적 맥락에서의 중요성을 드러낼 수 있을 것이다.

2. 5월운동의 진전 과정

진전 과정을 서술하기 전에 서술의 기본 틀을 제시해둘 필요가 있다. 서술된 내용의 이해에 도움이 되기 때문이다. 이와 관련하여 세 가지만 명시하고자 한다. 그 하나는 서술의 대상에 관한 것이다. 이는 발생한 사건 자체에 초점을 맞출 것인가, 아니면 그 사건을 일으킨 행위의 주체를 중심으로 서술할 것인가의 문제이다. 여기에서는 행위 주체를 우선적인 대상으로 하고 행위 또는 사건 그 자체를 부차적으로 다룰 것이다. 다음에는 시간 요인에 관한 것이다. 여기에서 분석 대상 기간은 광주항쟁이 좌절된 1980년 5월 27일 이후부터 '5·18 재판'의 상고심이 종료되고 항쟁 발발일인 5월 18일이 국가기념일로 제정된 1997년까지를 포함한다. 약 20년에 이르는 이 기간의 진전 과정을 여기에서는 두 시기로 나누어 기술할 것이다. 그 분기점을 1987년 6월항쟁으로 설정하는 이유는 6월항쟁이 전환점이 되어서 운동의 주체와 목표 및 전략에 중요한 변화가 나타났기 때문이다. 셋째는 유관 변인과 관련된 것이다. 5월운동을 설명하는 데 관련되는 변인은 관점에 따라 다양하게 설정될 수 있겠지만, 여기에서는 저항운동에 대하여 정치권력이 부여하는 통제의 성격 및 표현의 자유에 대한 개방성의 정도를 주목하려 한다.[2] 그렇다고 해서 정치권력의 통제와 자유권의 제도가 선행변수 또는 독립변수로 규정되는 것은 아니고, 5월운동과 이 요인들의 관계를 상호 인과적으로 설정하고자 한다.

1) 전반기: 1980~87

항쟁이 좌절된 직후인 1980년 6월은 전국적인 비상계엄 상황이었다. 계엄 포고령에 의해 모든 옥내외 집회는 불허되고, 언론·출판·보도 및 방송은 사전 검열을 받아야 하였으며, 유언비어 및 국가원수 모독 등의 발언은 금지 되었다. 그리고 위반자는 영장 없이 체포되었다(한국기독교교회협의회, 1987: 797). 즉 정치적 의사 표현 자유의 개방성은 철저히 막혀 있었다. 12·12군사 반란을 주도했고 신군부집단의 실질적인 중심이었던 전두환이 통일주체국민 회의에서 대통령으로 선출(1980. 8. 27)되어 취임한 이후에 국민의 대의기구인 국회는 기능을 상실하고 해체되었다. 이를 대체한 신군부 집권세력 중심의 입법회의는 '집회 및 시위에 관한 법률'[3](이하 '집시법')을 개정하여 국민의 저 항운동을 근원적으로 봉쇄하는 조치를 취했다. 단지 정부를 비판하는 유인물 을 제작하거나 소지했다는 이유만으로 거의 예외 없이 이 법에 의해 구속되 었고 그중 대다수에게 징역형이 선고되었다. 이와 같이 극단적인 억압조치는 1980년대 전반을 경과하면서 저항세력의 성장과 치열한 도전으로 인하여 점 차로 이완되는 경향을 보였으나 강경 억압의 기본 구조는 1987년 6월항쟁까 지 지속되었다.

신군부권력의 이와 같이 가혹한 억압체제에서도, 광주항쟁 당시에 자행했 던 야만적 폭력에 대한 민중의 저항은 항쟁이 계엄군의 재점령에 의해 좌절 된 직후부터 분출되기 시작하였다. 그것은 광주가 아닌 다른 지역에서 대학

---

2 D. McAdam은 사회운동을 정치적 기회구조와 토착사회의 지지 기반, 그리고 행위자의 의식 전환이라는 요인으로 설명하고 있다. 여기에서는 첫 번째 요인에 초점을 맞추어 설명하고자 한다. D. McAdam, *Political Process and the Development of Black Insurgency* 1930~1970, Chicago: Univercity of Chicago Press, 1972.

3 집시법(일부 개정: 1980. 12. 18) 제3조에는 공공의 안녕질서유지에 위반할 우려가 있거나 현저히 사회적 불안을 야기할 우려가 있는 집회도 금지되었다. 더 나아가서 금지된 집회나 시위를 예비하거나 음모하 거나 선전해서도 안 되었다. 제6조는 "일출 전과 일몰 후에 옥외집회 또는 시위를 금지"하고 있으며, 제7 조에는 주요 공관이나 관공서, 철도역 등의 경계 지점으로부터 주위 200미터 이내의 장소에서는 옥외집 회나 시위를 금지하고 있다. 위 사항들을 위반할 경우에 이 법에 따라 징역형을 부과할 수 있도록 규정하 고 있다.

생의 선도로 시작되었다. 결정적인 패배의 이틀 후인 5월 29일, 서울에서 광주항쟁의 진실을 알리는 유인물을 대학생들이 제작하여 배포하는 도중에 체포되어 구속되었고, '800만 서울 시민에게 고함'이라는 표제의 유인물도 살포되었다.[4] 5월 30일에는 서강대 학생 김의기가 광주의 현지 사정을 보고 상경한 후, 종로 5가 기독교회관에서 정부를 규탄하고 희생자의 넋을 애도하는 유서를 남기고 투신하여 사망하였다. 5월 31일에도 광주항쟁에 대한 유언비어를 유포한 혐의로 두 사람이 구속되었고, 인천에서도 광주항쟁에 관한 유인물을 살포하고 시내에 반정부 벽보를 붙이려다 미수에 그친 대학생 3명이 구속되는 사건이 있었다. 전주에서는 고등학생이 반정부 유인물을 학교와 아파트 단지에 살포하다가 구속되었다.[5]

6월 2일에 있었던 김의기의 장례식에서도 유인물 제작·배포사건이 있었다. 6월 3일에는 독일 소재 튀빙겐 대학 한인학생회가 광주항쟁을 애도하는 감동적인 성명('우리의 결의')을 발표하였다. 또한 이탈리아의 로마 소재 성직자와 수도자들은 공개 서한의 형태로 광주항쟁을 애도하고 항쟁이 남긴 과제의 해결을 위한 정부의 노력을 강조했다. 6월 9일에 광주사태에 대한 사실 보도를 주장하고 광주사태에 대하여 긍정적인 발언을 한 서울 지역의 언론인들이 반공법, 계엄포고령 등의 위반으로 구속되거나 수감되었다. 그리고 같은 날에 노동자 김종태가 이화여대 입구에서 '광주 시민·학생들의 넋을 위로하며'라는 유인물을 뿌린 후에 분신자살했다. 한국 천주교 주교회의 상임위원회, 천주교 광주대교구사제단, 정의구현 광주교구사제단 등은 1980년 6월 이후, 수차에 걸쳐 성명서와 건의문 등을 발표했다. 재야 운동단체인 국민연합은 성명을 통해서 광주 시민의 민주항쟁은 조국의 민주주의 회복만을 염원한

---

4 구속된 사람들은 고려대와 이화여대 재학생이었고, 성명서의 주체는 재경 전남도민 일동으로 되어 있다. 위의 기록을 포함하여 1980년대 5월운동에 관한 사실 자료들의 주요 인용 근거는 전남대 5·18연구소 홈페이지(http://altair.chonnam.ac.kr/~cnu518)의 자료은행과 한국기독교교회협의회 인권위원회가 펴낸 『80년대 민주화운동 8』(1987)이다. 1980년 5월 28일에도 국민연합에서 광주사태 관련 성명을 발표했다는 기록이 있음을 밝혀둔다.

5 한국기독교교회협의회 인권위원회, 『80년대 민주화운동 8』(1987), 824~25쪽.

반군사독재 민주구국항쟁이라고 천명했다. 한국기독교교회협의회는 광주사태 관련 구속자의 감형을 대통령에게 진정했고 기독교장로회 총회에서도 광주사태 피고인에 대한 극형 면제를 탄원했다. 1980년 말에는 광주 시내에 위치한 미문화원 건물 지붕에 지역의 대학생과 시민이 합세하여 석유를 뿌리고 불을 질렀다. 미문화원 방화사건은 그 당시 삼엄한 억압의 장벽을 뚫고 권력의 핵심부를 공격한 획기적인 사건이었으며, 한국사회에서 반미운동 발전의 계기로 작용한 매우 상징적인 사건이 되었던바, 그 이후 부산, 서울 등지의 미국 기관에 대한 방화사건과 점거사건이 이어졌다.

1981년 봄부터 시작된 대학가의 전두환 정권에 대한 반정부투쟁은 5월에 이르러 광주사태 1주기를 맞는 '5월투쟁'으로 서울의 각 대학에 급속히 확산되었다. 예를 들면 5월에 확인된 학생시위와 유인물 사건은 최소한 24건으로 3월과 4월의 사례를 합한 것보다 많았으며, 이로 인하여 70여 명이 집시법에 의해 구속되어 재판을 받았고, 연행된 수는 수백 명에 이르렀다(한국기독교교회협의회, 1987: 865~70). 특히 5월 27일에 서울대 학생 김태훈이 광주항쟁 희생자 위령제 도중에 "전두환 물러가라"고 외치면서 교내 도서관 6층에서 투신 사망한 사건은 큰 충격파를 던졌다. 1982년 3월에는 대학생이 부산 미문화원에 방화한 사건이 발생하였고 2주기를 전후해서는 시위와 유인물 사건도 서울 지역을 벗어나 대구·충북·강원도 등 전국적으로 확산되는 양상을 보였다.

1983년에 접어들면서 대학생 저항운동의 성격이 변화되었다. 질적으로 과격화되어 이전의 교내시위에서 가두시위로 변화되는 양상을 보였고 시위의 빈도와 규모 면에서 급속히 양적으로 팽창하였다. 특히 1983년 말기에 이르러 시위는 더욱 격화되었다. 이와 같이 강화된 저항은 마침내 정부로 하여금 학원 자율화조치[6]를 취하게 만들었다. 이로 인하여 5·17비상계엄 이후에 학

---

6 1983년 12월에 취해진 학원 자율화조치는 제적생 복교 허용이 주요 내용이지만, 이 후속조치로서 1984
  년 초에 대학에 상주하던 사복경찰 철수, 복역 중인 학생 159명 특별 가석방, 졸업정원제 폐지, 학도호국
  단 폐지와 총학생회 부활, 상대평가제, 강제징집, 그리고 지도휴학제 폐지, 서클활동 보장 등이 시행되었
  다(동아일보사, 1984~85, 동아연감).

원사태로 제적된 대학생 1,363명이 학교에 다시 돌아올 수 있게 되었는데, 이는 대학생 저항운동의 역량을 급속히 강화하였다. 각 대학에 복교대책위원회가 결성되고, 이들이 연합위원회로 발전하여 대학 간의 연대운동이 활성화되었다. 그해 4월에는 전국 99개 대학 가운데 55개 대학에서 시위가 있었고, 5월에는 70여 개 대학에서 시위와 농성이 전개되었다. 광주항쟁 5주기인 1985년 5월 17일에는 전국 80개 대학에서 38,000명이 추모시위에 참여했으며, 이듬해에는 대규모 추모집회와 아울러 서울대 학생 이동수가 분신자살하는 사건이 발생하였다. 이와 같이 강화된 대학생의 저항은 이후에도 계속되었고, 이를 통제할 수 없었던 정부는 다시 강경정책으로 회귀했으며[7] 이러한 악순환이 반복되었다. 그리고 이 과정에서 두 세력 간의 정면충돌은 불가피했던바, 그 구체적인 사례가 건국대사태,[8] 박종철 학생 고문치사사건, 이한열 학생 최루탄 피격사망사건이었고, 이는 6월항쟁으로 이어졌다.

전반기의 5월운동이 거대하고 광범한 조직 기반을 가진 대학생에 의해 주도된 것은 사실이지만, 다른 한편으로 유가족과 부상자 및 구속자를 포함하는 주요 피해자들의 투쟁은 학생들의 저항을 능가할 정도로 치열했다. 야만적 국가폭력에 의해 가족이 살해되고 부당하게 감옥살이를 하고 있는 상태에서 국가 공권력의 권위는 존중될 수 없었다. 반인륜적 학살 만행을 자행한 폭력세력에 대한 피해자들의 분노와 저항은 공권력의 극심한 탄압으로도 잠재울 수 없었으며, 때와 장소를 가리지 않고 분출되었던 것이다. 그리하여 이들은 생업을 포기한 채로 저항투쟁을 일상화했다. 이들의 투쟁은 학살 만행 규탄, 책임자 처벌, 폭력정권 퇴진, 피해 배상 등의 원론적이고 일반적인 이슈를 중심으로 하여 전개되었다. 또한 저항운동의 동력을 재생산하고 유지할 수 있는 조직을 만들고 강화하는 데도 노력했다. 유가족은 '광주사태유가족회'[9]

---

7 대학에 대한 심야 경찰 투입, 수색, 학생 검거, 대학가 서점 이념서적 수색 및 압수, 중학교와 고등학교에 대한 의식화 유인물 수색 등을 포함한다. 그 결과 1986년 시국 관련 구속자 수는 1984년의 62배인 3,400명이었고 이 가운데 대학생이 2,900명이었다.

8 이로 인하여 1,287명의 대학생이 구속되었고 398명이 기소된 건국 이래 최대의 점거농성사건이 되었다.

를, 부상자들은 '5·18광주의거부상자회'[10]를 조직하여 지속적인 저항투쟁에 임했다. 다른 한편으로, 이들에 대한 경찰 및 정보기관의 탄압은 매우 잔혹한 것이었던바, 때와 장소를 가리지 않은 감시와 미행·연행·구속·고문 및 원적지 격리조치는 널리 알려져 있는 바이다. 또한 기관원들은 형편이 어려운 피해자들을 위협하고 금품이나 이권으로 유혹하여 조직을 와해시키기 위한 공작을 끊임없이 전개했고 그에 따라 조직이 곤경에 처하기도 했었다. 이 시기에 기억할 만한 쟁점투쟁 사례로 '망월동묘지 이장 반대투쟁'[11]을 지적할 수 있다.

또한 구속자와 그 가족들은 광주항쟁의 연장선상에서 사형수 구명운동, 수감자 석방운동, 그리고 수감 생활에서의 부당한 처우 개선을 위한 저항투쟁을 교도소 안팎에서 전개했다. 교도소 밖에서는 구속자가족회[12]가 주도했

---

9 1980년 5월 31일에 결성되었고, 당시 회원 수는 약 90명이었다. 이 단체는 그 후 복잡한 발전 과정을 거쳐서 오늘날 '5·18광주민중항쟁유족회'로 지속되고 있다.

10 부상자회는 '무등산친목회'로 유지해오다가 1982년 8월 1일에 '5·18광주의거부상자회'를 광주 무진교회에서 창립했다.

11 이 운동은 1983년 3월에 시작하여 1984년 11월에 종결되었다. 광주 지역의 주요 상공인과 보수적 지도층 인사들을 회원으로 1983년에 구성된 전남지역개발협의회(창립회장 신태호)는 5·18의 충격과 상혼을 위로하고 지역화합을 도모한다는 목적하에 기업체 대상의 모금운동을 전개하였다. 이 기금을 바탕으로 하여 협의회는 망월동에 위치한 묘지를 타 지역으로 이장하는 유족에 한하여 위로금(1,000만 원)과 이장비(50만 원)를 지급하겠다고 제안하였다. 이러한 협의회의 시도에 대하여 5·18 이후 5월운동에서 상징적 장소로 그 중요성이 커져가는 망월묘역을 해체함으로써 항쟁의 역사적 의미를 회석하고 이를 계승하는 운동의 주요 근거지를 제거하려는 지배권력과 기득권층의 반항쟁적 책동이라는 비판이 제기되었다. 이들은 "민간 차원에서 추진하기 때문에 줄 수도 있고 안 줄 수도 있다", "이장한 사람부터 선착순으로 지급하겠다"는 등의 발언으로 위협하고 회유했다. 항쟁유족회 측에서 묘를 감시하자 의거유족회에서는 새벽에 이장해 가기도 하였다. 그리하여 두 유족회 간에 갈등은 더욱 심화되었다. 한편, 이에 대한 반대운동은 더욱 확대되어 협의회장 집에 몰려갔다가 가택침입으로 연행되기도 하였다. 그 과정에서 결국 26기가 이장되었다. 그러나 부당한 책동에 불과했던 이 사건은 이장을 끝까지 반대했던 사람을 포함하여 모든 유족에게 위로금을 지급함으로써 일단락되었다. 추후에 이장되었던 묘의 일부가 복귀되었다.

12 이 모임은 녹두서점을 근거로 하여 재판이 개시되기 이전부터 활동해오다가 군사법정의 1심 공판이 있던 1980년 9월 20일 방청하기 위해 모인 가족들로 확대되었고, 초기에는 비공식적 형태로 출발하였다. 그 후 시일이 경과하면서 이 모임은 '광주사태구속자가족회'로 공식화되었다. 회원 수는 150여 명이 참석한 경우도 있었으나 기관의 와해공작 등으로 인하여 70명 내외로 감소되기도 했다. 이 단체는 1982년 말 구

다. 회원의 대다수가 여성으로 구성된 이 단체는 항쟁 직후 재판이 진행 중인 전 과정을 통해서 매우 적극적이고 치열한 싸움을 전개해왔다. 이들의 주요 활동 내용은 가족들 간의 상호 위로와 격려, 정보 교환, 불우가족 돕기, 농촌 출신 구속자들에 대한 변호사 선임 공조, 면회 안내 등 일상적인 측면과 아울러 구속자 석방, 사형수 구명, 광주사태 진상 폭로를 위한 전국적 서명운동 등을 포함한다. 이 가운데 1심 재판 당시의 '법정 저항투쟁'[13]은 특기할 만한 쟁점투쟁 사례에 속한다. 다른 한편으로, 교도소 내의 대표적인 투쟁 사례로는 박관현이 수감자에 대한 처우 개선을 요구하며 단식투쟁을 전개(1982. 7. 8~20; 9. 2~9. 22)한 끝에 사망함으로써 다른 재소자들이 결사투쟁을 결의한 바 있었고, 천주교정의평화위원회와 한국기독교교회협의회 인권위원회가 규탄 성명과 항의서를 발표하는 등 교도소 안팎에 큰 충격을 주었다. 1982년 말에 구속자 전원이 석방된 후에는 이들의 주도하에 '전남민주청년운동협의회'[14]를 결성(1984. 11. 18)하여 활동을 전개했다. 원래 구속자들 중에는 적지 않은 수가 그 전부터 사회운동이나 학생운동에 투신해온 활동가들이기 때문에 이들은 5월운동을 포함하는 민주화운동을 매우 적극적으로 펼쳐왔다. 예를 들면 '광주사태'를 그린 판화 1천여 매를 인쇄하던 도중에 경찰에 발각되어 압수당한 사건(1984. 12. 20), 그리고 만민공동회를 개최(1985. 4. 14)하여 여론을 활성화한 일 등이 그것이다. 이들은 이후에 '민주헌법쟁취국민운동전남본부'[15]로 연계되면서 지역사회 민주화운동을 선도해나갔다.

속자 전원이 석방됨에 따라 그 관심 영역을 더욱 확장하여 '민주화실천가족운동협의회'로 승계되었다.

13 관련자 5명에게 사형 선고가 내려지자, 방청석의 가족들이 헌병의 모자를 재판부에 투척하는 등 격렬하게 저항하여 경비병이 공포탄을 발사하는 사태가 되었고, 재판관이 30여 분 동안 퇴정하지 못하는 사태로 발전하기도 하였다. 사형 선고를 받은 사람은 5인으로 정동년 · 배용주 · 박노정 · 김종배 · 박남선이었다. 그러나 대법원 상고심이 끝난 후 사형이 확정된 사람은 정동년 · 배용주 · 박노정 3인이었다(한국기독교교회협의회 인권위원회, 1987: 265).

14 1984년 11월 18일에 광주 YMCA에서 약 300여 명이 모여 창립되었으며, 특히 이 단체의 조직에는 5 · 18분과를 별도로 설치하고 있다(광주5 · 18민주화운동자료총서 12권, 329쪽).

15 이 단체는 지역사회 민중민주운동을 전체적으로 추동할 목적으로 1987년 5월 18일 광주항쟁 7주기 추모제에서 창립되었다.

이 시기 주요 피해자들의 5월운동은 극심한 탄압 속에서도 기회가 있을 때마다 집단행동을 감행함으로써 운동을 일상화해왔다. 대학생의 저항이 가치 지향적·이념 지향적 성격을 갖는다면, 이와 달리 직접 피해자들의 저항투쟁은 상대적으로 본능적·생존권적 성격을 띤다. 그러기 때문에 이들의 운동 방식은 혹심한 탄압에도 불구하고 몸을 아끼지 않고 맞서는 초법적·불법적 강경투쟁을 감행하는 경향을 보인다. 이들의 이와 같은 무제한적 투쟁은 극단적이었던 폭압적 군부정권도 막아낼 수 없었고, 그 결과 한국 민주화운동에서 반민주 수구세력의 가장 강력한 방어벽을 돌파하는 데 선도적 역할을 수행했다고 평가할 수 있는 것이다.

또한 1980년대 초반의 5월운동에서 종교단체와 재야단체 및 광주 시민의 활동도 주목되어야 한다. 천주교와 기독교계에서는 해마다 추모미사와 추모예배 의식을 치렀고, 재야의 민주인사들은 광주항쟁과 관련된 시국선언을 발표했다. 특히 매년 5월이 오면 대학생의 주도하에 다수의 시민들이 참여한 저항운동이 광주 시내 전역에서 상당 기간 광범하게 전개되었다. 이는 5월운동의 지역사회적 토대가 굳건함을 뜻하는 것이다. 그러나 종합적으로 볼 때, 5월운동 전반기의 세력 구성은 대학생과 직접 피해자들이 중심을 형성하였고, 여기에 종교단체와 재야단체가 부분적으로 연대하고 참여했던 것으로 정리될 수 있다.

2) 후반기: 1987~97

1980년대 전반기의 5월운동이 극심한 탄압 국면에서 진전되었다면, 1987년 이후 노태우 정권 당시에는 유화 국면에서 전개되었다고 할 수 있다. 이러한 국면적 변화는 대통령이 바뀌었기 때문이라기보다는 시민사회의 성장을 보여주는 6월항쟁과 그 후속 효과로 나타난 국회 구성에서의 여소야대 정국이라는 정치사회적 조건에서 가능했던 것이다. 새 정부는 '민주화합추진위원회'를 설치하여(1988) 광주항쟁이 남긴 문제의 해결 방안을 모색하였고, 국회의 '광주사태진상조사특별위원회'와, '5공화국 국정조사청문회'는 신군부 계엄군이 저지른 반인륜적 만행의 진상을 전 국민에게 알리는 계기가 되었다. 그러나 이와 같은 정치사회적·제도적 변화에도 불구하고 당시 정부의 광주 항쟁에 대한 기본 입장은 양시양비론에 입각하여 '현 상태에서의 봉합과 종 결'을 지향하는 것이었다. 지적해둘 사실 하나는 1980년에 개악된 이후, 저항 하는 모든 사람에게 고통을 주고, 그들의 대다수를 감옥으로 보내는 데 악용 되었던 집시법이 1989년에 개정되어[16] 운동공간이 확장되었다는 점이다.

이러한 상황 변화 속에서 대학생의 5월운동은 전국 46개 대학에서 '5·18 투쟁 계승 선포식'과 추모제가 거행되었고, 특히 이해 5월에 대학생의 자살투 쟁이 격화되었다.[17] 전체적 통계에서도 대학생 시위가 1987년에 비하여 1.8배 나 증가하는 추세를 보였다(동아연감, 1989). 5월운동의 새로운 경향으로서 1천 여 명의 대학생으로 구성된 순례단이 1988년에 광주 망월동묘지를 참배했으 며(『동아일보』, 1988. 5. 16), 1990년에는 그 규모가 4천 명으로 확대되었다. 1991 년 5월운동은 경찰폭력으로 사망한 명지대 강경대 학생의 장례투쟁과 맞물려 잇따른 분신투쟁[18]과 전국적인 대규모 집회로 긴장이 고조되어 현 정부 출범 이후 가장 격렬한 양상을 보였다고 보도되었다(『동아일보』, 1991. 5. 20). 전국대 학생대표자협의회의 주관하에 5월 8일에는 전국 145개 대학이 동맹휴업에 돌입했고, 5월 13일에는 전국 21개 대학이 '5·18광주항쟁 계승 선포식'을 거 행했다. 1992년 5월 18일에는 전국 78개 대학에서 2만여 명이 참여하여 기념 식을 거행했으며, 13주기에는 대학생 집회 후에 '전·노 체포결사대'를 조직 하여 체포활동을 전개하는 과정에서 경찰과 충돌하기도 했다. 그 이후에도

---

16 핵심적인 개정 사항은 집회 및 시위의 금지 조항인데, "공공의 안녕질서를 위반할 우려가 있거나, 현저 히 사회적 불안을 야기할 우려가 있는 집회나 시위"에서 "공공의 안녕질서에 직접적인 위협을 가할 것 이 명백한 집회 또는 시위"로 바뀌었다. 또한 금지 통고에 대한 이의 신청 조항 등이 신설되었고, 금지 시간과 금지 장소가 완화되었고 벌칙이 경감되었다(전문개정 1989. 3. 29. 법률 제4095호).

17 서울대 조성식 학생은 명동성당에서 "광주학살 진상규명 노태우를 처단하자"고 외치며 할복 투신했고(5 월 15일), 단국대 최덕수 학생은 교내의 광주항쟁 추모식에서 성명서 낭독 후에 분신사망했으며(5월 18 일), 숭실대 박래전 학생은 학생회관 옥상에서 "광주는 살아 있다"는 외침 후에 분신사망했다(6월 4일).

18 1991년 4월 29일부터 1991년 5월 25일까지 약 1달 동안에 9명의 학생과 노동자가 분신 또는 투신사망 했다(민주화운동기념사업회, 2004: 498~500).

대학생의 5월운동은 계속되었으나 점차로 재야단체와 결합하여 전개되는 양상으로 발전하였다.

1988년 이후의 5월운동에서 드러나는 특징적인 경향의 하나는 대학생 중심으로부터 재야단체의 참여 비중이 증대한다는 점, 그리고 더 나아가서 연대운동 형태로 발전하고 있다는 사실이다. 이는 앞에서 말한 집시법 개정의 효과로 이해할 수 있다.[19] 우선 망월동에서 추모제와 통합하여 거행되어오던 기념식이 1988년부터 도청 앞에서 재야단체가 실질적으로 주관하여 범시민 궐기대회 또는 국민대회의 형태로 1997년까지 개최되었다. 이 집회는 5월 학살원흉 처단, 광주민중항쟁 계승, 학살자 기소 촉구, 5·18 문제 완전 해결 등 운동성이 강한 주제를 중심으로 하여 전개되었고, 매번 수만 명이 참여하는 대규모 대중집회의 형태로 거행되었으며 대학생 조직이 이에 결합하였다. 실제로 1988년 도청 앞 기념식을 주최했던 조직은 '광주학살 진상규명 및 책임자 처벌을 위한 5월공동투쟁위원회'[20]이었고, 그 후에는 주로 '민주주의민족통일광주전남연합'[21]이나 전민련(전국민족민주운동연합)[22]이 주관했다. 그리고 1991년 5월투쟁은 명지대 학생 강경대 치사사건과 맞물려 학생과 재야단체의 연대활동이 광범하게 전개되었으며, 13주기에는 '민주주의민족통일광주전남연합' 소속 재야인사와 '광주전남지역총학생회연합' 소속 대학생이 연대하여 '5·18민중항쟁 기념 및 정신계승대회'를 열기도 했다. 1994년 14주기

---

19 집시법 개정이 5월운동에 미친 효과는 첫째로 공간적 변화이다. 이전에는 대학의 교내시위가 주로 행해졌다면, 이후에는 개방된 공공장소나 거리시위가 가능해졌다는 점이다. 둘째는 이전의 운동 방식이 유인물 살포나 성명서 발표 등으로 전개되었다면 이후에는 보다 행동적인 집회와 시위가 주요 형태로 될 수 있다. 셋째는 운동의 주체가 대학생 중심에서 재야와 시민사회로 비중이 증대될 수 있다는 것이다.

20 서울지역출옥동지회, 서울지역총학생회연합, 서울국민운동본부 등이 1988년 5월 18일에 결성하였다.

21 전국농민회총연맹, 전교조, 전대협 등 8개 단체와 참관단체로 민노총, 민교협, 민예총, 민가협 등이 결합한 자주민주통일운동의 구심체인 민주주의민족통일전국연합(1991년 12월 창립)의 지역단체이다.

22 재야의 노동자, 농민 등 8개 전국단위 부문운동단체와 12개 지역단체, 그리고 200여 개의 개별단체가 결합된 정치운동조직이다. 1989년 1월 21일에 창립되었으며, 의장단은 이영순·배종열·오충일·이부영·윤정석·이창복, 그리고 고문단에는 문익환·이소선·강희남·백기완·박형규·계훈제로 구성되었다(민주화운동기념사업회, 2004).

1995년 7월 검찰의 '공소권 없음'이 발표되자, 5·18학살자 재판회부를 위한 광주전남공동대책위원회를
중심으로 전두환·노태우 등 5·18책임자 처벌을 위한 5·18특별법 쟁취 투쟁이 뜨겁게 벌어졌다.

에도 '민주주의민족통일전국연합'은 대학생과 연대하여 종로 3가 종묘공원에서 '5·18 진상규명 국민대회'를 여는 등 전국 9개 도시에서 집회를 개최했다. 대학생과 재야단체의 이와 같은 연대는 나중에 시민사회 일반에까지 확장하여 발전함으로써 연대의 폭이 극대화되었고, 이 광범한 연대가 마침내 5월운동이 승리할 수 있는 사회적 토대가 되었던 것이다.

다음에는 직접 피해자의 5월운동을 살펴본다. 이 시기의 유족회와 부상자회, 그리고 구속자 단체가 전개한 5월운동의 양상은 연대투쟁의 발전, 합법-비합법 병행투쟁으로 요약될 수 있다. 연대투쟁의 측면에서 보면, 우선 이들은 동일한 과제를 공유하고 있다는 사실이 연대의 근거가 된다. 진상규명이나 책임자 처벌, 명예 회복, 정당한 보상, 국가기념일 제정, 민주화 유공자 예우, 그리고 정신 계승 등의 과제들은 그들에게 공통된 과제임이 명백하다. 물론 구체적인 실행의 차원에서 각 단체들 간에 이견과 갈등이 발생하는 경우도 있지만, 운동의 현실에서 이는 2차적인 문제가 된다. 그리고 이 과제들을 해결하기 위한 각 단체들의 연대투쟁은 전반기의 운동보다 안정된 조직적 기반에서 이루어졌으며, 주목할 것은 이 단체들이 각기 독립된 주체로서 연대할 뿐만 아니라, 다른 한편으로 각 조직들이 분화와 통합을 거듭하면서 새로운 단체를 형성하고, 이를 토대로 하여 운동이 전개되었다는 점이다. 둘째로 운동 방식도 전반기의 불법적 저항투쟁 형태로부터 합법적이고 제도적인 통로를 이용하는 사례가 증가하였다. 이와 아울러 각 단체는 자체의 고유한 개별 과제들에 대응해나가는 운동도 전개했다. 이 시기 유족회의 주요 쟁점은 암매장 문제, 유골 신원확인 문제, 망월동묘지의 국립묘지화 문제 등이었고, 부상자회의 당면 과제는 치료 지원, 복지 지원, 생활 지원 등의 생존권적 문제를 포함한다.

구속자들은 1987년 11월 8일에 '5·18광주민중항쟁동지회'(이하 '5항동')를 창립하여 활동을 전개했다. 5항동이 결성된 배경은 당시의 정치사회적 정세와 관련하여 이해할 수 있다. 1987년 6월항쟁과 뒤이은 6·29선언, 7~8월 노동자대투쟁, 다가오는 대통령 선거와 국회의원 선거 및 지방자치제 실시

등이 정치·사회적 정세 구성의 주된 요소들이다. 이러한 변화된 국면에서 5월운동을 보다 조직적·체계적으로 전개해냄으로써 광주문제 해결을 위한 정치적 영향력을 강화할 수 있다는 전망에 기초한 것으로 보인다. 사실 당시 시중에는 이 단체가 정치적 성향이 강하다는 평가가 있었다. 5항동은 창립 직후부터 매우 활발한 활동을 전개하였다. 그해 연말까지 광주항쟁 사진전을 전국 20여 지역에서 개최하였으며, 5월 자료 판매사업을 전개하는 한편, 대통령 선거와 관련해서 공정선거 감시운동, 부정선거 무효화투쟁을 전개하기도 하였다. 특히 학살자 9명에 대한 내란 및 내란목적살인죄 고소(1988년 10월), 광주보상법 무효 및 거부투쟁(1990년 9월)은 주목할 만하다. 회원 유대 및 조직 강화를 위한 각종 행사와 교육사업을 기획해왔으며, 수익사업으로 자료집·사진첩·비디오테이프·손수건·메달·티셔츠 등을 제작, 판매하기도 했다. 특별사업으로 5·18특별위원회를 운영하였으며, 해외지부 결성 추진과 국제교류사업도 전개하였다.

5항동은 유가족이나 부상자 모임과의 연대와 결합에도 선도적인 역할을 수행했다. 창립과 거의 동시에 이 단체가 주도하여 연대운동 단체인 '5월운동협의회'(이하 '5운협')를 결성하였다. 이 협의회에는 유가족회, 부상자회, 청년동지회, 민주기사동지회가 결합하였다. 이 단체는 지배권력의 위협과 회유 공작에 동조한 5월 단체를 견제함과 동시에 순수한 항쟁세력의 통일적 확장을 통해서 항쟁세력의 정통성을 수호하고 투쟁력을 강화하고자 하는 의도에서 만들어졌다. 5운협은 1992년 1월에 5·18민중항쟁연합(이하 '5민연')으로 확대 계승된다. 5운협이 5민연으로 발전되는 배경에는 5월 단체들의 내외적 요인이 작용했다. 외적으로는 5월 단체의 분열과 난립상에 대한 시민사회의 비판적 여론이 통합의 압력으로 작용한 바가 컸다. 단체 내적 요인으로는 5운협이 갖는 협의체적 성격의 한계와 5개 단체만 포함된 부분적 통합이라는 현실에 대한 자기성찰, 그리고 더 중요하게는 분열과 상호 갈등 자체가 항쟁정신을 훼손하고 권력기관의 회유와 억압에 말려들 가능성이 크다는 인식이 영향을 미쳤다. 그리하여 5민연은, 5항동의 주도하에, 5운협에 가입되지 않았던

6개 단체를 포함하여 11개의 5월 관련 단체로 출범하였다. 따라서 5민연은 기존의 모든 5월 단체를 망라하는 가장 광범한 연합체가 되었고, 이후 직접 피해자의 연대운동은 대체로 이 단체가 중심이 되어 전개되었다. 그러나 1990년대 중반에 이르면서 5·18기념재단과 '5·18 학살자 재판회부를 위한 광주전남공동대책위원회'(이하 '공대위')가 발족하고 유족회와 부상자회 및 구속자회가 각각 통합을 성취하여 독자적 조직력을 강화해가는 과정에서 5민연의 활동 영역은 축소되어갔다.

전국 수준에서 결성된 5월운동의 주체는 '5·18 진상규명과 광주항쟁정신계승 국민위원회'(이하 '국민위원회')가 대표적이다. 이 단체는 광주봉기에 직접 참여하지 못했던 타 지역 인사들이 주도[23]하여 1994년 3월 서울에 위치한 기독교회관에서 결성되었다. 결성 배경에는 5·18이 광주만의 문제가 아니라 전국적 문제라는 사실에 대한 적극적 인식, 공소시효가 만료되는 시점이 다가오고 있다는 점, 그리고 당시 김영삼 정부가 소극적 자세를 보이는 상황에서 국민의 힘으로 이 문제의 해결을 관철하지 않으면 안 된다는 인식이 중요하게 작용했다. 기본적 목적사업은 책임자 고소·고발사업, 광주문제 해결을 위한 특별법 제정 촉구, 기념일 제정운동 등 각종 정신계승사업, 관련 자료와 증언 수집 및 조사사업, 광주항쟁의 역사적 위상 정립을 위한 학술사업 등으로 설정하였다. 이 가운데 특별법 제정운동은 특기할 만하다.

1995년 7월 18일에 검찰의 수사 결과가 '공소권 없음'으로 발표되자 국민위원회는 즉각 '5·18 광주학살 책임자 불기소에 대한 항의농성 기자회견'을 갖고 철야농성에 돌입하였다. 7월 22일에는 '5·18 학살자 불기소처분 규탄 및 기소 촉구대회'를 종묘공원에서 갖고 '전두환·노태우·정치검찰 화형식'을 거행하였으며, 25일에는 광주의 5항동과 공동으로 제2차 국민대회를

---

23 준비 과정에서 중추적인 역할은 김상근 목사와 민주주의민족통일전국연합(상임대표 이창복)에 의해 수행되었다. 김목사가 '국민위원회' 결성의 필요성을 제기하였고 이를 계기로 하여 1993년 6월 전국연합이 이 단체의 구성을 제 민주단체 및 정당에 제안하였다. 그 후 수차에 걸친 실무회의와 준비모임을 전국연합 사무실과 기독교선교교육원에서 가진 바 있다.

1996년 1월 전두환·노태우 등 5·18학살 책임자 8명이 '5·18특별법'에 의해 내란혐의로 기소되었고, 1997년 4월 전두환 무기징역, 노태우 17년형 등 관련자 처벌이 확정되었다.

개최하였다. 제2차 국민대회에서 한총련 대학생이 연희동 진격투쟁을 감행하였다. 광주 지역 5월 단체들은 1995년 7월 검찰의 '공소권 없음'이 발표된 직후부터 명동성당에서 장기간 농성을 계속해왔으며, 농성 기간 중에도 청와대 항의방문투쟁, 전두환이 입원해 있던 경찰병원 항의방문투쟁 등을 전개하였다. 대한변호사협회는 검찰의 결정에 대한 공청회를 개최하였고, 대학 교수·종교계 인사·언론노동조합연합·기자협회·PD연합회 등 수많은 단체와 개인들이 특별법 제정운동에 참여하였다. 이러한 상황에서 특별법 제정을 위해 싸우고 있는 각 단체들이 결합하여 범국민적 연대기구로 '5·18 학살자 처벌 특별법제정 범국민비상대책위원회'(이하 '범국민비대위')를 결성하였다. 이 위원회는 시민사회단체 및 개인으로 구성되며, 여기에는 위의 국민위원회, 전국연합, 종교·의료·청년·학생·여성·시민운동 등의 서울 지역 시민단체와 전국 각 지역 단체 등 298개 단체가 참여하였다. 이와 같은 전 국민적 연대운동의 압력은 마침내 11월 24일 김영삼 대통령으로 하여금 특별법 제정을 여당인 민자당에 지시하게 만들었고, 12월 19일에 국회에서 여야 합의로 '5·18민주화운동 등에 관한 특별법'이 제정되었다. 따라서 이 법 제정 운동은 직접 피해자와 대학생, 그리고 재야와 시민사회가 총체적으로 연대하여 마침내 성공하였다고 할 수 있다.

그리하여 전 국민의 참여를 통해 제정되었던 특별법에 의해 두 전직 대통령이 피고가 된 역사적인 재판이 시작되었다. 그러나 재판은 정상적으로 진행되지 못했고, 광주의 5월 단체들은 이를 바로잡기 위해 다시 투쟁에 나서지 않을 수 없었다. 재판투쟁은 1996년 3월에 시작된 1심 공판부터 상고심 재판이 종료된 1997년까지 지속되었다. 재판투쟁은 법정 외부 공간과 법정 내에서 전개되었다. 재판이 있는 날에는 방청권을 확보하기 위하여 5·18세력, 신군부에 밀려났던 군부세력, 신군부세력 3자 간에 첨예한 대치와 싸움이 전개되었다. 재판정 내부에서도 재판 초기에는 전·노 피의자들이 당당한 모습으로 입장하면서 방청석에 가벼운 인사를 하는 등 분위기를 압도하였으나, 5월 단체 회원들이 감치 명령을 감수하면서도 피의자 힐책, 소리 지르기, 신발 던지기 등의 방법을 동원하여 피의자들과 그들에 의해 동원된 방청객들의 기를 꺾어놓았다고 증언한다. 5·18재판의 종료와 아울러 1997년의 항쟁 기념식이 정부에 의해 거행되고 5월 18일이 국가기념일로 제정되는 등 광주항쟁이 국가권력에 의해 정당화되고 공식적인 제도로 정립됨으로써 적어도 투쟁적인 5월운동은 일단락되었던 것이다.

3. 결과 분석

앞에서 서술된 바와 같이 5월운동은 약 18년 동안 진전되는 과정에서 사회의 광범한 영역에 허다한 결과를 산출하였다. 여기에는 운동이 추구한 결과만 있는 것이 아니라 의도하거나 예상하지 않은 결과도 있으며, 더 나아가서 인식되지 않은 결과도 있을 수 있는 것이다. 그러므로 5월운동이 산출한 모든 결과를 망라하여 정리한다는 것은 이론적으로 불가능한 일이다. 여기에서는

최소한의 범위에서 5월운동이 추구했던 목표에 비추어 그 성과를 정리하고자
한다.

운동의 목표는 운동 주체의 정관이나 회의록, 또는 성명서나 구호 등에서
구체적으로 확인할 수 있다. 5월운동 초기의 구호에서 드러나는 특징의 하나
는 운동 목표가 지나치게 과격하거나 폭력적이고 포괄적이어서 실현 가능성
이 상대적으로 낮은 경향이 있다는 점이다. "내 아들을 살려내라" "군사정권
퇴진하라" "학살자를 처단하라" 등이 그 사례이다. 따라서 이 시기 5월운동은
어떤 구체적인 전망이 보이지 않는, 그리하여 문제 해결의 현실적 계기가 주
어지기 어려운 정서적·무제한적 저항투쟁의 성격을 띠었다.

그러나 운동의 목표가 되는 중심 이슈는 시기와 국면에 따라 매우 다양하
게 주어지며, 그것은 5월운동이 진전되어가는 과정에서 실현 가능성이 높은
요구로 변화되고 발전되는 경향을 보였다. 즉 초기의 과격하고 거시적이었던
목표들이 1980년대 중반 이후에는 비교적 미시적이고 구체적인 것으로 변화
되었다. 예컨대 진상규명, 책임자 처벌, 피해 보상 등이 그 사례에 속한다. 이
러한 목표 역시 구체적이긴 하지만 상당히 포괄적이기 때문에 1980년대 말기
에 이르면, 더욱 실천적인 항목들이 국면에 따라 제시되기도 하였다. 위령탑
건립, 망월동묘역의 국립묘지화, 국가기념일 제정, 광주항쟁을 헌법 전문에
포함하는 문제, 피해 배상, 암매장 발굴, 부상자 치료 및 복지 지원, 민주화 유
공자 예우 등이 그 사례이다. 이와 같이 다양한 요구들은 지속적이고도 광범
한 의견 수렴과 토론의 결과 1990년대에 이르면서 광주문제 해결의 5대 원칙
으로 정립되었다.[24] 그 내용은 진상규명, 책임자 처벌, 명예 회복, 보상, 그리
고 기념사업의 추진이다. 말하자면 5월운동의 5대 목표가 정립된 것이다. 그
리고 운동 방식도 폭력적·불법적 저항투쟁에서 점차로 불법과 합법의 병행

---

24 저항운동의 목표로서 진상과 책임소재 규명은 1982년 5월에 천주교 광주대교구 사제단의 성명서에서
    확인되고 있으나, 그 이후에 기념사업과 보상 등 다양한 쟁점과 요구들이 5대 항목의 내용으로 정리된
    것은 1988년 1월 5항동의 제1회 정기총회 자료에서 확인할 수 있다. 이 내용이 그 후에 5대 원칙으로 표
    현된 것은 1993년 5월에 제작된 민주주의민족통일광주전남연합의 자료집에서 확인된다.

투쟁으로 전환되었고 특히 구체적 실현을 위한 법 제정운동으로 수렴되었다. 여기에서는 이 5개 항목에 준거하여 5월운동의 성과를 정리할 것이다.

1) 진상규명과 책임자 처벌

첫째는 광주항쟁의 진상규명에 관한 것이다. 항쟁 기간 동안 쿠데타 신군부의 입장을 대변한 보수 언론은 광주항쟁을 "불순분자의 조종을 받은 폭도들의 난동"으로 보도했고, 신군부의 검찰에서는 내란행위 및 포고령 위반행위로 규정했다.[25] 항쟁이 좌절된 직후의 비상계엄 상태하에서 항쟁에 관한 언급 자체가 금기시되었다. 따라서 그 당시 항쟁의 진실을 알리는 유인물을 제작하여 살포하다가 계엄법 위반으로 정보기관에 연행·구속된 대학생, 종교인, 일반 시민들이 허다하였다. 신군부 지배권력은 정권의 치명적인 약점이 된 광주항쟁에서의 국가폭력과 양민학살의 진실을 가능한 모든 수단을 동원하여 은폐하고 왜곡하려 했다. 그러나 5월운동을 통한 치열한 진상규명의 노력은 계속되었다. 전두환 정권의 억압체제가 이완되기 시작한 1983년의 학원자율화조치 이후 대학생의 저항운동은 더욱 가열하게 진전되었으며, 그 과정에서 광주항쟁의 진실은 비공식적인 차원에서 대학가에 점차로 널리 알려지게 되었다. 지식인 사회의 일부에서도 비공식적 네트워크를 통해서 그 진실이 퍼져나갔다. 이 밖에도 비공식적 증언이나 고백, 문학작품, 영화, 연극, 드라마, 다큐멘터리 등을 통해서도 부분적으로 알려지게 되었다. 그리하여 광주항쟁은 1980년대 정치적 각성과 투쟁적 헌신의 도화선이 되었다. 광주항쟁의 도덕적 정당화는 1985년을 기점으로 담론 시장에서 지배적 우위를 차지하기 시작했다. 광주항쟁은 신군부 정권에 대한 대항담론의 핵심에 위치하였고 저항적 시민정신의 표상이 되었으며, 1987년 6월 시민대항쟁의 도덕적 동인

---

25 항쟁 종료 후에 전남·북계엄분소 보통군법회의 검찰부는 항쟁 관련자 175명을 내란죄 및 포고령 위반죄로 기소하였고, 1심 재판에서 그중 5명이 사형, 7명이 무기징역 등을 선고받았으며, 대법원 상고심에서 사형은 3명으로 무기징역은 7명으로 경감되었으며, 그 후 대통령 특사로 사면되고 1982년 말에 전원이 석방되었다.

5 · 18진상규명을 위한 특별법 제정 및 특검제도 도입촉구 기자회견.

으로 작용할 수 있었다는 학술적 평가가 제시되기도 했다(최영진, 2001: 344).

　　그러나 항쟁의 진실이 공식적인 경로를 통하여 일반 국민에게 알려진 계기는 국회의 청문회와 검찰 수사 및 그 수사 결과에 의한 5 · 18 재판이었다. 6월항쟁 후, 여소야대의 국회에 설치된 '5 · 18광주민주화운동진상조사특별위원회'가 개최한 청문회는 텔레비전을 통해 전국에 생방송으로 중계됨으로써 피해자와 가해자의 증언을 국민이 직접 듣고 알 수 있게 되었다. 이 청문회의 증언에서 전두환을 비롯한 신군부 진압군의 주요 책임자들은 그들이 자행했던 비인간적인 폭력과 잔혹한 진압작전에 대한 책임을 회피하고 정당화하기에 급급했다. 다른 한편으로, 피해자들이 겪은 야만적 폭력과 학살 만행의 참상, 그리고 부상자들이 겪는 투병 생활의 고통에 대한 증언은 전 국민에게 커다란 충격을 주었다. 그리하여 청문회 이후에는 광주에서 자행된 신군부의 만행이 전국에 알려졌고, 이에 대한 국민적 비난과 지탄이 널리 확산되었다. 그 후 텔레비전 드라마와 다큐멘터리에서 부분적으로 드러난 광주항쟁의 진실은 신군부의 정권과 진압군에게 피할 수 없는 멍에로 작용하였다. 학계에서 수행된 더욱 체계적인 증언 채록활동은, 비록 대다수가 피해자 중심의 증언이지만, 가해자의 만행을 매우 구체적이고 객관적인 자료로 남길 수 있게 하였다.[26] 그러나 이와 같은 각종 증언이나 문화예술적 재현활동을 통해서 피해자의 실태는 어느 정도 드러났지만, 가해자인 신군부집단이 자행한 야만적 진압작전의 전모는 진실을 말하지 않는 그들의 일방적 침묵으로 인하여 아직도 밝혀지지 않은 부분이 적지 않은 것이 현실이다.

진상규명과 관련하여 제기된 주요 의문들은 다음과 같다. 첫째, 다른 지역에도 공수부대가 배치되었는데 왜 다른 지역에서는 대규모 항쟁이 일어나지 않고 광주에서만 일어났는가이다. 이는 매우 광범한 의미를 지니는 질문이지만, 사실 관계의 측면에서 보다 구체적인 맥락은 음모론 또는 사전 계획설과 관련된 것이다. 둘째, 다수의 양민이 사망한 계기가 되었던 발포 명령은 누가 했는가, 최초 발포 명령자는 누구인가이다. 셋째, 항쟁의 결과로서 민간인 사망 피해자가 정부에 의해 발표되었는데, 이와 관련하여 암매장 의혹이 광범하게 제기되었다. 이 밖에도 미국의 역할 문제, 행방불명자 문제 등이 거론되었다.

이와 같은 의혹들의 진상은 관련자의 증언이나 자백을 통하여, 또는 제도화된 강제력에 의한 수사와 재판을 통하여 일정 정도 규명될 수 있는 것이다. 현재까지 국회 청문회 증언을 포함하여 적지 않은 증언이 수집되고 있지만, 이 가운데 신군부나 가해자 측의 증언[27]은 자발적이라기보다는 국회의 권위에 의해 강제성을 띠었고, 증언 자체의 진실성과 신뢰성에서 다소 문제가 있는 것으로 보인다. 그리고 수사와 재판은 한 사건의 진실보다는 현행법에 근

---

26 한국현대사사료연구소, 『5월광주민중항쟁사료전집』, 1990; 5월여성연구회, 『광주민중항쟁과 여성』, 1991; 박원순 외, 『치유되지 않은 5월』, 2000; 나간채 · 이명규, 『5 · 18항쟁증언자료집, 1, 2』, 2003; 박병기, 『5 · 18항쟁증언자료집 3』, 2003 등이 있음.

27 김영진, 『충정작전과 광주항쟁(상 · 하)』(동광출판사, 1989). 이와 달리, 진압군으로 참여했던 사람 가운데 진압군의 잔혹성을 참회하는 다음과 같은 고백적인 증언이 있다. 이경남, 「20년 만의 고백」, 『당대비평』 1999년 겨울호; 허장환, 『비겁한 아버지는 될 수 없었다』(그린디자인, 1998); 한상원, 『내가 광주를 쏘았다』(모아, 1996).

거하여 범죄 구성 여부에 초점이 맞추어지고, 엄격한 증거주의에 토대하기 때문에 증거가 뒷받침되지 않는 한 사실 관계를 결정할 수 없는 한계가 있다. 왜냐하면 모든 증거가 빠짐없이 수집되기도 어렵고, 증거 없는 진실도 있을 수 있으며, 모든 진실이 현재의 증거에 의해 결정되는 것은 아니기 때문이다. 더 나아가 진실은 구성되기도 하는 것이다.

이러한 한계를 전제하면서, 5·18특별법[28]에 의한 수사와 재판 과정에서 제시된 결과에 근거하여 위의 의문들을 검토해본다. 첫째로, 사전 계획설과 관련된 구체적인 자료는 발견하기 어렵다. 법적 관점에서는 5월 17일 자정의 비상계엄 전국 확대 사건을 내란의 시작으로 보고 국헌 문란의 폭동인 이 내란은 1987년 6월 29일의 이른바 6·29선언에서 비로소 종료되었다고 판단한다. 즉 5월 17일의 예비 검속, 비상계엄의 전국 확대, 국회의사당 점거·폐쇄, 보안 목표에 대한 계엄군 배치 등 일련의 행위는 강압에 의하여 헌법기관인 대통령·국무회의·국회의원 등의 권한을 침해하거나 배제함으로써 그 권능 행사를 사실상 불가능하게 한 것이므로 국헌 문란에 해당하여 내란죄가 성립한다는 것이다(상고심, 426~36). 따라서 신군부의 집권 계획이 12·12군사반란을 통하여 군의 지휘권을 장악한 뒤, 1980년 5월 초순경부터 이른바 시국수습 방안, 국기문란자 수사계획, 권력형 부정축재자 수사계획을 마련하여 이를 검토 추진키로 모의하고 그 계획에 따른 일련의 조치들이 진행되었다는 사실은 지적되어 있지만(상고심, 426), 그 계획에 신군부가 의도적으로 광주에서만 봉기를 유발하여 난폭한 진압과 인명 살상을 사전에 계획했는지 그렇지 않으면 우연적 결과인지는 드러나지 않는다. 이는 더 구체적인 자료를 통해서 확인되어야 할 일이다.

둘째로 발포 명령에 관한 것이다. 이 발포 명령의 문제는 양민학살을 가능케 하는 근거가 된다는 점, 그리고 이는 내란목적살인죄를 형성한다는 점에

---

28 여기에서 5·18특별법은 '헌정질서파괴범죄의 공소시효 등에 관한 특례법'과 '5·18민주화운동 등에 관한 특별법'을 포함하는 의미이다(한상범 외, 『12·12, 5·18 재판과 저항권』, 법률행정연수원, 1997).

서 법적으로 중요한 사안이 된다. 수사와 재판 결과의 발표문에서는 자위권 발동 지시를 사실상의 발포 명령으로 인식하고, 이에 기초하여 자위권 발동의 경과를 서술하고 있다. 자위권 발동은 5월 21일 오후 4시 35분에 관계자회의에서 결정되었고[29] 이를 이희성이 오후 7시 30분께 생중계 방송으로 자위권 보유 사실을 천명하였으며, 오후 8시 30분에 하급부대로 자위권 발동 지시를 하달했다고 한다(1심 판결문: 315). 그리고 자위권 발동의 책임자는, 비록 결정하는 그 회의에 참석하지는 않았지만, 전두환임을 명시하고 있다(316). 그러나 이러한 사실은 계엄군의 집단발포가 5월 21일 오후 1시경에 발생한 점을 고려할 때, 자위권 발동명령은 집단발포 후의 일이기 때문에, 집단발포의 원인을 설명해주지는 못하는 것이다. 이 경우에 발포 명령이 없이 집단발포가 행해지기 어려운 것이 사실이라면, 다른 상관이 별도로 발포명령을 내렸을 가능성을 배제할 수 없는 것이다.

셋째는 암매장에 관한 의혹이다. 항쟁 이후 사망자의 수에 관한 의혹이 지속적으로 제기되었고, 그와 관련하여 암매장 문제가 중요한 쟁점의 하나가 된 것이 사실이다. 그리하여 수사 과정에서 암매장에 관한 주의 깊은 수사가 유족회의 협조하에 진전되었으나, 의혹이 해소될 만한 결과는 보고되지 않았다. 물론 그 이후에 간헐적으로 의문의 유골 발견이 보고되기는 했으나 대규모의 암매장 장소는 확인되지 않았다. 그리고 미국의 역할에 관한 문제는 정치적 차원과 군사적 차원에서 제기되었다. 정치적 수준에서는 한국의 민주주의와 인권 보장을 위한 미국의 지원을 예상했던 광주 시민과 한국인의 기대를 배반함으로써 민주·인권국가로서 미국의 이미지에 큰 손상을 가져왔으며, 전방 군부대를 한미연합사령부와 협의도 없이 광주에 출동시킴으로써 신군부의 월권을 묵인하고 지지하는 입장을 보였다. 이는 그 이후 한국에서 반

---

29 이날 오후 4시경에 1군단장이었던 황영시는 이구호 기갑학교장에게 전차 1개 대대(32대)를 동원하여 시위대를 진압할 것을 지시한 데 이어, 그 무렵 김기석 전교사 부사령관에게 무장헬기 및 전차를 동원하여 시위대를 조속히 진압할 것을 지시하였으나 김 부사령관에 의해 거절당했다(1심 판결문, 1997: 435).

미운동의 계기로 발전하였다. 이상에서 볼 때 항쟁의 진상규명과 관련하여 아직도 규명되지 못한 과제들이 남아 있음을 알 수 있으나 그럼에도 불구하고 적지 않은 진실이 밝혀진 것도 사실이다.

다음에는 책임자 처벌 현황을 살펴본다. 이는 1980년대 후반 이후에 여러 주체에 의해 전개되었던 고소 및 고발투쟁과 관련하여 이해할 수 있다. 예를 들면 5항동은 학살자 9명을 내란 및 내란목적살인죄로 고소했고(1988년 10월), 국민위원회는 위원 294인의 연서로 전두환·노태우 등 35명을 서울지방검찰청에 고소 및 고발했으며, 이것이 기각되자 항고·재항고 및 헌법소원을 제출하였고, 7월의 '공소권 없음' 결정 이후에는 명동성당 농성을 결행했다. 이 밖에 재야 민주화 운동단체에서도 고소 및 고발이 제기되었다. 1995년 7월 학살 책임자 35명에 대한 검찰의 수사 결과가 '공소권 없음'으로 결정되자 '5·18학살자 재판회부를 위한 광주전남공동대책위원회'와 전국 수준에서 '5·18학살자처벌 특별법제정 범국민비상대책위원회'가 발족하여 지속적이고 체계적인 처벌운동이 전개되었다. 그 효과로 '5·18민주화운동 등에 관한 특별법'이 제정되었던 것이다(1995. 12. 21). 이 법에 근거하여 검찰은 주요 관련자 16인에 대하여 수사를 진행했고 그에 따른 재판에서 유죄가 선고되었으며, 그 내용은 〈표 5-1〉과 같다.

이와 아울러 광주항쟁을 진압한 군인들에게 주어졌던 훈장을 회수하는 조치도 이루어졌다. 신군부는 1980년 말에 위의 주요 지휘관 16인을 포함하여 진압군 83명에게 각종 훈장을 수여했다. 예를 들면 전두환에게는 태극무공훈장이, 그리고 노태우에게는 을지무공훈장 등이 주어졌다. 그러나 이들에게 수여된 훈장은 특별법 제7조(상훈치탈)에 근거하여 정부의 결정에 의해 모두 취소되는 조치가 이루어졌다(2006년 3월).

2) 명예 회복과 보상

진상규명과 책임자 처벌에 이어서 다음에는 명예 회복과 보상에 관한 시행 결과를 정리한다. 5월운동에서 광주항쟁의 명예를 회복하는 과정은 1980

● 표 5-1 **피고인에 대한 구형 및 선고 형량**

이름	항쟁 당시 직책	주요 죄명	구형량	1심 선고 형량	최종 선고
전두환	보안사령관	반란(내란)수괴 뇌물수수 등	사형, 추징 2233억원	사형	무기징역 추징 2205억원
노태우	9사단장	반란(내란)중요임무 종사, 뇌물수수	무기징역, 추징 2838억원	징역 22년 6월	징역 17년 추징 2628억원
정호용	특전사령관	내란중요임무종사 내란목적살인 등	무기징역	징역 10년	징역 7년
황영시	1군단장	내란(반란)중요임무 종사, 내란목적살인	무기징역	징역 10년	징역 8년
유학성	국방부군수차관보	반란중요임무종사 내란모의참여	징역 15년	징역 8년	징역 6년
차규헌	수도군단장	반란중요임무종사 내란모의참여	징역 15년	징역 7년	징역 3년 6월
허화평	보안사령관 비서실장	내란(반란)중요임무 종사	징역 15년	징역 10년	징역 8년
허삼수	보안사 인사처장	내란(반란)중요임무 종사	징역 15년	징역 8년	징역 6년
이학봉	보안사 수사국장	내란(반란)중요임무 종사	징역 15년	징역 10년	징역 8년
이희성	계엄사령관	내란중요임무종사 내란목적살인	징역 15년	징역 8년	징역 7년
주영복	국방부장관	내란중요임무종사 내란목적살인	징역 15년	징역 7년	징역 7년
최세창	3공수여단장	반란중요임무종사	징역 15년	징역 8년	징역 5년
장세동	30경비단장	반란중요임무종사	징역 12년	징역 7년	징역 3년 6월
박준병	20사단장	반란중요임무종사	징역 10년	무죄	무죄
신윤희	수경사 헌병부단장	반란중요임무종사	징역 10년	징역 4년	징역 3년 6월
박종규	3공수 15대대장	반란중요임무종사	징역 10년	징역 4년	징역 3년 6월

년 이후 20년 동안 한국의 민주화운동사에서 극적인 반전의 역사가 아닐 수 없다. 항쟁 직후에는 신군부 집권세력에 의해 '폭도의 난동'으로, 더 나아가서 '내란'으로 규정되어 반국가적 범죄행위로서 항쟁 지도자에게는 극형이 선고되었고, 활동가들은 불명예의 너울에 뒤덮인 채로 가혹한 박해와 탄압의 대상이 되었다. 그러나 그것은 항쟁의 진실이 은폐되고 조작된 근거에서 이

루어진 잘못된 역사였다. 6월항쟁 후에 국회 청문회를 통해서, 공식적으로는 처음으로, 광주항쟁에서 자행된 신군부의 반인륜적 폭력행위가 폭로되어, 신군부의 속성이 전 국민에게 큰 충격을 주었고, 항쟁에 대한 국민의 긍정적 인식에 새로운 계기로 작용하였다. 같은 시기에 국가기구로 설립된 민주화합추진위원회(1988)는 광주항쟁을 "민주화운동의 일환"으로 규정함으로써 그들의 항쟁에 대한 기존의 인식에 변화가 일어났다. 뒤이어 문민정권(1992)에서는 광주항쟁을 "민주화운동에서 우뚝한 봉우리"로 규정했고, 그 후에 전 국민적 5월운동의 성과로 제정된 특별법에 의한 재판에서는 "신군부의 내란행위에 맞서서 헌정질서를 수호하기 위한 저항운동"으로 규정되었다. 명예 회복의 이러한 과정은 국민의 정부(1997)에서 결정적으로 진전되었다. 구체적으로 말하면, 법률에 의하여, 항쟁 발발일이 국가기념일이 되었고, 희생자의 묘역은 국립묘지가 되었으며, 더 나아가서 항쟁의 희생자는 민주화 유공자로 규정되었다는 것이다.

개인적 차원에서, 명예 회복의 효과는 국가가 보장하는 실질적 보상과 각종 지원으로 나타났다. 피해자들에 대한 보상은 6월항쟁 후에 노태우 정부가 설치한 민족화합추진위원회에서 공식적으로 논의된 바 있으며, 이에 따라 피해자들 중의 일부가 보상을 강력하게 요구했고, 정부는 이를 약속한 바 있기 때문에 피하기 어려운 상황에 처해 있었다. 치료와 생활에 극심한 어려움을 겪고 있었던 기층민중 피해자들에게는 절박한 과제가 아닐 수 없었던 것이다. 물론 이 당시에 운동성이 상대적으로 강한 측에서는 충실한 진상규명과 그에 따른 책임자 처벌이 철저하게 이루어진 후에 더욱 신중하게 보상을 요구해야 한다는 관점에서 반대하는 주장도 없었던 것은 아니다. 그러나 피해자 다수의 요구를 수용하여 보상을 위한 법이 제정되었고, 그에 따라 1990년에 최초의 보상이 실시되었다.[30] 그 이후에도 누락된 피해자들의 거듭된 요구

---

30 광주민주화운동 관련자보상 등에 관한 법률의 규정에 의한 보상은 5·18민주화운동 등에 관한 특별법 (1995. 12. 21) 제6조에 근거하여 배상으로 본다.

	사망자	행방불명자	부상자	기타	인원 합계	지급 총액 (억원·반올림)
1차(1990)	154	38	1,971	61	2,224	1,427
2차(1993)	0	9	765	1,069	1,843	392
3차(1998)	0	17	222	231	470	280
4차(2000)	0	6	235	228	469	183
5차(2004)	0	0	15	39	54	14
총합계	154	70	3,208	1,628	5,060	2,297

로 인하여 2006년 현재 5차에 걸쳐 보상이 이루어졌으며 그 개괄적인 내용은 〈표 5-2〉와 같다.

항쟁 피해자들은 보상금 지원과 아울러 다른 한편으로는 국가유공자로 예우해줄 것을 요구해왔다. 신군부 진압군이 반란 및 내란세력이라면 그들에 대항하여 피 흘리며 싸웠던 광주 시민은 당연히 헌정질서를 바로잡는 활동을 전개한 것이 된다는 논리에 토대하고 있다. 그러나 항쟁에 대한 현금 지원과 국가유공자 예우에 관한 문제는 한국 현대사에서 국가폭력에 희생당한 다른 사건 피해자와의 형평성 등 문제가 제기되어 상당한 논란이 되기도 했고, 이에 따라 정치권에서는 정당에 따라 상이한 입장을 보이기도 했다. 특히 신군부 정치세력과 함께하고 있는 정당에서는 광주항쟁에 대한 적극적 평가와 그에 따른 일련의 조치에 대하여 동의하지 않는 입장을 보이기도 했다. 그러나 5월운동 활동가들의 정치권에 대한 다양한 전략적 접근 결과 마침내 항쟁 피해자들을 국가유공자로 예우하는 법률[31]이 2000년에 제정되었다.

이 법에 의하면, 5·18 민주유공자는 5·18민주화운동 사망자 또는 행방불명자, 부상자, 그리고 기타 희생자로서 5·18민주화운동 관련자 보상 등에 관한 법률에 의해 지원을 받는 자로 하고 있다. 유공자 예우의 대상은 본인과 그 유족 또는 가족이며, 이 경우에 가족의 범위는 배우자·자녀·부모·성년 남자의 직계비속이 없는 조부모 등을 포함한다(제5조). 예우의 내용은 유족 또

---

31 이 법의 공식 명칭은 '5·18민주유공자 예우에 관한 법률'(법률 7656호)이다.

는 가족의 영예로운 생활이 유지되고 보장될 수 있는 각종 지원으로 구성되어 있다. 여기에는 각종 학비 면제를 포함하는 교육 지원, 채용시험에서 가점 부여 등을 포함하는 취업 지원, 의료시설과 정양시설을 보장하는 의료 지원, 주택·사업·생활안정 등을 위한 대부 지원, 그리고 양로시설·양육시설·수송시설·고궁 등을 이용하는 데 편의와 지원을 규정하고 있다. 다른 한편으로, 이들에게는 품위 유지의 의무와 아울러 위반할 경우에 예우가 정지되는 다양한 조건도 규정하고 있다.

3) 기념사업

다음에는 5월운동이 추구했던 5대 목표 가운데 다섯째인 기념사업에 관한 성과를 검토한다. 넓게 보면 항쟁 이후 전개된 5월운동이 전체적으로 정신 계승의 한 측면을 가지고 있는 것이 사실이지만, 여기에서 기본 관점은 기념사업을 통한 정신 계승에 있는 것이고, 그 기념사업은 5월운동을 통해서 그것의 중요성과 실현 가능성이 추동되어 행해진 것을 의미한다. 따라서 정신 계승의 실질적 주체는 운동주체가 되고, 그 구체적인 주요 사례는 '광주 5·18민중혁명 희생자 위령탑건립 및 기념사업 범국민추진위원회'(5추위), '5·18광주민중항쟁동지회'(5항동), '5·18기념재단'(기념재단), '5월 성역화를 위한 시민연대모임'(시민연대) 등이 두드러진다.

5월운동의 초기에 해당하는 1985년에 결성된 5추위는 광주 지역에 국한된 운동체가 아니라 전국의 주요 민주인사들이 결합한 조직체이다. 이 단체는 당시의 극심한 탄압 상황에서 권력과의 정면대결보다는 단체의 명칭에 기념사업을 부각함으로써 탄압을 우회하고자 하는 시도가 있었고, 실제로 강경투쟁을 중심으로 해온 당시의 5월운동과는 대조되는 온건노선을 지향했는데, 그 과정에서 기념사업적 측면이 강조되었다고 본다. 주요 활동에는 기념행사 주관, 청문회에 대표 파견, 항쟁 기념메달 제작 등이 포함된다.

그리고 5항동(1988)은 강경투쟁을 전개하면서도 다른 한편으로 자료집, 사진첩, 비디오테이프, 손수건, 메달, 티셔츠 등을 제작하여 판매하기도 했다.

5 · 18기념재단 현관식(1994년 8월 30일).

지역 연대사업의 경우에 조직적 결합에는 이르지 못하였으나, 제주의 4 · 3항쟁 단체 및 부마항쟁 관련 단체와 상호 교류 관계를 형성하였다. 그리고 국제교류사업은 독일에 소재한 한국민족민주운동연합이 주관해온 '5 · 18민중제'에 참여해왔고 망월동 흙 보내기 운동 등을 전개하였다. 또한 일본에 소재한 이 단체의 지부와도 상호 방문 및 연대사를 교환하는 등 교류사업을 수행한 바 있다.

셋째로 '기념재단'(1994)에 관하여 살펴본다. 이 재단의 설립 취지는 "투쟁의 역사로부터 한 걸음 더 나아가 항쟁정신과 대동정신을 계승, 발전시켜 조국과 사회의 발전에 이바지하기 위한 제반 사업을 연구, 기획, 추진함"으로써 5월운동을 기념사업적 측면에서 발전적으로 확장하려는 지향을 보이고 있다. 항쟁정신을 계승하기 위한 기념 및 추모사업은 매년의 기념제, 광주인권상 수여 등의 기본 행사 외에도 학술 · 문학 · 음악 · 미술 · 각종 공연 · 체육 · 종교 · 항쟁 재현 행사가 다양하게 추진되고 있다. 학술연구사업으로는 주요 학술단체와 공동으로 국제학술대회를 개최하고 논문현상공모사업을 정례적으로 시행하고 있다. 국제학술대회는 1997년에는 한국정치학회와 공동으로, 1998년에는 한국사회학회와 공동으로, 그리고 1999년에는 한국학술단체협의회와 공동으로 시행하였으며, 아시아인권헌장선언대회를 개최한 바 있다. 그밖에도 교재 개발, 학생용 소책자 발간, 5월 단체 지원, 항쟁 관련 자료의 전산화, 인터넷 홈페이지 개설 등의 사업을 개발하여 추진해오고 있다. 특기할 만한 일은 아시아, 남아메리카 등 다른 나라의 유사한 피해자 단체와 연대사업을 적극적으로 전개하고 있는 점이다. 광주국제평화포럼, 국제인턴 교환, 광주아시아인권학교, 아시아 민주화운동 연대사업 및 해외동포단체 연대 등이 그 사례에 속한다.

이상은 직접 피해자들이 중심이 된 단체인 데 비하여, 다음에는 일반 시민이 조직하여 추진한 '시민연대'의 기념사업을 본다. 이 단체는 광주시가 5·18 관련 성역화사업을 추진하는 과정에서 드러낸 행정편의주의적·독단적 자세를 우려하는 시민단체와 각계 전문가들이 자발적으로 결합하여 1994년 1월에 창립되었다. 그리하여 성역화사업 종합계획 작성과 대안 마련, 시민여론조사, 국제연대 등의 사업을 계획하여 추진하였다. '5·18묘역 성역화사업' 종합계획 수립은 전문위원회를 구성하여 체계적인 작업 끝에 대안을 수립하여 공표했다. 그 후 이 모임은 '묘역 성역화사업'만을 대상으로 한 제한된 목적에서 항쟁정신의 계승, 지역발전과 사회 민주화, 민족통일 등의 영역으로 확장하였다. 특히 국제연대활동은 광주항쟁의 경험을 공유하고 항쟁정신 계승과 발전을 지향하는 다양한 형태의 행사로 추진되었다. 1994년 5월에 열린 '해외에서 바라본 5·18광주민중항쟁'을 주제로 한 국제심포지엄,[32] 1995년의 '반인륜행위와 처벌'에 관한 심포지엄,[33] 1996년의 '인권과 평화를 위한 국제청년캠프', 1998년에 있었던 '아시아인권헌장선언대회' 등이 그 사례이

---

32 이 심포지엄에는 일본, 필리핀, 독일, 태국 등지에서 학자와 인권운동가들이 참가했다.
33 이 심포지엄의 주요 발표자는 아르헨티나 '5월어머니광장'의 어머니들, 광주항쟁을 직접 목격했던 미국의 린다 루이스 교수, 유엔인권회 위원인 독일의 음바야 교수, 동독 출신의 헬가 교수, 한국의 박원순 변호사 등이다.

다. 특히 '아시아인권헌장선언대회'는 1998년 5월에 광주에서 아시아 지역 16개국 36명의 인권전문가와 운동가들이 국내의 활동가와 결합하여 아시아 지역의 인권 현실, 인권에 대한 다양한 침해 형태, 인권기구의 필요성 등에 관한 발표와 토론을 거쳐 '아시아인권헌장'을 선포하고, '광주선언'을 채택하였다(아시아인권헌장선언대회 자료집, 1998).[34] 이상의 기념사업들은 5월운동이 민주화운동에서 인권과 평화운동으로 확장 발전되고 있으며, 그에 따라 광주항쟁의 기본 정신이 5월운동을 통해서 민주주의에서 인권과 평화로 확장·재생산되고 있음을 말해주고 있는 것이다.

이상에서 5월운동의 성과를 진상규명과 책임자 처벌, 명예 회복과 보상, 그리고 기념사업의 5개 항목으로 나누어 검토하였다. 1980년 5월 광주항쟁의 패배 이후 약 20년에 걸친 5월운동은, 운동의 과정에서 실현 가능한 구체적인 목표를 정립했고, 이를 장기적인 투쟁을 통해서 성취해냈음을 확인할 수 있다. 그리하여 5월운동은 죽었던 항쟁을 다시 살려내는 과정이었고, 광주항쟁이 장기간의 재생운동을 통해서 승리하는 역사로 해석될 수 있는 것이다. 여기에서 우리는 한 걸음 더 나아가 그 승리가 어떤 승리인가를 다음에서 구체적으로 살펴본다.

4. 평가와 과제

위에서는 5월운동의 과제들이 어떤 방식으로, 어느 정도 현실화되었는가를 정리했다. 여기에서는 이 결과들을 과거청산의 관점에서 평가해보고, 아울러 미완의 과제들을 검토한다. 특히 5월운동의 이와 같은 결과를 다른 나라의 과거청산 작업과 비교 검토함으로써, 우리나라에서 과거청산의 차별성과

---

34 이 대회에는 인도, 부탄, 방글라데시, 스리랑카, 네팔, 파키스탄, 캄보디아, 말레이시아, 인도네시아, 태국, 필리핀, 홍콩, 중국, 대만, 일본, 동티모르 등지의 인권전문가가 참여하였다.

특수성을 드러내고자 한다.

과거청산이라는 용어는 이미 정립된 학술적 개념은 아니지만, 한 국가나 사회체제의 전환기에서 과거의 부정의 또는 불법적 행위의 진상을 규명하고 이에 대한 현실적 평가를 토대로 하여 관련된 개인과 사회 및 국가체제에 일정한 조치를 취하는 것을 말한다. 여기에서 국가나 사회체제의 전환기란 대체로 급격한 변혁의 시기를 의미하며, 청산이란 정치적 · 법적 · 사회적 차원에 따른 다양한 조치를 포함한다. 예를 들면 법적 청산은 과거의 불법행위에 대하여 전환기 이후에 정립된 새로운 법에 따른 재판 및 그 집행으로 나타난다. 정치사회적 차원에서의 과거청산은 과거의 부당한 행위로 인하여 발생한 피해를 치유하고 복원하여 정치적 · 사회적 갈등과 분열의 상태를 극복하고 국가건설과 사회통합을 지향하는 조치들로 이루어진다.

이렇게 볼 때, 5월운동은 광주항쟁에서 자행된 부정의와 불법행위를 청산하기 위한 집합적 저항운동이며, 특별법에 의한 배상과 재판은 과거청산의 실천이 되는 것이다. 또한 과거청산의 과제는 다른 나라에서도 일반적으로 제기되는 현상의 하나이며, 실제로 1970년대 이후 현재까지 20개 이상의 국가에서 과거청산을 위한 진실위원회(Truth Commissions)가 설립되어 활동을 전개했다.[35] 그러나 각 국가에서 수행된 청산의 방식과 내용은 다르게 나타났다. 그것은 그 국가 사회의 현실적 조건에 따라 상이하게 취해졌는데, 이를 크게 세 가지 유형 — 종료모형(clean break model), 처벌모형(criminal prosecution model), 화해모형(reconciliation model) — 으로 구분할 수 있을 것이다. 종료모형은 과거의 부정의에 대하여 조사하거나 처벌하지 않고 사면하거나 종결시키는 유형이며, 러시아 · 스페인 · 브라질 · 우루과이 등이 이에 속한다. 처벌

---

35 조병선, 「한국의 5 · 18과 과거청산 모델의 국제비교」, 『민주주의와 인권』 제1권 2호, 2001; 정병준, 「한국의 과거사 유산과 진상규명작업의 역사적 의미」, 『민주주의와 인권』 제5권 2호, 2005; 김광수, 「남아프리카공화국의 국가건설: 진실과 화해 위원회가 역사청산, 국민화합, 그리고 민주화 과정에 기여한 역할을 중심으로」, 『아프리카연구』 제15호, 2002 등을 참고할 것. 이 글에서 남아공의 과거청산에 관한 설명은 김광수의 글에서 주로 인용한 것임.

모형은 사법적 처리 과정을 통하여 책임자를 처벌하고 진상을 규명하는 방식이다. 이는 정의모형(justice model)으로 표현되기도 한다. 제2차 세계대전 후의 뉘른베르크 재판, 그리고 독일이나 프랑스의 나치 청산작업 등이 그 사례이다. 화해모형은 그대로 종결시키는 것이 아니라 철저하게 진실을 규명하되 사법적으로 처벌하지 않고 가해자와 피해자 간의 화해를 통해 국가나 사회의 통합을 추구하는 방식이다. 이는 남아프리카공화국과 과테말라가 대표적이다.

그렇다면, 이러한 모형에 비추어 볼 때, 5월운동을 통한 광주항쟁의 과거청산은 어떻게 해석될 수 있는가? 법적 관점에서 볼 때, 이는 형사재판에 의한 유죄 판결은 있었지만, 형 집행 직후에 사면을 실시함으로써 실제로 누구도 처벌되지 않고 종료된 과거청산이 되었다는 평가가 있다. 말하자면 이는 종료모형에서 처벌모형으로, 그리고 다시 처벌모형에서 종료모형으로 전환되는 두 번의 반전을 거듭한 것이라고 할 수 있다. 우선 1980년 이후 특별법이 제정되기 전까지는 항쟁의 진실 규명을 역사의 평가에 맡기자는 논리로서 종료모형을 의미하고, 특별법에 의한 재판은 처벌모형이 되는 것이며, 재판에서 유죄 판결을 받은 가해자 집단을 곧이어 사면한 조치는 거듭된 종료모형이 된다는 것이다. 독일이나 프랑스의 청산 과정을 고려한다면, 광주항쟁의 경우에는 청산의 불철저성, 즉 제한된 청산 또는 미완의 청산임을 의미하는 것이다. 이에 대하여 좀더 구체적인 측면을 검토한다.

우선 그러한 한계는 청산의 주요 근거가 되었던 특별법의 성격에서 연유한다. 이 법의 제1조를 보면 "이 법은 1979년 12월 12일과 1980년 5월 18일을 전후하여 발생한 헌정질서파괴범죄행위에 대한 공소시효정지 등에 관한 사항 등을 규정함으로써 국가기강을 바로잡고 민주화를 정착시키며 민족정기를 함양함을 목적으로 한다"고 되어 있다. 이와 같은 목적 설정은 광주항쟁을 인권적 측면보다는 정치적 측면에서 접근하고 있으며, 특히 광주항쟁에서의 반인륜적 국가폭력을 12·12군사반란과 연계하여 내란죄로 인식하는 데서 극적으로 드러난다. 그리고 이러한 인식은 광주항쟁이 정치적인 사건임을 암시하고 이미 재판이 끝나기도 전에 특별사면이 암시되었던 것이다. 따라서 광주항쟁에서의 국가폭력은 내란죄의 관점보다도 형법상의 일반적인 살인죄에 초점을 맞추었어야 한다는 주장이 있다(조병선, 2001). 이와 같은 처벌의 불철저성은 형사 처벌의 범위에서도 확인된다. 5·18재판이 내란죄의 관점에서 진행됨으로써 내란을 모의하고 지휘한 소수의 극히 제한된 범죄자만을 대상으로 했고, 그 결과 반인륜적 학살만행에 관련된 다수의 범죄자들이 제외되어 면죄부를 받는 결과가 되었던 것이다.

청산의 두 번째 한계는 법적 차원이 아니라 사회경제적 차원에서 제기될 수 있다. 이와 관련하여 남아공의 방식은 하나의 준거가 되는데, 이는 과거청산을 사법적 처리에만 국한하지 않고 정치경제적·사회문화적 수준에까지 확장하고 있다는 점에서 그 의미를 강조할 만하다. 남아공의 방식은 정의의 복구모델이라고 명명된 방법을 사용했는데, 이것은 국가건설과 화해, 사실을 밝히는 조치와 사면조치, 그리고 보상을 독특하게 융합하는 방법에 기초를 두었다. 남아공의 진실과 화해 위원회가 정의를 희생했다는 일부의 비판적 인식은 정의가 보복의 정의로 이해되어야 한다는 그릇된 가정에 기초하여, 복구의 정의의 중요성을 이해하지 못했다고 해석한다. 그에 의하면 복구의 정의는 가해자와 피해자 및 그 가족은 물론 사회공동체 모든 관련자들에게 치유와 복구를 제공하고, 정부와 법률전문가 등 공동체의 모든 성원이 분쟁 해결에 참여하도록 촉구함으로써 '국가 양심의 계발', '새로운 정치문화의 형성' 등의 관점을 갖는 것이다(김광수, 2002: 52). 이에 비추어 볼 때, 앞에서 제시된 다양한 측면의 과거청산 작업에도 불구하고, 광주항쟁의 과거청산은 아직도 미완의 상태에 있다고 할 것이다. 가해자의 양심적 참회와 진실된 증언, 그에 따른 피해자의 용서, 그 결과에 근거한 상호 화해가 이루어지지 않고 있다. 그리하여 이는 정치적·사회문화적 국민통합을 저해하는 지역주의 및 지역 감정을 심화하는 요인으로 작용하고 있는 것이 현실이다.

청산의 세 번째 한계는 광주항쟁의 과거청산이 최소주의적 청산이라는 평가이다.[36] 이는 사회운동세력들 가운데 급진적인 시각에서 제기된 것으로서,

위에서 제시된 운동의 성과가 자유주의적 한계를 벗어나지 못하고 있다는 비판이다. 6월항쟁을 계기로 자유주의 정치세력들의 헤게모니 아래 진행된 일련의 청산작업은 철저한 진상규명이 없는 상태에서 보상을 거치면서 일그러져버렸다는 해석이다. 이들이 주목하는 것은 광주항쟁에서 투쟁파의 역사 인식과 기본 지향을 적절히 실천하지 못한, 급진운동의 역사적 의미와 지향을 훼손하는 청산이라는 것이다. 순진했던 대중이 총을 들고, 도청사수투쟁처럼 죽음이 빤히 보이는 극한 상황에 처한 민간 저항세력이 최정예 정규군과의 싸움을 피하지 않고 죽어갈 때 보여주는 도덕적·정치적 상징성은 자유주의적 한계를 이미 초월한 것이라는 해석이다. 급진주의자들의 이와 같은 비판은 지나치게 이상주의적이고 비현실적인 측면이 없는 것은 아니지만, 광주항쟁의 이념에 대한 확장된 인식이라는 점에서, 그리고 광주항쟁은 열린 미래에서 더 많은 민주주의와 진보를 위해 재생산되어야 할 과제로 인식하고 있다는 점에서 음미할 가치가 있는 것이다.

---

36 이광일, 「5·18민중항쟁, 과거청산과 재구성의 정치」, 『민주주의와 인권』 제4권 2호, 2004, 171~95쪽.

5월항쟁과 문화운동

| 배종민(전남대 · 미술사학) · 정명중(전남대 · 국문학) |

1. 5월운동의 중심 5월 문화운동

우리 현대사는 적지 않은 항쟁의 경험을 갖고 있다. 1980년 광주의 5월항쟁 역시 군사정권의 장기독재와 억압체제에 대한 민중적 저항투쟁의 하나였다. 5월항쟁은 패배로 귀결된 것으로 보였지만, 항쟁의 과정에서 제기되었던 사항들은 중요한 역사적 국면에서 매번 새롭게 반복되었다. 또한 5월항쟁을 계기로 촉발된 5월운동은 과거를 살아 있는 현재로 재탄생시키는 과정이었다. 특히 5월 문화운동은 그 자체로 민주화운동의 일부이면서 동시에 유례를 찾아보기 힘든 문화적 창조와 실험의 과정이었다.

5월운동의 핵심인 과거청산과 복원의 운동에서 5월 문화운동은 매우 큰 몫을 차지했다. 5월 문화운동은 역사적 기억을 문화예술적으로 재현함으로써 국가권력에 저항할 수 있었다. 곧 기억에 대한 억압과 망각의 강요, 또는 왜곡된 기억의 확대를 통한 저항적 잠재력의 지역적 분할과 소멸에 저항할 수 있었다는 점이다. 국가권력에 맞선 기억투쟁은 다양한 문화예술적 형식과 내용을 통해 전개되었다.

「오월에서 통일로」(전남대 그림패 마당, 엠보천에 유성도료, 11×37미터, 1988). '광주민중항쟁 계승 8주년 기념 오월제' 기간에 전남대 제1도서관에 걸린 걸개그림이다. 그림 하단부에 광주항쟁 장면을 압축해넣고 그 위로 성조기를 힘차게 잡아 찢는 남녀의 모습을 배치하였다. 기존 걸개그림의 서술적 복잡성을 극복하고 굵고 간결한 선과 한두 인물을 화면에 압축해서 배치하는 방식을 취함으로써 강한 선정성을 획득한 1980년대의 대표적인 걸개그림이다.

　　과거의 중요한 '사건'은 역사 속에서 사라져버리는 것이 아니라, 지속적으로 우리 삶의 역사를 지배한다. 기억은 과거를 표상하는 한 양식이자, 과거의 일을 재현하는 능력이다. 현재의 시점에서 과거를 기억하는 일은 회상 과정에 기초하는데, 이 과정에서 기존의 과거 표상에 수정이 가해지기도 한다. 따라서 기억은 끊임없이 변하는 유동적인 것이 된다. 그런가 하면 과거에 대한 이미지들이 선택적으로 연결되고 구조화되면서 특정한 과거의 상이 구성된다. 결국 기억의 과정에서 과거의 무엇이, 그리고 어떻게 재현되느냐는 기억 주체의 현재적 관심, 또는 기억행위의 현재적 맥락이 개입된다. 만일 이들의 기억이 공식 역사와 다르다면, 그 자체로 '또 다른 역사'(alternative history)의 중요한 소재 또는 원천이 될 수 있을 것이며, 검증을 기다리는 역사적 진실의 보물창고가 될 가능성이 있다. 더 나아가 원초적 기억들 중에서도 어떤 부분이, 어떤 경로를 거쳐, 어떤 방식으로 후대에 전승되어 '역사적 기억'으로 남는가, 거기에는 어떤 사회적 힘들이 작용 또는 개입하는가 하는 '기억의 문화 예술사' 및 기억의 정치사회학적인 문제의식을 제기할 수 있다. 기억의 정치는 누가 어떤 것을 기억(또는 망각)할 것인가를 누가 왜 원하고 있기에 무엇이 기억(또는 망각)되느냐로 귀착된다. 이러한 기억의 정치는 계급·성·지역갈등 및 권력투쟁 등과 맞물려 격렬한 기억투쟁의 차원을 결부시키기도 한다. 역사적 기억의 구조화에 의해 한 사회, 한 민족 성원들의 집단적 정체성 및 자긍심의 형성과 공동 과업의 설정에 일정한 방향을 제시하고 틀을 잡아주기도 한다. 그래서 기억의 정치는 격동, 혼란, 분열을 겪고 있거나 겪었던 사회에서 집합체별 재통합의 구심점 형성을 위한 이데올로기 투쟁의 면모도 띠면서 사회 및 정치 과정의 중심부에 자리 잡게 된다. 이 과정에서 개인 또는 집단의 자기 정체성의 혼란이나 파괴를 수반하기도 한다. 그러므로 기억의 정치는 '기억에서 역사로, 다시 기억으로'라고 요약할 수 있는 변증법적 순환의 기본 축을 이룬다. 특히 재난과 참화와 억압통치 등의 '어두웠던 과거'를 청산할 과제가 주어져 있고 그럴 욕구도 팽배해 있는 사회에서 원초적 기억의 복원력과 이미 변형 및 가공된 이차적 기억('역사')의 억압력이 팽팽히 맞서는 각축장이 되기도 한다. 우리는 항쟁 경험자의 증언을 채록하는 과정에서 이와 같이 복합적인 기억의 세계를 확인한다.[1]

한국 현대사에서 5월항쟁을 기억하고 재현하는 행위는 국면에 따라 큰 차이를 보였지만, 점차 비합법적 영역에서 합법적 영역으로 전환되고 있다. 이러한 행위들은 검열의 시선을 의식하면서도 진상규명을 치열하게 지향하면서 생산되었다. 또한 특정 장르에서 생산된 텍스트가 해당 장르를 넘어서서 새롭게 재생산되는 현상도 존재했다. 앞으로 5월운동의 중심이었던 5월 문화운동을 이해의 편의상 문화예술 장르별로 나누어 살펴보도록 하겠다.

---

1 나간채, 「문화운동연구를 위하여」, 강창일 외 지음, 『기억투쟁과 문화운동의 전개』(역사비평사, 2004), 15~16쪽 참조.

2. 5월 문화운동의 장르별 전개 양상

1) 문학

5월 시

5월 시를 논할 때 빼놓을 수 없는 작품이 바로 김준태의 시 「아아 광주여! 우리나라의 십자가여!」이다. 당시 상당 부분이 삭제된 채 『전남매일신문』에 실렸던 실행 105행에 달하는 이 작품은 절창으로 꼽히거니와 항쟁 당시의 현장에서 낭송되어 광주 시민들에게 상당한 반향을 불러일으켜 문학작품이 가질 수 있는 현장성과 직접성을 유감없이 발휘한 작품이기도 하다.

> 아아, 광주여 무등산이여
>
> 죽음과 죽음 사이에서
> 피눈물을 흘리는
> 우리들의 영원한 청춘의 도시여
>
> 우리들의 아버지는 어디로 갔나
> 우리들의 어머니는 어디서 쓰러졌나
> 우리들의 아들은
> 어디에서 죽어 어디에 파묻혔나
> 우리들의 귀여운 딸은 또 어디에서 입을 벌린 채 누워 있나
> 우리들의 혼백은 또 어디에서
> 찢어져 산산이 조각나버렸나
>
> 하느님도 새떼들도
> 떠나가버린 광주여

그러나 사람다운 사람들만이

아침저녁으로 살아남아

쓰러지고, 엎어지고, 다시 일어서는

우리들의 피투성이 도시여

죽음으로써 죽음을 물리치고

죽음으로써 삶을 찾으려 했던

아아 통곡뿐인 남도의

불사조여 불사조여 불사조여

해와 달이 곤두박질치고

이 시대의 모든 산맥들이

엉터리로 우뚝 솟아 있을 때

그러나 그 누구도 찢을 수 없고

빼앗을 수 없는

아아, 자유의 깃발이여

살과 뼈로 응어리진 깃발이여 (김준태, 「아아 광주여! 우리나라의 십자가여!」

일부)

　　문병란은 5월 문학을 전체적으로 평가하는 자리에서 대개 항쟁 이후 초기
의 문학작품들이 격정과 영탄조의 낭만적 열정의 남발, 생경한 산문적 진술의
나열, 목적의식의 과도한 노출이라는 경향을 공유한다고 진단했다. 그렇지만
이는 작품으로서의 실패이기보다는 시대적 상황과 맞물려 충분한 설득력과
감동을 준 것이었기 때문에 의의가 있다고 설명하면서 그 대표적인 작품으로
김준태의 위 작품을 예로 든 바 있다.[2] 이 외에도 이 작품에 대해서는 대체로
긍정적으로 평가하고 있음을 알 수 있다. 예컨대 "광주민중항쟁에 대한 모든

---

2 문병란, 「'5월 문학'의 생성과 흐름」, 『월간 예향』(광주일보사, 1988), 70쪽.

구 망월묘역에 안장된 민족시인 김남주(1946~94)의 무덤. 1980년 당시에는 '남조선민족해방전선' 사건으로 징역 15년형을 받고 광주교도소에 수감 중이었다. 시를 혁명의 무기로 삼아 『나의 칼 나의 피』 『조국은 하나다』 등의 시집을 펴냈다.

세속적 편견을 용납하지 않겠다는 의지와 함께 광주와 광주 민중의 아픔과 위대함을 거듭 밝히려는 뜻을 강렬하게 담고 있는 매우 감동적인 시"[3] 또는 "이후에 창작하게 될 시의 길잡이"[4]라고 분석하거나 처절했던 광주의 상황과 십자가를 짊어지고 골고다 언덕을 넘어가는 예수의 이미지(부활의 이미지)를 겹쳐놓음으로써 "그 시대적 의의를 획득한"[5] 작품이라는 평가도 있다.

5월항쟁은 역사적, 정치적 그리고 지역적 고립의 산물이다. 횡축으로는 남북분단(반공 이데올로기) 그리고 종축으로는 영남과 호남의 분리(지역주의)가 맞물려 이루어진 사건이었다. 초기 5월 문학의 목표는 그러한 분리주의 혹은 고립에서 탈피하는 것이었다. 이를 위해 독재권력의 부당함을 알리는 한편 희생자들의 정당성을 알릴 필요가 있었고, 정권이 독점한 정보 생산·유통 매

3 김태현, 「광주민중항쟁과 문학」, 『그리움의 비평』(민음사, 1991), 74쪽.
4 이황직, 「5·18 시의 문학사적 위상」, 『언어세계』(1996년 봄호), 209쪽.
5 최두석, 「광주항쟁과 시」, 『문학포럼』(광주전남민족문학작가회의, 1998), 39쪽.

체가 직조해낸 다양한 흑색선전들을 불식하는 것이 매우 중요했다.

항쟁 이후의 5월 문학은 분리주의나 고립을 극복하기 위해 무차별적 고발과 폭로로 대변되며 '고의적' 선정주의(sensationalism)의 문학적 경향[6]을 산출했으며, 그 대표적인 예로 김남주의 작품 「학살·1」을 들 수 있다.

> 오월 어느 날이었다.
> 1980년 오월 어느 날이었다.
> 밤 12시
> 도시는 벌집처럼 쑤셔놓은 심장이었다.
> 밤 12시
> 거리는 용암처럼 흐르는 피의 강이었다.
> 밤 12시
> 바람은 살해된 처녀의 피 묻은 머리카락을 날리고
> 밤 12시
> 밤은 총알처럼 튀어나온 아이의 눈동자를 파먹고
> 밤 12시
> 학살자들은 끊임없이 어디론가 시체의 산을 옮기고 있었다.
> 아 얼마나 끔찍한 밤 12시였던가
> 아 얼마나 조직적인 학살의 밤 12시였던가 (김남주, 「학살·1」 일부)

이 작품은 5월 학살의 현장을 증언한 시인데, 평소 시인이기보다는 전사이길 염원했던 작가의 시인 만큼 시적 증언을 거부한 채 명쾌한 증언만으로 옥중(이 시를 쓸 당시 김남주는 남민전 사건으로 투옥 중이었다)에 있으면서도 학살 현장을 눈으로 보듯 섬뜩하게 표현하고 있다. 이 시의 모티프는 스페인 내란 때

---

6 정명중, 「5월항쟁의 문학적 재현 양상」, 『5·18민중항쟁과 문학·예술: 학술논문집 1』(5·18기념재단, 2006), 515쪽.

프랑코 군부독재에게 처형당한 가르시아 로르카의 학살시에서 가져온 것으로 보인다.[7]

분리주의와 고립으로부터의 탈피라는 관점에서 항쟁 직후의 문학 동인지 예컨대 『오월시』(김진경, 곽재구, 박몽구, 이영진 등)와 『시와 경제』(황지우, 김정환, 김사인 등) 등의 활동이 주목에 값한다. 이들은 중앙정부 혹은 지배계층의 정보 통제와 독점에 저항하고, 정보의 폐쇄적인 중앙 집권화를 차단하는 한편 정보 유통의 민주화를 담보하는 소형(국지적) 매체(회로)를 확보하는 차원에서 의의가 있다. 특히 당시 문학예술 표현 매체의 양대 진영을 형성했던 『창작과비평』과 『문학과지성』이 1980년 군사정권의 언론 통폐합 조치로 인해 폐간되었다는 사실을 놓고 볼 때에도 문학 동인지 형태의 국지적 소형 매체들의 활동은 매우 중요했던 것으로 평가된다. 또한 항쟁 직후 이색적인 풍경 중의 하나로서 부정기 간행물이라는 뜻의 '무크지'(mook: magazine과 book의 합성 조어)[8] 활동 역시 같은 맥락에서 파악해야 할 것이다. 이들은 기본적으로 대안 매체의 성격을 갖고 있었기 때문이다.[9]

『오월시』 동인은 크게 두 가지 방향에서 자신들의 문학적 실천을 전개한 바 있다. 우선 그들은 한국 근현대사의 역사적 맥락 위에 5월항쟁의 비극적 정서를 형상화하고자 했다. 이는 '광주의 전국화'라는 의지와 한 쌍을 이루는데, 그들은 제2시집 『그 산 그 하늘이 그립거든』에서부터 5월 광주를 민족분단의 문제와 결합함으로써 광주의 비극적 정서를 역사적 지평으로 확대한다. 한편 제4집 『다시는 절망을 노래할 수 없다』에 이르러서는 보다 직접적인 방식으로 민족분단의 원흉인 외세에 대한 분노와 적개심을 드러낸다. 5월 광주의 비극적 정서는 분단 극복과 반외세라는 정치적 · 이념적 지평과 만나게 되고, 이러

---

7 문병란, 「5 · 18 문학과 연극」, 『5 · 18민중항쟁사』(광주광역시 5 · 18사료편찬위원회, 2001), 807쪽.

8 당시의 문학 동인지와 무크지들을 대략적으로 열거해보면 다음과 같다. 『우리 세대의 문학』, 『민의』, 『시인』, 『지평』, 『민족과 문학』, 『르뽀시대』, 『르뽀문학』, 『공동체문화』, 『민중시』, 『자유시』, 『열린시』, 『목요시』, 『해방시』, 『삶의 문학』, 『시운동』, 『반시』, 『남민시』 등이 있다.

9 정명중, 「'5월 문학' 연구에 대한 비판적 고찰」, 『현대문학이론연구』(현대문학이론학회, 2004), 236~37쪽.

한 시적 조류는 5월 문학을 구성하는 뚜렷한 하나의 경향으로 정착된다.

다음으로 그들은 장르의 종합과 확산을 주도한다. 곧 그들은 시 장르에 서사구조를 도입하여 새로운 장르를 개발하고자 노력했다. 물론 그것은 미완으로 끝났고, 논쟁의 여지를 남겨놓았다. 그들은 시 창작에서 장시(長詩) 혹은 연작시의 형태를 실험한다. 그 연장선에서 미술인 조진호, 김경주 등과 함께 1983년 8월 광주 아카데미미술관에서 시판화전을 열고, 이를 같은 해 9월에 판화시집 『가슴마다 꽃으로 피어 있어라』로 출판한 바 있다.

『오월시』 동인과 몇몇 미술인들이 함께 펴낸 판화시집은 매우 중요한 의미를 지닌다. 이른바 문학의 언론적 기능, 곧 국지적 정보의 생산과 유통의 욕구가 '이야기'의 효과적 '전달'과 대중성이라는 속성을 지닌 판화 장르와 만나 이루어진 것이 판화시집 『가슴마다 꽃으로 피어 있어라』라고 할 수 있다.

이야기의 효과적 전달과 대중성을 더한층 고조시키는 한편 서정시의 한계를 극복하기 위해 고안해낸 것이 이른바 박몽구의 「십자가의 꿈」으로 대변되는 연작시 혹은 장시의 형태이다. 박몽구의 「십자가의 꿈」 연작 75편은 『오월시』 제4집과 제5집 『5월』에 각각 실려 있고, 5월항쟁의 역사적 내력, 학살자들의 야만성에 대비되는 민중들의 전투성과 도덕성, 항쟁의 민족사적 의미 그리고 항쟁 이후의 슬픔과 희망 등을 각각 형상화하고 있다.

> 새로 투입된 진압군은 시시각각 깔아뭉개고 들어오겠다며
> 깊은 밤에도 장갑차와 헬리콥터를 띄워 우리들은 하얗게 잠 깨곤 하였다
> 화정동 부근의 시민군들은 아카시아와 허술한 벽돌로
> 핵 시대의 군대와 대치하고 있다가
> 캐터필러가 떠밀면서 무차별로 갈기는 통에
> 시민군 몇 사람이 개죽음이 되었다
> 외곽에서는 식량이며 생필품이 들어오는 길도
> 죄다 막히고 말았건만
> 그럴수록 우리는 한가족이 되어 있었다

모두들 한마음으로 궁핍을 나누며 살고 있었다

술청마다 문이 활짝 열려 있었고

방범초소가 부서진 지 오래지만 도둑의 그림자는 머리카락도 보이지 않았다

(박몽구, 「십자가의 꿈 · 62」 일부)

박몽구의 연작시들은 "시로서의 형식은 갖추고 있지만 시라고 하기보다는 오히려 광주를 직접 체험한 사람의 고백적 증언"에 가깝고 "오늘날의 입장에서 보면 미처 '시의 경지'에 이르지 못한 것으로 보일지는 몰라도 당시에는 이처럼 있는 그대로의 체험으로 형상화하는 것만도 아주 커다란 용기가 필요"[10]했던 작품들임이 틀림없다. 그렇지만 연작 「십자가의 꿈」은 각각의 테마들이 피상적으로 나열되어 있다는 느낌을 지울 수 없고 유기적 연결성 또한 빈약하다. 이른바 "시 하나하나가 잘 어울리지 못한 채 어색하게 동석하고 있는 모습"[11]을 연출하고 있다. 게다가 "서사적 장시에 등장하는 선악의 대립구도가 지나치게 일원적이었다. 여기에 등장하는 시민들은 한결같이 의협심에 불타는 정의로운 인물로 그려지는 데 반해, 익명의 계엄군들은 단지 상부의 지시에 따라 움직이는 인형처럼 그려"[12]지고 있는 것이다. 결국 서정시의 장르에 이야기의 덧댐 또는 선과 악이라는 이분법적 모럴의 도입만으로는 역사적 현실을 조명할 수 없다는 점을 확인해야 한다.

1987년 6월항쟁과 9월 노동자대투쟁의 경험을 바탕으로 5월 시 역시 다양한 이념적(사상적) 맥락에서 재해석되기에 이른다. 1980년대 후반 '오월에서 통일로'라는 민족 · 민중운동의 슬로건이 요약해주듯, 5월항쟁의 경험은 분단의 원흉인 미국을 포함한 제국주의 비판과 통일 염원을 담은 시들을 쏟아놓기도 했다. 한편 박노해와 백무산 등은 항쟁을 노동자계급성이라는 관점에서

---

10 이은봉, 「광주민주화운동 시의 현황과 과제」, 『5 · 18민중항쟁과 문학 · 예술: 학술논문집 1』(5 · 18기념재단, 2006), 92쪽.

11 김태현, 앞의 글, 82쪽.

12 이황직, 앞의 글, 221쪽.

포착한 바 있다.

    지도를 펴보자
    광주는 어디에서 계속되고 있는가
    광주를 헤쳐보자
    오월은 어디에서 계속되고 있는가

    광주는 이제 한반도 동서남북 어디에나 있다
    파쇼의 패악성과 제국주의 독소를
    집중 투하한 노동자, 농민의 삶과
    영웅적인 투쟁의 대열이 있는 곳
    오월은 그곳에 살아 있다

    노동자 동지들
    오월을 더 이상
    광주에 못박지 말아다오
    우리의 자랑스러운 투사들을
    더 이상 망월동에 묻어두지 말아다오
    더 이상 상처로만 치유하려거나
    지난 역사에 맡기지 말아다오
    오월은 노동자, 농민의
    영웅적 투쟁의 대열에
    살아 있다
    계속되고 있다 (백무산, 「오월은 어디에 있는가」 일부)

    백무산의 이 작품은 1980년대 후반 고조된 노동운동의 열기에 힘입은 바크다. 이른바 이 시는 광주 5월항쟁의 의미는 노동자·농민의 영웅적 투쟁의 대열 안에 살아 있다는 것으로 요약된다. 결국 5월항쟁은 광주만의 것이 아니며, 지역적 편견을 넘어 노동자·농민이 투쟁하는 어디에나 있다는 것을 강조하고 있다.

1987년 6월항쟁 이후 1990년대를 접어들면서 5월을 시적으로 형상화하려는 경향은 시들해진다. 그간의 5월항쟁을 직간접적으로 다룬 시를 모은 세 권의 기념시집 출간만이 눈에 띨 뿐이다. 6월항쟁 직후 묶여 나온 시선집 『누가 그대 큰 이름 지우랴』(인동, 1987), 그리고 항쟁 10주년을 맞아 김남주와 김준태가 엮은 『마침내 오고야 말 우리들의 세상』(한마당, 1990), 광주 망월동의 묘비명을 함께 실어 유명했던 『하늘이여 땅이여 아아, 광주여』(황토, 1990) 등이 그것이다.

한편 김준태는 자신의 5월 시만을 한 권의 시집으로 엮어 『아아 광주여 영원한 청춘의 도시여』(실천문학사, 1988)를 출간하였는데, 이 시집에는 최초의 5월 시인 「아아 광주여! 우리나라의 십자가여!」를 포함, 대표작 40여 편이 실려 있다. 또한 마당굿을 통해 5월의 문제를 주로 다루었던 고정희는 타계 직전에 자신의 5월 시 50여 편을 모아 『광주의 눈물비』(동아, 1990)를 출간했으며, 김남주가 40여 편의 5월 시를 묶은 5·18 기념시집 『학살』(한마당, 1990)을 각각 출간했다.

5월 소설[13]

5월항쟁 직후 소설은 이 사건을 거의 감당할 수 없었다. 소설 장르는 침체 현상을 보여줄 수밖에 없었는데, 그 이유는 다음과 같다. 소설은 시와는 달리 '당대의 상황을 즉각적으로 받아'낼 수 없다. 어떤 사태를 소설적으로 재구성하기 위해서는 사건을 일정한 간격을 두고 조망할 수 있는 거리가 필요하기 때문이다. 그런 만큼 시제(時制, tense)의 차이는 불가피하다. 예컨대 시가 즉자

---

13 이 부분은 정명중, 「5월항쟁의 문학적 재현 양상」 중 주로 제III장 6월항쟁 '이후'의 5월 문학 부분을 약간 수정한 것이다.

적(卽自的) 양식이라면 소설은 반대로 대자적(對自的) 양식이다. 시는 '육체성'의 구속에서 자유롭고, 따라서 어떤 변화에 민감하게 반응할 수 있다. 반면 육체성과 그것의 구속이 소설 장르를 규정한다. 육체성이란 달리 '묘사'를 지칭하는데, 묘사는 대상에 대한 비판을 위해서건 혹은 자연주의적 관찰을 위해서건 대상과의 '거리두기'가 필수이다. 소설이 이 '거리두기'에 실패할 경우 외부 현실에 반응하고 그것을 형상화하는 데 반드시 어려움이 따를 수밖에 없다. 결국 소설가들이 5월항쟁과 같은 가공할 만한 역사적 사건을 목도한 마당에 그것을 어떤 방식으로든 형상화하기 위해서라도 침묵의 상황을 택할 수밖에 없었다는 점이 중요하다.

또한 그러한 문학적 공동화 현상을 메워주는 산문 양식의 '과도적 문학' 형태들, 예컨대 항쟁 실록『죽음을 넘어 시대의 어둠을 넘어』를 비롯한 다양한 르포르타주, 수기, 선언문, 폭로기사 등의 중요성을 간과할 수 없다. 그러한 과도적 문학 형태가 소설을 대신했고 궁극적으로는 5월항쟁에 대한 소설화를 위한 길을 열었다고 할 것이다.

과도적 문학 단계를 거쳐 5월항쟁을 본격적으로 다룬 소설은 윤정모의 「밤길」이다. 이 작품은 항쟁 당시 수습위원으로 활동했던 김신부, 그리고 시민군이었던 요섭이 최후의 결전을 뒤로하고 광주를 탈출하는 이야기이다. 그들은 항쟁의 진상을 서울에 알리기 위한 임무를 부여받고 탈출하는 것임에도 불구하고 자신들의 행동에 대해 끊임없이 번민한다. 이른바 항쟁에 대한 지식인의 부채의식에 주제적 초점이 놓여 있다.

다음으로 이 시기 주목되는 작품은 광주항쟁 소설집『일어서는 땅』에 실려 있는 박호재의 「다시 거리에 서면」과 정도상의 「십오방 이야기」이다.

박호재의 「다시 거리에 서면」은 광주가 해방된 날부터 계엄군이 다시 광주를 장악하는 시점까지 약 일주일 동안 광주 한 가정에서 일어난 일을 다루고 있다. 세 명의 주요인물이 등장하는데, 생활의 안정에 대한 희구, 이른바 소시민적 욕망을 안고 사는 '지숙'과 누나의 그런 욕망과 기대에 아랑곳하지 않으며 항쟁의 주역이 되는 대학생 '형석', 진압군대를 보좌하는 방위병 막내 '형수'가 그들이다. 두 동생에 대한 육친적 근심에서 출발해 광주항쟁의 진정한 의미를 깨닫게 되는 '지숙'의 의식 변모 과정이 이 소설의 골격이다.

정도상의 「십오방 이야기」는 감옥을 배경으로 한 소설이다. 전태일 기념일을 앞두고 옥중투쟁을 준비하는 운동권 학생 김원태와 막노동으로 떠돌다 살인을 저질러 감옥에 들어온 신입자 김만복이 등장한다. 특히 만복은 항쟁 당시 공수부대원이었고, 시민군에 참여했던 동생 만수가 상관인 소대장에 의해 살해된다. 만복은 동생의 희생을 대학생들의 데모 탓으로 돌리고, 대학생에게 적의를 품는다. 그러던 중 소대장과 닮은 인물을 살해하고 감옥에 들어오게 된다. 그런데 이 작품의 문제는 김만복과 운동권 대학생 김원태를 성급하게 하나의 연대로 묶어내면서 '화해'로 결말을 처리하고 있다는 점이다.

이들 두 작품에서 눈길을 끄는 것은 바로 공통적으로 등장하는 '형제 살해 모티프'인바, 곧 형제가 각각 시민군과 진압군 측으로 나뉘어 있다는 점이다. 어떤 사건의 비극성을 드러내기 위한 효과적인 장치라고도 할 것인데, 이러한 모티프는 이념의 극한 대립에 시달려야만 했던 한국 근현대사를 소설적 주제로 삼는 소설들에서 자주 등장하는 것이다.

이 시기의 소설들은 광주항쟁이 남긴 후유증을 형상화하는, 즉 진실에 대한 우회적 접근 방법을 통해 소설적 진실을 그려내는 양상을 보인다는 점이 특징이다. 그래서 광주항쟁을 그리되 진상규명이 아닌 그 후유증을 통해 광주 체험을 유추하는 방식을 택할 수밖에 없었다고 할 것이다.

1987년 6월항쟁은 문학에도 심대한 영향을 미쳤거니와, 6월항쟁은 전선(반파쇼)을 형성했던 이념적 스펙트럼의 변화를 초래한다. 군부 파쇼의 공포 분위기가 표면상 유화 국면으로 접어들게 되는 시점에서 여러 형태의 운동과 선전선동을 지향하는 문예전선들이 동시에 출현한다. 5월항쟁을 계기로 1970년대의 소시민적 민족문학론과 이른바 '민중적' 또는 '민주주의' 민족문학론이 구별되게 된다. 이 과정에서 진보적 작가 그룹이 주도하던 문인운동은 반(反)지식인 정서와 맞물려 광범한 민중이 이끄는 문예운동의 형식으로 변모한다. 또한 한동안 미분화된 채로 공존했던 민중적 민족문학론과 민주주의 민족문학론은 1987년 6월항쟁을 계기로 민족해방문학론과 노동해방문학론으로 분화된다. 이 두 문학론은 상호 대립각을 세우면서 1980년대 후반의 문학과 문학적 담론들에 상당한 위력을 행사하기도 했다. 사회운동의 계급 · 계층적 분화가 촉진되면서 다른 한편으로는 노동운동의 목적의식성이 강화되는데, '노동자계급 당파성' 담론이 급부상한다. 홍희담의 소설 「깃발」이 그야말로 '문제적'(problematic)인 것으로 포착된 시점이기도 하다.

「깃발」은 항쟁의 와중인 5월 20일 택시운전사들의 차량시위를 고비로 지식인과 학생 중심의 투쟁에서 노동자계급의 투쟁으로 갈리는 시점을 형상화한 소설이다. 이른바 초기의 항쟁을 주도하던 야학 선생(지식인) '윤강일'이 퇴각하고 그 자리를 대신하여 서울의 모 방직회사에서 해고되어 귀향한 여성 노동자 '형자'가 항쟁을 계속 주도한다는 내용이다. 최원식은 이 작품에 대해 '항쟁의 본질적 국면'을 간명히 요약하고 있다고 보았거니와, "끊임없이 흔들리는 지식인과 달리 민중은 그 존재 조건 때문에 그 어떠한 현상적 왜곡에도 불구하고 진정으로 혁명적일 수밖에 없다"[14]는 사실을 확인한다.

그러한 대립구도가 과연 정당한 것인가 하는 점은 논외로 하고, 문제는 이후 '소시민(성)'에 대한 강박에 가까운 혐오 증세와 '노동자계급성'에 대한 과도한 집착을 낳는다는 점이다. 그 대표적인 글이 「광주민중항쟁에 대한 소시민적 문학관을 비판한다」[15]이다. 이 글에 따르면 5월항쟁의 문학적 형상화는 반드시 노동자계급의 사상적 단련에 기여해야 한다. 뿐만 아니라 노동자계급의 당파성에 입각한 철저한 '재해석'을 거쳐서 변혁에 대한 구체적이고 명확한 전망을 획득했을 때만이 올바른 문학적 형상화가 가능하다. 결국 이 입장에서는 「깃발」 역시 소시민적 문학관에 빠져 있는 작품이다. 이러한 맥락에서 홍희담의 「깃발」에 대해 "노동자계급의 시각을 취하고자 했던 이 작품의 의도는 매우 신선한 것이었으며, 쟁점 역시 여기서 형성될 수 있는 것은 아니다.

---

14 최원식, 「광주항쟁의 소설화」, 『창작과비평』(창작과비평사, 1988), 286쪽.
15 이강은, 「광주민중항쟁에 대한 소시민적 문학관을 비판한다」, 『노동해방문학』(노동문학사, 1989).

문제는 이것이 광주의 진실에 얼마나 부합하는가 하는 것"[16]이라는 비판에서 알 수 있듯이 문제는 「깃발」에 있었던 것이 아니라 실은 「깃발」을 둘러싸고 형성된 비평적 담론들에 있다. 「깃발」은 여타 5월항쟁을 주제로 한 소설들에서 보여주고 있는 지역성 문제나 죄의식에 대한 천착이 전혀 없다. 항쟁을 극단적으로 일면화하는 것 아니냐는 비판에서 자유롭지 않다. 게다가 이 작품이 항쟁의 실체를 얼마나 충실하게 복원해냈는가에 대한 평가는 여전히 공백으로 남겨진 상태이다.

5월항쟁에 대한 문학 자체로서의 문제의식과 총체적 서사화를 점진적으로 사고하기도 전에 계급론적 관점에 의한 5월항쟁의 재해석 경향을 수용해버린 것이 항쟁에 대한 문학적 형상화의 부실함을 낳은 원인이다. 이른바 목전의 현실에 대한 형상화와 일단은 과거의 일로 간주되는 5월항쟁의 형상화 사이에 우선순위를 정하는 일이 생기게 되었고 설사 5월항쟁을 형상화한다 해도 그것을 계기적(간접적)으로 호명하는 일에 익숙해져버린 것이다. 한편 재구성혹은 재해석 작업으로서의 5월항쟁에 관한 특정한 개념화 작업은 상황 변화에 따라 새로운 재개념화 과정으로 이어졌고, 그러한 개념·재개념화 과정에서 5월항쟁의 추상 수준은 더욱 상승되는 한편 그 실제는 응축되는 결과를 가져오고 결국은 구체적 사건으로서의 5월항쟁은 추상의 공간으로 증류해버릴 가능성이 높아지게 되는 것이다.[17]

이런 우려할 만한 사태는 노동계급의 당파성 담론을 포함한 사회변혁 이데올로기가 도전받고 꺾이는 시점, 곧 소비에트 체제의 붕괴와 동구 사회주의권의 몰락으로 대변되는 1990년대의 시작과 더불어 현실화되었다.

문학이 정치성을 띠게 되면 해당 시기의 시류와 정세 변화에 민감할 수밖에 없다. 이른바 6월항쟁 이전 시기에는 5월항쟁에 대한 정당성 주장과 의미부여 자체가 사실상 불법이었다. 따라서 5월항쟁을 재현하려는 문학은 표면

---

16 방민호, 「광주항쟁의 소설화」, 『언어세계』(1996년 봄호), 271쪽.

17 이성욱, 「오래 지속된 미래, 단절되지 않은 '광주'의 꿈: 광주민중항쟁의 문학적 형상화에 대하여」, 광주전남민족문학작가회의 엮음, 『문학포럼』, 1989, 54~73쪽.

에 내세울 수는 없었지만 정치성을 띨 수밖에 없었다. 그러나 6월항쟁 이후 5월항쟁에 관한 담론들이 어느 정도 합법화되면서 사태는 근본적으로 변한다. 이른바 처음에는 문학이 정치를 내면화하거나 내장한 형태였다고 한다면, 이제는 문학 안에 웅크리고 있어야 했던 정치가 밖으로 튀어나오면서 반대로 문학을 압도하는 형국을 만들어놓았기 때문이다. 문학과 정치의 관계가 역전된 것이다. 이를 도식적으로 표현하면 다음과 같다. 편의상 문학을 L, 정치를 P라 할 때, 애초에 'L(p)'이거나 'L(=P)'이던 것이 'P(l)'의 형태로 전환되었다고 할 것이다. 여기서 소문자 'l'과 'p'는 독자적이기보다는 종속적임을 나타내기 위한 것이다.

소비에트의 해체와 더불어 'P(l)' 형태의 문학적·비평적 담론의 좌절을 가져왔다고 할 것이다. 게다가 서구의 포스트모더니즘을 비롯한 포스트류 담론의 공세에 일격을 당해 정치(변혁 이데올로기)는 그 구성력과 응집력을 거의 상실하다시피 했다. 그 여파로 물론 6월항쟁 이후 'L(p)'에서 'P(l)'로 변모하는 과정에서 상당 부분 희석되고 엷어지기는 했지만 1990년대 접어들어 '5월항쟁의 실체에 대한 총체적 복원'이라는 문학적이자 동시에 정치적일 수밖에 없었던 과제 또한 그 존재 의의마저 상실해버리는 지경에 이른다. 그러한 경향을 우리는 1990년대 5월을 소재로 한 소설들에서 어렵지 않게 찾을 수 있다. 예컨대 정찬의 「완전한 영혼」, 박혜강의 「미완의 탑」, 채희윤의 「아들과 겨울나무」, 이향란의 「마타모르스에서 온 편지」 등을 들 수 있다.

「완전한 영혼」은 항쟁 당시 청각을 잃은 '장인하'라는 인물의 삶과 죽음에 대한 주인공 '지성수'의 관심을 중심으로 이야기가 펼쳐지는데, 그것을 통해 1980년대 운동에 대한 반성과 새로운 이념의 모색을 보여주려는 작품이라고 할 수 있다. 5월항쟁 자체에 대한 관심과는 다소 거리가 먼 것처럼 보인다. 「미완의 탑」은 항쟁 당시 광주공단 지역의 야학에서 강학으로 있던 한 인물을 통해 항쟁에 대한 새로운 해석을 시도한 작품이다. 특징적인 것은 미완의 운주사 천불천탑과 미완으로서의 5월항쟁을 연결하고자 한 것이다. 이 작품 또한 「완전한 영혼」과 같은 계열이라 할 것이다. 마지막으로 「아들과 겨울나무」

와 「마타모르스에서 온 편지」 등은 국가에서 광주보상법이 제정된 이후에 보상금 문제를 놓고 어머니와 아들 사이에 벌어지는 심리적 갈등을 다루고 있다는 점에서 유사하다. 기실 돈에 대한 인간의 세속적인 욕망이 참주제라 할 것이다. 열거한 몇 개의 작품들을 볼 때, 어떤 의미에서 이들이 5월 문학의 외연을 넓혔다고 말할 수도 있을 법하다. 그러나 분명히 해두어야 할 것은 5월을 계기적이고 간접적으로만 호명할 뿐이라는 점이다. 그래서 5월항쟁을 지속적으로 소설화했던 임철우, 특히 그의 장편소설 『봄날』이 주목될 수밖에 없다.

　『봄날』은 5월항쟁의 구체적 실상을 기록한 각종 증언물과 자신의 체험을 바탕으로 순차적 시간 배열로 항쟁 열흘 기간의 사건을 서술하고 있다. 특징적인 것은 사건의 추이에 따라 몇 시간에서 적게는 몇 분 간격으로 쪼개어져 서술되고 있으며 하나의 사건이 같은 시간에 다른 인물들의 시각에서 그려지고 있어 대단히 입체적이다. 따라서 르포르타주라 불러도 전혀 이상하지 않을 만큼 세부의 묘사들은 거의 현실과 일치한다. 이러한 르포르타주적 속성은 인물 묘사에서 성격의 발전이라는 측면이 빈약하게 되는 결과를 초래하기도 한다. 따라서 일견 이 작품을 소설로 보아야 하는지도 의심스러운 것이 사실이다. 그러나 임철우 스스로도 밝힌 바 있거니와 '문학 이상의 것'이므로 기법이나 구성이 어떻다는 식의 평가는 사양하며 소설이 아닌 '광주'를 읽어 달라고 우리에게 요구한다. 그러한 요구는 "광주 시민들에겐 여전히 피눈물 솟구치는 '현실'이 타인들에게는 이미 정리되어진 한낱 '과거'일 뿐"[18]인 비정한 세태에 대한 경종이며, 5월항쟁의 사실을 정확히 증언·재현(재연에 가깝지만)하려는 의지의 발로라 할 것이다. 이 소설은 너무 늦게 나온 5월항쟁의 총체적 구현물이다.

　『봄날』이후, 5월항쟁 관련 장편이 몇 편 출간되었다. 예를 들어 고대의 신화적 모티프와 알레고리적 수법을 사용하여 항쟁의 문제를 다루고 있는 김신

---

18 임철우, 「자전소설: 낙서, 길에 대하여」, 『문학동네』(1998년 봄호), 61쪽.

운의 『청동조서』, 항쟁에 직접 가담했음에도 불구하고 그 문제에 대해 다소 유보적인 관점을 보였던 송기숙의 『오월의 미소』, 죽음을 불사하도록 했던 이른바 '광주공동체'의 실체와 의미가 무엇인가를 파헤치고자 했던 정찬의 『광야』 등이 그것이다. 이 작품들에 대한 평가 역시 앞서 제시한 두 가지 과제의 맥락에서 이루어져야 할 것임이 틀림없다.

2) 음악

1970년대 유신체제와 저항가요

I. 저항가요의 형성

1975년 박정희의 유신체제는 긴급조치 9호를 선포하였다. 이는 국민의 민주적 권리를 전면 부정한, 초헌법적인 폭압이었다. 살벌한 정세가 조성되었다. 학생운동은 위축되고, 노동운동도 숨을 죽여야 했다. 긴급조치의 칼날은 대중문화에도 예외가 아니었다. 이해 한국예술문화윤리위원회는 '대중가요 재심의 원칙과 경위'를 발표하였다. "국가안보와 국민총화에 악영향을 줄 수 있는 것, 외래 풍조의 무분별한 도입과 모방, 패배·자학·비탄적인 작품, 선정적이고 퇴폐적인 내용"의 노래를 금지한다는 내용이었다. 그러나 이 조치의 본 목적은 유신체제에 비판적인 노래를 제거하는 것이었다. 당장, 이장희의 「그건 너」, 김민기의 「아침 이슬」 등 45곡이 금지곡으로 지정되었다.

대중가요의 자유는 극도로 위축되었다. 대마초 파동도 악영향을 끼쳤다. 대중가요는 획일화되고 상업주의로 치달았다. 민중의 현실과 무관한 대중가요가 범람했고, 사람들은 이제 더는 대중가요에서 저항적 요소를 기대할 수 없게 되었다. 그러자 대학을 중심으로 새로운 노래문화가 형성되었다. 이들은 퇴폐성과 상업주의에 물든 대중가요를 '거짓의 노래'라 비판했다. 그리고 '진실한 삶의 노래'를 만들어서, 개혁적 교회 등을 통해 보급하였다. 이른바 '저항노래' '운동권 노래'가 불리기 시작한 것이다. 이 흐름은 두 가지 갈래로

김민기(1951~) 앨범. 「친구」「아침이슬」 등 포크송 계통의 김민기의 노래들은 유신체제에 대한 비판과 저항의 노래로서 인식되고 애창되었다.

진행되었다. 하나는 서양 음악의 가락에 민중의 삶을 담은 가사의 형태이고, 다른 하나는 민족적 가락을 추구한 것이다.

II. 서양 가락의 저항가요

1970년대 저항가요의 유행에는 미국의 민중저항가요(Folk Protest Song)가 지대한 영향을 끼쳤다. 'Folk Protest Song'은 1960년대 'New Life'라 불리는 진보적 학생운동과 마틴 루서 킹 목사를 중심으로 한 흑인 인권운동에서 비롯된 것이다. 이들은 베트남 반전시위를 주도했는데, 이때 유행한 노래가 「오 자유」(Oh Freedom), 「우리 승리하리라」(We Shall Overcome) 등이다.

미국의 포크송은 1970년대 우리 대학가에서 선풍적으로 유행하였다. 통기타와 청바지가 청년문화의 상징 코드처럼 여겨졌다. 한국기독학생회(KSCF)를 중심으로 한 기독교 운동권에서는 「오 자유」, 「가라 모세」, 「우리 승리하리라」, 「미칠 것 같은 이 세상」 등의 노래를 수용하고 보급하였다. 대학가의 통기타 가수들은 우디 거스리(Woody Guthrie), 밥 딜런(Bob Dylan), 피트 시거(Pete Seger), 존 바에즈(Joan Baez)의 노래를 번안하거나 모방한 곡을 통해 유신체제의 문화 결핍을 해소하고자 하였다.

1970년대 대학가에는 「스텐카 라친」(Stenka Razin), 「해방가」, 「탄아 탄아」, 「진달래」 등의 노래가 소수의 운동권 학생들 사이에 불리고 있었다. 이러한 상황에서 김민기의 등장은 포크송 계통 저항가요의 기폭제가 되었다. 김민기의 「친구」, 「아하 누가 그렇게」, 「두리번거린다」 등 노랫말은 유신체제에 정면으로 맞서기엔 역부족이던 1970년대 지식인의 자의식과 같았다. 「아침 이슬」(1971)을 비롯한 그의 수많은 곡들은, 유신체제에 대한 비판과 저항의 노래로 재해석되면서, 운동권 노래로 불렸다. 그들은 김민기의 노래를 부르면서 아픔을 공감하였다. 한대수의 「물 좀 주소」, 「바람과 나」, 「하룻밤」, 「행복의 나라」, 양병집의 「서울 하늘」이 대학가에서 유행한 것도 같은 이치였다.

1970년대 후반까지 100여 곡의 노래가 운동권 노래로 불렸다. 그러나 김민기를 비롯한 이 시대의 포크송은 시대적 한계를 지니고 있었다. 김민기의 노래 ― 「작은 연못」, 「꽃 피우는 아이」, 「그날」, 「서울로 가는 길」 ― 가 사회를 풍자한 것은 분명하지만, 그 표현 방식은 알레고리적이었다. 「아침 이슬」의 "나 이제 가노라, 저 거친 광야에, 서러움 모두 버리고, 나 이제 가노라"에 드러나듯, 그 지향점이 노스탤지어적인 형태로 제시된다는 점도 그러하다. 창작주체의 측면에서도 그들은 조직이 아닌 개인이었으며, 목적의식적이기보다 양심적이었다. 그럼에도 불구하고 그들의 노래가 시대적 소명을 충분히 감당했다는 사실은, 그만큼 유신체제가 혹독한 재갈의 시대였음을 말해주는 것이다.

반면, 대중(노래 수용자)들의 자세는 훨씬 능동적이었다. 그들은 김민기 등의 노래에 시대 상황을 투영하여 사회적 의미를 부여하였다. 집회 현장 등에서 저항노래로, 운동권 노래로 재창조하여 부르면서 전율을 느끼곤 했다. 기존의 노래에 가사를 바꾸어 부르는 '개사곡' 또는 '노가바'도 그러한 사례일 것이다. 개사곡은, 창작 능력이 없는 대중들이, 원하는 노래의 공급이 부족할 때 임기응변으로 만드는 노래이다. 따라서 순발력이 관건이며, 관련 내용이 해소되면 곧 잊히는 것이 보통이다. 1970년대 개사곡은 노동자에 대한 지식인들의 문화활동에서 비롯되었다.[19] 구전가요를 개사한 「아 미운 사람」의 경우도 1974년부터 1979년까지 진행된 '크리스천아카데미 중간간부 교육사업'의 집단창작 시간에 만들어진 것이다.[20] 이런 연유로 YH노조, 원풍모방노조 등 노동조합은 투쟁의 수단으로 개사곡을 즐겨 활용하곤 하였다.

III. 우리 전통 가락의 저항가요

1970년대 중반, 음악계에서도 민족형식에 대한 고민이 진행되었다. 그들은 마치 팝송을 번안한 듯, 서양 운율에 가사만 한글인 창작 현실이 불만족스러웠다. 문학계의 '민족문학론'과 같은 맥락의 움직임이 음악계에도 형성되었다. 이른바 '음악적 모국어 찾기 운동'이 그것으로, '민족적 형식에 민중적 내용을 담는다'가 요체였다. 탈춤을 비롯한 판소리, 풍물, 굿, 남사당 연희, 민요 등 전통 놀이문화에 대한 관심과 열정이 증대하였다.

각 대학에 탈춤반과 전통문화연구회가 속속 결성되었다. 이들은 탈춤 양식을 기본으로 한 민족굿(극) 운동을 전개하였다. 전통 민속으로부터 저항과 풍자와 신명을 되살려내자는 취지였다. 그 대표적인 공연이 「소리굿 아구」, 「진오귀굿」(1973), 「함평 고구마」, 「공장의 불빛」, 「돼지꿈」, 「진동아굿」, 「장산곶매」 등이었다. 포크송 유형의 저항가요에 비하여 주제가 더 구체적이고, 생활에 밀착된 특징을 보여준다. 이들은 공연을 통해 현실을 풍자하고, 공연 후에는 으레 반독재 시위를 벌이기도 하였다.

---

19 개사곡은 보통 풍자와 재미를 만끽하려는 의도로 창작된다. 가사 전체가 아닌 일부분을 바꾸어 전혀 다른 의미로 탈바꿈하기도 한다. 개사곡으로 활용된 노래 유형은 다양하였다. 구전가요, 동요(뛰뛰빵빵), 대중가요(집시 여인), 가요(조개껍질 묶어), 복음성가(큰 힘 주는 조합) 등.

20 노동자가 얼마나 노동을 더 해야 아- 살 수 있나요 / 우리 모두 지금까지 피땀 흘렸는데 아- 슬픈 현실 /지금까지 빼앗겼는데 계속해서 착취당해야 / 노동자는 기계인가요. 느낀 것이 너무 많아요 / 설움에 지친 눈에 빛이 보여요 내일에 찬란한 빛이 / 구전가요: 노래를 못하면 장가를 못 가요 아- 미운 사람 / 장가를 가도 아들을 못 낳아요 아- 미운 사람 / 아들을 낳아도 고자를 낳아요 아- 미운 사람

민족형식에 대한 관심은 자연스럽게 민요부흥운동을 촉발했다. 노동요 등 전통 민요에 노동의 의미, 마당놀이의 대동놀이 등을 적극적으로 수용함으로써, 민족적 감수성을 함양하는 데 그 목적이 있었다. 그 결과 「엉겅퀴야」, 「타박네야」, 「한중가」 등이 대학가의 저항노래로서 유행하였다.[21]

이러한 민족문화운동은 유신체제에 맞서 민주주의의 불씨를 지펴내기 위한 방책이자, 폭압에 대항하는 수단을 창조하려는 노력이었다.

IV. 대학 노래패의 결성

1977년, MBC 주최로 대학가요제가 창설되었다. 대학가요제는 대학생뿐만 아니라 대중가요에 식상한 일반 대중에게도 선풍적인 인기를 끌었다. 곧 TBC 방송의 해변가요제(1978)를 비롯하여 1980년대 초반까지 대학생을 대상으로 한 가요제가 다수 개설되었다. 방송국 간 시청률 경쟁이 치열해지고, 대학가요제는 대학생 스타를 배출하는 통로로 상업화되었다. 미국 록그룹을 흉내 낸 그룹사운드가 대학에 우후죽순처럼 생겼다. 이들의 목표는 오직 대학가요제에 입상하는 것이었다. 결국 대학생이라는 점 외에는 노래가사와 악곡, 지향점에서 대중가요와 다를 바 없는 것이 대학가요제였다고 할 수 있다.

이와 달리 취미서클 수준의 대학 노래패도 결성되기 시작했다. 1977년 서울대 '메아리'를 필두로 이화여대 '한소리', 고려대 '석화회', 성균관대 '소리사랑', 연세대 '울림터', 부산대 '소리터', 숙명여대 '한가람' 등이 만들어졌다. 이들의 경향은 대학가요제와 달랐다. 대학가요제의 노래가 추상적이고 현실 도피적인 낭만성에 편향된 반면, 대학 노래패는 사회 문제에 관심을 기울였다. 이들은 김민기의 「아침 이슬」, 「친구」 등을 담은 노래책을 만들어 대학에 유포하였다. 이처럼 대학 노래패가 아마추어 수준임에도 불구하고, 목적의식적으로 저항노래를 배포하고, 연주하고, 창작하려 했다는 점에 주목할 필요

---

21 「타박네야」 타박타박 타박네야 너 어드메 울고 가니 / 우리 엄마 무덤가에 젖 먹으러 찾아간다. / 물이 깊어서 못 간단다. 물 깊으면 헤엄처 가지 / 산이 높아서 못 간단다. 산 높으면 기어서 가지 / 명태 주랴 명태 싫다 가지 주랴 가지 싫다 / 우리 엄마 젖을 다우 우리 엄마 젖을 다우

가 있다. 1970년대 개인적인 창작과 연주 위주를 극복한 목적의식적인 노래
운동이 개시된 것을 의미하기 때문이다.

1970년대 김민기의 포크송, 민족음악론에 힘입은 마당굿, 대학 노래패의
성과가 잘 드러난 공연이 바로 「공장의 불빛」(1979)이다. 이 공연은 동일방직
노동자투쟁(1979)을 주제로 한 노래극이었다. 채희완·이애주·임진택·김
민기·장만철·유인택·장선우가 참여하였다. 서정적인 포크송과 로큰롤 어
법, 탈춤, 전통 음악 등의 다양한 양식이 망라되어, 동일방직 노동자의 투쟁을
형상화하였다. 이 공연이 대학문화 역량과 사회 문화운동의 모든 역량이 총
화 결집한 노래극으로 평가받는 이유이다. 더욱이 「상록수」, 「식구 생각」,
「소금땀 흘리 흘리」, 「사노라면」, 「야근」 등 공연 노래를 녹음한 테이프가 노
동자 사이에 보급되는 성과를 거두기도 하였다.

1980년 5·18항쟁과 민중음악

I. 5·18항쟁과 '5월 노래'

1980년 5·18항쟁은 노래운동에도 큰 영향을 끼쳤다. 이는 1980년 이후 1
천여 곡의 민중가요가 창작되었고, 약 40권의 민중가요 노래집이 발간된 사
실에서도 잘 드러난다. 또한 개인적 신념에 따른 노래운동 차원을 극복한 목
적의식적인 노래운동조직이 결성되고, 전국적인 연대조직으로까지 나아간
것도 5·18항쟁의 성과라 할 수 있다. 특히 '5월 음악'은 그 자체가 마치 고유
명사처럼 여겨질 만큼 민중음악에서 핵심적 위치를 점하였다.

5·18항쟁 초기 시위에 가담한 시민들에게 민중가요는 친숙한 노래가 아
니었다. 시민들은 「아리랑」, 「애국가」, 「우리의 소원은 통일」, 「선구자」, 「고
향의 봄」 등의 노래를 불렀다. 항쟁이 격화되자, 시민군들은 「사나이로」, 「전
우의 시체를 넘고 넘어」 등 군가를 개사하여 불렀다. '계엄군과 맞선 시민군
이 군가라니' 할 수도 있겠지만, 익숙한 민중가요가 없는 상태에서 임기응변
으로 개사곡이 유용했던 까닭이다. 이렇듯 항쟁 당시 광주 시민들이 형식에

관계없이 노래를 불렀다는 점은 시사하는 바가 크다. 공포와 투쟁, 절망과 희망, 고립과 연대라는 복잡다단한 감정들이 노래를 통해 수렴되고 확산될 수 있었기 때문이다.

    1. 이 땅에 민주를 수호코자 일어선 사람들
       시민들은 단결하여 다 같이 투쟁하자
       피에 맺힌 민주사회 언제 오려나
       강철같이 단결하여 끝까지 투쟁하자

    2. 부모형제를 지키고자 일어선 시민들
       학생들과 시민들은 다 같이 투쟁한다.
       피에 맺힌 전두환을 언제 죽이나
       강철같이 단결하여 끝까지 투쟁하자 (「투사회보」에 실린 「전우의 시체를 넘고 넘어」 개사곡)

본격적인 5월 노래의 양산은 대학 노래패의 활동에 힘입은 바였다. 1980년 초반에 서울에서는 울림터(연세대), 소리개벽・더불어 사는 소리・하늬바람(한양대), 민요패(서울시립대), 진달래・누리울림(중앙대), 새물결(외국어대), 노래얼・석화(고려대), 한가람(숙명여대), 소리사랑(성균관대) 등이 결성되었다. 지방에서는 햇불・한울림(전남대), 함성(조선대), 소낙비(광주대), 푸른 산하(전북대), 목마름(목원대), 소리터(부산대) 등이 노래운동을 주도하였다. 그러나 1980년 전반기 민중음악의 일반적인 정서는 침울하였다. 1980년 5・18항쟁의 참혹함과 산 자의 죄의식은 민중노래에 짙게 배어들었다. 느린 단조 선율의 행진곡, 비장한 가사가 당시 노래의 주된 분위기였던 것이다. 따라서 투쟁의 과정은 조직적인 전망보다 자기 결단이며, 그 지향점도 구체적이지 않고 추상적인 형태로 제시되고 있었다. 이것은 민중음악의 주된 창작주체였던 당시 대학과 지식인의 현실인식을 반영한다. 이러한 한계는 1984년을 전후로 그들

「오월맞이 큰 굿」(망월묘역, 2005). 해마다 5월이면, 광주를 비롯한 전국 각처에서 5·18항쟁을 기억하려는 문화적 행위들이 펼쳐지고 있다.

이 대학을 졸업하고 전문 노래패로 합류하거나, 노동 현장에 들어가면서, 현실인식이 훨씬 구체적이고 생활에 밀착되면서 극복되기 시작했다. 예컨대 노래를 찾는 사람들·민요연구회·짜임·예울림·기러기(서울), 새힘(안양), 산하(인천), 천리마(수원), 노래마을(성남), 더 큰 소리(부천), 노래야 나오너라·부산민요연구회(부산), 친구·소리모아(광주), 터·들꽃소리(대전), 산하(전주), 녹두패(청주), 한 햇살(안동), 소리새벽(마산), 소리타래(대구), 한가슴(장승포), 우리소리연구회(제주) 등이 그러했다.[22]

5월 음악은 몇 가지 유형으로 구분할 수 있다. 첫째, 5월항쟁의 비극과 산자의 부채의식을 비장한 노랫말과 느린 단조 행진곡에 형상화한 작품들이다. 「전진가」(박치음; 본명 박용범 곡, 1980. 12)와 「님을 위한 행진곡」(김종률 곡, 1981), 「오월의 노래 2」가 대표적이다. 「전진가」는 최초의 5·18항쟁 노래로 알려져 있다. 단조의 선율에 신군부의 허위와 기만, 착취와 수탈을 극복하고

---

22 신형원, 「1980년대 한국 민주화운동과 노래문화에 관한 연구」, 단국대 석사논문, 2005.

민중의 권리를 되찾자는 비장한 노랫말을 담은 작품이다. 「님을 위한 행진곡」은 1978년 겨울 들불야학에 헌신적으로 참여하다가 연탄가스 사고로 숨진 박기순(당시 전남대 국사교육과 3년)과 광주항쟁 때 시민군 대변인으로 5월 27일 새벽 총격전에서 사망한 윤상원 열사의 영혼결혼식을 위해 만들어진 노래극 「넋풀이」에 삽입되었던 곡이다.[23] 이 노래는 민주화투쟁의 현장과 민중의례에서 끊임없이 불리면서, 5·18항쟁을 상징하는 음악이 되었다.

「오월의 노래 2」도 「님을 위한 행진곡」 못지않게 수많은 5월 행사에서 불린 5월 노래이다. 원곡은 서정적인 프랑스 샹송으로, 뤼시앵 모리스(Lucien Morrisse)를 추모하여 미셸 폴라레프(Michel Polareff)가 1971년 작사·작곡한 「누가 할머니를 죽였는가?」(Qui a tué Grand Maman?)이다. 그 옛날 할머니가 소중하게 가꾸었던 아름다운 정원이 개발되면서 나무·꽃·새들이 사라졌고, 그 정원 속에서 찾을 수 있었던 여유와 상념의 시간 또한 사라졌기 때문에 상심한 할머니가 돌아가셨다는 내용이다. 1971년 박인희가 우리나라에서 「사랑의 추억」이라는 제목으로 발표하였으나 주목받지는 못했다. 그러나 가사 바꾸기를 통해서 5월을 형상화하는 노래로 탈바꿈되어 5월을 기억시키고 투쟁에 필요한 에너지를 공급하며 반정부·반미감정을 불러일으키는, 시위의 현장에서 없어서는 안 될 투쟁가가 되었다. 그 밖에 이 유형에 속하는 작품으로는 「광주출정가」, 「전진하는 새벽」, 「전진하는 오월」, 「선봉에 서서」, 「오월의 노래 2·3」, 「부활하는 산하」, 「분노는 계속됩니다」, 「진군가」, 「혁명광주」 등이 있다.

둘째, 창작민요 형식의 5월 노래이다. 대표적인 작품으로는 「꽃아 꽃아」(김정희 작사, 정세현 작곡, 1985), 「남도의 비」(조용호 시, 김상철 작곡, 1985)를 비롯하

---

23 백기완의 시 「젊은 남녘의 춤꾼에게 띄우는 못비나리」에서 따온 시의 부분을 다시 황석영이 정리하여 가사를 완성하고 김종률이 곡을 붙인 작품이다. 김종률은 당시 전남대 상대에 다니던 학생으로서 제3회 MBC 대학가요제에서 「영랑과 강진」으로 은상을 수상했고 집회·결사의 자유가 없었던 1981년 이른 봄 광주의 중심지에 위치한 남도예술회관에서 자신이 작곡한 저항가요들을 발표하기도 한 가창과 작곡에 재능 있는 청년이었다. 정유하, 「5·18광주민주화항쟁과 민중가요」; 정유하, 「5·18 의례음악의 특성과 변화의 양상」, 2004.

여, 「내 가슴에 살아 있는 넋」, 「에루아 에루얼싸」, 「그리움 가는 길 어드메쯤」, 「무등산 자장가」, 「광주천」, 「모두들 여기 모였구나」 등을 들 수 있다. 전남대 국악과 출신인 정세현의 작품 「꽃아 꽃아」는 광주 지역 놀이패 신명의 창작 마당극 「일어서는 사람들」에 삽입된 작품이다. 끊임없이 피어나는 꽃으로 망월동의 5월 영령을 형상화한 가사와, 굿거리장단 및 육자배기 가락으로 처리한 후렴구가 인상적인 5월 노래이다.[24]

셋째, 서정적인 선율과 가사 유형의 5월 노래가 있다. 「오월의 노래」(문승현 작사, 작곡)를 위시하여, 「광주여 무등산이여」, 「꽃도 십자가도 없는 무덤」, 「노래 2」, 「눈 감으면」, 「다시 오월에」, 「무등산가」, 「무진벌 그 자리」, 「바람에 지는 풀잎으로 오월을 노래 말아라」, 「부활하는 산하」, 「아, 우리들의 십자가여」, 「예성강」, 「오월」, 「오월꽃아」, 「오월에서 유월로」, 「이 산하에」, 「잠들지 않는 남도」, 「젊은 넋의 노래」, 「지리산 2」, 「찢어진 깃폭」 등이 있다.

그 밖에 노래가사를 바꾼 개사곡 「아기는 울다 지쳐」(원곡 「섬집 아기」), 5월 대중가요 「오월의 햇살」(이선희), 「여기가 어디냐」(인순이), 「5 · 18」(정태춘), 「무등산 엘레지」(김병선), 「산화가」(김정주), 「슬픈 노래」(빛과 소금), 「한다」(안치환), 「목련이 진들」(박문옥) 등이 1990년대 이후 등장하였다. 또한 「선생님, 광주의 오월을 아세요」(이예슬 시, 어린이 노래패 아름나라 곡) 등 5월 동요도 있다.

그 밖에 5월을 주제로 한 연주곡도 발표되었다. 관현악곡으로는 1981년 발표된 윤이상의 「광주여 영원히」를 비롯하여, 「오월에서 통일로」(박종화, 2000), 「광주항쟁」(정유하, 2002)이 있다. 오페라로는 김선철의 「무등둥둥」(1999), 교성곡으로 「나의 땅, 나의 민족이여」(윤이상, 1987), 「화염에 휩싸인 천사와 에필로그」(윤이상, 1994)가 연주되었다. 실내악곡으로는 「광주천」(민요연구회, 1989), 「오월곡」(전경숙, 1989)이 있고, 독주곡으로는 「광주, 1980년 5월」(유지다카하시, 1981), 「오월의 노래 2」(1980)가 있다. 가곡으로는 「이 오월에」(이민수, 1981, 1989), 「학살」(1989), 「달」(김대성, 1989), 「5 · 18 애가」(한만섭, 1993), 「망월

24 신형원, 앞의 글, 42쪽.

● 표 6-4 광미공 5월전(1989~2007)

횟수	전시년도	전시주제	장소	비고
1	1989	창립전	남봉미술관	
2	1990	10일간의 항쟁, 10년간의 역사	남봉미술관	
3	1991	5월에 본 미국	망월묘역	
4	1992	더 넓은 민중의 바다로	인재미술관 금남로	목포미술패 대반 동과 공동주최
5	1993	희망을 위하여	금남로	
6	1994	희망의 무등을 넘어	금남로	
7	1995	5월 특별법 제정을 위한 35인 가해자 얼굴	금남로	시민공동창작
8	1996	우리 하늘 우리 땅	금남로	
9	1997	만인의 얼굴	금남로	작품도난사건
10	1998	아름다운 사람들	금남로	
11	1999	IMF	금남로	
12	2000	생명, 나눔, 공존	가톨릭갤러리 인재 궁동미술관	
13	2001	한라와 무등 — 역사의 맥	남도예술회관 제주문예회관	4·3교류전
14	2002	상처	남봉미술관	
15	2003	나는 너다	인재미술관	
16	2004	희망의 근거	5·18기념문화관	
17	2005	아홉 개의 창	5·18기념문화관	
18	2006	광주 한반도 ...ing	구 도청 본관	
19	2007	광장의 기억	구 도청 본관	

게 보여주었다. 또한 창작 방법에서 기존의 관념적이고 서정적인 정서를 극복하고 서사적 구조를 채택함으로써 5월 광주항쟁의 역동성을 효과적으로 표현한 전시였다.

1992년부터 5월전의 주제는 항쟁에서 민중으로 전환하기 시작했다. 「더 넓은 민중의 바다로」(인재미술관, 금남로, 1992), 「희망을 위하여」(금남로, 1993), 「희망의 무등을 넘어」(금남로, 1994), 「우리 하늘 우리 땅」(금남로, 1996) 등이 그러했다. 또한 전시장을 벗어나 금남로와 망월묘역에서 거리전의 형식으로 열렸다. 여기에는 5·18항쟁의 주체세력이 민중이라는 자각에 힘입은 바였다.

「아들의 낫을 가는 아버지」(이사범, 캔버스에 아크릴릭, 100호, 1989) 광주전남미술인공동체 창립전에 출품된 작품이다. 망월동 묘지와 상여 장면을 배경으로 광주항쟁으로 죽은 아들의 낫을 가는 아버지의 모습을 통해 결코 광주항쟁이 한때의 비극에 머물지 않는다는 의미가 부각되었다.

민중이 '삶의 중심'이며, 민중과 유리된 미술을 다시금 경계하면서, 피폐한 농어촌의 현실, 한계상황에 이른 노동자, 도시빈민, 퇴색해가는 광주항쟁의 기억을 회상한 것이다.

　　'삶의 조건'은 세월에 따라 변하는 것이지만 '삶의 중심'은 언제고 변할 수 없다는 믿음으로 우리는 지금 지난 80년대 미술운동의 진원지였던 이곳 금남로 거리에서 사람살이의 참된 아름다움은 무엇인가를 다시 되묻는 것이다. [……] 길이 아닌 길, 방법이 아닌 방법, 대중이 없이 이뤄지는 미술은 결국 한 시대의 호사취미를 만족시키는 치장거리로 전락하고 말 것이다.[62]

　1993년과 이듬해까지 5월전에서 '희망'을 강조한 것은 1992년의 대통령 선거에서 패배한 데 따른 호남 민중의 정서를 역설적으로 반영한 것이다. 지역의 굴레에서 5·18항쟁을 벗어나게 할 때(「희망의 무등을 넘어」, 1994) 비로소 새로운 전망을 세울 수 있다(「우리 하늘 우리 땅」)는 자각이었다. 다소 침체된 분위기는 1995년 '5·18특별법'의 제정 및 전두환 전 대통령이 '반란수괴죄'로 전격 구속되고, 안티비엔날레로 진행한 「95 광주통일미술제」가 대성황을 거두면서 반전되었다. 「만인의 얼굴 ― 내가 너의 이름을 부를 때」전(금남로, 1997)에서 5·18항쟁 때 무참하게 목숨을 잃은 영령의 얼굴 초상을 비롯하여 정치인, 노인, 어린아이 등 다양한 계층의 얼굴 표정만을 확대한 전시를 통해서 5·18항쟁의 의미를 되새겼다.[63] 이 분위기는 김대중 정권의 수립으로 고조되면서 「아름다운 사람들」전(금남로, 1998), 「다시 보는 5월 판화전 ― 다시 이 거리에 서면」(가톨릭갤러리, 1998)이라는 다소 낭만적이고 회고적인 전시로 이어졌다. 1997년 5·18묘지 조성과 국가기념일 제정에 이은 정권 교체가 광주 시민의 감회를 새롭게 했던 것이다.[64]

---

62 「희망을 위하여」 팸플릿 서문.
63 그러나 금남로 야외 전시로 열린 「만인의 얼굴」전은 5월 19일 새벽에 총 700여 점의 작품이 도난당하는 수난을 겪었다.

2000년대 초반 5월전의 주제는 「생명, 나눔, 공존」(가톨릭갤러리 외, 2000), 「한라와 무등 ― 역사의 맥」(남도예술회관, 2001)이었다. 5·18항쟁의 의미를 생명과 나눔, 공존으로 파악하고, 이를 제주 4·3항쟁과 역사의 맥락에서 공유한 것이다.[65] 그리고 광미공은 회원의 결의로 해소되었다. 이후 5월전은 광주민예총 미술분과의 주도하에 진행되었다. 2002년 이후 5월전의 주제는 「상처」(남봉미술관, 2002), 「나는 너다」(인재미술관, 2003), 「희망의 근거」(5·18기념문화관, 2004), 「아홉 개의 창」(5·18기념문화관, 2005), 「광주, 한반도...ing」(구 도청 본관, 2006), 「광장의 기억」(구 도청 본관, 2007)이다. 5·18항쟁의 상처를 통해 역설적으로 희망의 근거를 확인하고, 광장의 기억을 되살리려는 노력을 확인할 수 있는 대목이다. 여전히 5·18항쟁이 제기한 한반도의 과제는 미해결의 진행형이다.

4) 영상물

5월 다큐멘터리[66]

5월운동 초창기 항쟁의 실상을 확인하기는 쉽지 않은 일이었다. 군부정권의 언론 통제와 언론사의 자발적 검열 탓에 진실은 모호한 채로 남아 있을 수밖에 없었다. 1987년까지는 외국에서 제작된 보도필름이나 현장필름 등을 국

---

64 광주시와 5·18재단은 공동으로 「다큐멘터리 5·18」을 제작하였고, KBS에서는 「개혁실천 특별기획: 5·18 광주민중항쟁」을 1998년 5월 18일에 방송하였다.

65 「한라와 무등 ― 역사의 맥」전 전시 팸플릿.

66 광주항쟁과 관련된 다큐멘터리 영상물은 항쟁 이후 현재까지 50여 편이 넘는 작품이 생산된 것으로 기록되어 있다. 정근식은 5월이나 5월운동을 다큐멘터리 형태로 다룬 영상물들이 언제, 어떤 맥락에서 제작되고 유통되었는가를 검토하기 위해 시대적 추이와 정치적 지향에 따라 몇 개의 국면으로 나누어 5월 다큐멘터리들을 분석한 바 있다. 정근식은 5월 다큐멘터리를 한국 정치의 지형 변화에 따라 6개의 국면으로 나누어 그 특징들을 살핀 다음 "전반적으로 5·18 영상은 광주항쟁의 기억을 상기시킴으로써 민주화운동의 에너지를 이끌어내고, 희생자들의 현재의 고통에 역사적 의미를 부여함으로써 명예회복과 기념사업의 방향을 제시하는 등 5월운동이 거둔 중요한 성과 가운데 하나로 꼽을 수 있다"(정근식, 「항쟁의 기억과 영상적 재현: 5·18 다큐멘터리의 전개 과정」, 『기억투쟁과 문화운동의 전개』, 294쪽)고 평가한다. 5월 영상물 특히 다큐멘터리에 대한 이하 서술은 정근식의 논의에 기대고 있다.

내에 은밀히 유입하여 당시의 사실들을 확인해야만 했다.

1981년 미국에서 제작된 「오, 광주」는 재미교포들 사이에서 배포되다가, 그중 일부가 국내로 반입된다. 이 비디오는 광주 주재 미국 ABC와 CBS 방송국 특파원들이 촬영한 20분 분량의 자료, 일본기독교교회협의회(JNCC)에서 얻은 15분 분량의 자료, 그리고 5·18 직후 유엔본부 앞에서 교민들이 벌인 시위 장면을 찍은 5분 분량의 ABC 자료 등을 모아 총 40여 분 분량으로 구성한 것이다.

1987년 6월항쟁 이후 군부독재가 유화적인 태도로 바뀌자 광주의 5월 문제는 공공연하게 논의되기 시작했다. 특히 1989년 2월 '광주 청문회' TV 생중계를 계기로 MBC는 다큐멘터리 「어머니의 노래」(1989년 2월 3일 방영), KBS는 다큐멘터리 「광주는 말한다」(1989년 3월 8일 방영)를 제작해서 전국으로 방송했다.

다큐멘터리 「어머니의 노래」는 진상규명 문제보다는 5월을 겪었던 개인의 아픔만을 부각하여 광주의 실상을 충분히 전달하지 못했다는 평가를 받았다. 또한 「광주는 말한다」는 광주 청문회에서 시민들의 증언 장면을 육군본부에서 발행한 『전투교육사령부 교훈집』과 교차하여 보여줌으로써 당시의 상황을 객관적 사실로 구성하려 했던 노력을 엿볼 수 있다. 이 다큐멘터리들은 전 국민에게 광주의 왜곡된 진실을 교정하는 큰 역할을 했던 것으로 평가되고 있다.

같은 해인 1989년 광주 MBC는 5월항쟁 이후 민중가요의 주요 흐름과 성격을 분석하면서, 기존의 자료화면과 관련 인물 인터뷰, 미술인 홍성담의 5월 판화집 『새벽』 등의 사진자료들을 보여주는 「님을 위한 행진곡」이라는 제목의 다큐멘터리를 제작한다. 이 작품은 좌절감과 패배감에 싸여 있던 5월의 기억 대신 "산 자여 따르라"는 노래 「님을 위한 행진곡」의 메시지처럼 적극적인 저항을 끌어내고자 했던 의도와 더불어 문화운동을 통해 항쟁의 기억에 접근하는 것이 유력한 방식일 수 있음을 암시한 작품으로 평가되고 있다.

그러나 1990년의 3당 합당과 뒤이은 1993년의 문민정부 등장은 5월 다큐멘터리가 상당한 굴곡을 겪게 되는 계기를 제공한다. 이와 더불어 광주와 5월

의 기억에 대한 지방화 또는 지역화 현상이 나타나게 된다. 이는 3당 합당이 호남의 고립감을 크게 증폭시켰고 그것이 5월의 문제를 신문이나 방송에서 지방화되도록 하는 계기를 마련했던 것으로 보인다.

1993년 5월 13일, 김영삼 대통령이 5·18 13주년을 앞두고 '광주민주화운동 특별담화문'을 발표하자, 이날 MBC와 SBS에서는 각각 '보도특집' 「광주, 1993년 5월」과 '특집토론' 「5·18 광주민주화운동」을 긴급 편성해 방송했다. 아울러 KBS 광주방송총국과 광주 MBC는 5월 18일 망월묘역에서 열린 기념식을 호남 지역에 최초로 생중계했다.

1994년에는 KBS가 5·18 기념식을 전국 생중계하고, 특집 다큐멘터리 「황토현에서 광주까지」를 전국에 방송할 예정이었다. 그러나 방송사 측에서 "부처님 오신 날 법요식 중계 일정과 겹쳐 5·18 생방송은 불가능하다"며 전국 방송 불가를 밝히고, 호남 지역에만 기념식을 생중계했다. 5·18 15주년이 되는 1995년에도 KBS는 5·18기념재단의 기념식 전국 생중계 요청을 받아들이

지 않기로 결정했다. 광주총국에서 별도로 요청한 추모식 중계 요청은 받아들여 호남 지역에만 중계했을 뿐, 방송 3사의 광주 특집 프로그램은 전혀 찾아볼 수 없었다.

한편 1995년 방송용이 아닌 보급·판매용 비디오 「오월 그날이 다시 오면 II」(55분)가 제작됐다. 이 비디오는 1994년부터 1995년 5월까지 5월 관련 프로그램들이 '증발'해버린 상황에서, 방송사가 아닌 문화운동진영에서 처음으로 5월 영상을 제작했다는 점에서 의의가 크다. 한국민족예술인총연합회(이하 민예총)가 기획하고 파나비전이 제작한 이 비디오는 "진상규명과 학살자 처벌이 꼭 이뤄져야 함을 이야기하기 위해서" 제작한 것이었으며, "광주는 끝나지 않았다"는 메시지를 담았다. 또한 이 텍스트는 공연윤리위원회의 심의를 거쳐 정식으로 판매된 최초의 5월 관련 비디오이다. 이 비디오는 자료화면들을 항쟁 국면들의 시기와 상황에 따라 순차적으로 편집한 것으로 1987년에 제작된 「오월 그날이 다시 오면」과 같은 '고발'과 '폭로'의 성격을 지닌 현장 기록물의 형식을 재도입한 것이다. 고발과 폭로의 효과를 극대화하기 위해 그간 방송 다큐멘터리에서 자주 사용하던 설명적 내레이션을 배제하고, 필요한 부분에서만 자막을 통해 항쟁 국면들을 제시하면서 당시의 상황과 진실을 충실히 전달하려는 기법을 취했다.

1995년 12월, '학살자 처벌' 국면이 가시화되면서, 방송 3사는 5월과 관련한 신군부의 만행을 재조명하는 기획 프로그램을 연일 내보낸다. 특히 전두환 전 대통령이 구속된 12월 3일에는 방송 3사가 총 9차례나 5월 관련 프로그램을 방송하는가 하면, 방송사들은 각종 뉴스 프로그램을 통해 "5·18, 12·12 특집을 긴급 편성하는 기민함을 과시하기도 했다."[67]

방송 다큐멘터리의 한계는 수익성과 직결되는 '시청률' 문제에서 비롯된다.[68] 5월 관련 방송은 언론사의 자기반성이나 시청자들의 요구보다는 프로그

---

67 『한겨레』, 1995. 12. 6.

68 강준상·이선화, 「시네마 베리테, 신화와 역사 사이」, 진보적 미디어운동 연구센터 프리즘 엮음, 『영화운동의 역사: 구경거리에서 해방의 무기로』(서울출판미디어, 2002), 234~38쪽 참조.

램에 따른 시청률을 의식할 수밖에 없었다. 때문에 5월 문제가 일정한 정치적 쟁점으로 드러나면 각 방송사들이 5월 관련 프로그램들을 경쟁적으로 제작하지만, 그렇지 않을 경우에는 눈에 띌 정도로 적게 혹은 5월에만 의례적으로 제작하는 모습을 보인다. 이는 방송에서 흔하게 볼 수 있는 고발 프로그램의 선정성이나 소재주의와 관련이 있다.

전두환·노태우 두 전직 대통령의 재판이 진행되는 가운데 이 시기는 텔레비전 다큐멘터리 프로그램들이 보다 사실성을 추구하면서도 다양한 방식의 재구성 형식을 동원한다. 이전의 '폭로성 다큐멘터리'를 지양하고 대신 해결책과 역사적 기억의 의미 복원에 무게를 둔 텍스트를 생산한다.

1996년 5월 18일에 KBS에서 방송된 「망월동」은 이전의 다큐멘터리들과는 달리 당시 사건의 영상자료는 최대한 줄이는 대신 2개월 동안 망월동을 찾은 참배객들과 유족들의 인터뷰를 담고 있다. 5월항쟁뿐만 아니라 민주화운동 희생자들을 함께 다룸으로써, 망월동의 의미를 '민주화투쟁'의 구심점으로 부각한다.

한편 KBS는 '역사추리' 시리즈인 「80년 5월, 광주 독침사건의 진상」 편을 방송했다. 추리의 형식을 빌려 5월항쟁이 간첩이 사주한 폭동이었다는 왜곡된 정보를 바로잡으려는 시도를 선보였다. 이 텍스트는 당시 '독침사건'에 직접 관련된 시민군들과 사건의 주인공들을 찾아가 그들의 이야기를 듣고 이를 관련자료를 통해 검토하는 형식을 취해, 과연 누가 진실을 말하고 있는지를 시청자들이 알아차릴 수 있게 유도함으로써 역사 다큐멘터리 형식을 실험했다.

이 외에도 다양한 형식의 다큐멘터리들이 시도되었다. 1996년에 SBS가 방송한 '송지나의 취재파일, 세상 속으로'의 「모란꽃으로 불린 여자, 전옥주」 그리고 광주 MBC가 1996년과 1997년에 각각 제작한 「시민군 윤상원」과 「밀항 탈출: 5·18 마지막 수배자 윤한봉」은 '인물탐구'형 다큐드라마 형식을 취했다. 특히 이 두 편의 다큐드라마 대본은 당시 항쟁 지도부의 한 사람이었으며 극단 '토박이' 대표였던 박효선 씨가 작성했으며, 「시민군 윤상원」에서는 주인공 윤상원 역을 맡기도 했다.

새롭게 개국한 지역 민방 광주방송(KBC)은 1996년 5월 17일에 창사 특집극 2부작 「아! 광주여」를 처음으로 방송했다. 제1부 「16년 만의 만남」은 1980년 당시 광주 진압에 동원됐던 이성우 씨가 제대 후 대인공포증이라는 진단을 받고 10년 동안 정신적 갈등을 겪어오다 눈물로 참회하는 내용을 담았다. 제2부는 하와이에서 열린 아시아학회의 5·18분과에서 논의된 교수들의 시각을 들어보고, 당시에 관심을 모았던 미국 측에 대한 공개사과 요구 주장 등도 보도했다. 또한 광주·전남과 타 지역 주민 1,400여 명을 대상으로 한 조사 결과와 학자들의 인터뷰를 통한 5·18에 대한 시각 등을 살펴보고 있다.

　1998년의 민주적 정권 교체를 통해 이 시기의 5월 다큐멘터리 제작은 새로운 국면을 맞는다. 따라서 이 시기의 다큐멘터리는 소재나 이념적 지평의 확대와 함께 반복 제작에서 오는 매너리즘을 극복해야 했다.

　1997년 5·18묘지의 조성과 5·18의 국가기념일 지정 등, 5월운동의 제도화가 진전되면서 5월운동의 주체들은 교과서적인 5월 다큐멘터리를 추구하였다. 그 결과가 광주시와 5·18기념재단이 광주 MBC에 의뢰하여 기획 제작한 「다큐멘터리 5·18」이다. 이 다큐멘터리는 두 전직 대통령의 처벌 장면으로 시작하여 광주항쟁의 과정과 이후 5월운동 전개 양상을 종합한 것이다. 광주시는 전국 중·고교에 이 비디오를 방송해줄 것을 요청했고, 일부 학교는 이를 수용하기도 했다. 또한 영어·일본어·중국어판 등으로도 제작돼 국제행사나 국제교류에 활용되었다.

　1998년 5월 18일에는 '한국방송공사 개혁실천 특별제작팀'의 '이제는 말한다'의 첫번째 편 「개혁실천 특별기획: 5·18광주민중항쟁」이 방송됐다. 이 프로그램은 5·18 방송에 대해 KBS가 자기반성을 한 산물로, 광주항쟁을 바라보는 시각의 확대를 의도하고 있다. 기존에 전파 매체는 학살의 주역으로 신군부를 거론하면서도 여전히 적극적이지 못한 어조를 보여주었던 반면, 이 프로그램은 이를 탈피하여 학살의 공범으로 미국이나 언론을 포함시켰다. 특히 이 다큐멘터리에서 가장 돋보이는 부분은 '학살'이라는 용어를 사용했다는 점이다.

한편 'MBC 다큐스페셜' 등은 그동안 잘 다루지 않았던 행방불명자 문제와 암매장 의혹을 지속적으로 제기하기도 했다. 1997년 「오일팔 사라진 작전보고서」 편을 시작으로 1998년 「5·18 특집, 사라진 사람들」과 다음 해인 1999년 「특선 MBC 다큐멘터리: 사라진 사람들」을 방송했다.

역사적 기록으로서 '보다 완전한' 공식적 영상 텍스트에 대한 욕구를 성공적으로 반영한 것은 2000년에 광주 KBS가 제작하여 전국으로 방송한 5부작 「실록 5월항쟁」이다. 이 프로그램은 5·18기념재단과 광주 KBS가 공동으로 1년여 동안 기획하여 당시 유인물, 군 기록, 행정기관 기록은 물론 1천여 명의 증언록, 5월항쟁 관련 도서 등의 방대한 자료조사를 바탕으로 4개월 동안 촬영한 것이다. 제1부 '항쟁'에서는 5월항쟁의 시대적 배경과 원인을 분석했다. 2부 '무장'에서는 21일 집단발포에 맞선 광주 민중의 투쟁과 민중이 정권에 대항하여 총을 든 초유의 사실이 갖는 의미에 주목했다. 제3부 '학살'에서는 공수부대의 만행과 무자비했던 학살 자체를 정확히 규명하려고 했다. 제4부 '해방'에서는 30만이라는 시민들이 봉기했다는 점을 들어 '해방광주'였음을 보여준다. 제5부 '산 자여 따르라'에서는 5월항쟁의 과제는 과거의 역사로 묻히는 것이 아니라 삶의 에너지이며 정신으로 숨쉬고 있음을 강조했다.

KBS가 1998년 5월에 방송한 '이것이 인생이다'라는 프로그램의 「내 이름은 모란꽃」 편은 다큐드라마와 토크쇼 형태를 결합한 것이다. 스튜디오에 전옥주를 초대해 진행자들과 대화를 나누는 사이사이에 당시의 상황과 활동을 재연기법을 통해 소개하기도 했다.

2000년 항쟁 20주년 이후, 5월 영상 및 다큐멘터리는 방향 모색기를 맞고 있다. 과거의 영상증언 채록을 위한 노력, 색다른 형식의 방송 다큐멘터리 시도, 지역 출신 영상집단의 창작 움직임, 서울과 광주 이외 지역에서의 5월항쟁 다큐멘터리 제작 등에서 확인할 수 있다. 이는 5월 관련 영상 제작주체의 변화 양상을 보여주는 중요한 대목이다.

우선 방송에서 '토크멘터리'(talk + documentary) 형식의 텍스트들이 등장한다. 광주 MBC가 제작한 「아시아에서 본 5월 광주: 오키나와」(1999)나 「글라이

스틴 대 팀 서록」(2000)은 두 명의 출연자 대화 중간에 다큐멘터리 화면을 삽입함으로써 대화의 사실성과 근거를 제시하려는 시도를 하고 있다. 또한 KBC는 인물탐구 형식의 다큐멘터리 「들불야학과 일곱 송이의 들꽃」(2001)을 방송했다. 이 프로그램은 광주 지역 최초의 노동야학 '들불야학' 출신의 7명 인물들이 5월항쟁과 5월운동에서 활동한 내용들을 자료와 인터뷰 그리고 재연기법을 통해 소개하였다. 한편 중앙 방송국들에서도 인물탐구 형식의 다큐멘터리를 제작했는데 2003년 7월에 방송한 KBS의 「산 자여 따르라: 윤상원」이 대표적이다.

아울러 그동안 물을 수 없었던 미국의 책임 문제를 공개적으로 다루기 시작했다. 앞서의 「글라이스틴 대 팀 서록」이 있지만, 2002년 4월 14일에 방송된 'MBC 특별기획 이제는 말할 수 있다' 시리즈의 「73인의 외침, 미문화원 점거농성사건」은 1980년대 민주화운동의 도화선이 된 미문화원 점거를 다뤄 광주항쟁과 민주화운동의 연속성을 미국의 문제와 함께 다룬 본격적인 텍스트였다. 또한 2003년 5월 18일에 광주 MBC가 방송한 「미국의 선택, 그 후」는 여중생 장갑차 사건 및 이라크 침공에 따른 반전의식과 미군에 대한 재인식의 확산을 반영한 것이었다.

광주 이외의 지역 최초로 2001년 5월 17일 대구 MBC는 '특집시사기획 오늘'이라는 프로그램에서 다큐멘터리 「끝나지 않은 5·18」을 방송했다. 이 다큐멘터리는, 항쟁 당시 경북대 학생운동조직 '여명회'에서 활동하다 계엄당국의 고문 끝에 정신분열증 증세를 얻은 권순형 씨를 중심으로 이야기를 풀어나간다. 또한 10·26, 12·12, 1980년 서울의 봄 그리고 5·18로 이어지는 당시 상황에서 대구·경북 지역에서도 민주화를 요구하고 광주의 '사실'을 확산시키려는 노력이 있었음을 보여주고, 5·18 이후 조직된 '5·18 대구경북동지회'의 존재와 활동 등을 자료화면과 재연기법을 통해 소개하고 있다.

한편 2000년 제3회 광주비엔날레에서는 영상증언 채록작업에 참여하고 있는 사진작가 김혜선이 영상전(사진과 다큐멘터리의 결합) 「항쟁의 기억, 세 개의 시간」을 열었다. 이 텍스트는 다른 어떤 화면자료나 내레이션을 배제하고, 오직 당사자들의 영상증언만을 통해 '지금 여기에' 있는 사람들의 생각을 보여준다. 이러한 방식은 1997년부터 시작된 영상증언 채록작업 방식의 한 변용인데, 이는 증언만을 통해 유대인 대량학살 문제를 다뤄 엄청난 반향을 일으킨 클로드 란츠만(Claude Lanzmann)의 545분짜리 다큐멘터리 「쇼아」(Shoah, 1985)의 영향이기도 하다.

이 시기에는 다루기 편리한 디지털 캠코더의 보급 등 테크놀로지의 급격한 발전으로 역사와 사회 문제에 관심이 있는 일반인들이 사회 문제를 다룬 영상을 제작할 수 있는 기회가 늘어났다. '2000년 광주비엔날레 영상워크숍' 출신으로 구성된 독립영화, 디지털영화, 다큐멘터리 지향 영화인 단체 '메이필름'(May Film)이 활동하고 있는데, 이 모임 출신인 박성배가 단편영화 「망월동행 25-2」를 선보였다. 이 작품은 1997년 구묘역에 안장돼 있던 영령들을 신묘역으로 이장하는 장면을 찍은 사진과 시간이 흐른 뒤 망월묘역으로 향하는 25-2번 시내버스에서 바라본 풍경들의 모습을 병치한 7분 분량의 짧은 영상물이다. 이 텍스트는 기존의 다큐멘터리 형식과는 달리 설명적 내레이션을 배제하고 사진과 영상 그리고 자막(김남주의 시)을 교차해 보여주면서 작가의 주관적인 기억을 담아내려는 실험적인 태도가 담겨 있다. 이러한 변화는 다큐멘터리의 제작주체가 방송국과 같은 언론사 위주였던 이전 시기들과 비교했을 때 현저하게 변화한 양상이다.

그러던 중 2002년에 진보진영의 영상운동집단에서 제작한 5·18 관련 다큐멘터리가 최초로 선보였다. 영상집단 '푸른영상'의 김성환 감독은 59분짜리 다큐멘터리 「김종태의 꿈」을 제작했다. 이 다큐멘터리는 1980년 6월 9일 서울 신촌에서 광주학살을 규탄하고 민주인사 석방을 요구하는 유인물을 뿌린 후 분신한 '알려지지 않은 열사 김종태'의 생애를 지인들의 증언과 재연기법을 통해 담았다.

5·18기념재단은 「다큐멘터리 5·18」이나 「실록 5월항쟁」으로 공식적인 영상 텍스트 제작에 앞장서기도 했다. 최근에는 별도의 다큐멘터리 영상을 기획해 각종 기념행사와 교육 프로그램에서 활용하고 있다. 2003년에는 5월

을 직접 경험하지 못한 세대들을 대상으로 한 「오월은 살아 있다」라는 제목의 31분짜리 다큐멘터리를 광주 KBS에 의뢰해 제작했다. 특히 이 작품은 항쟁 당시의 상황뿐만 아니라 유사한 경험을 한 아시아 여러 나라들에 5월이 어떤 영향을 미치고 있는지 그리고 어떻게 국제적인 연대를 도모할 수 있는지를 다루고 있다는 점에서 1999년 광주 MBC가 제작한 「아시아에서 본 5월 광주」의 '국제화' 테제와 맥을 같이한다.

아울러 이 시기에 청각장애인들을 대상으로 한 다큐멘터리가 제작되기도 했다. 2001년 7월에 제작된 「끝나지 않은 농아인의 5·18」은 항쟁 당시 계엄 군에 의해 최초로 사망한 청각장애인 김경철 씨 그리고 그의 가족과 동료들이 겪은 5월의 참상과 기억을 다루고 있다. 이 작품은 청각장애인 대상 인터넷방송 '데프(Deaf) TV'를 운영하는 '농아사회정보원'에서 제작한 것이다.

5월 영화

광주의 5월항쟁을 언급한 영화는 「칸트 씨의 발표회」(1987)에서 최근작 「화려한 휴가」(2007)까지 총 8편이다. 이 중 「칸트 씨의 발표회」, 「황무지」, 「오! 꿈의 나라」는 문화운동의 일환으로 독립영화 진영에서 나온 것이며, 「부활의 노래」는 독립 프로덕션에서, 그리고 「꽃잎」, 「박하사탕」, 「오래된 정원」, 「화려한 휴가」 등은 제도권 장편영화 진영에서 제작된 것이다.

5월 광주 문제를 최초로 영화한 작품은 바로 김태영 감독의 1987년 작품 「칸트 씨의 발표회」(16밀리미터, 35분)이다. 이 작품은 1987년 6월항쟁의 영향 그리고 1982년 서울대 영화패 '얄라성' 출신들이 결성한 '서울영화집단'에서 시작된 문화운동의 일환이었던 독립영화운동의 결실이었다.[69]

「칸트 씨의 발표회」는 광주의 5월항쟁 이후 정신분열을 겪는 청년('칸트 씨')의 정신적 공황 상태를 한 사진작가의 시선으로 묘사한 작품이다. 이 작품은 미쳐버린 청년 '칸트 씨'를 통해 살아남은 자의 슬픔과 부채의식 그리고

---

69 서울영상집단 엮음, 『변방에서 중심으로』(시각과 언어, 1996) 참조.

기억과 망각의 문제를 중점적으로 다루고자 했다. 그러나 관객들은 이 영화에서 칸트 씨를 미치게 만든 원인이 구체적으로 무엇이었는지 알아차리기 힘들다. 왜냐하면 칸트 씨가 광주에서 어떤 일을 겪었는지를 영화는 제대로 보여주지 않고 다만 그가 광주항쟁의 주체였으며 그 일로 고문을 당했을 뿐만 아니라 무용수였던 그의 누이가 광주에서 죽었다는 것만을 간접적으로 보여주고 있을 뿐이기 때문이다. 이는 1987년이 유화 국면이었다고는 하지만 여전히 5월의 문제를 직설화법으로 이야기하기에는 어려웠다는 사실을 함축하고 있다. 이 영화는 광주와 5월의 문제를 우회적인 방식으로 곧, '칸트 씨'의 트라우마를 통해 5월 광주를 상기하도록 한 작품이다.

김태영은 「칸트 씨의 발표회」 이후 광주 5월의 문제를 보다 직설적인 화법으로 다루고자 했다. 1988년 작 「황무지」가 그것인데, 이 영화에서 감독은 5월 광주의 상처를 1980년대 후반 민족·민중운동의 이슈였던 반미(반제국주의)의 문제와 포개어놓고 있다.

영화 「황무지」는 1980년 광주에 공수부대원으로 투입되었던 '김의기'가 탈영하여 전남 화순 근방의 미군 기지촌에 숨어드는 것으로 시작한다. 기지촌의 모 카페에 취직한 그는 미군들의 잔인한 놀이와 성적 희롱에 분노한다. 한편 그곳에는 미군들에게 몸을 팔아 생계를 유지하는 '지니' '쥬리' 등의 양공주, 떠난 미군 아버지를 기다리는 미군클럽의 혼혈인 디제이 '베드로', 미군들에게 여자를 대주고 자신도 몸을 파는 게이 남창, 광인 등과 같이 비참한 인물 군상들이 살고 있다.

어느 날 주인공을 좋아하던 양공주 하나가 미군들에게 붙잡혀 강간을 당하고, 탈출하려다 그들을 죽이고 만다. 그러나 한국 경찰은 그녀의 편을 결코 들어주지 않는다. 이에 분노한 주인공은 광주항쟁 당시 자신이 무고하게 죽인 어린 소녀에 대한 죄의식과 세상에 더는 희망을 걸 수 없다는 판단에 따라 광주의 무명열사들이 묻혀 있는 망월동 묘역에 가서 분신자살을 하고 만다.

이 영화의 특징은 광주항쟁의 가해자였던 인물을 내세워 가해자의 기억 방식에 의지해 광주 5월의 문제를 풀어내려 했다는 점이다. 또한 이 작품은 광주 5월의 문제를 반미운동이라는 민족·민중운동적 관점에서 적극적으로 해석해내려 했다는 점에서 의의가 있다. 그러나 광주의 상처와 반미의 문제의 연결성이 작위적이었음은 한계로 남는다.

김태영 감독의 5월에 관한 두 편의 영화에 자극받은 독립영화 진영은 1989년 「오! 꿈의 나라」로 본격적인 활동을 시작한다. 이 작품은 대학에서 단편영화 작업을 하던 독립영화인들이 모여 '장산곶매'라는 이름으로 공동작업을 했으며, 이 영화의 시나리오는 초창기 서울 영화운동집단의 주축이었던 홍기선이 쓴 것으로 되어 있다. 영화집단 '장산곶매'는 1987년 7월 성균관대에서 열린 대학연합 시사회에 참여했던 서울예전, 중앙대, 한양대 영화패 중에서 「인재를 위하여」, 「그날이 오면」 등을 제작했던 이들이 주축이 되었다. 이들이 제작한 「오! 꿈의 나라」는 제작과 상영 방식에 대한 구체적인 탄압이 있었지만, 전국 150개 상영 공간에서 500회 이상 상영하여 10만 이상의 관객을 동원했다는 점에서 독립영화의 대중화와 가능성을 여는 커다란 계기가 되었다고 할 수 있다.[70]

「오! 꿈의 나라」역시 광주의 문제를 반미의 차원에서 풀어내려고 했다. 영화의 주인공인 종수는 야학 교사로서 광주 5월항쟁에 참가했다가 도청 진압 작전 직전에 야학 학생이던 구두닦이 소년 구칠을 남겨두고 탈출한다. 종수는 수배를 피해 고향 선배인 태호가 있는 동두천으로 간다. 태호는 미제물건 장사를 하면서 아메리칸 드림을 꿈꾸는 인물이다. 한편 종수가 만난 양공주들 또한 미군과 결혼해서 아메리칸 드림을 실현할 수 있다는 기대에 부풀어 있는 인물들이다. 그런 그들과 동화되지 못한 채 종수는 죽지 않고 광주를 벗어났다는 자책감과 죄의식에 사로잡혀 괴로운 나날들을 보낼 뿐이다.

종수는 미제물건 암거래가 우리나라의 종속을 가중시키는 것이라며 태호를 설득하지만, 태호는 지식인들의 배부른 소리라며 종수의 말을 묵살한다. 종수의 충고에도 아랑곳하지 않고 태호는 군무원으로 가장한 스티브를 전적

---

70 한국독립영화협회 엮음, 『매혹의 기억, 독립영화』(한국독립영화협회, 2001), 83쪽.

으로 신뢰하며 거래 액수를 늘려간다. 한편 태호는 양공주 제니를 스티브와 결혼하도록 주선한다. 그러나 스티브의 배신으로 제니는 자살하게 되고 태호는 비로소 미국을 저주한다. 급기야 미군 부대 앞에서 태호는 난동을 부리다가 미군 헌병에게 끌려가게 된다. 결국 미국을 동경했던 태호는 각성하고 결정적인 순간에 행동으로 옮긴 것이다. 그러나 미국과 한국의 관계를 정확히 파악하고 깨어 있던 종수는 구칠을 남겨두고 광주를 도망쳐 나오듯 결정적인 순간에 행동을 미루고 동두천을 빠져나오고 만다.

이 영화는 반(反)지식인 정서를 기반으로 태호나 구칠과 같은 민중에 대한 신뢰를 반영하고 있는 셈이다. 곧 "한편에서는 지식인들의 학습 장면을 통해 미국의 진면목을 계몽적으로 드러내지만 또 한편으로는 지식인에 대해 비판하고 민중들에 대한 신뢰를 보낸다. 그리고 민중들에 대한 무한한 신뢰를 보내는 동시에 부끄러움을 느끼는 지식인의 분열이"[71] 드러나는 것이다.

1990년 이정국 감독의 「부활의 노래」는 기존의 영화들이 5월의 문제를 간접적으로 다루거나 정치적 이념의 맥락 안에서 다루었던 것과는 달리 광주의 5월항쟁 자체를 다룬 최초의 극영화이다. 이 영화는 항쟁을 전후해 들불야학을 주도했던 실존인물들 3인의 삶을 중심으로 전개된다. 시민군이었으며 도청 진압 때 사망한 윤상원 열사, 전남대 총학생회장으로 옥중 단식 끝에 절명한 박관현 열사 그리고 윤상원과 영혼결혼식을 올린 박기순 열사의 삶을 다루고 있다.

이 영화는 '갈등' '살얼음 위의 사랑' '폭풍전야' '겨울로의 긴 잠행' '아! 오월 그날' '죄의식' '부활의 노래' '내일을 위하여'라는 총 8개의 시퀀스로 구성되어 있지만, 시퀀스 간의 이음새가 자연스럽지 못하다. 그래서 이 작품은 군데군데 끊어지는 느낌이 강할 수밖에 없다. 이를테면 영화에서 설정한 제한된 이야기의 구성이 그 자체로서는 논리 정합적이지만 간결하지 못하고 현

---

71 조혜영, 「항쟁의 기억 혹은 기억의 항쟁: 5·18의 영화적 재현과 매개로서의 여성」, 『여성문학연구』 제
   17집(한국여성문학학회, 2007), 157쪽.

실성이 떨어지며 뿐만 아니라 개별 장면들의 미숙한 화면 처리와 각 장면들의 연결성의 무리 등으로 인해 영화적 감동이 반감되었던 것으로 보인다. 이러한 결함에도 불구하고 이 작품은 "'살얼음 위의 사랑' ─ 도청에서의 '함께 죽음' ─ '영혼결혼식'으로 이어지는 축과, 민주화 열기로 가득 찬 광주 ─ 수배와 도피 ─ '극적 만남' ─ 단식투쟁으로 인한 '죽음'과 새 생명의 '탄생'으로 이어지는 축이 제각기 연결되며 또 서로의 축을 넘나들면서 인물과 사건의 전형화에 기여하고 〔……〕 그리고 이 두 축은 마지막 장에서 수월하게 결합한다. 〔……〕 들불야학을 오르는 언덕과 마지막으로 남은 두 사람을 잡은 원경은, 이 영화의 주제인 '광주는 영원하다'는 것을 관객들의 가슴 깊숙이 남길 것"[72]이란 평가가 가능하다.

최윤의 소설 「저기 소리 없이 한 점 꽃잎이 지고」를 원작으로 장선우 감독은 1996년에 영화 「꽃잎」을 제작한다. 이 작품은 충무로 제도권 영화 가운데 처음으로 광주의 5월항쟁을 소재 차원이 아니라 정면에서 다룬 영화라는 점에서 의의가 있다. 이 영화의 내러티브는 광주 5월항쟁 당시 도청 앞에서 총에 맞은 엄마를 버리고 혼자 도망친 충격으로 정신분열증을 앓고 떠도는 '소녀'의 이야기와 그 미쳐버린 소녀의 행방을 찾아다니는 '우리들'(소녀의 오빠 친구들)의 이야기로 구성되어 있다.

죽은 엄마와 오빠를 찾아 헤매던 미친 소녀는 죽은 오빠와 닮은 인부 장씨를 우연히 만나게 되고 갖은 폭력과 성적 유린에도 그를 떠나지 않는다. 광주의 참상을 풍문으로 전해 들었던 장씨는 소녀가 미친 이유를 알아차리고 나름대로 위로해보려고 하지만 소녀는 결국 그를 떠나고, 소녀가 떠난 이후 장씨는 괴로운 나날을 보낸다. 한편 소녀의 오빠 친구들인 '우리들'은 소녀의 행방을 수소문하며 찾아 헤매지만 늘 한발 늦게 도착하고 소녀의 흔적만을 바라보며 괴로워할 수밖에 없다. 이것이 이 작품의 대강의 줄거리이다.

---

72 이효인, 「눈밭에 손가락으로 그림 그리기, 「부활의 노래」」, 『중등 우리교육』 통권 제14호(우리교육, 1991), 149쪽.

이 영화는 '우리들'의 독백으로 끝맺으면서 비극적인 사건이 불러일으킨 치유할 수 없는 인간 영혼의 상처와 아픔을 일깨운다. "당신은 묘지를 지날 때, 아니면 강가에서나 어느 거리 모퉁이에서 어쩌면 이 소녀를 만날지도 모릅니다. 혹시 찢어지고 때 묻은 치마폭 사이로 맨살이 당신의 눈에 띄어도 못 본 척 그냥 지나가주십시오. 어느 날, 그녀가 쫓아오거든 그녀를 무서워하지도 말고, 무섭게 하지도 마십시오. 그저 잠시 관심 있게 보아주기만 하면 됩니다." 이른바 이 영화는 치유될 수 없는 트라우마를 지닌 채 도시와 거리를 배회하는 한 소녀의 모습을 통해 5월항쟁 이후 15년이 지난 시점에서 관객으로 하여금 광주에 대한 부채의식과 죄의식을 새롭게 환기하도록 자극했다.

한편 이창동 감독 작품의 「박하사탕」(2000)은 시간을 거꾸로 거슬러 올라가 역순으로 보여주는 독특한 내러티브를 취한 영화이다. 이미 결과는 나와 있고, 주인공의 삶이 망가지는 과정에 대한 궁금증이 이 영화의 내러티브를 이끄는 요소이다. 김영호라는 인물을 통해 순수했던 영혼이 어떻게 타락하게 되었는가를 시대상과 함께 조명한 작품이다.

이 작품은 모두 7개의 장으로 구성되어 있다. 곧 '야유회'(1999년 봄), '사진기'(사흘 전, 1999년 봄), '삶은 아름답다'(1994년 여름), '고백'(1987년 4월), '기도'(1984년 가을), '면회'(1980년 5월), '소풍'(1979년 가을)처럼 1979년부터 1999년까지 20년의 시간을 역순에 따라 7개의 장으로 배치하고 그것을 통해 주인공 김영호가 망가지고 타락하게 된 원인을 추적해나간다.

이 영화에서 지난 20년간 어느 정도 억압자의 위치에 있었던 것으로 보이는 주인공 김영호가 실은 광주 5월항쟁의 피해자였다는 사실을 확인하게 된다. 선하고 꿈을 간직한 평범한 노동자였던 김영호의 정신과 영혼은 광주에 계엄군으로 투입되고 게다가 실수로 한 여학생을 총으로 쏘아 죽이면서부터 붕괴되기 시작한다. 이후 그는 냉철하게 고문을 수행하는 '미친개' 형사로, 가정의 균열을 그대로 방치하는 가구점 사장으로, 결국에는 대책 없이 피폐해진 한 남자의 모습으로 산다. 결국 한 인물의 인생유전을 통해 광주의 5월이 남긴 무자비한 폭력성과 상처로 김영호의 내면이 어떻게 파괴되는가를 보

영화「박하사탕」(감독 이창동, 주연 설경구 ·
문소리, 1999) 포스터.

여주었다.

최근에는 두 편의 5월 영화가 제작되었다. 임상수 감독의 「오래된 정원」이
2006년에, 그리고 김지훈 감독의 「화려한 휴가」가 2007년에 상영되었다.

영화 「오래된 정원」은 작가 황석영의 동명 소설을 영화한 것이다. 주인공
이자 사회주의자인 오현우는 광주 5월항쟁 이후 수배자로 도피생활을 하던
중 자신을 숨겨준 시골학교 미술교사 한윤희를 사랑하게 된다. 그들은 한적
한 시골 외딴 마을인 갈뫼에서 약 3개월간 둘만의 시간을 보낸다. 그러나 자
신의 옛 동지들을 걱정하던 오현우는 한윤희를 남겨두고 투쟁의 길로 나서다
결국 검거되어 무기형을 선고받는다. 시간이 흘러 17년의 수감생활을 마감한
오현우는 한윤희의 편지를 통해 그녀가 불치의 병에 걸려 세상을 떠났음을
알게 되고 둘만의 오래된 정원인 갈뫼를 다시 찾는다.

결국 이 영화는 오랜 수감세월을 마치고 이미 중년의 나이가 되어버린 주
인공 오현우의 추억 여행으로 구성되어 있다. 영화를 연출한 임상수 감독은

1980년대의 무거운 시대를 직접적으로 다루기보다는 성숙한 사랑 이야기에 초점을 맞추었다고 한다. 어느 면에서 보면 5월의 문제를 전면적으로 다루지 않았다는 점에서 5월 영화라고 하기에는 애매한 부분이 있는 게 사실이다.

영화 「화려한 휴가」는 광주의 문제를 장편 상업영화에서 전면적으로 다루었다는 점에서 이례적인 작품이다. 이 영화의 제작진은 당시의 국내외 언론 보도 및 관련 영상 및 다큐멘터리를 바탕으로 철저한 고증을 통해 광주광역시 북구 첨단과학산업단지 내의 1만 7천여 평 부지에 30억 원이라는 제작비를 투자해서 금남로 세트장을 제작했던 것으로도 유명하다. 이 영화는 평범한 일상을 살다가 공수부대의 총격에 끔찍이 아끼는 동생이 죽자 항쟁에 뛰어든 택시기사 민우 그리고 그의 연인인 간호사 신애, 퇴역장교 출신 홍수 등이 주축이 되어 항쟁 열흘간의 사투에 가담한다는 내용으로 되어 있다.

그러나 이 영화는 일정한 의의에도 불구하고 그 한계는 분명하다. 김지훈 감독은 이 영화에서 어떠한 이데올로기적 해석도 허용하지 않는다. 영화 「화려한 휴가」는 현장의 충실한 재현에 만족한다. 여기서 문제가 생긴다. 5월항쟁을 직설화법으로 다루면서도 영문도 모른 채 자기방어적으로 역사적 사건에 휘말린 시민의 시선을 유지할 수밖에 없었다는 점이다. 주인공 민우에게 역사적 감각이나 정치적 의식 따위란 없다. 그는 동생의 죽음에 분노해서 항쟁에 가담했을 뿐이다. 따라서 이 영화에서 민우의 시선을 따라가다 보면 그 전부터 시위에 앞장섰던 광주 시민의 요구와 절박성이 전면적으로 드러나기는 거의 힘들 수밖에 없다. 결국 5월항쟁을 전면적으로 다루면서도 본능에 가까운 형제애, 그리고 민우와 신애의 멜로적 요소가 더 부각되고 있음을 확인할 수 있다.

5) 연극

광주 5월항쟁 이후 5월을 다룬 연극은 2002년 현재까지 총 22편의 작품이 생산된 것으로 조사되었다. 5월 연극의 첫 장으로 꼽히는 작품은 1981년 광주 놀이패 '신명'이 만들고, 항쟁의 현장이었던 광주YMCA 무진관에서 공연되었던 「호랑이 놀이」(1981)이다.

「호랑이 놀이」는 가상의 나라인 코커국의 제국주의적 침탈 과정과 이에 대항하는 만민국 민중의 투쟁을 형상화한 작품이다. 이 작품은 연암 박지원의 「호질」을 각색한 것으로 우화적 기법을 동원하여 풍자와 해학을 섞어 부정적인 사회현상과 제국주의의 침탈 과정을 날카롭게 폭로, 비판하고 있다. 또한 이 작품은 5월항쟁 자체를 다루기보다는 질곡의 현대 정치사 그리고 특히 그 과정에서 미국의 역할에 초점을 맞춘 것이다. 따라서 당시 5월항쟁이 "정부와 언론에 의해 폭도들이 일으킨 폭동으로 매도된 당시였기에 당시의 시대적 어려움이 있었으나 [……] 나름대로 한정적인 방법으로 5·18을 은유적으로 나타내고 있다"[73]고 평가된 바 있다.

또한 「호랑이 놀이」는 "광주항쟁의 원인으로서 미국이라는 외세에 주목하여 해방 이후 정치적 흐름을 정리한 작품"으로 "그 기본 발상은 마치 당시 대학의 정세분석형 마당극과 크게 다르지 않았고 또 이런 대학 마당극에 적잖은 영향을 미쳤지만, 광주항쟁으로 얻어진 인식과 생생한 체험적 정서를 작품의 구심력으로 삼고 있다는 점, 과감한 연출력과 안무 능력 등이 작품을 상투적인 관념적 작품으로 전락하는 것을 막고 성공"[74]으로 이끈 작품이기도 하다.

1987년 6월항쟁을 계기로 정치적 유화국면기에 접어들자 종래의 은유적 또는 간접화법 방식의 형상화를 피하고 항쟁을 본격적으로 다룬 작품이 등장했는데, 극단 '토박이'의 「금희의 오월」(1988)과 놀이패 '신명'의 「일어서는 사람들」(1988)이 대표적이다.

연극 「금희의 오월」은 항쟁 당시 끝까지 도청을 사수하다가 산화한 전남대 학생 이정연 열사와 그의 가족을 중심으로 이야기가 전개된다. 특히 이 작품은 정연의 누이동생 금희의 내레이션을 통해 현재적 시점에서 항쟁의 의미를 전달하고자 했다. 이 작품은 항쟁을 다룬 여러 예술작품과는 달리 극이 가지

---

73 오수성, 「5·18과 예술운동: 5·18의 연극적 형상화」, 『1996년 전기사회학대회 발표집』(한국사회학회, 1996), 171쪽.

74 이영미, 『마당극 양식의 원리와 특성』(한국예술종합학교 한국예술연구소, 1996), 52쪽.

는 구체성을 바탕으로 항쟁 당시의 진실을 정연이라는 한 인물의 내면과 다양한 인물들 간의 관계 속에서 감동적으로 표현했다. 특히 이 작품은 "소재의 피상적인 정치적 의미에만 머무르지 않고 항쟁의 주체였던 민중의 모습을 포착, 그들의 강한 정서를 형상화해냄으로써 작품을 이끌어가는 실질적인 토대가 되고 있다"[75]고 평가되고 있다.

아울러 이 작품은 이야기를 두 개의 축으로 이원화했는데 한 축인 주인공 정연의 개인적 갈등과 내면을 표현하는 부분에서는 무대극의 양식을, 다른 한 축인 해방광주의 민중 장면은 민중적 힘의 역동성을 살리기 위해 마당극적 양식을 각각 활용했다. 또한 항쟁의 실제 전개 과정을 당시의 사진, 슬라이드와 춤으로 적절히 처리하는 등 극적 실험이 돋보이는 작품이기도 하다. 이러한 극적 실험을 바탕으로 항쟁에 대한 인식이 철저하지 않았던 관객들에게 항쟁 당시의 현실로 몰입하도록 그 효과를 충분히 살린 것[76]처럼 보인다. 그래서 이 작품은 항쟁을 직접 체험하지 못한 대다수 관객들에게 폭발적인 감응력을 발휘했을 뿐만 아니라 "'기록적 광주를 체험적 광주'로, 곧 '2차원적 광주를 3차원적 광주'로 생생하게 추체험할 수"[77] 있게 만들었다.

극단 토박이의 「금희의 오월」이 항쟁의 문제를 사실적으로 다루었던 반면 놀이패 신명의 「일어서는 사람들」은 항쟁의 문제를 다소 시적이며 상징적인 방식을 통해 형상화하고 있다. 또한 항쟁의 진실에 대한 규명 의지보다는 오늘날의 입장에서 항쟁을 어떻게 계승하고 발전시킬 것인가의 문제에 무게중심을 두고 있다. 주인공 꼽추와 곰배팔이는 결혼하여 오일팔이라는 아이를 낳지만, 오일팔은 공장에 다니다 광주항쟁에서 전사하게 된다. 아들의 죽음이라는 엄청난 고통에도 불구하고 그들은 정상인이 되어 같은 아픔을 지닌 이웃들과 단결하여 아들이 다하지 못한 투쟁의 길에 나선다는 것이 이 작품

75 민족연구회 엮음, 『민족극대본선 4: 제1·2회 민족극한마당 편』(풀빛, 1991) 참조.

76 오수성, 앞의 글, 172쪽.

77 전지원, 「2차원적 광주의 3차원적 광주로의 재생: 광주 극단 토박이 「금희의 오월」」, 『예술정보』 제11호(1988. 4) 3쪽.

의 핵심적인 이야기이다.

이 작품의 형식은 매우 다채롭다. 예컨대 대사 없는 춤(꼽추와 곰배팔이의 사랑 장면), 진도양북춤(이웃들과 함께 투쟁하는 장면), 이미지 중심의 장면 구성, 풍물 등이 극의 의미 전달을 위해 다양하게 동원되고 있기 때문이다.

극단 토박이의 「금희의 오월」과 놀이패 신명의 「일어서는 사람들」은 광주항쟁의 실제 체험자들이 직접 관여해서 주도적으로 만들었다는 사실이 중요하다. 따라서 이 작품들은 그만큼 생생하고 충격적으로 관객들에게 다가갔던 것으로 보인다.[78]

연우무대의 시극(詩劇) 「새들도 세상을 뜨는구나」(1988)는 황지우의 동명 시집 『새들도 세상을 뜨는구나』와 『겨울-나무에서 봄-나무에로』, 『나는 너다』 등에 발표된 시들을 바탕으로 주인석이 희곡화하고 김석만이 연출한 작품이다. 이 작품은 1980년대의 상황을 서사를 바탕으로 연속적으로 재현하기보다는 당시 사회의 총체적인 모순을 10여 개의 독자적인 장들 속에 배치하여 풍자하는 기법을 사용하고 있다.

이 작품은 처음으로 시도되는 시 장르의 극화(劇化)라는 측면에서 그리고 연극의 장르 개념을 넓히는 새로운 시도였다는 점에서 의의가 있다. 또한 "상투적인 시적 이미지들과는 달리 생동하는 상황과 삶의 실체가 일련의 서사성을 띠고 구체화되어 있으며, 더욱이 그것들이 현실적인 삶의 구조적 편린들로 점철되어 있어서 정서적 감동이나 이성적인 판단 및 실천적인 힘을 총체적으로 얻게 해주는 첨단성이 번뜩"[79]이는 작품으로 평가되고 있다. 그러나 한정된 공연 시간과 무대에 많은 문제들을 담아야 했고, 이질적인 사건들의 나열은 표현 방식의 일관성을 상실했던 것이 문제로 지적되고 있다.[80]

이 시기 대표적인 작품은 극단 토박이의 「금희의 오월」(1988), 「부미방」

---

78 김형기, 「공연예술에 투영된 5·18민중항쟁: 「봄날」과 「오월의 신부」」, 『사회비평』 제26권(나남, 2000), 152쪽.

79 『조선일보』, 1988. 3. 3.

80 『한국일보』, 1988. 3. 18.

(1989), 「그들은 잠수함을 탔다(잠행)」(1992), 「모란꽃」(1993), 「그대에게 보내는 편지」(1995), 놀이패 신명의 「일어서는 사람들」(1988), 황지우 원작을 각색한 극단 연우무대의 「새들도 세상을 뜨는구나」(1988), 극단 아리랑의 「점아 점아 콩점아」(1990), 그리고 「춤추는 시간여행」(1993), 「슬픔의 노래」(1995), 「우리 시대의 리어 왕」(1995) 등이 있다.

극단 토박이의 「부미방」(1989)은 1983년에 있었던 부산 미문화원 방화사건을 소재로 다루면서 광주학살의 배후 조종자로 지목된 미국에 대한 비판을 겨냥한 작품이다. 이 극은 당시 방화사건의 주동자였던 김현장, 문부식 등의 석방 기념으로 창작된 것이기도 하다. 총 25장으로 구성된 이 극은 목사의 길을 꿈꾸던 주인공이 동료들과 함께 차츰 의식화되면서 부산 미문화원에 방화를 저지르고 수배 중에 원주교구에서 연인과 결혼식을 올리고 신부 협력자들과 함께 체포되어 사형을 언도받기까지의 과정을 담고 있다. 극단 아리랑이 만든 「점아 점아 콩점아」(1990)는 5월항쟁에서 죽어간 총각과 6·25 때 폭격으로 죽은 북한 처녀를 혼례시킴으로써 그들의 한을 풀어준다는 내용의 망자 혼례굿 형식을 취하고 있는 작품이다. 이 작품은 항쟁의 의미를 동학농민전쟁부터 분단으로 이어지는 한국 민중운동사의 흐름에 접목하면서 한국의 모순 해결을 위한 열쇠를 민족통일에서 찾고 있다. 또 굿 양식을 도입하여 굿에 대한 새로운 해석을 시도하면서 박제화된 굿의 한계를 극복했다.[81]

「그들은 잠수함을 탔다(잠행)」(1992)는 극단 토박이의 대표였던 박효선의 개인적 항쟁 체험을 담아낸 작품이다. 이 작품은 5월항쟁 이후 수배자가 된 두 남성의 갈등과 고뇌를 담고 있다. 그러나 "골방에 갇혀 있는 두 사람의 심리적 긴장감이나 갈등이 바깥세상과 지나치게 차단되어 있어 긴박감이 오히려 떨어진다"[82]는 평가를 받기도 했다.

극단 토박이의 또 다른 작품 「모란꽃」(1993)은 항쟁 당시 선무 방송을 했던

---

81 『중앙일보』, 1997. 5. 6.
82 문병란, 「5·18 문학과 연극」, 『5·18민중항쟁사』(광주광역시 5·18 사료편찬위원회, 2001), 842쪽.

실제 인물 '전옥주'를 모델로 한 가공인물 '이현옥'을 통해 살아남은 자의 슬픔과 상처를 치유해나가는 과정을 형상화하고 있다. 곧 도청 진압작전이 이루어지는 항쟁의 마지막 밤의 공포를 겪은 여성 생존자가 정신병원 신세까지 지면서 시달려온 내면의 상처를 무대 위에서 풀어내고 하나씩 치유해가는 과정을 담고 있다. 이 작품은 광주가 많은 사람의 뇌리에서 잊혀져갈 무렵 좀더 내면적으로 광주의 상흔을 파고 들어간 심리적 수법이 특이한 것[83]으로 평가된 바 있다. 그래서 임진택은 「금희의 오월」 희곡집 발문에서 이 작품을 두고 항쟁의 사실과 상처를 그대로 드러내서 치유하고 폭력과 독재가 없는 새로운 미래를 향해 나아가자고 제안하는 제의(祭儀)의 연극이라고 해설했다.

「춤추는 시간여행」(1993)은 과거청산 문제를 다루고 있는 작품이다. 이 작품은 공수부대원이 평범한 가정주부를 강간했다는 사건이 항쟁의 보편적 피해 형태는 아니지만 이를 화해로 끝맺지 않은 것은 항쟁의 올바른 진상규명과 책임 있는 사후처리가 이루어지지 않고 있음을 상기시킨다고[84] 평가되었다. 그러나 이 작품은 작가와 연출가의 역량 부족으로 풍부한 사회적 의미를 담아내지 못했고, 주인공을 단지 과거에 집착하여 자기 한풀이에 골몰하는 인간의 모습으로만 형상화하고 있다.

작가 정찬의 동명 소설을 원작으로 한 「슬픔의 노래」(1995)는 항쟁을 직접 다루기보다는 시대를 살아가는 예술가의 예술행위에 대한 자기반성적 성찰이라는 주제를 담은 작품이다. 작가 정찬은 아우슈비츠와 광주는 인간 본성의 광기가 압축된 학살터의 상징이며, 역사란 뼈아픈 눈물이 만들어낸 '슬픔의 강'임을 강조한 바 있다.

1995년 이후 5월 연극은 감소하게 되는데, 그 이유는 특히 이 시기 사회운동이 침체되었을 뿐만 아니라 재정 문제, 관객 감소, 영상매체의 확산 등이 겹치면서 연극 장르에서 민중극·민족극이 쇠퇴하는 반면 상업적 연극이나 번

---

83 문병란, 앞의 글, 843쪽.
84 이영미, 「마당극의 양식적 특질」, 『민족극과 예술운동』 제10호(민족극연구회, 1993).

역극이 대세를 이루게 되었기 때문으로 파악된다. 극단 토박이의 「청실홍실」(1997), 서울 예술의 전당 무대에 올랐던 「침묵에 대한 일곱 가지 해석」(1997), 극단 목화의 「천년의 수인」(1998) 등이 있을 뿐이다.

이들 작품 중에서도 항쟁을 직접적으로 다룬 것은 「청실홍실」이다. 이 작품은 항쟁 당시 시민군이었던 남편이 간첩 혐의로 수감된 후 정신질환으로 자살 시도와 입원을 거듭하는 남편을 중심으로 일가족의 고통스러운 생활을 실존인물 김순자를 통해 그려냈다. 「금희의 오월」과 「모란꽃」이 항쟁의 진실을 알리는 데 주력한 작품이라면 「청실홍실」은 항쟁의 이면을 다루고 있으며, 특히 개인의 기억에 의존해서 항쟁을 재현했다는 점이 중요한 특징이다. 「침묵에 대한 일곱 가지 해석」은 12·12사태 및 5월항쟁에 대한 두 전직 대통령의 재판이 진행되고 있는 가운데 최규하 전 대통령의 법정 증언 거부를 다룬 작품이며, 「천년의 수인」은 한국 현대사의 민족사적 비극의 원인을 '책임져야 할 자가 책임지지 않는' 현실 때문임을 지적하면서도 역사적 가해자 역시 개인을 지배하는 국가 및 사회구조의 명령체계에 복무할 수밖에 없었던 또 다른 의미에서의 희생자일 수밖에 없다는 메시지를 담은 작품이다.

최근에 제작된 연극작품들로는 극단 푸른연극마을의 집단창작극 「못다 부른 그해 오월의 노래」(2000), 임철우의 장편소설 원작의 「봄날」(2000), 황지우의 시극 「오월의 신부」(2000), 임철우 극본의 「오월의 시」(2001), 극단 고향의 「찬란한 슬픔」(2002) 등이 있다.

이 중 연극 「봄날」은 당시 진압작전에 참여한 한 공수부대원의 기억을 통해 열흘간의 사건을 충실하게 재현하고 있다. "허구적 이야기 구조로 얼개를 꾸미는 통상의 드라마 구조를 최대한 배제하고, 5·18의 실록을 소재로 '다큐라마 퍼포먼스'(다큐멘터리와 드라마를 합성한 연극적 퍼포먼스) 형식으로 꾸민 것"[85]이다. 그러나 이 작품은 르포르타주 또는 기록극이라고 할 만큼 항쟁 당시의 인물·사건들과 거의 일치하지만, 지식인의 도피, 민중의 최후까지의

---

85 『동아일보』, 2000. 3. 9.

저항, 진압군의 무차별 학살이라는 정형화된 내러티브를 만들어냈다는 평을 받고 있다. 기존 연극과 차이는 디테일의 풍부함을 통해 5월항쟁의 전체상을 총체적으로 재현하려 했다는 점이다.[86]

황지우의 장편 시극을 뮤지컬 형식으로 개작한 「오월의 신부」는 항쟁 당시 시민군이었던 세 젊은이와 신부를 통해 5월항쟁을 형상화하고 있다. 「봄날」이 다큐멘터리적 성격이 강하다면, 「오월의 신부」는 극한 상황에서 전개되는 사랑과 고뇌라는 주제를 담고 있어 드라마적 성격이 강하다고 할 수 있다. 「오월의 신부」는 당시 시민군과 함께했던 장신부가 도청 진압작전에서 살아남았지만 정신이상이 되어버린 빈민운동가 허인호를 돌보면서 과거를 회상하는 방식으로 극이 전개된다.

연극 「봄날」과 시극 「오월의 신부」는 사건이나 인물을 신화화하거나 영웅화하고 있음이 문제로 지적된 바 있다. 이를테면 이 작품에서 광주를 현재화하려는 시도는 5월을 시공간을 초월한 탈역사적인 신화로 만들려는 충동과 만나게 되고, 역사성이 신성성에 의해 침식당하고 결국 그것은 광주에 대한 우상화로 귀결된다는 것이다. 이는 체험의 직접성을 완전히 극복하지 못한 것에서 기인할 뿐만 아니라 항쟁을 바라보는 입장이 주관적인 단계에 머물러 제작진이 관객을 이념적으로나 정서적으로 동질집단으로 여기는 오류에서 파생된다. 두 작품에서 공통적으로 나타나는 문제점은 내레이터의 태도인데, 두 작품의 내레이터들은 사건에 함몰된 나머지 분노에 찬 감정을 제어하지 못할 뿐만 아니라, 교과서적인 주석과 설명으로 인해 관객과 심리적·정서적 거리를 발생시키는 결과를 낳고 있다는 점이다.[87]

---

86 김형기, 앞의 글, 156쪽.
87 앞의 글, 158~59쪽.

제 3 부

5·18항쟁의 정신

7
그들의 나라에서 우리 모두의 나라로
─두 개의 나라 사이에 있는 5 · 18

| 김상봉(전남대 · 철학) |

1. 이정표로서의 5 · 18

1) 뜻으로 이어지는 역사

역사는 기억됨으로써 역사가 된다. 역사는 기억된 것이다. 기억됨으로써 역사는 이어진다. 이어짐이란 머무름이다. 그 이어짐과 머무름이 바로 존재이다. 모든 있음은 이어짐과 머무름인 것이다. 그런즉 우리는 기억함으로써 존재를 보존한다. 만약 우리가 아무것도 기억하지 않는다면, 아무것도 없을 것이다. 그런 한에서 기억은 존재의 본질에 속하는 일이다. 하지만 우리가 모든 사건을 기억하는 것도 아니고, 기억할 수 있는 것도 아니며, 기억해야 되는 것도 아니다. 우리는 기억해야 할 것만 기억한다. 또는 그보다 우리는 기억하고 싶은 것만 기억한다. 기억하고 싶은 것은 우리가 이어가고 싶은 것이다. 우리가 역사를 기억하는 까닭은 그것을 이어가고 싶기 때문이다. 그 욕구 속에서 우리는 하나의 세계를 지향하고 형성한다.

우리가 5 · 18을 기억하는 것도 마찬가지이다. 우리가 그것을 기억하고 기념하는 까닭은 그것을 이어가고 싶기 때문이다. 우리가 5 · 18을 기억할 때 그것은 한갓 지나가버린 사건이 아니라 지금 우리 곁에 머무르는 현실이 된다. 그때 역사는 죽은 시간이 아니라 살아 움직이는 생명으로 부활한다. 그러나 역사가 부활한다는 것은 단순히 한 사건이 우리의 의식 속에서 반복된다는 것을 뜻하지 않는다. 역사가 사건의 일회성과 개별성을 넘어 어떤 보편성을 획득할 때, 비로소 그것은 참된 의미에서 부활하는 것이다. 5 · 18은 1980년 5월에 광주에서 한 번 일어난 사건이었다. 하지만 우리는 그것을 기억하고 기념함으로써 그것을 그때의 일회성에서 해방시켜 지금의 일로 만들고 또 앞으로의 일로 만든다. 그리고 동시에 그것을 광주라는 공간적 한계에서 해방시켜 한국에서 그리고 세계 어디에서나 의미를 갖는 보편적인 사건으로 만드는 것이다. 그렇게 일회적 사건이 보편성을 얻을 때, 사건은 역사가 된다. 사람들이 흔히 말하는 역사적 사건이란 그렇게 보편성 속에서 개별성을 초월한 사건인 것이다.

하지만 어떻게 사건이 역사가 되는가? 어떻게 하나의 사건이 일회성과 개별성을 넘어 보편성으로 고양되는가? 그것은 단순한 기억을 통해서 이루어지지는 않는다. 기억이란 그 자체로서는 개별적 사건을 의식 속에서 단순히 반복하고 반추하는 것으로서, 이런 일회성의 기계적 반복만으로는 한 사건이 개별성을 뛰어넘어 보편성을 획득하게 되는 것은 아니다. 마찬가지로 지나간 사건을 기념하는 건물이나 다른 어떤 기념물을 세우는 것 역시 그 사건을 보편화하는 것과는 본질적으로 아무런 상관이 없는 일이다. 기념을 위한 건물이나 기념탑이나 기념비 같은 다른 종류의 기념물은 물질성 속에 사로잡힌 기억이다. 그러나 물질성이란 개별성의 다른 이름이다. 그런 까닭에 도리어 그런 물질화된 기억이란 역사를 박제로 만드는 것으로서 대개 망각을 감추기 위해 조작된 알리바이에 지나지 않는다.

그렇다면 언제 역사는 일회적 사건의 틀을 벗고 보편성을 획득하게 되는가? 그것은 역사가 뜻으로 이어지고 머무를 때이다. 오직 정신적인 것만이 보편적일 수 있으니 뜻이란 보편화되고 객관화된 정신의 활동이다. 하지만 우리가 여기서 상투적으로 이념이라는 말을 쓰지 않고 뜻이라고 표현한 까닭은 이념이라는 낱말이 지니는 몰주체성과 일면적 객관성을 피하기 위해서이다. 무릇 개념이란 한 가지 방식으로 규정된 정신이다. 그런 한에서 그것은 주체의 활동성이 추상된 정신이니, 이런 정신을 가리켜 우리는 관념이라 부른다. 그런데 이념 역시 하나의 개념이다. 개념으로서 이념은 생동적인 정신의 활동 그 자체가 아니라 정신의 고정된 형상으로서 관념에 지나지 않는 것이다. 개념이란 본질적으로 대상을 정신적인 방식으로 형상화한 관념이다. 그런즉 개념을 통해 정신은 대상과 관계 맺고 대상을 규정하는 것이다. 이런 사정은 이념의 경우에도 마찬가지이다. 비록 이념이 사물적 대상을 지시하는 개념이 아니라 정신이 표상하는 이론적 및 실천적 대상을 가리킨다고 해서 상황이 달라지는 것은 아니다. 이념이란 정신이 파악하거나 꿈꾸는 대상의 표상인 것이다.

그리하여 우리가 한 역사적 사건 속에서 그 사건을 특징짓는 이념을 찾아내려 할 때, 우리는 자칫하면 우리에게 익숙한 기존의 개념들을 통해 그 역사를 대상적으로 규정하는 잘못을 범하게 된다. 그때 그 사건은 우리가 알고 있는 어떤 보편적 이념의 개별적 사례에 지나지 않는 것이 된다. 이럴 경우 역사적 사건의 고유성은 단순히 한 보편 개념 아래 포섭되는 개별자들이 놓여 있는 시공간적 위치의 차이 정도로 치부되고 만다. 이런 위험은 우리가 5·18을 기억할 경우에도 마찬가지이다. 그러나 우리가 5·18을 기억하고 기념하는 까닭은 그것이 기존의 이념들 아래 포섭되는 일반적 특성을 보여줄 뿐만 아니라 그것을 넘어서 어떤 독보적인 탁월함을 계시하고 있기 때문이다. 5·18은 어디에서나 일어날 수 있는 사건이 아니다. 그것은 세계사에서 달리 유례를 찾기 어려운 하나의 극단이다. 하지만 그 극단성이 남이 굳이 흉내 낼 필요 없는 의외성이나 기괴함이 아니라 모두에게 의미를 가질 수 있는 전범이 될 수 있는 한에서 그것은 독보적인 동시에 보편적인 것이 될 수 있다. 5·18을 기억한다는 것은 바로 그런 뜻과 만난다는 것을 의미한다.

뜻은 대상이 아니라 인격적 주체성이 보편적으로 전달 가능한 방식으로 나타난 것을 의미한다. 보편적으로 전달 가능하다는 의미에서 뜻 역시 객관화되고 일반화된 정신이다. 그러나 뜻은 일반화된 대상의 관념, 곧 개념이라는 의미에서가 아니라 인격적 주체성의 객관적 표현이자 실현이라는 의미에서 객관화된 정신이다. 그런 한에서 **뜻은 단순히 정신의 객관적 내실만을 나타내는 것이 아니라 주관적 활동성을 드러내는 것이다.** 뜻은 인격적 주체가 꿈꾸고 지향하는 이념을 표현하기도 하겠지만 동시에 인격적 주체의 주관적 열정과 태도를 표현하는 말이기도 하다. 따라서 우리가 어떤 사건을 뜻으로 기억하고 이어간다는 것은 단순히 그 사건이 전형적으로 표상하는 어떤 개념으로서의 이념을 반추하는 것이 아니라 그 사건 속에서 자기를 표현한 인격적 주체와 만난다는 것을 의미한다. 그리고 이 만남 속에서 비로소 역사적 사건은 온전한 의미에서 뜻을 가지게 된다. 역사적 사건의 뜻이란 일차적으로는 대상적으로 규정된 개념이 아니라 역사를 이룬 정신적 주체성의 표현이지만, 이 뜻은 오늘을 살고 있는 우리 자신과 만날 때 비로소 현실적인 의미를 얻는 것이요, 온전한 의미에서 살아 있는 뜻이 되는 것이다. 역사적 사건을 기억한다는 것은 이렇게 어떤 역사적 사건 속에서 자기를 표현하고 실현한 인격적 주체와의 만남을 의미하는바, 이 만남 속에서 역사적 사건은 일회성과 개별성의 껍질을 벗고 보편적으로 전달 가능한 뜻으로서 우리 앞에 서는 것이며, 이를 통해 역사는 보편적 뜻으로서 이어지게 된다. 보편성이란 언제나 만남 속에서 생성되는 것이니 역사적 사건의 뜻 역시 어제의 주체와 오늘의 주체의 인격적 만남 속에서 보편성을 얻는 것이다. 이런 사정은 5·18의 경우에도 마찬가지이다. 5·18을 뜻으로서 생각한다는 것은 5·18이라는 사건 속에서 자기를 표현한 어떤 인격적 주체성과 만난다는 것을 의미한다. 그리고 이 만남 속에서 비로소 그 사건은 일회적 사건이 아니라 보편적 뜻으로 이어지는 것이다.

2) 국가와 씨울들 사이의 전쟁 상태

그러나 역사적 사건의 뜻은 만남 속에서 생성되는 보편성에 있는 것만큼 또한 그 사건 고유의 특이성에 있는 것이기도 하다. 이것은 주체성이 언제나 보편성과 개별성을 같이 지니고 있는 것과 마찬가지이다. 역사가 주체의 일인 한에서 역사의 뜻 역시 보편성과 개별성의 두 계기를 같이 지니게 된다. 그러므로 우리가 한 역사적 사건과 만난다는 것은 특별히 그 사건 속에서 고유하게 표현되고 실현된 뜻과 만난다는 것을 의미하는 것이기도 하다.

하지만 역사적 사건의 고유성이란 고립된 개별성의 추상적 독자성이 아니라 어디까지나 만남의 고유성이다. 그 까닭은 모든 역사적 사건은 일회적인 사건이지만 동시에 그 자체로서 만남의 사건이기 때문이다. 모든 주체성은 만남 속에서 생성되는 것이니 역사가 집단적 주체성의 표현이자 실현이라면 모든 역사적 사건은 그 자체로서 통시적 및 공시적 만남 속에서 일어나는 것이다. 여기서 공시적 만남이 동시대인들과의 만남을 의미한다면 통시적 만남이란 역사와의 만남을 의미한다. 따라서 하나의 역사적 사건의 뜻을 온전히 이해하기 위해서는 그 사건 속에서 두드러지게 실현된 공시적 및 통시적 만남의 고유한 뜻을 이해하지 않으면 안 된다.

이 두 계기들 가운데서 굳이 순서를 정하자면 통시적 만남을 서술하는 것이 먼저일 것이다. 모든 역사적 사건은 지나간 역사와의 만남으로서 발생한다. 5·18 역시 마찬가지이다. 그것은 지나간 역사로부터 일어난 사건이며 역사에 응답한 사건인 것이다. 그런 한에서 5·18의 고유성을 이해하기 위해서 우리는 먼저 그 사건 속에서 일어난 지나간 역사와의 만남의 고유성을 이해하지 않으면 안 된다. 이런 의미에서 우리는 흔히 역사학자들이 역사적 배경이라 부르는 것을 먼저 정확하게 이해할 필요가 있다. 물론 역사적 배경이란 표현이 역사의 본질적 진리로서 주체성을 걸러내고 실증적 사실들의 집합을 남겨놓은 것에 지나지 않는다면, 그것을 이해하는 것이 온전한 역사이해를 보장해주는 것은 아니다. 하지만 역사적 배경이 역사가 생성되어온 만남의 지평을 의미하는 것이라면 역사적 배경을 이해하는 것은 어떤 역사적 사건의 온전한 이해를 위해 반드시 요구되는 일일 것이다. 이런 의미에서 우리는 5·18을 이해하기 위해 먼저 그 사건의 역사적 배경을 살펴보아야 한다.

5·18의 고유성은 그 사건을 낳은 한국의 역사와 뗄 수 없이 결합해 있다.

그런 까닭에 5·18의 고유성을 생각한다는 것은 우리 역사의 고유성을 생각한다는 것과 같다. 가장 일반적인 의미에서 보자면 5·18은 하나의 항쟁이었다. 항쟁은 충돌이다. 5·18의 경우에도 크게 두 가지 힘이 충돌했는데, 잘 알려진 대로 그것은 국가의 폭력과 민중의 생명력이 충돌한 사건이었다. 5·18의 고유성은 이 충돌의 고유성에 있다. 물론 민중 또는 씨올이 국가기구에 저항하거나 항쟁하는 것은 어디서나 일어날 수 있는 일이요, 그 자체가 특별하다고 말할 수 있는 것은 아니다. 그런 의미에서 보자면 5·18 역시 어디서나 있을 수 있는 씨올과 국가기구의 충돌이었다고 말할 수도 있을 것이다. 그러나 5·18에서 발생한 씨올과 국가기구의 충돌이 이 나라에서는 일회적인 사건이 아니었으며, 도리어 그런 식의 폭력적 충돌이 이 나라에서는 근현대사를 관통하는 역사의 기본 성격이었고, 5·18 역시 그런 역사의 흐름 속에서 발생한 사건이었다는 것을 회상한다면, 우리는 5·18을 낳은 역사가 어디서나 일어나고 있고 또 일어날 수 있는 평균적 역사가 아니라는 것을 깨닫게 된다.

한국에서는 아무리 내려 잡는다 하더라도 최근 200년 동안 이 나라는 본질적으로 내란 또는 내전 상태에 있었다. 정조가 사망한 1800년 이후 이 땅의 모든 국가기구는 씨올의 나라가 아니라 거꾸로 씨올을 잠재적인 적으로 삼은 기구였다. 그 까닭은 두말할 필요도 없이 이 땅에서 군림했던 국가기구라는 것이 우리 모두의 나라였던 적이 없었기 때문이다. 조선 후기 이른바 벌열(閥閱)가문에 의해 국가기구가 사유화되기 시작한 이래, 식민지 지배를 거쳐 해방 이후 정부가 수립되고 1980년 5월 광주항쟁이 일어날 때까지 이 나라에서 국가기구란 일관되게 민중으로부터 소외된 권력이었다. 하지만 씨올로부터 소외된 국가권력은 그 권력의 정당성을 씨올에게서 구할 수 없으니, 어쩔 수 없이 씨올에 대하여 현실적인 권력을 행사함으로써 권력의 현실성 그 자체를 권력의 정당성의 근거로 삼으려 하게 된다. 그리하여 국가기구가 씨올로부터 소외되면 될수록 그런 국가기구는 더욱 강한 현실적 권력을 통해 자기의 존재를 과시하게 되는데, 이 과정에서 씨올의 동의를 얻지 못한 권력이 폭력이 되는 것은 거의 필연적인 귀결이라 할 수 있다.

그렇게 국가기구가 정당한 권력이 아니라 폭력의 주체로 전락하면, 씨올과 국가기구 사이의 암묵적 계약관계 또는 신뢰관계는 — 한 나라의 안정성은 바로 이 신뢰관계에 존립한다 — 해체되어버리는데, 그 신뢰가 깨지고 나면 국가기구와 씨올은 잠재적인 전쟁 상태에 놓이게 되는 것이다. 물론 어떤 경우에도 시민이 자기가 속한 나라가 행하는 모든 일에 대해 동의할 수는 없을 것이다. 그리하여 아무리 이상적인 나라라 할지라도 나라와 시민 사이에는 다양한 방식의 대립과 긴장이 존재할 수밖에 없다. 그럼에도 불구하고 시민들이 나라를 자신의 자유와 주체성의 현실태로 인정하는 한, 나랏일에 대한 시민들의 모든 이견의 표현은 정상적인 정치적 행위에 머무르게 된다. 즉 시민의 정치적 행위란 국가의 테두리 내에서 일어나는 모든 종류의 의사소통 행위인 것이다.

하지만 국가가 더 이상 시민의 자유와 주체성의 현실태가 아니라 도리어 자유와 주체성의 억압기구로 작동할 때, 그때 시민과 국가 사이의 신뢰와 계약관계는 소멸하고, 둘 사이에는 화해할 수 없는 대립이 형성된다. 이런 상황은 다른 무엇보다 헌법과 법률 자체가 자유의 표현과 실현이 아니라 한갓 억압의 체계로 나타나는 경우에 조성된다. 이런 경우 국가는 아무리 외적 형태에서 나라의 외관을 띠고 있다 하더라도 더 이상 온전한 의미의 나라일 수 없다. 왜냐하면 나라는 씨올들의 서로주체성의 현실태일 때에만 참된 의미의 나라일 수 있기 때문이다. 그리하여 이 경우 국가기구 자체가 씨올들에 의해 부정의 대상이 될 수밖에 없다. 국가의 특정한 정책이나 법률을 두고 벌이는 다툼이 정치적 대립이라면, 여기서 한 걸음 더 나아가 국가기구 그 자체가 부정과 극복의 대상이 될 때 우리는 이런 상황을 가리켜 국가와 씨올들 사이의 전쟁 상태라고 말할 수 있다. 물론 여기서 국가는 한 나라 안에서 어떤 특정한 집단에 의해 전유된 국가기구로서, 엄밀하게 말하자면 국가기구와 시민의 대립이란 국가기구를 전유한 집단과 그로부터 소외되고 억압받는 씨올들 사이의 대립과 투쟁이기도 하다. 그런데 지난 한두 세기 동안 이 땅에서 수립된 국가는 조선 왕조와 식민지국가 그리고 해방 이후 독재정권이 최종적으로 타도

될 때까지 한 번도 씨울들의 나라였던 적이 없었으며 도리어 씨울들을 잠재적 적으로 삼은 국가에 지나지 않았다. 그런 한에서 국가와 씨울들 사이에는 본질적으로 전쟁 상태가 지속되었던바, 이 씨울과 국가기구 사이의 잠재적 전쟁 상태야말로 근대 이후 5·18에 이르기까지 아니 어쩌면 바로 오늘까지도 한국의 역사를 고유하게 규정하는 본질적 성격이다. 5·18은 바로 이런 역사적 배경으로부터 일어난 사건이었으니 5·18의 고유성은 다른 무엇보다 이런 역사적 배경의 고유성에서 비롯된다.

생각하면 5·18에서 극단적인 형태로 표출된 시민에 대한 국가폭력과 그에 저항하여 마찬가지로 폭력적인 방식으로 전개되었던 항쟁은 한국사를 규정하는 본질적 내전 상태를 고려할 때에만 온전히 이해될 수 있다.[1] 한편에서 5·18 당시 국가가 무장하지 않은 시민들을 향해 그렇게도 잔인하고 맹목적인 폭력을 행사했던 것은 그 사건만을 두고 상식에 입각하여 생각하자면 우리의 이해력을 뛰어넘는 일이지만 한국의 역사를 길게 놓고 보자면 그런 종류의 국가폭력이란 너무도 일상적인 것이어서 조금도 놀라운 일이 아니다. 해방 이후 역사만 놓고 본다 하더라도 이 나라는 제주도 4·3사건에서 보듯 양민학살의 피바다 위에 건국된 나라이다.[2] 한국전쟁 때 숨진 민간인이 무려 남북한을 통틀어 260만 명을 헤아리는데, 이들이 오고 가는 피난길에 우연히 사고로 사망한 것이 아니라 대개는 군경에 의해 조직적으로 학살되었다는 것은 이제는 더 이상 새삼스런 사실이 아니다(김영범, 「한국전쟁과 양민학살」). 마찬가지로 그 학살의 잔인성에 대해 생각한다 하더라도 광주항쟁에서 군대가

---

1 최정운은 광주항쟁을 유발한 국가폭력의 일반화되기 어려운 고유성을 강조해서 이렇게 말했다. "이런 종류의 국가폭력을 전체적으로 근대국가 또는 세계 자본주의 체제의 구조적 결과로 볼 근거는 없다. 세계에는 수많은 자본주의 사회와 근대국가가 있지만 이런 종류의 폭력을 국민에게 행사한 예는 별로 없을 것이다. 또한 이런 종류의 국가폭력은 비민주적 독재권력의 보편적인 속성으로 이해할 수도 없다. 결국 5·18에서 보여준 우리나라의 국가폭력은 독특한 경우로 이해해야 할 것이다." 『오월의 사회과학』(풀빛, 1999), 264쪽 아래.

2 이른바 4·3사건에서 학살당한 사람의 수는 4만여 명에 이른다. 이 사건의 발단은 잘 알려진 대로 제주도민들이 1948년 5월 10일로 예정된 남한만의 단독정부 수립을 위한 선거에 반발한 데서 비롯되었다.

보였던 야만성이나 잔인성은 건국기나 한국전쟁기 그리고 베트남전쟁기를 거치면서 일관되게 이어져온 이 나라 군대의 잔인성으로서 광주항쟁에서 처음 나타난 현상이 아니었다. 그것은 나라 안팎의 전쟁 경험을 통해 갈고닦인 잔인성으로서 기회가 주어지기만 하면 언제라도 다시 표출될 수밖에 없는 야만성이었던 것이다.

생각하면 국가기구가 이처럼 씨올들을 적대시하는 나라에서 씨올들 역시 국가기구의 폭력에 저항해서 싸우는 법을 배워야만 했다는 것은 조금도 이상한 일이 아니다. 그리하여 이 나라에서 최근 수백 년의 역사는 한편에서는 국가기구에 의한 억압과 수탈의 역사였던 것만큼, 마찬가지로 그에 저항하는 씨올들의 항쟁의 역사이기도 했다. 처음 국가기구의 수탈 아래서 유리걸식하던 이들은 더러 도둑의 무리가 되어 처음으로 사회에 적대적 세력으로 자기를 맞세우게 된다. 그것은 어쩌면 씨올들이 보여줄 수 있는 최초의 자발성과 능동성의 표현이라고 할 수 있겠으나, 현실적으로 도둑의 무리가 새로운 사회의 씨앗이 되기는 어려운 일이었다. 소설 속에서 이상화된 도둑인 홍길동에게서 볼 수 있듯이 도둑의 무리가 아무리 의적을 자부한다 하더라도 그들에겐 아직 기존의 질서를 대신할 수 있는 새로운 시대의 전망은 없었던 것이다(황패강, 1996 ; 김태준, 1997).

그러나 폭력적인 방식으로 국가기구에 저항하는 무리가 현실 속에서 등장하고 또 그것이 문학적으로 이상화되기도 했다는 것은 이 나라의 씨올들이 소외된 권력으로서의 국가기구에 저항해서 싸우기 시작했다는 것을 의미한다. 그 이후 이 저항은 지속적으로 진화·발전하게 되는데, 여기서 발전이란 한편에서 저항이 점차 국가기구를 전면적으로 부정하는 형태를 띠게 되고, 다른 한편에서는 저항이 민중적 지지 속에서 보편적인 봉기의 형태를 띠게 된다는 것을 의미한다. 우리는 그렇게 진화한 저항의 모습을 1811~12년 서북지방을 뒤흔들었던 평안도 농민전쟁에서 처음 보게 된다. 이른바 홍경래의 반란이라고 알려진 이 봉기의 목표는 국가기구를 전복하는 것이었다는 점에서(『한국사 10』, 81 아래) 단순한 도둑의 일어남과는 확연히 구분되는 사건이었다. 또한 이 사건은 소수의 무리가 아니라 서북지방 주민들의 광범위한 참여와 지지를 업고 전개되었다는 점에서도 이 나라 민중봉기의 새로운 발전상을 보여준다. 하지만 이 봉기의 지도자였던 홍경래는 아직 민중적 관점에서 나라를 근본적으로 변혁할 수 있는 구상을 가지고 있었던 것은 아니었다(같은 책, 89). 그런 까닭에 그는 서북인들의 차별상을 내세워 한동안 주민의 지지를 얻어낼 수는 있었으나 기층 농민의 지속적인 지지를 이끌어내지 못하고 결국 관군과의 싸움에서 패배하고 말았던 것이다.

하지만 홍경래 난의 한계는 동학농민전쟁으로 극복된다. 전봉준의 폐정개혁안에서 확인할 수 있는 것처럼 동학농민전쟁의 근본 정신은 일관된 반제·반봉건사상이었다(『한국사 12』, 177 아래). 동학농민군의 봉기는 더 이상 소수의 야심이 아니라 새로운 시대에 대한 민중의 열망을 대변하고 있었던 까닭에 그토록 짧은 기간 동안에 그토록 광범위하고도 열정적인 민중의 지지를 얻어낼 수 있었던 것이다. 그런데 동학은 한편에서 봉건적 사회질서 자체를 부정하고 나섰다는 점에서 홍경래 난과는 비교할 수 없는 급진성을 보여주지만 더 나아가 그런 혁명적인 구상을 집강소 통치를 통하여 비록 짧은 기간 동안이나마 현실적으로 실현했다는 점에서도 이 나라 민중봉기의 역사에서 비약적인 발전을 이룩한 사건이었다. 전라도 53주에서 집강소를 설치했을 때 실시한 폐정개혁안 12개조 안에는 탐관오리와 불량한 양반의 징벌에 대한 조항은 물론이거니와 노비문서를 태우고 천민의 신분을 개선하며 청춘과부의 재혼을 허락하고 지나간 채무를 무효로 하며 토지를 평균으로 분작하게 하는 등 사회 전반에 걸친 개혁안이 담겨 있었다(같은 곳). 여기서 우리는 동학농민전쟁이 국가기구에 대한 조직적 항쟁의 차원에서도 두드러진 것이었지만 단순한 부정과 항쟁을 넘어 새로운 사회의 형성에서도 놀랄 만한 실천적 역량을 보여주었음을 알 수 있다. 동학농민전쟁과 더불어 이 나라의 민중항쟁은 기존의 국가기구와 사회질서를 단순히 부정하는 데서 머무르지 않고 새로운 사회를 적극적으로 형성하는 데로 나아갔던 것이다. 그것은 다른 무엇보다 동학농민전쟁이 동학이라는 새로운 세계관과 결합했기 때문에 가능해진 일이었는데, 이로써 민중들은 수동적인 통치의 대상의 자리에서 벗어나 처음으로 능동적인 역사형성의 주체로서 자기를 정립하기에 이르렀던 것이다.

하지만 이 나라의 지배계급은 씨올이 자기들과 같은 나라의 주인이 되는 것을 용납하려 하지 않았다. 그들은 씨올들과 더불어 이 나라 안에서 서로주체로서 살기보다는 어떤 수단과 방법을 통해서든 홀로주체로 군림하려 하였다. 타자를 서로주체로서 대접하지 않으면서 그를 오직 지배의 객체로서 만들려 할 때, 그것을 가능하게 해주는 것은 폭력밖에 없다. 그런 까닭에 폭력은 홀로주체성의 본질적 계기인 것이다. 하지만 자기들만의 폭력으로 그 홀로주체성을 관철할 수 없게 되었을 때 그들이 선택한 방법은 외세의 폭력을 빌려 같은 민족을 억압하는 것이었다. 이 점에서 동학농민전쟁의 패배는 그 이후 한국 역사에서 국가기구와 민중 사이의 대립구도를 본질적으로 규정한 사건이라 할 수 있다. 즉 그 이후 이 나라에서 국가기구가 외세에 기대어 자기 나라의 씨올을 적으로 돌리는 것은 하나의 국가적 전통이 되었던 것이다. 하지만 그런 기생권력에 대항하여 자기를 참된 주체로서 이 나라의 주인으로서 정립하려는 씨올들의 항쟁 역시 그칠 줄 모르고 이어지는 또 다른 역사적 전통이 되었다. 앞의 것이 외세에 기생하는 대가로 이 땅에서 자기만 홀로주체로 군림하려는 욕망에 기초한 것이라면, 뒤의 것은 우리 모두 서로주체로서 자기를 정립하려는 열망에 기초한 행위라 할 수 있다. 그리고 앞의 활동의 주체가 식민지 시대 친일파로부터 해방 이후 이 나라의 지배계급으로 이어져 왔다면, 뒤의 활동은 의병전쟁과 3·1독립운동, 광주학생운동이나 4·19혁명 같은 민중봉기 및 항쟁을 통해 이어져왔던 것이다.

5·18은 이런 역사적 배경 위에서 가능했던 사건이다. 그것은 지속적 국가폭력에 저항하여 마찬가지로 끈질기게 이어져온 저항의 전통으로부터 분출한 사건이다. 한 나라의 군대가 자기 나라의 시민들에게 그렇게도 잔인하게 폭력을 행사할 수 있었던 것도, 그런 야만적 폭력 앞에서 광주 시민들이 비굴하게 굴복하지 않고 죽음을 무릅쓰고 저항하고 마침내 무장항쟁으로 맞설 수 있었던 것도 모두 이 나라 근현대사를 관통하고 있는 지속적 국가폭력에 대

한 지속적 항쟁의 전통이 없었다면 가능한 일이 아니었을 것이다. 특히 멀리는 동학농민전쟁과 의병항쟁으로부터 가까이는 빨치산 투쟁에 이르기까지 호남지방은 특히 무장항쟁에 관한 한 다른 어떤 지역보다도 선구적인 역사를 가지고 있는 지역이었다.[3] 특히 빨치산 투쟁에 관한 기억이 호남지방에서는 다른 지역과는 달리 지극히 일상적인 것이었다는 점은 5·18의 무장항쟁의 배경을 이해하기 위해 우리가 반드시 기억해야 할 부분이다. 오늘날 우리가 한 세대 전의 5·18을 생생하게 기억하듯이 5·18 당시 광주 시민들에게도 역시 30년 전의 빨치산 투쟁은 비록 억압된 역사이기는 했으나 결코 잊혀진 역사가 아니었다. 그런 무장항쟁의 전통을 물려받은 민중이 국가기구의 야만적 폭력 앞에서 스스로 무장하고 싸운 것은 그 전통에 비추어 볼 때 너무도 자연스러운 일이었다.[4] 요컨대 5·18 당시에 광주 시민들이 보여준 놀랄 만큼 치열한 항쟁의 양상은 지속적인 국가폭력 앞에서 마찬가지로 끈질기게 저항해왔던 이 나라 그리고 특히 이 지역 씨올들의 항쟁의 전통으로부터 가능했던 일이며, 5·18을 촉발한 직접적인 계기가 무엇이었든지 간에 분명한 것은 이것이 국가기구와 씨올들 사이의 오랜 본질적 전쟁 상태로부터 분출된 사건이었다는 점이다.

3) 두 개의 나라 사이에 있는 5·18

우리가 5·18을 기억한다는 것은 이 땅에서 아직도 종식되지 않은 국가기구와 씨올들 사이의 본질적 대립을 기억한다는 것을 의미한다. 교육과 언론

---

3 이 점에 대해서는 특히 브루스 커밍스의 발표문을 참고하라. 『5·18과 한국현대사』, 5·18민중항쟁 제27주년 기념 국제학술대회 자료집.

4 이런 점에서 5·18 당시 민중들의 무장항쟁을 지나치게 예외적인 일로 보는 관점은 옳지 않다. 이를테면 김창진은 "1980년 5월의 민중항쟁이, 당시까지는 완전히 금기의 영역으로 여겨져왔던 무장투쟁의 형태로 전화되어나간 것은 어느 누구의 예측도 뛰어넘는 파격적인 역사 전개의 한 단면이었다"(김창진, 1990: 207)고 주장한다. 그러나 오늘날 우리가 5·18 무장항쟁을 기억하듯, 5·18 당시 광주 시민들에게 한 세대 전 빨치산 투쟁 역시 결코 망각되지 않았으리라는 것을 고려하면, 5·18의 무장항쟁이 그렇게 돌발적인 역사 전개라고 말할 수는 없는 일이다.

을 거의 독점적으로 관리하고 있는 국가기구는 국가는 신성한 것이며 결코 거역해서는 안 되는 절대적 권위라고 씨올들을 세뇌한다. 또한 국가는 인간 삶의 불가피한 전제로서 우리가 원하든 원치 않든 간에 받아들일 수밖에 없는 자명한 전제와도 같은 것이라고 우리를 설득한다. 그러면서 국가기구는 그것에 대한 씨올들의 자발적인 충성과 동의를 강요한다. 이런 강요된 국가주의는 역설적이게도 이 나라의 현존하는 국가기구가 씨올들로부터 소외되면 소외될수록 더욱 강해진다. 그리하여 민중을 등진 국가기구는 국가주의 — 또는 국가주의적으로 채색된 민족주의 — 이데올로기를 통해 국가기구와 민중 사이의 본질적 대립을 은폐하려 한다. 그러나 5 · 18은 이런 국가에 대한 신화가 거짓된 것임을 다른 어떤 논리와 사건보다 명확하게 증거한다. 국가는 결코 신성불가침의 존재가 아니며 민중을 보호하는 자애로운 부모 같은 존재도 아니며, 도리어 시민들이 깨어서 감시하지 않고 무관심하게 방치할 경우 언제라도 민중을 적으로 삼는 폭력기구로 전락할 수 있다는 것을 5 · 18 만큼 극명하게 보여주는 사건도 없다. 5 · 18을 기억한다는 것은 국가의 위선을 기억하는 것이며 씨올과 국가 사이의 은폐된 대립을 회상하는 것이며 아직 끝나지 않은 국가기구와 씨올의 잠재적 전쟁 상태를 폭로하는 것이다.

이것을 기억하고 폭로하는 것이 중요한 까닭은 국가기구와 씨올의 대립이 아직도 완전히 끝난 것이 아니기 때문이다. 이 땅에서 국가기구는 아직도 우리 모두의 것이 아니다. 이른바 형식적이고 절차적인 민주주의의 발전에도 불구하고 그 내용에서 보자면, 이 나라에서 국가기구는 여전히 씨올에게 소외된 권력으로 머물러 있다. 그런 한에서 5 · 18 당시 군대에 의한 폭력은 언제라도 다시 일어날 수 있는 일이며, 국가기구와 민중 사이의 전쟁 상태 역시 현실적으로 분출될 수 있는 일이다. 오직 우리가 이 나라를 참된 의미에서 씨올들이 더불어 주체가 되고 주인이 되는 나라로 만들 때에만 그 잠재적 전쟁 상태는 종결될 수 있다. 이 대립의 최종적 종결이 쉽게 달성될 수 있는 것이 아니라면 — 어쩌면 이것은 역사 속에서 완벽하게 실현될 수 없는 이념일 수도 있다 — 적어도 그런 전쟁 상태가 다시 현실적으로 분출하는 것을 막기 위해서라도 우리는 이 땅에서 씨올과 국가기구 사이의 대립과 충돌이 현실적으로 일어났던 일이며 다시 반복될 수도 있는 일이라는 것을 기억할 필요가 있다. 그 충돌의 기억 속에서 우리가 국가기구에 대한 감시를 게을리 하지 않을 때에만 우리는 그것이 민중을 향해 다시 야만의 총끝을 들이미는 사태를 방지할 수 있는 것이다.

5·18을 기억한다는 것은 바로 이 엄연한 뜻을 회상한다는 것을 의미한다. 국가기구는 결코 자명한 선(善)이 아니다. 도리어 그것은 언제라도 폭력적 압제와 수탈기구로 변모할 수 있다. 그러므로 우리의 일은 한편으로는 지금의 국가기구가 그렇게 수탈기구로 전락하지 않도록 감시하는 것이며 다른 한편으로는 여기서 더 나아가 이 나라가 참된 의미에서 우리 모두의 나라가 되고 우리 모두가 이 나라에서 더불어서 서로주체로 살 수 있도록 만들어나가는 것이다. 그리고 바로 여기에 5·18을 기억하고 이어가는 뜻이 있다.

하지만 국가기구는 지금도 5·18이 지닌 이런 뜻을 감추고 그것을 단지 국가기구의 틀 안에서 일어난 일로서 전유하려 한다. 국가는 무엇보다 5·18을 자기가 나서서 기념하는 모양을 취함으로써 5·18을 씨올의 역사가 아니라 국가의 역사로 만들려 한다. 물론 5·18의 의의와 가치가 국가에 의해 인정받는 것 자체를 무조건 나쁘다고 부정할 수는 없다. 그러나 5·18이 국가에 의해 기념되는 것이 국가가 과거의 잘못을 뉘우치고 민중적이 되기 위해 자기를 끊임없이 쇄신하는 계기가 되지 못하고 도리어 5·18의 민중적 의의를 국가주의의 주술 속에서 마비시키는 결과를 낳게 된다면 이런 국가적 기념은 바람직한 것이라 할 수 없다. 실제로 국가기구는 한편에서는 스스로 5·18을 기념하는 시늉을 하면서 다른 한편에서는 5·18을 국가기구와 민중의 충돌이 아니라 국가 내부의 집단과 집단 사이의 충돌로 규정함으로써 5·18의 혁명적 의의를 은폐하려 한다. 이런 의도에 따라 5·18은 항쟁이 아니라 운동이 되어야만 한다.[5] 여기에는 항쟁이란 국가기구를 상대로 펼쳐지는 일이지만 운동이란 국가기구의 테두리 내에서 일어나는 일이라는 시각이 은연중에 전제되어 있는바, 5·18이 항쟁이 아니라 운동이라는 것은 그것이 결코 국가기구에 저항하여 일어난 일이 아니며, 국가는 그렇게 민중의 항쟁의 대상이 될 수 없고 되어서도 안 된다는 국가주의적 믿음이 전제되어 있는 것이다.

하지만 이처럼 5 · 18에 대한 기억이 변질될 위험은 국가기구에만 해당되는 일은 아니다. 기억의 변질은 광주 시민공동체 자체 내에서도 일어날 수 있다. 그리하여 한편에서는 5 · 18을 광주의 상징으로 보존하면서도 다른 한편으로는 5 · 18의 혁명적 의의를 제거하거나 희석하려는 경향이 나타나기도 하는데, 이런 경우 5 · 18은 고유의 생명력을 잃어버리고 정치적 흥정의 담보물로 이용되거나 아니면 문화산업의 캐릭터나 아이콘으로 전락할 운명에 놓이게 된다.[6] 그때 우리는 아무런 물음 없이 5 · 18을 기념하면서 그것을 의식 속에서 반복할 뿐이다.

하지만 기억한다는 것은 묻는다는 것을 뜻한다. 기억의 성실함은 생각의 성실함에 있고 생각의 성실함은 물음의 성실함에 있기 때문이다. 따라서 5 · 18을 기억할 때 우리는 그 일이 무엇이었으며 왜 일어났는지를 진지하게 묻게 된다. 그것은 국가기구와 씨올의 충돌이며, 국가기구에 대한 민중의 항쟁이었다. 그렇다면 그 일은 왜 일어났는가? 그렇게 물을 때 우리는 이 땅에서 국가기구가 과연 무엇이며 무엇이어야 하는지를 묻지 않을 수 없게 된다. 오늘날 국가기구에 의한 폭력은 끝났는가? 그리하여 국가기구와 민중의 본질적 대립이 이 땅에서 종식되었다고 믿어도 좋은가? 그리하여 5 · 18이라는 역사는 그야말로 역사 속의 사건으로 종결되었다고 믿어도 좋은가? 그것은 아니다. 이 나라는 더 이상 박정희나 전두환 같은 독재자의 나라는 아니지만 그렇다고 해서 이 나라가 우리 모두의 나라라고 말할 수도 없는 일이기 때문이다. 노예 상태에서 벗어난다는 것은 소극적인 의미의 자유를 의미하는 것이기는 하지만 그것만으로 적극적인 의미의 자유가 실현되었다고 말할 수 없는 것처

---

5 최근 교육부는 각 시도 교육청을 통해 5 · 18 관련 계기수업 때 교사들이 5 · 18을 민중항쟁이라 부르지 말고 민주화운동이라 부르도록 지도하도록 요구했다고 한다. 광주 연합통신, 2007년 5월.

6 최근 문화전당의 설계를 놓고 벌어지고 있는 과도한 논란은 이런 우려가 근거 없는 것이 아님을 증명하는 한 사례이다.

럼, 독재권력을 무너뜨리는 것이 그 자체로서 국가를 참된 의미의 나라로 만들어주는 것도 아니다. 씨올을 주체로서 대접하지 않고 한갓 지배의 객체로서 억압하려는 관성은 이 나라의 역사 속에서는 너무도 끈질긴 것이어서 군사독재가 끝났다고 해서 국가에 의한 모든 억압과 폭력의 역사가 이 나라에서 끝났다고 믿는 것은 너무도 순진하고 위험한 생각인 것이다. 실제로 현재 한국사회는 독재권력에 의한 억압을 대신해 자본에 의한 억압이 점점 더 전면화되어가는 추세에 있다. 그렇게 국가기구가 자본에 의한 착취와 억압의 대리자가 될 때 그것은 씨올의 서로주체성의 현실태가 아니라 거꾸로 씨올들을 억압하고 노예화하는 폭력기구로 전락할 위험에 처하게 된다. 씨올과 국가기구의 이런 대립은 국가가 참된 의미에서 우리 모두의 나라가 될 때에만 끝날 것이다. 그렇다면 언제 이 나라는 모두를 위한 나라가 될 수 있는가? 5·18은 우리를 바로 이 물음 앞에 마주 세운다. 이런 의미에서 5·18은 여전히 끝나지 않은 그들의 나라와 아직 오지 않은 참된 우리 나라 사이에 세워진 이정표이다. 그 이정표 앞에서 우리는 우리가 아직 끝나지 않은 길 위에 있음을 엄숙하게 기억하게 되고, 이 길고도 위험한 길이 어디로 가야 끝날 것인지를 묻게 된다. 국가와 씨올의 전쟁 상태는 언제 끝나는가? 언제 이 나라는 우리 모두의 나라가 되는가? 우리를 그런 물음 앞에 세우는 것에 5·18을 기억하고 기념하는 뜻이 있다.

그러나 5·18의 가치는 아직 끝나지 않은 그들의 나라와 오지 않은 우리의 나라 사이에서 길을 묻게 하는 데만 있는 것은 아니다. 그것은 또한 우리가 어디로 가야 우리 모두의 나라에 도달할 수 있는지 그 길을 가리켜주기도 하는데, 이 점에서 5·18은 진정한 의미에서 역사의 이정표인 것이다. 5·18은 국가기구와 씨올의 충돌이었다. 이 충돌은 표면적 현상에서 보자면 국가기구를 전유한 당시의 이른바 신군부와 광주 시민의 충돌이었지만 그 보이지 않는 본질에서 보자면 두 개의 공동체, 또는 같은 말이지만 두 개의 나라의 충돌이기도 했다. 광주항쟁이 현존하는 국가기구에 대한 항쟁이었다는 것은 그것이 현존하는 국가기구가 표현하고 또 실현하고 있는 공동체에 대한 항쟁이었다는 것을 뜻한다. 만약 현존하는 국가기구가 참된 국가공동체로서 온전한 나라를 실현하고 있었더라면 항쟁이 일어날 일은 없었을 것이다. 하지만 5·18 자체가 이 땅에서 현존하는 국가기구가 아직 온전한 국가공동체가 아니라는 것에 대한 가장 확고한 증명이었다. 이를테면 21일 시민들을 향해 공수부대가 집단발포를 시작했을 때 그 신호가 된 것이 애국가였다.[7] 애국가가 비무장 시민에 대한 학살의 전주곡이었다는 것은 한편에서는 애국가를 통해 상징되는 국가가 결코 온전한 나라가 아니라는 것을 모자람 없이 증명하는 것이지만, 다른 한편에서는 애국가로 상징되는 나라가 학살자들에 의해 전유되어 있었다는 것을 보여주는 것이기도 하다.

광주항쟁은 그런 타락한 국가에 대한 항쟁이었다. 하지만 이것은 광주 시민들이 단순히 국가의 타자로서 자기들을 반정립했다는 것을 의미하지 않는다. 애국가의 리듬이 발포명령이 되어 일제 사격이 시작되었을 때, 그에 대항해서 광주 시민들이 불렀던 노래 역시 애국가였다는[8] 사실은 광주 시민들이 자기들을 광주 시민으로 또는 전라도민으로 자리매김한 것이 아니라 어디까지나 대한민국이라는 한 나라의 국민으로서 자기를 정립했다는 것을 의미한다. 비록 고립되어 있었으나 그들은 자기를 참된 의미에서 대한민국의 시민으로 의식했던 것이다. 이런 의미에서 5·18은 물리적 공간에서 보자면 한 지역에서 일어난 일이지만 그 뜻에서 보자면 지역의 일이 아니라 온 나라의 일이었다. 하지만 광주 시민들이 대변한 나라는 신군부가 전유하고 있었던 나라는 아니었다. 신군부의 편에서 볼 때 그들에게 저항하는 광주 시민들은 시민이 아니라 '폭도'였던 것이다. 폭도란 법질서를 넘어버린 자로서, 국가의 기틀이 법에 존립하는 것이라면 또한 국가의 울타리를 넘어가버린 자를 뜻한다. 항쟁하는 광주 시민이 폭도라는 것은 그들이 전두환 일당이 다스리는 나

---

7 한국현대사사료연구소, 『광주5월민중항쟁일지』, 21일 20쪽. "도청 옥상에 네 방향으로 설치된 스피커를 통해 애국가의 리듬이 장중하게 울려 퍼지기 시작했다. 그러나 그 애국가에 때를 맞춘 듯 따따따, 따따따 요란한 총성이 일제히 터져 나왔다."

8 같은 책, 21일 21쪽.

라에 속하지 않는다는 것을 의미하는 것이다. 하지만 광주 시민의 입장에서 보자면 정작 폭도는 전두환 일당이었으니 이들이야말로 광주 시민들이 꿈꾸는 나라를 파괴한 폭도였던 것이다. 그리하여 광주항쟁 내내 두 개의 나라의 이상이 충돌했는데 하나는 전두환 집단의 나라였고, 다른 하나는 광주 시민들의 나라였다. 신군부 일당의 나라가 현실의 나라였다면, 광주 시민의 나라는 이념의 나라였다. 5·18은 현실의 나라와 이념의 나라가 충돌한 전쟁이었던 것이다.

하지만 정확하게 말하자면 여기서 이념이란 한갓 관념적으로 표상된 이념이 아니라 역사적으로 계시된 이념이다. 5·18의 특별한 의미는 광주 시민들이 자기들이 대변했던 그 이념의 나라를 단순히 관념의 영역에 남겨두지 않고 비록 아주 짧은 기간 동안이나마 현실 속에서 실현했다는 데 있다. 5월 22일 군 부대가 광주시에서 철수하여 광주시가 일종의 자치도시가 된 뒤에는 말할 것도 없고 5월 18일 항쟁의 시초에서부터 27일 도청의 진압작전을 끝으로 광주항쟁이 막을 내릴 때까지 광주 시민들은 우리가 보면 볼수록 경탄하지 않을 수 없는 하나의 씨올공동체를 보여주었다. 그리하여 항쟁은 단순한 부정이 아니라 형성이고 계시였으니, 5·18 기간 동안의 광주는 이 나라의 씨올들이 추구할 수 있고 또 실현할 수 있는 최고의 공동체가 무엇인지를 추상적 관념이 아니라 현실의 항쟁 속에서 보여주었던 것이다. 5·18이 그들의 나라와 우리 모두의 나라 사이의 이정표 구실을 할 수 있는 까닭은 이처럼 그것이 비록 짧은 기간 동안이기는 했으나 우리가 상상할 수 있는 가장 이상적인 공동체를 역사 속에서 계시해주었기 때문이다. 우리가 5·18을 회상하고 기억하는 까닭은 거기서 계시된 새로운 공동체를 우리 시대에 온전히 실현하기 위함이다. 하지만 모든 계시는 하나의 신탁으로서 진리를 드러내는 동시에 또한 감추게 마련이다. 특히 5·18에서 계시된 새로운 공동체는 너무 짧은 기간 동안 폐쇄된 공간 속에서 일어난 일인 까닭에 그 사건 자체가 알려진 외연에서 볼 때 여전히 대다수 인류에게 감추어져 있으며, 게다가 그 자체로서 너무 눈부신 것이었기 때문에 그 의미와 가치를 똑바로 보고 인식하기 어렵다는 점에서도 여전히 감추어져 있다. 그런즉 계시된 것을 이어가고 실현하기 위해서는 그것을 먼저 해석해야 하는바, 바로 이 작업이 5·18의 철학적 해석의 핵심인 것이다.

2. 절대적 공동체와 참된 만남

1) '절대공동체'

돌이켜보면 비록 그 의미가 충분히 해명된 것은 아니라 할지라도 5·18이 무언가 인간의 일반적 상상을 넘어선 어떤 새로운 공동체의 가능성을 계시해준 사건이라는 것은 편견 없는 관찰자의 눈에는 처음부터 분명한 일이었다. 항쟁 당시 신군부가 광주 시민들을 폭도로 본 것은 말할 것도 없고 학살자의 관점에서 광주항쟁을 보도한 (또는 전혀 보도하지 않은) 이 나라의 언론의 거짓 선전으로 인해 오랫동안 많은 사람들에게 광주항쟁은 단순한 "소요 사태"나 "무정부 상태"로 치부되어왔다.[9] 그러나 현장에서 역사를 직접 목격했던 외신 기자들이 일치되게 증언하듯이 광주항쟁이 폭동이라면 그것은 시민이 아니라 "군인들에 의한 폭동"이었다.[10] 학살의 잔혹상은 상상을 초월하는 것이어서 외신 기자들 가운데 베트남전에 종군했던 경험이 있는 사람들은 광주의 참상이 베트남전보다 더 참혹하다고 술회했다.[11] 그럼에도 불구하고 시민들 편에서는 "사건 기사를 만들 만한 일은 털끝만큼도 일어나지 않았다."[12] 당시

---

9 송정민, 「5·18항쟁에 대한 언론의 왜곡보도」, 나간채·강현아 엮음, 『5·18항쟁의 이해』(전남대학교 출판부, 2002), 129, 130쪽. 앞의 표현은 『동아일보』에서, 뒤의 표현은 『조선일보』 김대중 (당시) 사회부장의 글에서 인용한 것임.

10 테리 앤더슨, 「날아오는 총알을 피하며」, 한국기자협회 외 엮음, 『5·18 특파원 리포트』(풀빛, 1997), 24쪽.

11 심재훈, 「광주사건은 폭동이 아니라 봉기였다」, 같은 책, 67쪽. "내가 취재했던 월남전 야전병원보다 훨씬 잔혹한 상황들이었다." 위르겐 힌츠페터, 「카메라에 담은 5·18 광주 현장」, 같은 책, 127쪽. "내 생애에서 한 번도 이런 비슷한 상황을 목격한 적이 없었다. 심지어 베트남 전쟁에서 종군기자로 활동할 때도 이렇듯 비참한 광경을 본 적이 없었다."

의 신군부와 그에 영합한 언론이 악선전한 것과는 달리 "광주는 무질서와 폭력이 난무하는 곳이 아니었다."[13] 사람들이 폭동과 무정부 상태에서 일반적으로 예상하는 것은 약탈과 폭력이다. 하지만 광주항쟁 당시 그렇게 많은 총기가 아무런 통제 없이 기층민중과 젊은 학생들의 손에 쥐어져 있었음에도 불구하고 총기에 의한 범죄는 일어나지 않았다. 이것만으로도 광주항쟁은 하나의 기적이었다. 우리는 한 개인이 인간의 숭고를 보여주는 경우는 얼마든지 찾아볼 수 있다. 그러나 수십만 명의 시민들이 집단적으로 그렇게 처절한 존재상황에서 그토록 놀라운 질서와 도덕성을 증명한 것은 역사에 유례가 없는 일이었다. 그들은 자기에게 절제했으며, 서로에 대해 헌신적이었고, 타자에 대해 친절했으며, 적에 대해 용감했으니,[14] 인류의 역사 속에서 국가기구의 공권력이 완벽하게 정지된 곳에서 이런 일이 가능했던 곳이 5·18 광주 이외에 어디 있었는지 우리는 알지 못한다.

이런 경탄이 우리로 하여금 광주항쟁 당시의 시민공동체의 성격을 반복해서 되묻지 않을 수 없도록 하지만, 기이하게도 광주항쟁을 연구한 학자들 사이에서 이 물음은 오랫동안 정면으로 사유되지 않은 채로 남아 있었다. 생각하면 그 까닭은 다른 무엇보다 초창기 연구 단계에서 학자들이 광주항쟁의 발생 원인과 항쟁의 전개 과정 자체를 그 자체로서 사유하지 못하고 마르크스주의적 또는 종속이론적 사회과학의 개념틀을 빌려 설명하려 했던 것에 기인한다고 말할 수 있을 것이다. 이를테면 김홍명은 1990년 광주항쟁 10주년 기념 전국학술대회에서 발표한 논문에서 "광주민중항쟁은 자본주의의 제 모순 속에서 그 질곡을 딛고 일어서려는 민중의 욕구가 그 원인으로 작용하였다"[15]고 주장하였는데, 이런 견해는 초창기 광주항쟁의 연구자들 사이에서는

---

12 헨리 스콧 스톡스, 「기자 사명과 외교 요청의 갈등 속에서」, 같은 책, 39쪽.

13 심재훈, 같은 책, 66쪽.

14 취재차 광주를 방문했던 외신 기자들은 한결같이 광주 시민들이 자기들을 환대해주었다고 술회한다. 이에 관해서는 앞의 책, 98, 126쪽 등을 보라.

15 김홍명, 「광주5월민중항쟁의 전개과정과 성격」, 한국현대사사료연구소 엮음, 『광주5월민중항쟁』(풀빛, 1990), 129쪽.

1980년 5월 16일 당시 전라남도 도청 분수대에서 개최된 민족민주화대성회.

일반적으로 받아들여지고 있었던 관점이라고 말할 수 있다.[16]

그러나 계급적 모순을 통해 광주항쟁을 설명하는 것이 전적으로 쓸모없는 것은 아니지만 이것만으로는 광주항쟁 당시의 씨올공동체의 성격을 설명하기 어렵다. 계급적 모순은 본질적으로 상이한 계급 사이의 이익 및 권리의 충돌에서 비롯된 것으로서 이 모순이 유발한 항쟁이나 그 과정에서 형성된 공동체 역시 이익과 권리의 이념 이상으로 나아갈 수 없다. 그러나 이익이나 권리의 이념과 그에 입각한 정의의 개념만으로는 광주항쟁 당시 시민공동체가 보여주었던 놀라운 도덕성과 자발적 헌신이 모두 설명되는 것은 아니다. 이익과 권리가 문제라면 그 당시 광주 시민들이 보여주었던 행위는 너무도 자주 자기의 이익에 반하는 것이어서 결코 합리적으로 이해될 수 있는 것이 아니었기 때문이다. 자본주의든 사회주의든 이익과 권리의 개념에 기초를 두고

---

16 이에 대해서는 무엇보다 앞의 책과 다음의 책을 참고하라. 정해구 외 지음, 『광주민중항쟁연구』(사계절, 1990).

있는 이념은 본질적으로 공리주의적이다. 이 점에서는 밀(J. S. Mill)과 마르크스(K. Marx) 사이에 아무런 차이도 없다. 그러나 공리주의가 아무리 사회성을 강조한다 하더라도,[17] 그것은 어떤 경우에도 개인의 자발적인 헌신을 강요하지도 못하고, 이미 일어난 그런 현상을 설명하지도 못한다. 그러나 광주항쟁을 통해 출현한 공동체는 공리적 계산으로는 도저히 이해할 수도 설명할 수도 없는 공동체였으니, 이 공동체의 비할 나위 없는 가치도 바로 여기에 존립하는 것이다.

이런 사정을 처음으로 명확히 인식한 학자가 최정운이었다. 그는 5·18의 공동체를 절대공동체라고 이름했다. 절대적이라는 수식어는 인간적인 것이 아니라 신적인 것, 또는 상대적이고 유한한 것이 아니라 무한하고 초월적인 것에 대해 우리가 붙이는 명예로운 헌사이다. 최정운은 절대공동체라는 이름을 통해 이 공동체가 역사 속에서 현현한 어떤 초역사적인 계시였음을 분명히 했다. 오직 실증적 현상에만 주목하는 과학은 이 계시의 의미를 설명할 수 없다. 이런 사정을 표현하기 위해 그는 과감하게도, "유물론(materialism)은 결코 5·18이 이루어낸 절대공동체의 정신에 접근할 수 없다"[18]고 주장했다. 이를 통해 그는 광주항쟁의 연구에서 새로운 지평을 열었다고 말할 수 있는데, 유물론적 설명을 거부한다는 것은 광주항쟁을 단순히 물질적 원인이나 사회경제적인 원인으로 환원하여 설명하지 않겠다는 것을 의미할 뿐만 아니라 일반적으로 말해 이 불가사의하고 경이로운 사건을 외적 인과관계로 환원하지 않겠다는 것을 의미한다. 인간의 역사를 단순히 외적 인과성을 통해 실증적으로 설명하는 일은 결국에는 인간의 행위를 외적 필연성을 통해 설명한다는 것을 의미한다. 외적인 필연성은 강요된 필연성으로서, 만약 인간의 행위가 오직 이런 필연성에 의해서만 발생한다면, 그것은 주어진 원인이 강요하는 행위를 넘어갈 수 없으며 결과적으로 아무런 새로운 것도 놀라운 것도 이룰

---

17 밀은 공리주의가 행복주의이기는 하되 사회적 행복주의라고 주장했다. 밀, 이을상 외 옮김, 『공리주의』, 42쪽.

18 최정운, 앞의 책, 163쪽.

수 없다. 하지만 우리가 광주항쟁을 가리켜 절대적 공동체의 현현이라 부르는 것은 그 사건이 이런 외적 인과성과 필연성으로 환원되지 않는 어떤 요소에 의해 추동되었기 때문이다. 절대적(absolutus)이란 말은 그 어원에서 볼 때 묶여 있지 않고 풀려나 있음을 의미하거니와,[19] 광주항쟁이 절대적 공동체의 현현이라는 것은 다른 무엇보다 외적 필연성으로부터 벗어난 공동체, 또는 비슷한 말이지만 외적 인과성이 낳지 않은 공동체라는 의미에서 붙일 수 있는 이름인 것이다. 구체적으로 말하자면, 자본주의 체제가 낳은 계급적 모순이나, 호남 지역에 대한 극심한 차별이나, 김대중 씨의 구속 그리고 더 나아가 공수부대가 시위 진압 과정에서 보여준 극단적 잔인함조차도 광주항쟁의 발생 배경이 될 수는 있지만 항쟁을 통해 생성된 시민공동체의 놀라운 도덕성과 연대성을 설명해주지는 않는다. 이런 의미에서 그 공동체는 외적 인과성으로부터 풀려나 있으니, 절대적 공동체라고 말할 수밖에 없는 것이다.

이처럼 광주항쟁이 이룩한 공동체를 외적 인과성으로 모두 환원할 수 없다면, 무엇을 통해 그것을 이해할 수 있겠는가? 우리가 아예 초자연적인 원인에 호소하지 않는다면 우리에게 남은 것은 외적 원인이 아닌 내면적 원인 또는 외적 필연성이 아닌 내적 필연성뿐이다. 한마디로 말하자면 정신의 자발성과 주체성으로부터 광주항쟁을 이해하려 할 때, 다시 말해 우리가 앞에서 말했듯이 광주항쟁을 하나의 인격적 주체성이 표현되고 실현된 사건으로 보고 그것과 인격적으로 만날 수 있을 때 비로소 우리는 그것의 뜻을 온전히 이해할 수 있는 것이다. 생각하면 최정운이 광주항쟁을 유물론적으로 설명하는 것을 거부했을 때, 그가 말하려 한 것도 이와 다른 것이 아니었으니, 그를 통해 처음으로 광주항쟁을 정신의 내면성을 통해 다시 말해 어떤 정신적 주체성을 통해 이해하는 길이 열렸던 것이다.

---

19 원래 'absolutus'란 낱말은 라틴어의 동사 absolvere의 현재완료 수동태의 분사형인데 이 동사는 근원적으로 묶인 것을 푼다는 것을 의미한다. 이런 의미에서 법적으로 해방한다는 의미를 가지게 되고 마지막으로 (불완전성에서 해방한다는 의미에서) 완성한다는 뜻을 지니게 되었다. 자세한 것은 Oxford Latin Dictionary의 해당 항목을 보라.

하지만 절대적 공동체의 성립이 외적 필연성으로 환원되지 않는다는 것은 아직 아무런 적극적 규정도 아니다. 마찬가지로 그것이 어떤 정신적 공동체요 내면적 주체성의 현실태라는 말 역시 아직 아무런 내용을 담고 있지 않다. 왜냐하면 인간의 정신적 활동의 자발성과 주체성이 외적 인과성으로 환원되지 않는 한에서 절대적이라 부르는 것은 소극적인 의미에서 절대적이라는 말을 사용한 것이지만, 우리가 광주항쟁기의 공동체를 절대적 공동체라 부를 때 그것은 단순히 그런 소극적 의미에서 붙인 이름이 아니라 광주항쟁이 보여준 어떤 완전성을 적극적 의미에서 지시하기 위해 사용하는 이름이기도 하기 때문이다. 이런 적극적인 의미에서 보자면 모든 정신적인 활동이 절대적인 것은 아니다. 도리어 인간의 정신적 활동 가운데는 비천하고 무가치한 일들이 얼마든지 있으며, 굳이 그런 경우와 대비하지 않는다 하더라도 우리는 오직 예외적인 완전함에 대해서만 절대적이라는 술어를 부여하는 것이다. 이런 경우 우리는 절대적이란 말을 인간적인 것이 아니라 초인간적인 것 또는 신적인 것을 지시하기 위해 사용하는데 광주항쟁기의 시민공동체를 절대적 공동체라 부르는 것도 바로 이런 의미에서인 것이다. 최정운은 이 점을 분명히 하기 위해 절대공동체가 "성령의 계시처럼 이루어진 내면적 과정"이었으며, "성스러운 초자연적 체험이었다"(최정운, 1999: 157)고 주장하기도 하고, 절대공동체의 정신을 온전히 이해하기 위해서는 "니체의 초인의 철학의 의미를 다시 음미해야 할지 모른다"(같은 책, 163)고 말하기까지 하는데, 이런 비학문적인 표현들은 모두 광주항쟁기의 시민공동체의 어떤 초월적 완전성을 지시하기 위해서 끌어오지 않을 수 없었던 것이라 해야 할 것이다.

요컨대 5·18 공동체를 절대공동체라 부르는 것은 그 공동체가 유물론적 인과성으로 환원되지도 않을 뿐만 아니라 인간적 척도를 통해서 역시 설명할 수 없다는 뜻을 담고 있다. 그런 한에서 그것은 적극적 규정이 아니라 부정적이고 소극적인 진술이다. 이런 의미에서 보자면 아마도 우리는 5·18 당시 해방광주를 가리켜 이 이름만큼 적절한 이름이면서도 동시에 쓸모없는 이름을 찾을 수는 없을 것이다. 무릇 절대적이라는 낱말은 신적인 존재에게만 어울리는 명예로운 수식어이다. 그러나 모든 신적인 것은 인간적인 척도를 뛰어넘는 것이니, 절대적이라는 수식어는 다른 무엇보다 인간의 유한한 이성이 무한하고 신적인 것 앞에서 느끼는 당혹감의 표현이다. 그런즉 그것은 우리에게 절대적인 대상에 대해 아무것도 설명해주는 것이 없다. 도리어, 설명할 수 없다는 것, 우리가 마주하고 있는 것이 인간의 모든 설명 가능성을 뛰어넘는다는 것, 그 무능력을 에둘러 고백하기 위해 우리가 대신 쓰는 말이 절대적이라는 말인 것이다.

그렇다면 5 · 18의 광주를 가리켜 절대적 공동체라 부르는 것은 얼마나 적절하며, 또 얼마나 명예로운 이름인가? 진실로 그것은 사람의 언어로 형언할 수 없는 어떤 절대적인 것의 현현이요, 우리가 꿈꿀 수 있는 가장 완전한 공동체에 대한 계시였으니 그런 명예로운 이름을 얻기에 모자람이 없을 것이다. 하지만 그 이름에는 아무런 내용도 들어 있지 않다. 그 이름이 표현하는 것은 이름 불리는 대상의 객관적 특성이라기보다는 도리어 그 이름을 부르는 우리들 자신의 주관적 경탄과 놀라움을 표현하는 말이기 때문이다. 그런 까닭에 우리가 이 이름을 남발하기 시작하면 우리는 그 이름을 통해 5 · 18에서 계시된 새로운 공동체의 뜻을 드러내지 못하면서 그 이름을 상투어로 만들어 결과적으로 5 · 18에 대한 우리의 경탄까지 상투적인 것으로 만들 위험을 초래하게 된다. 그런 위험을 피하기 위해서는 이제 5 · 18을 통해 우리에게 계시된 그 절대적 공동체가 과연 무엇이었던지를 상대적인 언어로 밝혀내지 않으면 안 된다. 그것이 바로 해석의 과제이다.

이 작업을 처음 시도한 사람은 5 · 18 광주를 처음으로 절대공동체라고 이름했던 최정운 교수 자신이었다. 그의 설명에 따르면 5 · 18 광주의 시민공동체가 절대공동체라 불릴 수 있는 까닭은 매우 다양하게 제시될 수 있지만 가장 본질적인 이유를 들자면 "이곳에서는 광주 시민들의 개인은 완전히 용해되어버렸기 때문이다"(최정운, 2001: 324). 이를 더욱 명확하게 표현하여 그는 "공동체의 극단적인 형태로서의 절대공동체의 기본개념은 개인이 완전히 의식에서 사라진 상태를 말한다"(같은 곳)고 주장한다. 여기서 개인의 부정과 지양을 긍정적인 표현으로 바꾼다면, 그것은 "모두가 인간으로 하나됨"(최정운, 1999: 141)이라고 할 수 있다. 그런 하나됨 속에서 광주 시민들은 "위대한 인간들의 공동체의 일부가 된"(최정운, 2002: 99) 느낌을 받았다. 그런데 그 하나됨은 단순히 보이지 않는 내면에서 "한마음"(최정운, 2002: 99)으로 머무르지 않고 "국가의 권위"(최정운, 2001: 325; 2007: 267 등)를 요구하고 또 실행에 옮겼다고 한다. 이를테면 사유재산을 징발하고 시민들을 징병하기까지 했으니(같은 곳) 이것은 절대공동체가 자신을 국가로 정립한 것과 같다는 것이다.

그렇다면 이런 절대공동체가 어떻게 가능했던가? 다시 최정운의 설명에 따르면 그것은 "절대전(absolute war)의 상황에서 이루어진"(최정운, 1999: 165) 것이었다. 다시 말해 "이 절대공동체는 절대적 적(敵)에게 증오심을 모으고 사랑만으로 이루어진 공동체였다"(같은 곳). 그러니까 적에 대한 증오와 전우에 대한 사랑은 절대공동체를 지탱하는 주관적 힘이었다고 할 수 있다.

5·18의 진행 과정에 대해 조금이라도 지식을 가지고 있는 사람이라면 최정운의 설명이 결코 설득력이 없는 것이 아니라는 것을 인정할 것이다. 다른 무엇보다 그의 절대공동체론은 상투적인 서양식 사회과학이론을 5·18에 투사하지 않고 가능한 한 5·18을 '사태 자체'(Sache selbst)로부터 해명하려 했다는 점에서 5·18에 대한 그 이전의 어떤 연구와 해석보다 진전된 성과를 보여준다. 더 나아가 앞에서도 말했듯이 광주항쟁을 실증적 인과성을 통해 설명하는 것이 아니라 내면적 주체성과 정신적 활동성을 통해 이해하려 했다는 점에서 5·18 연구의 역사에서 새로운 지평을 열었다고 평가할 수 있다. 하지만 이런 모든 미덕에도 불구하고, 그의 절대공동체론이 갖는 한계 역시 간과할 수 없을 만큼 분명하다.

다른 무엇보다 그의 절대공동체 개념은 5·18을 전체로서 해명해주지 못한다. 즉 그의 주장에 따르면 절대공동체는 엄밀하게 말하면 눈앞에 적이 존재하는 한에서만 그 적과 더불어 존립할 수 있는 까닭에 적이 사라지고 나면 와해될 수밖에 없는 것이다. 그러므로 공수부대가 도청에서 철수한 뒤에 절대공동체는 해체되지 않을 수 없었다. 따라서 이 이론은 이른바 해방된 광주를 다만 절대공동체의 그림자로나 규정할 수 있을 뿐 그것이 어떤 공동체인지 어떤 긍정적 의미를 가지는지를 해명하지 못한다. 결과적으로 이 이론은 광주항쟁의 한 계기 곧 시민군에 의한 도청 함락까지의 항쟁 전반기의 전투적 계기만을 설명하는 데 쓰일 수는 있으나 5·18의 뜻을 총체적으로 드러내지는 못한다. 또한 그것은 같은 전투라도 27일 새벽의 도청전투의 뜻을 해명해주지는 않는다. 이미 혁명의 열기는 시들고 패배의 운명만이 온 도시를 무겁게 짓누르고 있는 상황에서 도피하지 않고 도청을 지키다가 죽어갔던 시민군들의 공동체를 절대공동체라고 부를 수는 없을 것이다(실제로 최정운은 마지막 항쟁과 패배를 더 이상 절대공동체 개념으로 설명하지 않는다).

더 나아가 그가 말하는 절대공동체는 개인의 부정이라는 의미에서 자칫하면 전체주의적 공동체로 전락할 위험을 안고 있다. 물론 그는 개인의 부정이 강요된 것이 아니라 자발적인 것이었음을 강조한다(최정운, 1999: 140, 276). 그럼에도 불구하고 하나됨에 대한 일면적 강조는 절대공동체의 획일성만을 부각하여 5·18항쟁 기간 내에 존재했던 내부의 차이들을 설명하기 어렵게 만든다. 더 나아가 아무리 자발적인 자기포기라고 하더라도 결과적으로 절대적 적 앞에서 일사불란하게 싸우는 전투의 대열에 자기를 전적으로 포기하고 결속한다는 의미에서 절대공동체가 형성되는 것이라면 이것은 경우에 따라서는 파시즘에 대한 대중의 열광과 구별되기 어렵다. 실제로 최정운은 절대공동체가 2002년 붉은 악마의 응원 열기 속에서 재현되었다고 말하기까지 하는데(최정운, 2002: 105) 이런 방식으로 월드컵 응원 열기와 광주항쟁의 열정이 절대공동체라는 이름 아래 하나로 묶일 수 있는 것이라면, 굳이 광주항쟁의 고통스러운 기억으로부터 새로운 공동체의 뜻을 읽어내야만 할 까닭도 없는 일일 것이다.

하지만 2002년 월드컵 당시의 응원 열기는 광주항쟁 당시의 절대공동체와 완전히 같은 것이라 말하기는 어려운데 그 까닭은 월드컵은 경쟁일 뿐이지만 광주항쟁은 목숨을 건 전쟁 상태였기 때문이다. 최정운이 말하는 절대공동체란 개인의 개별성과 개체성이 절대적으로 지양되어버렸다는 의미에서 절대적인 공동체인데, 그의 입장에 따르면 광주항쟁 초기에 이처럼 개인의 개별성이 완전히 지양될 수 있었던 것은 그것이 전쟁 상태였기 때문이다. 전쟁터에서 같이 싸우는 사람들 사이에서 볼 수 있는 전우애가 개인의 이기심을 초월한 절대적 유대감을 낳는다는 것은 누구라도 이해할 수 있는 일이다. 하지만 사람이 전쟁에 나간다고 해서 모두가 자동적으로 용감해지는 것도 아니고 참된 전우애를 느끼게 되는 것도 아니다. 아무리 전쟁터라고 하더라도 인간은 이기심의 노예가 될 수 있으며, 개인의 이기심을 초월한 결속의 감정은 사실은 그곳에서도 하나의 과제인 것이다. 따라서 단순히 전쟁 상태라는 외적 조건을 통해 절대적 결속의 감정을 설명하려는 것은 광주항쟁기의 시민공동체를 설명하는 데 중요한 배경을 제공하는 의미는 있지만 시민공동체를 지탱했던 내적 결속력을 해명해주지는 못한다.

게다가 최정운이 말하는 것처럼 절대공동체가 전쟁 상태 그것도 절대적 전쟁 상태에서만 가능한 것이라면, 그것을 가리켜 우리가 추구하는 온전한 공동체의 계시라고 말하기도 어려울 뿐만 아니라 이로부터 새로운 공동체의 이상을 이끌어낼 수도 없다. 실제로 광주항쟁기의 광주가 전쟁 상태였던 것은 분명한 일이지만, 그렇다고 해서 광주항쟁기의 광주 시민공동체가 전쟁공동체였기 때문에 이상적 공동체요 절대적 공동체였던 것은 아니다. 하지만 그것이 전쟁공동체였기 때문이 아니라면 과연 어떤 의미에서 5 · 18의 광주 시민공동체는 우리가 꿈꿀 수 있는 가장 이상적인 공동체의 전범을 보여주는가? 더 나아가 이 공동체가 단순한 가족공동체가 아니라 이상적인 나라의 전범을 보여주는 것이라면, 어떤 의미에서 그러한가? 이것은 여전히 설명되지 않은 과제이다.

2) 공동체와 서로주체성

이 물음에 대답하기 위해 이제 우리는 원래 우리의 논의로 돌아가 참된 의미의 공동체가 무엇이며 나라가 어떤 의미에서 참된 공동체의 현실태인지를 먼저 살펴보아야 한다. 그리고 그 척도에 따라 5 · 18 공동체가 어떤 의미에서 온전한 공동체, 참된 나라의 전범을 계시했는지를 말할 수 있을 것이다.

일반적으로 말해 공동체란 여럿이 모여 하나를 이룬 단체를 의미한다. 여럿이 모여 하나를 이루는 것은 사물이나 물질의 영역에서도 일어난다. 하지만 우리는 물질이 모여 단체를 이룬 것을 합성체라 부르지 공동체라 부르지는 않는다. 왜냐하면 합성체는 합성된 물체(corpus compositum)이지만, 공동체는 공동의 주체(subjectum commune)이기 때문이다. 그런데 우리가 공동체를 가리켜서 마치 물질이 모여 하나의 합성체를 이루는 것과 같다고 생각하지 않는 까닭은 사람들이 같이 모여 하나의 단체를 이루더라도 자기의 자기됨을 포기할 수는 없기 때문이다. 모든 인간은 하나의 세계이다. 이것은 한 인간이 아무리 공동체에 헌신한다 하더라도 달라지지 않는다. 의식은 그만의 것이며 고통 역시 그만의 것이고 마지막으로 죽음 또한 누구와도 나눌 수 없는 자기 자신만의 일인 것이다.

공동체는 그렇게 자기를 버릴 수 없는 사람들이 모여서 만드는 단체이다. 자기를 버리지 못한다는 것은 자기가 자기에게 언제나 의식되고 있고 문제가 되고 있다는 것을 의미한다. 그렇게 자기가 자기에게 의식되고 있고 문제 되고 있는 존재를 가리켜 우리는 주체라 부른다. 여기서 자기가 의식되고 문제 되고 있다는 것은 단순히 의식의 대상으로서 자기가 자기에게 주어져 있다는 것에서 그치지 않고 자기가 자기에게 형성의 과제로서 주어져 있다는 것을 의미한다. 즉 주체는 언제나 의식의 주체인 동시에 능동적 자기 형성의 주체이다. 이처럼 자기를 스스로 형성한다는 것이야말로 주체의 자유와 자발성이거니와, 이런 능동성과 자발성은 주체를 주체 되게 만들어주는 가장 본질적인 진리인 것이다.

공동체는 이런 주체들이 모여서 이룬 단체 또는 집단이다. 모든 단체는 개별자들을 서로 결속하게 만들어주는 어떤 결속력을 필요로 한다. 물체가 모여 합성체를 이루기 위해 필요한 힘은 물리적 힘이다. 그 힘에 의해 물체들은 단지 서로 결합될 뿐이다. 합성된 물체는 물질이 결합됨으로써 이루어지는데, 물리적 결합은 타율적 힘에 의해 일어나는 수동적 결과이다. 이에 반해 주체들의 모임인 공동체의 경우에는 물리적 힘이 아니라 정신적 욕구 또는 비슷한 말이지만 자발적 의지가 주체들의 지속적 모임과 결속을 가능하게 만들어주는 결속력이다. 주체들은 자발적 의지에 의해 서로 만남으로써 하나의 모임을 형성하게 되는 것이다. 그런데 공동체가 이처럼 개별적 주체들의 자발적인 만남에 의해 생성되는 모임인 한에서 모든 참된 공동체는 개별적 주체의 주체성을 보존한다. 그러면서도 참된 만남은 언제나 고립된 개인의 개별성을 초월하고 지양한다는 점에서 개인의 단순한 집합으로 환원되지 않는 새로운 존재의 지평을 개방한다. 하지만 그 새로운 지평이 지양하는 것은 개별성이지 주체성이 아니다. 만남이란 개인의 자유로운 자발성에 기초하면서 개인의 개별성을 넘어가는 것이며, 개인의 개별성을 넘어가면서도 모두의 주체성을 보존하는 것이다. 그리하여 개별적 주체는 만남 속에서 자신의 개별성을 지양하여 보다 확장된 주체성에 도달하게 되는데 그렇게 만남 속에서 생성되는 공동의 주체성을 가리켜 우리는 서로주체성이라 부른다.

여기서 우리가 서로주체성을 공동주체성과 구별하는 까닭은, 모든 공동체가 개별적 주체들의 모임인 한에서 어떤 방식으로든 개별적 주체성을 지양한 공동의 주체성을 실현하고 있기는 하지만, 그것이 언제나 참된 의미에서 공동의 주체성을 실현하고 있는 것은 아니기 때문이다. 개별적 주체성의 이름이 나라면 공동의 주체성의 이름은 우리이다. 그러나 대다수 공동주체는 이름에서만 우리일 뿐 실제로는 우리라는 이름 아래 개별적 주체들의 주체성이 억압되거나 유보되는 집단적 주체인 경우가 대부분이다. 참된 의미에서 공동의 주체성은 내가 홀로 정립하는 주체성이 아니고 나와 네가 서로 정립하는 주체성이며 함께 정립하는 주체성이다. 그 속에서 나와 너는 자기를 잃지 않으면서도 자기를 초월하여 우리가 된다. 하지만 여기서 '우리'는 나와 네가 만남 속에서 산출하고 보존하는 것인 까닭에 나와 너 위에 군림하는 초자아 같은 것이 아니다. 그러면서도 나와 너는 우리 속에서 자기의 개별성을 지양하는 까닭에 우리는 나와 너의 산술적 합이 아니라 나와 네가 만남 속에서 개방하는 새로운 존재의 지평인바, 이런 주체성만이 참된 의미에서의 공동주체성이다. 서로주체성이란 바로 이런 공동주체성의 진리를 가리키는 이름인 것이다.

이처럼 공동체가 합성체와 달리 주체의 공동체인 까닭에 공동체의 형성원리는 언제나 만남이다. 공동체란 공동의 주체요, 공동의 주체는 여러 주체들이 서로 만남으로써 이루어진다. 공동체는 여러 주체들이 다양한 방식으로 만나면서도, 그 많은 만남들이 또한 하나의 형상 속에서 매개되고 지속할 때 그 만남의 총체적 현실태를 가리키는 이름이다. 이처럼 공동체가 본질적으로 주체들의 만남을 통해 생성되는 것인 까닭에 한 공동체의 온전함은 오로지 만남의 온전함에 존립한다. 그런데 만남이 실체가 아니라 주체의 일인 한에서 만남의 온전함이란 만남을 통해 생성되는 주체성의 온전함과 같다. 그리하여 참된 공동체에서는 만남이 따로 있고 주체성이 따로 있는 것이 아니니, 만남은 주체성을 통해서 발생하고 주체성은 만남을 통해 실현된다. 그리하여 모든 참된 만남은 주체적인 만남 곧 자발적인 만남인 것이다. 하지만 만남과 결속이 자발적인 것은 만남 속에서 자발성과 주체성이 지속적으로 보존되고 증대되는 한에서만 가능한 일이다. 만남 자체가 개별적 주체성의 지양인 동시에 확장일 때, 그리하여 개별적 주체들이 타자적 주체와의 만남 속에서 주체성의 침해와 위축을 경험하는 것이 아니라 정반대로 자기의 주체성이 타자와의 만남 속에서 확장되고 고양되는 것을 경험할 때, 개별적 주체들은 더욱 자발적으로 만남을 추구하게 되고 그런 가운데 공동체는 자발적인 결속력을 얻게 된다. 그리하여 개별적 주체는 주체성을 통해 만남에 이르고 만남을 통해 더욱 고양된 주체성에 이르게 되는데, 이처럼 만남과 주체성이 공속하는 곳에서만 참된 공동체는 가능한 것이다.

이런 사정은 나라의 경우에도 마찬가지이다. 나라가 하나의 공동체인 한에서 그것의 형성원리는 만남이며 그것의 온전함 역시 만남의 온전함에 존립한다. 온전한 만남 속에서 주체들은 서로주체성 속에서 결속하게 되는데, 이런 결속이야말로 참된 공동체의 가능근거인 것이다. 그러므로 만약 5·18이 이상적 공동체로서의 온전한 나라의 계시라면 그 까닭은 그것이 다른 무엇보다 온전한 만남의 모습을 보여주었기 때문이다. 이런 관점에서 보자면 최정운이 말하는 절대공동체는 참된 의미에서 절대적 공동체라 할 수 없다. 그는 절대공동체의 첫째가는 의미를 개인의 소멸에서 찾았다. 하지만 5·18이 절대적 공동체의 계시였던 까닭은 최정운이 말하는 것처럼 항쟁의 공동체 속에서 "개인이 완전히 의식에서 사라진 상태"에 도달했기 때문이 아니다. 다시 말해 광주항쟁기에 시민들이 개별적 주체성을 공동체를 위해 일면적으로 양도하거나 부정했기 때문에 그들이 절대적 공동체를 이룰 수 있었던 것이 아닌 것이다. 공동체는 언제나 공동주체이다. 하지만 공동주체는 주체들의 공동체로서 개별적 주체들의 만남에 존립하는 것이지 개별적 주체성의 일면적 지양에 존립하는 것이 결코 아니다.

만남은 주체성의 일면적 부정이나 양도가 아니라 도리어 정립이며 확장이다. 오랫동안 주체성은 고립된 개별자의 홀로주체성과 같은 것이라 생각되어 왔다. 그러나 참된 주체성은 언제나 만남 속에서만 생성된다. 나는 고립된 개별자로 머무는 한 참된 의미에서 '내'가 되지도 못한다. 오직 내가 너와 만나 우리가 될 때, 나는 또한 온전한 의미에서 내가 될 수도 있는 것이다. 그러므로 만남은 주체성의 부정이 아니라 정립이니, 참된 공동체는 만남 속에서 진정한 주체성을 보존하고 확장한다. 이런 의미에서 5·18이 절대적 공동체의 계시였던 까닭 역시 그 속에서 다른 모든 것에 앞서 참된 만남이 계시되었다는 데 있다. 그러므로 우리가 5·18 속에서 계시된 절대적 공동체의 진리를 해명하려 한다면, 이제 우리는 그 속에서 표현되고 실현된 만남의 구체적 계기들을 살펴보지 않으면 안 된다.

3. 만남의 범주들

1) 과제의 제시
만남의 구체적 계기들이 우연적인 것이 아니라 참된 만남을 위해 본질적인 것일 때 우리는 그것을 가리켜 만남의 범주라고 부를 수 있다. 아리스토텔레스가 존재의 범주를 말한 뒤에 철학자들은 범주를 나름대로 변주해왔다. 이를테면 칸트는 인식의 범주를 말했으며 하이데거는 실존의 범주를 말했던 것이다. 그러나 이 모든 것들은 홀로주체성의 사유지평 속에서 전개된 것들이었다. 이에 반해 만남의 범주는 서로주체성의 범주이다. 그것은 만남 속에서 생성되고 정립되는 서로주체성의 가능성의 구체적 근거들인 것이다.

그런데 만남은 여러 가지 층위에서 다양한 방식으로 발생한다. 예를 들어 가족 구성원들 사이의 만남과 기업의 구성원들의 만남은 같을 수 없다. 마찬가지로 한 나라의 구성원들 사이의 만남 역시 앞의 두 경우와 똑같을 수는 없을 것이다. 광주항쟁을 통해 계시된 절대적 공동체가 이상적 가족이나 회사가 아니라 참된 나라인 한에서, 지금 우리의 과제는 모든 층위에서 발생하는 모든 만남의 범주들을 상세히 분석하는 것이 아니라, 함석헌이 '나라를 한다'고 표현했던 활동 곧 정치적 삶의 지평에서 발생하는 만남의 범주들을 분석하는 것이다.

만약 5·18이 절대적 공동체의 계시라는 말이 한갓 아첨의 말이 아니라면, 우리는 틀림없이 그 속에서 정치적 만남의 본질적 계기들이 완전한 방식으로 표현되고 실현된 것을 명확하게 인식할 수 있어야 할 것이다. 하지만 그렇다고 하더라도 그것은 아직은 숨겨진 비밀이다. 그런즉 우리의 과제는 5·18 속에서 표현되고 실현된 참된 만남의 범주들을 순서에 따라 펼쳐내는 것이다. 그 순서는 1980년 5월 18일부터 일어난 사건의 순서에 대응한다. 하지만 그것은 동시에 참된 만남과 서로주체성의 생성을 위한 선험론적 순서이기도 하다.

2) 용기

5·18은 1980년 5월 18일 전남대 정문 앞에서 시작되었다. 그날은 학교도 쉬고 회사도 쉬는 일요일이었다. 그 조용한 날 0시를 기해 당시 정부는 비상계엄령을 전국으로 확대하면서 각 대학에 군대를 진주시켰다. 전남대학과 조선대학에도 계엄 확대 후 두 시간 뒤에 공수특전단이 진주했다. 군인들은 학

진압군이 주둔한 조선대 정문. 1980년 5월 17일 자정에 신군부는 비상계엄의 전국 확대를 결정하고, 이에
앞서 17일 저녁 10시경에 전북 금마에 주둔한 7공수부대를 광주에 투입하여 전남대 · 조선대 · 교육대에
주둔하게 하였다.

교 내에 머물고 있었던 학생들을 닥치는 대로 체포하고 폭행했다. 학생운동
의 지도부는 이미 도피한 뒤였고 저항의 거점이었다고 할 수 있는 대학은 완
전히 군인들에 의해 점령되었다. 이런 사정은 비단 광주뿐만 아니라 전국적
으로 마찬가지였는데, 군대의 진주는 광주 이외의 모든 지역에서 계엄당국의
의도대로 그 당시 끓어오르고 있었던 학생소요의 열기를 일거에 얼어붙게 만
드는 결과를 낳았다.

그런데 5 · 18은 바로 그날 아침 전남대 정문 앞에서 시작되었다. 군인들의
총칼 앞에서 모든 저항이 일순간에 멎어버린 바로 그 시점에 광주에서는 세
계사에서 유례가 없는 항쟁이 시작되었던 것이다. 오전 9시에서 10시 사이 전
남대 정문 앞에는 군인들이 지키고 있었고 일찍 등교하다 붙잡힌 학생들 몇
몇은 영문도 모른채 붙잡혀 팬티 바람으로 무릎을 꿇고 있었다. 그런데 이런
상황에서 정문 앞에 모였던 학생들은 돌아가지도 않았고 흩어지지도 않았다.

오전 10시경 약 50명의 학생들이 정문 앞 다리 위에 앉아 농성을 시작했다. 뒤에는 이제 100~200명으로 불어난 학생들이 웅성거리고 있었다. 정문을 지키던 군인들은 학생들을 위협하고 해산할 것을 요구하였으나 도리어 학생들은 "계엄철폐"와 "전두환 물러가라"는 구호로 응수했다.

군대는 토론하기 위해 만든 집단이 아니다. 그것은 그 자체로서 폭력기구이며 그의 타자는 오로지 적일 뿐이다. 그런 군대가 외부의 적이 아니라 내부의 시민들 앞에서 총을 들고 마주 서 있었다는 것 자체가 있어서는 안 될 일이었으나, 이 나라의 역사에서 그것은 또한 익숙하게 반복되어온 일이기도 했다. 양보를 모르는 군대 앞에서 시민이 굴복하고 양보하는 것만이 충돌을 피하는 길이었으며, 이것이 또한 대학에 군대를 진주시킬 때 타락한 국가기구가 시민들에게 암묵적으로 요구한 것이기도 했다. 그리고 박정희 정권 시절 이 요구는 예외 없이 관철되었다. 아무리 극심한 소요라도 일단 군대가 진주하면 그것으로 끝이었던 것이다. 한일회담 반대시위도 3선개헌 반대도 유신헌법에 대한 저항도 모두 군대를 동원하면 끝이었다. 그 마지막 단계가 1979년의 부마항쟁이었다. 그 이전의 시위와 달리 부산과 마산 시민들의 광범위한 지지 아래 전개된 부마항쟁 역시 군대가 투입됨으로써 일거에 잦아들었던 것이다. 1980년 5월 18일 비상계엄령이 전국으로 확대되고 각 대학에 군대가 진주했을 때에도 이 공식은 예외 없이 관철되는 것처럼 보였다. 생각하면 그것은 너무도 당연한 일인바, 총칼을 든 군대 앞에서 굴복하고 침묵하지 않는다는 것은 곧 죽음을 의미하는 것이기 때문이다. 그런데 5월 18일 전남대 정문 앞에 모인 학생들은 바로 이 굴종의 공식을 깨뜨려버렸다. 그것은 그 이전에는 상상할 수 없었던 용기였다. 그리고 이 용기가 절대적 공동체의 시원이었다.

정치적 만남의 첫 번째 범주는 용기이다. 나라는 자유로운 주체들의 공동체이다. 그러나 자유는 사물적으로 주어지거나 현전하는 것이 아니다. 그것은 오직 결단과 행위를 통해서만 생성되는 활동이다. 그런데 자유를 향한 결단은 언제나 용기를 전제한다. 아니 자유를 위한 결단 그 자체가 바로 용기의 표현과 실현인 것이다.

자유란 다른 무엇보다 압제로부터의 해방, 모든 폭력으로부터의 해방에 존립한다. 보다 근원적인 바탕에서 보자면 자유는 또한 외적 강제 또는 같은 말이지만 외적 필연성으로부터의 해방이기도 하다. 하지만 해방은 그냥 주어지는 것은 아니며, 설령 역사 속에서 거저 주어지는 해방이 있다 하더라도 그 것은 필연적으로 왜곡되기 마련이다. 오직 스스로 결단하고 행위하여 얻은 해방만이 참된 해방인 것이다. 그렇게 자유를 향하여 결단하는 것, 외적 필연성에 저항하여 행위하는 것, 그것이 바로 용기의 표현과 실현이다. 용기는 외적 필연성에 항거하는 의지의 결단을 의미한다.

이렇게 외적 필연성에 항거함으로써 우리는 비로소 자기를 보존하고 지키게 된다. 자기 또는 주체는 사물적으로 주어지는 것이 아니라 스스로의 활동에 의해서만 정립되고 생성되는 것이다. 그리고 자기를 정립하는 모든 활동은 언제나 외적 강제 및 필연성과 대립하지 않을 수 없다. 자아는 이런 강제에 저항함으로써 자기를 정립하는바, 이 저항에는 언제나 용기가 요구된다. 그러므로 자기를 주체로서 정립하는 것은 언제나 근원적인 용기의 산물이다.

그러나 이것만으로 용기가 다 설명되는 것은 아니다. 우리가 외적 필연성에 저항하는 것은 언제나 자기를 걸어야만 가능한 일이다. 자기를 건다는 것, 경우에 따라서는 자기의 목숨을 걸고 저항한다는 것은 자기보존의 관성, 또는 논리적으로 표현하자면 자기동일성에의 집착을 벗어나지 못하는 한 불가능한 일이다. 그러므로 외적 강제에 맞서 자유로이 자기를 실현하려는 용기는 정반대로 자기를 스스로 부정할 수 있을 때 가능한 일이다. 이런 의미에서 보자면 용기는 본질적으로 자기를 스스로 부정할 수 있는 능력이기도 하다. 하지만 자기를 부정하는 것은 너무도 어려운 일인바, 우리가 용기 있는 행위에 대해 느끼는 존경의 감정은 바로 이 자기부정의 어려움에 기인하는 것이다.

그러니까 용기는 한편에서는 외적 강제에 항거한다는 의미에서 자기보존과 자기긍정의 능력이지만 이를 위해 자기를 걸고 싸울 것을 결단한다는 의미에서는 자기부정의 능력이다. 이처럼 용기 속에 자기긍정과 자기부정이 공속한다는 것은 용기를 욕망으로부터 구별하는 기준이 되는 것이기도 하다. 욕망은 오로지 자기보존과 자기긍정만을 추구한다. 그러나 외적 강제가 장애물로 나타날 때 일반적으로 욕망은 그에 순응한다. 이것은 욕망이 본질적으로 자기에게 집착할 줄 알 뿐 자기를 부정할 줄은 모르기 때문이다. 하지만 용기는 바로 그런 장애물 앞에서도 굽히지 않는데, 그 까닭은 용기는 자기를 부정할 줄 알기 때문이다.

이 자기부정의 능력 때문에 용기는 정치적 삶의 지평에서 서로주체성의 가능근거가 된다. 서로주체성이 가능하기 위해서는 타자를 위해 자기를 제한하고 부정할 수 있어야만 한다. 그러나 일면적인 자기긍정이나 자기부정은 이런 서로주체성을 낳지 못한다. 욕망은 일면적 자기긍정일 뿐이요 굴종은 일면적 자기부정이니, 어느 쪽도 참된 만남을 가능케 하지 않는 것이다. 오직 자기를 보존하면서도 부정할 줄 아는 용기만이 정치적 삶의 지평에서 서로주체성을 가능하게 하는 근거가 되는 것이다.

이 차이는 욕망과 용기가 지향하는 것이 다르기 때문이다. 욕망은 사사로운 지향이다. 그것은 자기를 욕구하는 것이며 자기에게 좋은 것을 욕구하는 것이다. 그것은 철저히 홀로주체의 자기 지향인 것이다. 그런 까닭에 욕망하는 주체는 자기를 보존하기 위해 필요할 경우에는 아무런 부끄러움도 없이 외적 강제와 폭력에 굴종한다. 이런 의미에서 욕망과 비굴함은 언제나 공속하는 것이다. 그러나 용기는 보편적 가치와 모두를 위해 좋음을 지향하는 의지이다. 용기가 자기를 부정할 수 있는 까닭도 이처럼 그것이 사사로운 가치가 아니라 보편적 가치에 의해 규정되기 때문이다. 그 보편적 가치의 표상이 이념인 한에서, 용기는 언제나 어떤 이념에 의해 규정되는 의지이다. 마찬가지로 용기와 만용의 차이도 의지가 이념에 의해 규정되느냐 아니냐에 달려 있다. 만용은 단순히 자기의 힘과 타자의 힘을 객관적으로 판단할 줄 모르는 데서 비롯되는 과도함이 아니라 의지가 참된 의미의 이념에 의해 규정되지 않는 데서 비롯되는 과도함인 것이다. 오직 참된 용기만이 이념에 기초하여 자기를 긍정하기도 하고 부정할 수도 있거니와 5 · 18은 우리 역사 속에서 아니 세계사를 통틀어 가장 빛나는 용기의 표현이자 실현이었다.

3) 약속

그렇다면 그들의 용기는 어디서 온 것인가? 5·18의 시원은 학생들이 전남대 정문 앞에 모였다는 데 있다. 학생들이 군인들을 본 적이 없어서 그들을 구경하기 위해 거기 모인 것은 결코 아니었으니, 항쟁은 사실상 그들이 전남대 정문 앞에 모인 것에서부터 이미 시작되었다고 할 수 있다. 그런데 이것부터가 일반적인 예상을 벗어나는 일이었다. 우리는 1980년 5월 18일 한국의 어느 대학 정문 앞에 학생들이 자발적으로 모였는지 알지 못한다. 군인들이 총칼로 지키는 대학의 정문 앞에 모인다는 것은 얼마나 부질없는 일인가? 학생운동의 지도부에 속한 사람이라면 그것은 자기를 잡아가라고 내주는 것이요 그렇지 않은 일반 학생들의 경우에는 인도자 없는 군중의 일원에 지나지 않으니 학교 정문 앞에 모인다 한들 할 수 있는 일도 없을 것이기 때문이다. 이런 사정은 광주의 경우에도 마찬가지였다. 학생운동의 지도부는 검거되지 않았으면 모두 피신한 상태였다. 그리하여 5월 18일 아침 전남대 정문 앞에 모인 학생들 가운데 특별히 이름을 들 만한 사람은 아무도 없었다.[20] 그런데 무슨 까닭으로 학생들은 그 자리에 모여든 것일까? 최정운이 말했듯이 이 경우에도 유물론적인 설명은 아무런 쓸모가 없다. 정신의 현실성은 오직 정신적인 원인을 통해서만 설명될 수 있을 뿐이다. 그렇다면 어떤 정신적인 원인이 그들을 그 자리에 불러 모았던가?

그것은 약속이었다. 광주에서는 14일부터 시작된 대규모 시위와 집회가 16일까지 계속되었다. 그런데 그 집회를 끝내면서 당시 전남대 총학생회장 박관현은 이렇게 말을 맺었다고 전한다. "만약의 경우 휴교령이 내려질 때는

---

20 이를테면 전남대 총학생회장이었던 박관현은 그날 아침 전남대 정문 앞의 상황을 살펴본 뒤에 그곳을 떠나 윤상원을 만났으며 곧 도피의 길에 올랐다(박호재·임낙평, 『윤상원 평전』, 276쪽). 하지만 그가 정문 앞에 모인 학생들 틈에 같이 있지는 않았음이 분명하다. 만약 그가 학생들에게 자기를 보였다면 그는 처음부터 항쟁에 연루되었거나 아니면 그 자리에서 체포되었을 것이다.

이미 약속한 바와 같이 오전 10시 각 대학 정문 앞에 모여서 투쟁하고, 12시 정오엔 이곳 도청 앞으로 다시 집결하여 오늘과 같이 투쟁할 것을 재차 약속합니다"(박호재, 임낙평, 2007: 262). 5월 18일 오전 10시에 학생들을 전남대 정문 앞에 부른 것은 바로 이 약속이었다. 그들은 그 약속을 지키기 위해 그 자리에 나왔던 것이다. 그러니까 그들이 보여준 용기는 단순히 추상적인 이념이 아니라 약속을 지키기 위한 의지에서 비롯된 것이라고 말할 수 있다. 그리고 바로 여기에 5·18의 비할 나위 없는 깊이가 있다.

정치적 용기 또는 같은 말이지만 아리스토텔레스가 말했던 시민적 용기는 이념에 의해 규정되는 의지이다. 나라는 언제나 어떤 보편적 이념의 현실태일 때에만 소수에 의해 전유된 한갓 당파적인 국가기구로 전락하지 않을 수 있다. 그러므로 보편적 이념에 의해 규정되는 의지로서 용기는 나라의 정립을 위한 첫째가는 만남의 범주이다. 그런데 이념은 그 자체로서는 인격적 주체성의 현실태도 아니고 인격적 만남의 현실태도 아니다. 그것은 인격적 주체성을 추상해버린 보편적 의지의 내용을 표상하는 추상적 보편자일 뿐이다. 이처럼 이념이 인격적 주체성 자체의 현실태가 아닌 까닭에, 그것은 추상적인 보편성에서 벗어나지 못할 경우, 주체성을 억압하는 타율적 당위 또는 소외된 보편자로 전락할 수도 있다. 그런 경우 우리의 의지가 아무리 보편적 이념에 의해 규정된다 하더라도 그 의지가 참된 용기인지 아니면 맹목적인 만용인지 구별하는 것은 쉬운 일이 아니다.

이념이 그 추상적 보편성에서 벗어나 인격적인 주체성과 만남의 원리가 되는 것은 그것이 약속에 의해 매개될 때이다. 약속이란 나와 너 사이에서 이루어지는 일이니 그 자체로서 개별성을 넘어가는 행위로서, 보편성이 인격적인 만남 속에서 생성될 수 있는 그릇이다. 약속은 자기에 대해서는 다짐하고 결단하는 것이며, 남에 대해서는 초대하는 것이다. 그런즉 약속의 말은 본질적으로 우리 같이 이렇게 하자는 청유형(請誘形)이니, 타인을 인격적 만남으로 부르는 가장 전형적인 서로주체성의 언어이다. 하지만 약속이 이념과 매개되지 않을 경우 그것을 통해 생성되는 만남은 당파성을 벗어날 수 없다. 오직 이념과 결합함으로써만 약속은 보편적 가치를 얻게 되고, 거꾸로 오직 약속에 의해 매개됨으로써만 이념은 인격성을 얻게 된다.

참된 용기는 이처럼 약속과 이념의 결합 속에서 생성되는 것이다. 약속과 이념의 결합 속에서 이념은 인격적이 되고 약속은 보편적이 된다. 그렇게 보편적 이념과 매개된 약속을 지키기 위해 결단할 때 비로소 의지는 추상성에도 빠지지 않고 당파성에도 빠지지 않는 참된 용기를 보여주게 되는 것이다. 한 나라가 참된 의미에서 서로주체성의 현실태가 되기 위해서 가장 경계해야 할 것은 시민을 객체화하는 일이다. 그런데 이런 일은 언제나 소외된 이념이 시민들을 규정함으로써 시작된다. 왜냐하면 국가는 아무리 거짓된 것이라 할지라도 이념 없이는 지탱될 수 없기 때문이다. 이념이 시민을 대상화하지 않도록 하기 위해서는 그것이 언제나 약속의 언어가 되지 않으면 안 된다. 이런 의미에서 약속은 만남의 범주인 것이다.

4) 타인의 고통에 대한 상상력

플라톤 이래 국가의 기초를 하나의 가상적인 계약에서 찾는 것은 서양적 국가이론의 오래된 전통이었다. 계약의 이념이 시대에 따라 어떻게 변해왔든지 간에 그것이 일종의 약속이라는 것은 분명하다. 그렇다면 5·18의 시원에 있었던 약속도 일종의 계약인가? 그렇지는 않다. 계약은 순수히 권리의 관념 또는 이익의 관념에 기초한다. 나의 권리와 너의 권리의 균형을 이루는 것, 그것이 계약인 것이다. 하지만 광주항쟁의 공동체는 그렇게 권리와 이익의 균형 위에서 형성된 공동체도 아니었고 단지 그런 균형을 지향해서 생성된 공동체도 아니었다. 이것은 광주항쟁이 권리의 균형을 부정했다는 말이 아니다. 생각하면 반독재투쟁 자체가 불평등과 차별에 대한 저항이었으니 권리의 균형에 대한 요구가 항쟁의 근저에 있었다는 것은 너무도 분명한 일이다. 하지만 광주항쟁은 계약의 이념에서 머무르지 않는다.

광주항쟁은 약속에서 시작된 항쟁이었으니, 항쟁의 공동체는 약속의 공동체였다. 약속은 인격적인 만남의 언어이다. 그것은 부름이요 응답이다. 그 부름과 응답 속에서 하나의 이념이 일깨워지고 그 이념 속에서 약속은 개별성과 당파성을 뛰어넘는다. 하지만 이념이 약속에 의해 매개된다 하더라도 이것이 온전한 만남으로 이어지는 것은 아니다. 이념이 약속에 의해 매개된다는 것은 이념이 발생하는 형식에서 인격적 만남의 형식을 띤다는 것을 의미하는 것이기는 하지만, 이것만으로 이념의 내용까지 인격적 만남의 실현이라고 말할 수 있는 것은 아니기 때문이다. 이념이든 약속이든 그 모든 것이 참된 의미의 인격적 만남을 가능하게 하기 위해서는, 그 속에 인격적 만남이 단순한 형식이 아니라 내용 그 자체로서 담겨야만 한다. 하지만 이것은 어떻게 가능한가? 이 물음에 대답하기 위해 우리는 광주항쟁의 전개 과정을 좀더 깊이 들여다보지 않으면 안 된다.

처음에 광주항쟁은 학생들의 저항에서 촉발되었다. 그러나 그것이 단순히 학생들의 시위에서 머물렀다면 지금 우리가 알고 있는 광주항쟁이란 존재하지 않았을 것이다. 광주항쟁의 두드러진 점은 그것이 시민들의 전폭적인 참여에 의해 넓어지고 깊어졌다는 데 있다. 항쟁이 전 시민적 항쟁이었던 까닭에 그것은 참된 의미에서 정치적 공동체일 수 있었으며, 온전한 나라의 계시일 수도 있었던 것이다. 여기서 우리가 말하는 시민들이란 말 그대로 익명의 평범한 시민들을 의미한다. 다시 말해 특별히 조직되지도 않았고 동원되지도 않았으며 이른바 운동권에 속하지도 않았던 평범한 시민들이 합세함으로써 광주항쟁은 폭발적으로 확대되었던 것이다. 당시 광주에 거주하면서 항쟁의 과정을 처음부터 끝까지 목격하고 기록했던 미국인 선교사 아놀드 A. 피터슨 목사의 증언에 따르면, 항쟁 셋째 날 20일에는 적게는 15만에서 많게는 40만의 인파가 시위에 참여했다고 한다(피터슨, 1995: 88). 당시 광주의 인구가 80만 명 정도였던 것을 생각하면, 우리는 거의 모든 시민이 항쟁에 참여했다고 말해도 좋을 것이다.

시민들의 참여는 항쟁 첫째 날부터 뒤로 갈수록 양적으로나 질적으로 확장되고 심화되었는데, 다시 피터슨 목사의 증언에 따르면 항쟁 둘째 날이었던 19일 11시 50분경 그는 "처음으로 장년들과 젊은 여성들이 공수부대원들에 의해 끌려가는 청년들을 돕기 위해 오는 것을 보았다"(피터슨, 1995: 64)고 한다. 그러니까 평범한 시민들이 항쟁에 참여하게 된 것은 처음에는 공수부대원들에게 폭행당하는 청년들과 학생들을 돕기 위해서였던 것이다. 그러나 곤경에 처한 사람을 돕는다는 것, 그것도 다른 곤경이 아니라 국가폭력에 의해 수난 받는 사람을 돕는다는 것은 많은 경우 자기 자신도 같은 방식으로 고통 받을 수 있는 위험을 안고 있는 일이다. 특히 당시 공수부대의 상상을 초월하는 잔인성을 생각할 때 남을 돕기 위해 달려온다는 것은 비상한 용기가 필요한 일이었던 것이다. 그런 까닭에 많은 사람들이 공수부대원들에게 잔인하게 폭행당하는 사람들을 도우려고 했던 것만큼 또한 많은 사람들은 눈앞에서 죄 없는 사람들이 잔혹하게 고통 받고 있는 것을 보면서도 속수무책으로 방관할 수밖에 없었다.[21] 하지만 더 많은 사람들이 두려움을 이기고 고통 받는 타인과 적극적으로 연대했으니 그것이 광주항쟁을 가능하게 했던 것이다.

타인의 고통에 대한 이런 적극적 동참과 응답은 처음에는 많은 경우에 가족적 유대에서 비롯된 일이었을 수도 있다.[22] 그러나 단순히 가족적 유대는 결코 정치적 공동체를 이루지 못한다. 우리는 오직 혈연을 넘어 타인과 연대하는 법을 배울 때에만 다시 말해 나와 아무런 가족관계도 아닌 사람들의 고통에 적극적으로 응답하는 법을 배울 때에만 그들과 더불어 참된 의미에서 나라를 만들 수 있는 것이다. 5·18 광주도 마찬가지였으니, 어떤 여인은 "내 자

---

21 그렇게 타인의 고통을 방관할 수밖에 없었던 비통한 심정을 고백한 것으로는 특히 당시 가톨릭교회 광주대교구장이었던 윤공희 대주교의 증언이 잘 알려져 있다. "내가 그 광경을 보고 난 후 옆길을 보니까 어떤 젊은이가 두 군인에게 붙들려 수없이 두들겨 맞고 있었어요. 머리는 무엇으로 찍어버렸는지 모르지만 피가 낭자했어요. 내가 보기에 그대로 놔두면 죽게 될지도 모른다는 생각이 들었어요. 그러나 나 자신 무서움이 들어 감히 쫓아 내려가 만류하지 못했어요. 그 뒤 그 사람의 생사가 궁금했지만 왜 내가 내려가 만류하지 못했을까. 성직자로서 지금도 가슴 아프고 또 두고두고 가슴이 메이게 하는 광경이었지요. 나는 그때의 일을 두고 수없이 참회하고 하느님께 용서를 빌었습니다"(현사연, 앞의 책, 386쪽).
22 다시 피터슨 목사의 증언에 따르면 "이 특별한 상황 속에서 한 젊은이가 두 명의 무장 공수부대원들과 맞닥뜨리게 되었다. 그 청년의 가족 중 일원인 것 같은 사람들이 그를 위해 개입하고자 했다. 어머니로 보이는 사람과 자매들로 보이는 두 명의 젊은 여성들이 공수부대원들의 팔을 굳게 잡고는 공수부대원들과 젊은이 사이에 몸을 들이대고자 하였다. 공수부대원들에게 저항하고 간청하는 동안 그들은 공수부대원들이 젊은이를 때리지 않기를 빌었다"(피터슨, 1995, 64쪽).

5월 19일 오후 3시 반경 금남로 가톨릭센터. 잔혹한 폭력에 맞서 시민군이 투석전을 벌이자 완전무장한 진압군이 추격하고 있다.

식도 어디 가서 저렇게 맞고 다닐 것이라고 하면서 칼에 찔린 청년들을 노상에서 치료해주려고"(현사연, 1996: 361) 하였다고 한다. 이 행위는 (당연하게도) 군인들에 의해 저지되었다. 하지만 그 여인이 남의 자식을 자기 자식처럼 대했을 때 그는 한 가족의 일원으로 존재하는 자연인이 아니라 한 나라의 시민으로서 존재하는 씨올이 되었다.

　많은 학자들이 시민들의 광범위한 참여의 원인을 계엄군의 잔인한 폭력에서 찾는다. 계엄군의 도발이 없었으면 광주항쟁이 없었으리라는 점에서 이런 설명은 너무도 당연한 설명이다. 하지만 당연하다는 것이 충분하다는 것을 뜻하지는 않는다. 아우슈비츠에서 숨져간 사람들이 저항하지 않았던 까닭이 나치의 잔인함이 충분하지 않았기 때문이 아니듯이, 1980년 5월 광주에서 계엄군이 자행한 폭력이 과도했기 때문에 시민들이 마치 파블로프의 개처럼 그것에 조건반사적으로 반응한 것도 아니었다. 타인의 고통에 대한 동참과 응답이 그렇게도 광범위하게 확산된 것은 단순한 가족적 유대나 조건반사적인

5월 27일 오전. 도청에 남겨진 시민군의 시신들. 진압군의 도청 장악 과정에서 30여 명의 시민들이 살해되었다.

분노로 환원해서는 설명할 수 없다. 타인의 고통에 응답하기 위해 죽음을 뛰어넘는 용기를 보이는 것은 외부적 자극에 대한 수동적인 반응의 결과가 아니라 언제나 최고의 능동성과 자발성의 표현이기 때문이다.[23]

이런 자발성을 가장 잘 보여주는 하나의 증거가 광주 외부로부터의 시민의 참여이다. 항쟁이 일어난 뒤 많은 사람들이 위험을 피해 광주를 빠져나가기도 했으나 마찬가지로 수많은 사람들이 항쟁에 참여하기 위해 광주로 들어왔다.[24] 특히 전라남도 지역에서는 거의 모든 지역(郡)에서 사람들이 같이 싸우기 위해 광주로 왔던 것이다. 광주항쟁의 실상이 아무것도 보도되지 않고 있던 때, 아무것도 직접 보지 못한 상태에서 현장에서 떨어져 있던 그들을 움

---

23 니체 식으로 말하자면 그것은 Reaktion이 아니라 Aktion이다.

24 "우리가 남평 마을을 향해 짧은 거리를 지나면서 우리는 표어와 막대기를 쥐고 있는 사람들을 나르는 여러 대의 버스, 트럭, 이러저런 차량들을 보았다. 그들을 싸움에 가담하기 위해 광주로 가고 있었다"(피터슨, 1995, 101쪽. 21일의 회상). "일행들을 열차에 태운 후 [……] 나는 광주로 되돌아가기 시작했다. 돌아가는 길에 우리는 많은 학생들이 걷거나 자전거를 타고 광주로 가는 것을 보았다"(같은 책, 117쪽. 22일의 회상).

직인 것이 무엇이었겠는가? 그것은 적어도 직접적 감각일 수는 없으니, 그들이 조건반사적으로 항쟁에 참여한 것이 아님은 분명하다. 그렇다면 무엇이 그들을 타인의 고통에 동참하도록 이끌었겠는가? 5월 21일 영암군 신북면에서 광주로 들어왔던 강덕진은 당시를 이렇게 회상한다.

나는 그들의 고함소리를 뒤로하고 삼거리로부터 2백~3백 미터 떨어져 있는 신북 시외버스 공용터미널 쪽으로 걸어갔다. 시외버스 공용터미널에 도착하니 어떤 여학생이 도착하여 핸드마이크를 들고 주변에 모인 1백~2백 명가량의 주민들에게 "광주 시민이 계엄군에 의해 다 죽어가고 있습니다. 전남도민이 다 일어나서 광주 시민을 도웁시다"라고 아주 애절하게 호소했다. 그 여학생의 호소를 들으니 가슴이 찡해오고 고개가 절로 숙여지며 울분과 함께 뭔가 해야겠다는 사명감이 느껴졌다. [……] 그 여학생이 영암 방면으로 떠나자 그냥 있을 수 없다는 생각에 신북 청년들의 행방을 수소문했다. [……] 40여 명의 신북 청년들이 망월사 부근에서 놀고 있었다. 나는 그들에게 광주의 소식을 전해주며 "우리가 가서 도와줘야 되지 않겠느냐"고 했다. 청년들은 내 말을 듣더니 울분에 차서 "광주 시민을 도우러 가자"고 했다. 이때 "경상도 군인들이 전라도 사람들을 다 죽여버리려고 왔다"는 말이 특히 격분을 느끼게 했는데, 그 말도 시위대가 전해준 것이었다. (현사연, 1990: 1068)

당시 강덕진은 중학교를 졸업한 후 특별히 하는 일 없이 지내다가 그즈음 트럭 조수 노릇을 하며 운전도 배우고 약간의 돈을 벌고 있었던 23살의 청년이었다. 망월사에서 놀고 있었다는 신북 청년들 역시 그와 처지가 크게 다르지는 않았을 것이다. 그런데 이들 가운데 대다수가 항쟁에 동참하기 위해 강덕진과 함께 광주로 갔다. 강덕진의 경우가 그렇지만 이들이 특별히 두드러진 정치적 의식을 가진 사람들이 아니었음은 분명하다. 그렇다면 무엇이 이들을 광주로 가게 했던가? 그것은 말이었다. 로고스, 곧 말의 힘이 그를 광주로 떠밀었던 것이다. 그 말은 본질적으로 보자면 두 마디였는데, 첫마디는 사람이 죽어가고 있다는 증언이고 둘째 마디는 도움을 청하는 호소였다.

여학생의 증언과 호소가 "경상도 군인들이 전라도 사람들을 다 죽여버리려고 왔다"는 말에 의해 더 큰 반향을 불러일으켰다는 것은 조금도 놀라운 일이 아니다. 그것은 의정부에서 미선·효순 양이 미군이 모는 장갑차에 치여 숨졌을 때 수많은 한국인들이 분노해서 촛불을 들었던 것과 같은 감정의 분출로서, 사람은 누구라도 자기와 같은 처지에 있는 사람들의 고통에 대해 더 예민하게 반응하게 마련인 것이다. 만약 칸트 식으로 감정을 범주화할 수 있다면 이것은 감정의 양상(Modalität)에 속하는 것이라 할 수 있다. 즉 감정의 분량, 성질, 관계가 감정적 판단의 내용, 다시 말해 우리가 감정을 느끼는 대상 그 자체를 규정하는 것이라면 양상은 그 대상이 주체와 맺는 관계를 규정한다 하겠는데, 우리는 타인의 똑같은 고통에 대해서도 그가 나 자신과 어떤 관계에 있는지에 따라 더 큰 공감을 느끼기도 하고 오히려 냉담해지기도 하는 것이다. 이런 의미에서 전라도 사람들이 경상도 군인들에 의해 죽어가고 있는 같은 전라도 사람들의 고통에 더 큰 공감을 느꼈으리라는 것은 어렵지 않게 짐작할 수 있는 일이다.

하지만 여기서도 우리는 너무 쉽게 지역감정을 통해 모든 것을 설명하려는 유혹에 빠지지 말아야 한다. 그것은 미선·효순 양의 사망에 항의하는 촛불집회를 맹목적인 민족감정의 발로라고 매도하는 것이 부적절한 것과 마찬가지이다. 실제로 의정부 사건 당시 많은 사람들이 자기들 역시 한국인이었음에도 불구하고 촛불집회에 대해 반감을 가지고 있었다. 당시 『한겨레』 기자였던 소설가 김훈은 "한갓 우발적 사고임에 틀림없는 그 사건을 사람들이 교묘히 반미감정으로 몰아가는 것에 환멸을 느끼고 신문사에 사표를 내었다"[25]고 회상했다. 소설가답지 않게, 이 얼마나 놀라운 이성인가. 5·18 당시 전라도 사람들인들 왜 그런 이성이 없었겠는가? 그들 역시 광주의 일을 우발적인 사고로 치부할 수도 있었을 것이다. 게다가 광주에서 벌어지고 있는 일은 너

---

25 『한겨레』, 2007년 5월 16일자.

무도 잔혹한 일인 까닭에 도리어 믿기 어려운 일이었다. 사실 지금도 많은 한국인들이 당시 계엄군의 잔혹한 만행을 믿지 않으려 하면서 애써 광주 시민들의 과격함이 상황을 악화시켰다고 생각하듯이,[26] 그때나 지금이나 5·18 당시 계엄군의 만행은 보통 사람의 상상력을 훨씬 뛰어넘는 것이었다. 오죽하면 처음에는 광주 시민들조차 눈앞에 대한민국의 군복을 입은 사람들이 같은 나라의 국민을 살상하는 것을 도저히 믿을 수 없어 북한에서 무장공비들이 내려온 것이라 생각하기까지 했겠는가. 그러므로 아무런 정치적 의식도 없었던 트럭 조수가 처음 보는 여학생의 애절한 호소에 가슴이 찡해오고 고개가 절로 숙여지고 뭔가 해야겠다는 사명감까지 느끼게 된 까닭을 모두 지역감정으로 돌리는 것은 성급한 일반화에 지나지 않는다.

　감정의 양상에서 고통 받는 타인에 대해 내가 아무리 큰 동질감을 느낀다고 하더라도 그의 고통에 적극적으로 응답하는 것은 별개의 문제이다. 동질감이란 나에게 주어져 있는 객관적 조건의 확인일 뿐이다. 하지만 타인의 고통에 적극적으로 응답하기 위해서는 그 동질감을 넘어가는 보다 능동적인 정신의 활동이 요구되는데, 그것이 바로 상상력이다. 타인의 증언을 듣고 남의 고통에 대해 같이 아파하고, 그에 적극적으로 응답하기 위해서 필요한 것이 한 가지는 아니다. 그러나 고통 받는 타인의 (또는 타인에 대한) 증언과 호소를 들었을 때 그것에 응답하기 위해 나에게 가장 처음 필요한 것은 타인의 고통을 상상하고 나를 고통 받는 타인의 자리에 놓아보는 상상력이다. 그런 상상력이 없다면 증언과 호소의 말은 나에게 아무런 의미도 가질 수 없다. 오직 내가 능동적으로 상상하는 한에서 말은 의미를 가지는 것이다. 하지만 여기서 상상한다는 것은 무엇을 의미하는가? 그것은 내가 생각 속에서 나 자신을 고통당하는 수동성의 자리에 놓는다는 것을 의미한다. 이처럼 나를 수동성에 놓는 것 자체가 바로 상상력의 능동성에 속하는 일이다. 그런즉 타인의 고통

---

26 이를테면 최근 개봉한 영화 「화려한 휴가」의 공식 홈페이지 게시판에 있는 글들을 보라. 많은 사람들이 감동을 표현하고 있지만 적지 않은 사람들이 5·18에 대해 험담을 늘어놓는 것을 볼 수 있다.

을 상상하는 것은 능동적인 수동성이며 수동적인 능동성이니, 이것이야말로 서로주체성의 범주이다. 내가 너와 함께 서로주체성 속에 들어간다는 것은 언제나 나와 네가 능동성과 수동성을 같이 나눌 때에만 가능한 일이기 때문이다.[27]

강덕진을 광주로 불렀던 것은 추상적 이념도, 약속도 아니었다. 그는 고상한 정치적 이념에 대해 아는 바 없었으며, 광주로 가기로 누구와 약속을 한 것도 아니었다. 그럼에도 불구하고 그는 사람들을 모아 광주로 갔다. 그에게 일어난 일은 다만 광주에서 내려온 여학생의 말을 들은 것뿐이다. 그녀의 증언과 호소는 그에게 애절하고도 절박한 부름이었다. 그러나 부름은 응답하지 않는 한 아무런 의미도 없다. 부르는 것은 타인이지만 응답하는 것은 자기이다. 그러나 타인의 고통에 응답하기 위해서는 먼저 그것을 상상할 수 있어야 한다. 그렇게 타인의 고통을 생동적으로 상상할 때, 비로소 나는 타인과 참된 의미에서 인격적으로 만날 수 있다. 고통을 공유한다는 것은 수동성을 공유한다는 것을 의미한다. 만약 내가 타인과 수동성을 공유하지 않으려 한다면 나는 그 앞에서 언제나 능동적 주체로만 있으려 하는 것이요, 이 경우 타인은 나의 인식과 욕망의 대상일 뿐 결코 인격적 만남의 상대일 수는 없다.

이런 위험은 타인의 고통에 대한 감수성이 결여된 이념이나 약속의 경우에도 마찬가지로 일어난다. 이념과 약속은 아직 온전한 인격적 만남의 현실태가 아니다. 인간은 고통의 주체이다. 고통 받지 않는 자는 현실 속에 존재하는 구체적 인간이라 할 수 없다. 그런 한에서 우리가 인간을 만난다는 것은 고통을 만난다는 것을 의미한다. 우리는 오직 타인의 고통 앞에 마주 서고 그 고통을 같이 나눌 줄 알 때, 타인과 참된 인격적 만남 속에 들어가게 되는 것이다. 그러나 타인의 고통을 같이 느낄 수 있기 위해서는 그것이 아무리 눈앞에서 벌어지는 일이라 하더라도 상상력의 발휘를 필요로 한다. 왜냐하면 인간의 고통은 마지막에는 언제나 내면적 의식의 일이기 때문이다. 육체에서 일

---

27 김상봉, 『서로주체성의 이념』, 297쪽 아래.

어나는 고통은 엄밀하게 말하자면 고통의 외적 원인일 뿐 고통 그 자체가 아니다. 고통을 당하고 느끼는 참된 주체는 언제나 정신인 것이다. 하지만 고통받는 타인의 정신은 눈에 보이는 것이 아니다. 그런 까닭에 타인의 정신의 고통을 같이 느낄 수 있기 위해서는 눈앞에 보이는 고통스러운 현실로부터 눈에 보이지 않는 고통의 주체, 정확하게 말하자면 고통 받는 자가 내적으로 느끼는 고통 그 자체를 상상하지 않으면 안 된다. 그리고 여기서 한 걸음 더 나아가 그런 상상력을 통해 고통 받는 타자적 주체의 자리에 나 자신을 위치시키고 그와 나를 상상력 속에서 일치시킬 때에만 비로소 나는 그의 고통과 만나게 되며, 이를 통해 그를 온전히 인격적으로 만날 수 있는 것이다.

앞에서 우리가 말했던 용기와 이념 그리고 약속은 이런 고통의 공유를 통해서만 온전한 의미와 가치를 얻게 된다. 타인의 고통에 대한 깊은 공감은 모든 참된 시민적 용기의 전제가 되어야 한다. 그렇지 않고 용기가 추상적 이념에만 입각하고 있을 때, 그것은 언제라도 인간에 대한 폭력으로 돌변할 수 있다. 그러므로 시민들 사이에서 타인의 고통에 대한 깊은 공감이 하나의 지속적 성격(ethos)이나 문화로 자리 잡지 않은 사회에서는 결코 참된 의미의 나라가 세워질 수 없다. 참된 나라는 오직 고통의 연대를 통해서만 생성된다. 5·18은 바로 이 점에서 비할 나위 없는 모범이었던 까닭에 또한 참된 나라의 계시일 수 있었던 것이다.

5) 피와 밥 그리고 수류탄 — 성육신한 사랑

고통의 연대는 처음에는 정신적 차원에서 발생한다. 먼저 타인의 고통을 상상하는 것이 연대의 출발인 것이다. 그러나 정신적인 연대는 다시 현실적 연대로 전환되어야 한다. 내가 타인의 고통을 상상할 줄 모른다면 타인의 고통을 느낄 수 없으니, 나는 눈에 보이는 현실로부터 보이지 않는 타인의 정신으로 나아가야 한다. 그러나 참된 만남은 내가 고통 받는 타인에게 느끼는 고통의 일체감을 고통 받는 타인이 확인하고 느낄 수 있을 때에만 일어난다. 그렇지 않을 경우 내가 아무리 타인의 고통에 일체감을 느끼고 타인과 같은 고통을 느낀다고 하더라도 그것은 나 혼자만의 일이요, 고통 받는 타인과는 아무런 상관도 없는 것으로 끝나고 말 것이며, 결과적으로 나와 그 사람 사이에 참된 만남이 일어난다고 말할 수도 없을 것이다.

이런 일면성을 극복하기 위해서는 이번에는 거꾸로 내가 타인의 고통에 대해 느끼는 공감이 그가 느끼고 인지할 수 있는 방식으로 외적으로 표현되지 않으면 안 된다. 나의 공감이 외적으로 표현될 경우에만 타인은 그 표현으로부터 다시 나의 내면적 의식 속에서 발생하는 그의 고통에 대한 공감을 미루어 상상할 수 있을 것이며, 이를 통해 나와 그는 고통을 나누고 있다는 것을 서로 확인할 수 있을 것이기 때문이다.

광주항쟁에서 그런 공감의 표현의 사례들은 무수히 많겠지만 그 가운데에서도 가장 전형적인 것은 아마도 헌혈일 것이다. 광주항쟁 당시 인간이 고통받는다는 것은 다른 무엇보다 피를 흘린다는 것을 의미했다. 곤봉과 대검 그리고 마지막에는 총에 의해 피를 흘린 것이야말로 그 당시 광주 시민들의 고통과 수난이었던 것이다. 그런데 21일 도청 앞에서 계엄군이 시민들을 향해 사격을 가했을 때 광주 시민들은 즉각적으로 피 흘려 쓰러진 이웃을 위해 자기들의 피를 뽑았다. 적십자병원 헌혈차를 몰고 처음 헌혈운동을 하러 시내를 돌았던 정무근은 당시를 이렇게 회상한다.

우리는 처음으로 양림동 오거리에서 헌혈을 받았다. '헌혈'차가 도착하자마자 여기저기서 시민들이 모여들었다. 시민들이 줄지어 섰으므로 헌혈하는 동안은 방송을 하지 않아도 되었다. 시민들 중에는 술집 아가씨들도 많은 것 같았다. 나는 몰려든 사람들을 선별해내는 일을 했다. 빈혈이 생기는 등 몸이 너무 허약하거나 비대한 분들은 이상이 생길 염려가 있었기 때문에 양해를 구하고 되돌려 보냈다.

사람이 많아 손이 부족하였으나 젊은 여자들이 차 위로 올라와 많이 거들어주었다.

헌혈을 시작하고 얼마 지나자 방림동에 사시는 아주머니들이 김밥과 콜라를 가져왔다. 우리들이 먹을 만큼만 놔두고 나머지는 지나가는 시민군 차량에 나누어

주었다.

오후 3시가 넘자 지원동 쪽에서 시민군이 탄 트럭 한 대가 오더니 우리 차에 수류탄 몇 개를 실어주려 하였다. 우리들은 그런 것은 필요 없다며 사양하였으나 기어이 받아야 한다며 몇 개를 건네주고는 바삐 차를 몰고 시내로 들어갔다. (현사연, 1990: 828)

여기서 우리는 당시 광주 시민들이 타인의 피 흘리는 고통에 대해 얼마나 즉각적으로 그리고 얼마나 적극적으로 동참했는지 그 분위기를 짐작할 수 있다. 그런데 우리가 주목해야 할 것은 단순히 총상을 당한 사람들을 위해 헌혈을 했다는 사실 그 자체만이 아니라 헌혈이 이루어진 방식이다. 처음으로 가두 헌혈을 주도했던 정무근은 의사도 간호사도 아닌 자영업자였다. 하지만 이웃이 피를 흘리는 것을 보았을 때, 그는 가두 헌혈에 뛰어들었다. 그가 거리를 돌며 시민들에게 헌혈을 호소하자 시민들 역시 그 부름에 열렬히 호응했으니, 모여든 시민들의 행렬 자체가 광고가 되어 헌혈을 하는 동안에는 헌혈을 호소하는 방송을 할 필요가 없을 정도였다. 지나가던 젊은 여자들은 기꺼이 간호조무사 노릇을 했으며, 인근의 아주머니들은 먹을 것을 날랐다. 우리는 여기서 모든 사람이 — 단지 헌혈을 통해서뿐만 아니라 — 각자의 방식으로 타인의 고통에 대한 공감을 적극적으로 표현하는 것을 볼 수 있다. 그런 고통에의 응답 속에서 참된 시민적 사랑이 뿌리내리는 것이다. 하나의 나라가 온전히 세워지기 위해서는 이처럼 타인의 고통에 대한 동참과 연대가 구체적인 방식으로 표현되어야만 한다. 5 · 18은 이 점에서 역사에 나타났던 다른 어떤 공동체보다 이상적인 공동체의 전범을 보여준다.

그런데 정무근의 회상을 찬찬히 살펴보면 우리는 광주항쟁에서 표현된 참된 만남이 사물적으로 외화된 세 가지 매개물을 볼 수 있는데, 그 첫째가 피요, 둘째가 밥이며, 셋째가 수류탄이다. 정신의 존재는 외적으로 표현될 때 확증된다. 만남의 현실성 역시 마찬가지이다. 외화되지 않는 만남은 추상적이고 공허한 만남이다. 국가가 참된 만남의 공동체가 되려면 씨올들 사이의 사랑이 추상적 구호에서 그치거나 아니면 선의의 기도(祈禱)에 머물러서는 안 된다. 그것은 반드시 구체적인 행위로서 표현되어야 하는데 여기서 구체적인 행위란 사물성에 매개된 행위를 의미한다. 사랑은 사물이 됨으로써 살아 있는 몸을 얻게 된다. 그런즉 피와 밥 그리고 수류탄은 **성육신한 사랑**(amor incarnatus)인 것이다.

앞서 말한 대로 피는 타인의 고통에 대한 참여의 사물적 외화이다. 우리는 피를 나눔으로써 타인과 수동성을 공유하게 되며, 이웃을 죽음의 고통에서 구해낸다. 이 공유된 수동성 속에서 나는 너를 살리고 이제 나와 너는 같이 살게 된다. **만남은 같이삶**인 것이다. 그러나 같이 산다는 것은 단순히 죽음으로부터 벗어나는 것만으로는 충분하지 않다. 같이 산다는 것은 같이 삶을 이어간다는 것인바, 이런 의미에서 같이 산다는 것은 같이 먹는다는 것이다. 항쟁 당시 광주 시민들은 이 점을 정확하게 그리고 즉각적으로 통찰했다. 정무근의 회상에서 보듯이 피를 나누는 것은 또한 밥을 나누는 것과 더불어 있었던 것이다.

오늘날 광주항쟁을 특징짓는 상징의 하나가 된 주먹밥은 바로 이런 시민적 사랑과 연대의 상징이다. 삶과 죽음이 교차하는 비상 상황에서 주먹밥을 같이 먹음으로써 항쟁 당시 광주 시민들은 참된 만남 속에서 하나의 공동체를 이룰 수 있었던 것이다. 하지만 만남이 고통을 나누는 것뿐만 아니라 밥을 나누는 것이라는 이치는 단순히 광주항쟁이라는 비상 상황에서만 해당되는 것이 아니다. 한 나라가 유지, 보존되기 위해서는 씨올들이 같이 삶을 이어나갈 수 있어야 한다. 그렇게 같이 사는 활동이 바로 경제이다. 고대 그리스인들은 경제는 나라의 문제가 아니라 가정의 문제라는 믿음을 가지고 있었다. 잘 알려져 있듯이 경제(oikonomia)라는 말의 본뜻이 가정관리였던 것이다. 생각하면 이것은 자기기만이었다. 그런데 우리 시대에 만연한 절대적 자본주의는 경제 문제를 또다시 나라의 문제가 아니라 개인이나 가족의 문제로 환원해버렸다. 그리하여 한 나라 안에서 먹는 집은 먹고 굶는 집은 굶는데, 국가는 고작해야 먹는 집이 더 잘 먹게 되면 굶는 집이 동냥해서 입에 풀칠은 할 수 있으리라는 식으로 태평하게 방관하는 것이 지금 한국사회의 현실이다. 하지만 한 나라 안에서 누구는 먹고 누구는 굶고 있는데, 나라가 아무 일도 하지 않고, 동료 시민들이 그것을 방관한다면, 그것은 더 이상 나라가 아니다. 왜냐하면 참된 나라는 오직 참된 만남의 공동체인데, 먹는 자와 굶는 자가 같이 만나고 같이 산다는 것은 가능한 일이 아니기 때문이다. 이런 의미에서 참된 나라는 언제나 같이 밥을 나누는 데 존립하는바, 우리가 같이 나누는 밥이야말로 육화된 사랑인 것이다.

그런데 앞에서 본 정무근의 회상에서는 우리가 아직 논의하지 않은 사랑의 육화된 현실태가 하나 더 있으니 그것이 수류탄이다. 그의 회상에 따르면 사람들이 피를 흘리며 죽어가는 절박한 상황에서 헌혈차를 몰고 시내를 누비며 피를 모으고 있는데 지나가던 시민군 트럭이 다가와 헌혈차에 수류탄을 주고 갔다고 한다. 하지만 헌혈차가 원하는 것은 피지 수류탄이 아니었다. 그런 까닭에 정무근은 시민군이 건네는 수류탄을 받지 않으려고 했다. 하지만 시민군은 거절하는 그에게 한사코 수류탄을 떠안기고 떠났다는 것이다. 마치 김밥을 먹으면서 같이 먹으라고 친절하게 사과라도 건네듯이.

생각하면, 피와 김밥 옆에 수류탄이 같이 있는 탁자는 얼마나 초현실주의적인 정물인가. 하지만 그 정물 앞에서 우리가 겸허한 마음으로 조금만 더 머물러 깊이 생각하면 이 그림 속에는 얼마나 심오한 통찰이 담겨 있는가. 사랑은 피를 나누는 것이며, 밥을 같이 먹는 것이다. 그러나 시민들 사이의 참된 사랑과 연대를 위해서는 이것만으로는 부족하다. 왜냐하면 사랑은 마지막에는 같이 싸우는 것이기 때문이다. 물론 모든 시민이 똑같은 방식으로 싸울 수는 없다. 수류탄을 건넸던 시민군이 헌혈을 하는 사람들에게 자기들과 똑같은 방식으로 싸울 것을 요구했다면 수류탄이 아니라 총을 주었을 것이다. 그러나 자기들은 총을 들고 싸우던 시민군이 헌혈차에는 총이 아니라 수류탄을 주고 갔다는 것은 그들이 헌혈하는 사람들에게 자기들과 똑같은 방식으로 싸우라고 강요하지는 않았다는 것을 의미한다. 하지만 그럼에도 불구하고 필요 없다면서 받지 않으려는 사람에게 굳이 수류탄을 강요하듯이 떠안기고 갔다는 것은 똑같은 방식으로가 아니라 하더라도 모든 시민이 같이 싸우지 않으면 안 된다는 요청이었을 것이다.

만남은 한마디로 말하자면 사랑을 나누는 것이다. 하지만 사랑은 같이 기쁨을 나누는 것에만 존립하는 것이 아니다. 기쁨은 언제나 만남의 마지막 결과이다. 사랑의 기쁨에 도달하기 위해 우리는 언제나 같이 나누는 고통의 터널을 지나지 않으면 안 된다. 고통은 수동성이다. 하지만 내가 타인과 고통을 나눌 때 나는 자발적으로 타인의 고통에 동참하는 것이요, 그런 한에서 고통을 나누는 것은 그 자체로서 능동적인 행위이다. 그런데 고통을 나눈다는 것은 고통 속에 하릴없이 같이 머무르는 것을 의미하지는 않는다. 모든 고통은 본질적으로 그것의 부정을 지향한다. 고통의 주체로 하여금 고통을 부정하게 만들지 않는 고통은 더 이상 고통이 아닌 것이다. 그런 한에서 고통을 나눈다는 것은 고통을 같이 부정한다는 것, 다시 말해 아픔을 극복하기 위해 같이 행위한다는 것을 의미한다. 그리고 그 고통의 원인이 외부의 적대적 타자인 한에서 고통을 극복하기 위해 같이 행위한다는 것은 같이 싸운다는 것을 의미한다. 그런 한에서 사랑은 같이 아파하는 것뿐만 아니라 같이 싸우는 것, 자기의 전 존재를 걸고 같이 위험에 맞서는 것이다. 그런 까닭에 피와 밥 곁에 수류탄이 놓일 때, 사랑의 성찬은 완성되는 것이다.

4. 에필로그

지금까지 우리는 한 나라를 세우기 위해 필요한 만남의 범주들을 살펴보았다. 그것은 물론 만남의 가능한 모든 범주가 아니라 그 일부에 지나지 않는다. 특히 우리가 분석한 만남의 범주들은 원칙적으로 감정과 의지의 영역에 속하는 범주들이었다. 하지만 나라를 세우기 위해서는 감정과 의지를 통한 만남만으로는 충분하지 않다. 감정과 의지는 개별적인 씨올들을 나라라는 공동체 속에서 결속하게 만드는 가장 근원적인 결합의 원리이다. 그러나 결합의 원리만으로 나라가 서는 것은 아니다. 단순한 결합의 원리는 아직 형상의 원리가 아니다. 그러나 공동체는 무규정적이고 무차별한 결합이 아니라 조화롭게 규정된 형상 속에서 존립한다. 그런 까닭에 비단 나라가 아니라도 모든 공동체는 결합의 원리에 더하여 규정된 형상의 원리를 가지지 않으면 안 된다.

5·18 광주 역시 단순히 결합의 원리만으로 생성된 공동체는 아니었다. 하지만 여기서 우리는 5·18을 통해서 계시된 절대적 공동체의 형식적 원리를 다룰 수는 없다. 이 원리를 해명하는 작업은 지금까지의 만남의 범주에 이어지는 새로운 탐구의 과제일 것이다.

※ 이 글은 『민주주의와 인권』 제7권 2호(전남대 5·18연구소, 2007)에 발표된 것을 수정·보완한 것이다.

8

서로주체의 형성사로서 동학농민전쟁과 5·18항쟁

| 박구용(전남대·철학) |

1. 머리말: 자율성과 주체성

개인의 주체성과 그가 속한 공동체의 주체성이 언제나 같이 있는 것은 아니다. 세계사적 관점에서 볼 때 개인의 주체성은 오랫동안 공동체의 주체성에 종속변수로 이해되었다. 동·서를 막론하고 고·중세의 정치사상은 공동체를 유기체로 파악했다.[1] 이때 개인은 유기체의 한 부분으로서만 주체성을 가질 수 있다는 생각이 지배적이었다. 따라서 개인은 유기체인 공동체가 자신에게 부여한 역할을 충실하게 수행하는 것이 의무일 뿐만 아니라 삶의 목적이었다. 군주가 군주로서의 역할을 수행해야 하듯이, 군인은 군인으로서, 평민과 천민은 평민과 천민으로서의 역할을 수행해야만 했다.

동·서를 가로지르는 고·중세의 역사에서 개인의 역할은 개인이 스스로 결정할 수 없었다. 결정의 주체는 공동체의 절대정신을 대변하는 신과 신의

---

[1] 그리스와 로마, 그리고 중세 유럽의 정치사상뿐만 아니라, 유교의 정치사상도 이 점에서 큰 차이가 없는 것으로 보인다.

권위를 위임받은 군주에게만 있었다. 물론 고·중세에도 자유인은 있었다. 대부분 왕족과 귀족, 그리고 그리스의 경우처럼 폴리스의 시민들이 자유를 향유할 수 있었다. 그러나 자신이 지향하는 삶의 방향과 목적, 그리고 윤리적이고 종교적인 정신, 나아가 공동체 안에서의 역할을 스스로 결정할 수 있는 자율성을 가진 개인은 없었다. 소수에게 자유는 있었지만, 그들에게조차 자율성이 인정되지 않는 시대였던 것이다. 이 시대에 자유는 공동체 안에서의 자유였을 뿐이다.[2]

개인은 그가 속한 공동체가 주체성을 상실하면 자동적으로 주체성을 잃게 되었다. '우리'의 운명이 곧 '나'의 운명이었지만, 그 역은 성립하지 않았던 것이다. 그러나 '나'와 '우리'의 관계를 역전시키는 방향으로 역사는 전개된다. 세계사는 '나'의 운명과 '우리'의 운명이 동일시되는 시대를 거쳐 '나'의 운명이 '우리'의 운명보다 우선시되는 방향으로 나아간다. 이러한 전환은 개인의 자율성을 전제로 공동체의 주체성을 설명하기 시작한 서양 근대의 계몽주의적 휴머니즘에서 시작된다. 근대 계몽주의는 개인의 자율성을 모든 것의 출발점으로 설명한다. 휴머니즘은 모든 개인, 즉 인간이면 누구나 '우리'라는 경계와 무관하게 자율성을 갖는다는 전제에서 출발한다. 이처럼 유럽에서 시작된 근대성에서 '우리'는 사라지고 '모두'가 개인으로서 주체가 된다.

근대 유럽 국가들은 그동안 '우리'의 안과 밖을 구분하던 울타리를 사상 속에서 제거할 만큼 강성해졌다. 근대 서양인들의 관점에서 볼 때 '우리 밖의 타자'는 더는 위협과 공포의 대상이 아니었기 때문에 인정해야 할 타자가 아니라 동화되어야 하는 '모두의 타자'였던 것이다. 그러나 그들이 말하는 인류는 '모두'가 아니라, 유럽에서 교육받은 성인 백인 남성의 입장을 대변했을 뿐이다. 이는 서양의 근대성이 '유럽(백인) 중심주의' '인간(이성) 중심주의' '연령주의' '남성 중심주의'를 은폐한 '국가주의'와 '민족주의'로 왜곡되는 과

---

2 이처럼 자율성 없는 자유인, 즉 특수한 공동체 안에서의 자유인은 온전한 주체성을 가진 개인이라고 할 수 없다. 주체성의 핵심은 자신의 삶의 목적과 규범을 스스로 결정할 수 있는 자율성이 있어야 한다.

정에서 드러난다.[3] 유럽인들은 '우리' 없는 '모두'의 사상으로 무장하고, 그것에 동화되지 않는 타자의 타자성을 제거하기 위해 제국주의적 침략을 자행한다. 제국주의는 모든 형태의 '우리'를 제거함으로써 자본이 지배하는 시장을 전 지구적으로 확대하기 위한 전략이다.

'우리'라는 의식으로 묶인 공동체가 주체성을 상실하는 경우는 대부분 '우리'와 '우리 밖의 타자' 사이에 일어난 분쟁과 전쟁에 패했을 때이다. 전쟁에 승리한 공동체는 패배한 공동체를 파괴 또는 해체하고 그 구성원들을 자신의 공동체 안으로 포섭·동화한다. 이때 패배한 공동체의 구성원들은 새로운 공동체에서 주체성을 상실할 수밖에 없다. 그러나 공동체가 일정한 크기의 국가체계를 갖춘 경우, 전쟁에 승리한 국가가 패배한 국가를 전면적이고 직접적인 지배 방식으로 통치하는 것은 불가능하거나 비효율적이다. 따라서 대부분의 지배국가는 피지배국가에서 자신들의 이익과 관심을 대변할 지배집단을 선별하고 그들과의 불평등(군·신계약) 계약을 통해 식민화정책을 수행한다.

식민화된 공동체의 구성원들은 다시 지배집단과 피지배집단으로 분열된다. 지배집단은 공동체의 주체성을 '우리 밖의 타자'에게 양도한 대가로 권력을 획득한다. 이들은 자신들의 이익뿐만 아니라 '우리 밖의 타자'의 이익과 관심을 위해 피지배집단을 직접적으로 착취하는 역할을 수행한다. 이처럼 중첩된 착취구조에서 피지배집단은 '우리 안의 타자'로 전락한다. '우리'의 주체성을 상실한 공동체에서도 지배집단에 속하는 개인들은 개인의 상대적 자율성을 향유할 수 있었지만, '우리 안의 타자'로 전락한 피지배집단은 어떤 형태의 자율성도 가질 수 없다.

피지배국가의 지배집단이 자신들의 자율성을 유지하기 위해서는 '우리 밖의 타자'에 기생할 수밖에 없다. 반면 자기상실을 강요당한 피지배집단은 한편으로는 지배집단과 싸워야 하며, 다른 한편으로는 '우리 밖의 타자'와도 싸워야만 한다. 전자와의 싸움에서 피지배집단은 '민중'으로 후자와의 싸움에

---

3 박구용, 『우리 안의 타자』(철학과현실사, 2003), 108쪽 이하 참조.

서는 '민족'으로 나타난다. 근대 이후 식민지의 피지배집단의 저항은 이와 같은 민중과 민족이 중첩된 형태로 등장한다. 개인의 자율성을 쟁취하기 위한 저항에서는 민중이지만, 공동체의 주체성을 회복하기 위한 저항에서는 민족인 것이다. 이와 같은 형태의 저항에서 '우리 안의 타자'로 전락한 개인에게 자율성과 주체성은 저항 없이는 획득될 수 없는 것이다.

식민화된 국가공동체에서 이중으로 자기상실을 강요당한 타자들은 민중이면서 민족일 수밖에 없다. 이때 등장하는 민족주의는 저항의 방법이고 과정일 뿐이다. 반면 제국주의 국가에서 민족주의는 지배의 방법이고 목적이다. 제국주의 국가에서 민중은 개인의 자율성을 획득하기 위해 국가주의뿐만 아니라 민족주의와도 싸워야 한다. '우리 밖의 타자'에 의해 주체성이 위협받지 않는 공동체의 지배세력은 개인의 자율성보다 공동체의 이익과 관심을 우선시하려고 한다. 이때 공동체의 이익과 관심은 실제로 지배집단의 이익과 관심을 대변하는 경우가 많기 때문이다. 따라서 '우리 안의 타자'인 피지배집단은 '우리'로 포장된 국가주의나 민족주의와 대립관계를 형성할 수밖에 없다. 그럼에도 불구하고 근대 유럽의 국가에서 소외된 민중들은 대부분 국가주의나 민족주의와 맞서기보다는 오히려 그것과 타협한 다음, 다른 국가와 민족을 침탈하는 제국주의에 동조하게 된다.

한민족은 유구한 역사를 통해 주권국가를 형성해왔다. 그럼에도 불구하고 오랫동안 온전한 의미의 주체성을 향유하지 못한 경우가 많았다. 특히 조선은 건국 초부터 중화사상에 입각한 사대주의 정책에서 크게 벗어나지 못했다. 세종대왕조차도 조선 백성은 명나라 황제의 신하이기 때문에 조공을 바쳐 지성으로 사대할 것을 주장한다.[4] 특히 선조는 임진왜란을 명나라의 도움 때문에 극복했다는 논리를 내세워 나라의 멸망보다 명나라와의 의리를 중요시한다.[5] 조공이 국제무역의 성격을 갖는다거나 혹은 안보를 위한 약소국의

---

4 『세종실록』, 20/6/7; 23/1/8; 31/9/12 참조.

5 "명의 출병은 2백여 년간 충실하게 사대를 행했기 때문에 은혜를 입게 된 것이다.—자고로 속국은 중조를 위해 의를 지켜 시종 변하지 않아야 한다." "차라리 나라가 망하더라도 의를 잃지 말아야 하며—방역

부득이한 선택이었다고 말할 수도 있을 것이다.[6] 그러나 문제의 핵심은 권력의 주체성 상실이다. 위정자들은 권력의 정당성을 백성이 아닌 중국의 승인에서 찾았다. 기생권력자들에게 백성은 권력의 주체가 아니라 지배의 대상일 뿐이었다. 큰 고기에 작은 고기를 바친 대가로 얻은 권력으로 중간 고기들은 작은 고기들을 더욱더 악랄하게 먹어치웠다.

오랫동안 국가공동체를 형성했음에도 불구하고 자기상실을 강요당한 어둠의 역사를 극복하기 위해 앞장선 것은 언제나 민중이었다. 물론 국가공동체의 주체성을 획득하기 위한 몇몇 소수의 깨어 있는 지식인들의 노력이 전혀 없었던 것은 아니다. 그러나 그들은 조선 민중의 자율성을 인정하지 않았으며, 여전히 권력의 주체가 아니라 통치의 대상으로만 조선 민중을 파악했다. 따라서 이들의 노력은 민중과 연대할 수 없었기 때문에 정치적 힘을 갖지 못하고 관념의 체계에 머물고 만다. 백성들 역시 개인의 자율성에 대한 의식이 부족했기 때문에 공동체의 주체성을 회복해야 할 내적 근거를 찾지 못했다. 자율적 민중으로 성장하지 못한 백성은 기생권력의 이데올로기에 순응하

을 다 잃게 되더라도 사대에 전념해야 한다." 『선조실록』, 37/8/5, 23.

6 중화(中華)가 문화적 관계를 의미한다면, 사대(事大)는 정치군사적 관계를, 그리고 조공(朝貢)은 경제적 관계를 나타낸다고 할 수 있다. 그런데 중화 · 사대 · 조공의 관계뿐만 아니라, 각각의 것에 있어서 중국과 한국의 관계에 대한 역사학계의 관점은 매우 다양하다. 그럼에도 불구하고 일반적으로 중국의 역사학자들이 세 가지 모두를 중국에 대한 한국의 종속 및 주종관계로 파악하는 경향이 있다면, 한국의 역사학자들은 세 가지를 분리해 파악하는 가운데, 주종관계가 아니라 정치적 전략에 따른 상보적 관계로 규정하려고 한다. 후자의 관점에 따르면 조선은 국가안보와 체제유지, 그리고 주자학 중심의 문화공동체를 위해 주체적으로 중국과 조공관계를 형성했다는 것이다. 따라서 조공은 굴욕적 상납이 아니라 앞에서 언급한 세 가지 목적을 위해 전략적으로 선택한 대칭적 무역체계라는 것이다. 이 문제에 관한 자세한 논의는 정용화, 「조선의 조공체제 인식과 활용」, 『한국정치외교사논총』 제27집 2호, 2006; 정용화, 「사대 · 중화질서관념의 해체과정: 박규수를 중심으로」, 『국제정치논총』 제44집 1호, 2004; 최동희, 「조선과 청의 조공관계 연구」, 『한국정치외교사논총』 제24집 1호, 2002. 필자는 조공이 국제무역의 성격을 갖는다거나 안보를 위한 약소국의 전략이었다는 관점이 일정 부분 옳다고 하더라도 조선의 권력이 온전한 주체성을 가지고 있다고 평가할 수 없다고 본다. 공동체가 주체성을 갖기 위해서는 경제적으로뿐만 아니라 정신적으로 자립적이어야만 한다. 그러나 조선은 두 측면에서 모두 자립적인 국가공동체를 형성하지 못했으며, 특히 위정자들은 주체성 확립을 위해 구체적 노력을 기울이기보다 기생적으로 획득한 권력을 통해 민중을 지배했다.

도록 길들여진 나머지 강대국의 식민으로서 자기상실을 강요당했음에도 불구하고 이를 자각하거나 저항하지 못했다.

강자에 대한 굴복과 기생이 자연의 법칙이라면 주체성을 찾기 위한 저항은 자유의 원칙이다. 타율적으로 길들여진 노예들은 자연의 법칙을 따르지만, 자율적으로 스스로를 형성하는 자유인은 자유의 원칙을 따른다. 그러나 주체성 상실을 강요당한 약자에게 자유는 저항 없이 주어지지 않는다. 우리 역사에서 권력자들은 오랫동안 자연법칙의 노예였다. 자유를 향한 저항의 주체는 언제나 농민, 민중, 시민이었다. 이들의 저항은 '우리 안과 밖의 타자'를 무력화하고 지배하기 위한 전략이 아니라, 타자와 더불어 소통하고 연대하기 위한 과정이다. 이들이 싸운 것은 타자가 아니라, 우리의 안과 바깥에서 홀로 주체를 꿈꾸는 타자의 억압적 지배다. 우리 역사에서 민중은 억압적 지배에 맞서 자율적 자유인으로 성장하기 위해 서로가 주체로서 연대하고 저항해야만 했다.

자율적 주체는 홀로 형성되지 않는다. 인간은 자기를 자기로 인식하기에 앞서 타자의 타자로서 자기를 인식한다. 이처럼 인간의 자기화는 곧바로 타자화를 의미한다. 동시에 자기화는 사회적 존재로서 자기를 형성하는 과정이기 때문에 사회화를 동반한다. 이런 맥락에서 볼 때 개인의 자기화는 타자화뿐만 아니라 사회화와 동근원적이다. 타자화와 사회화의 과정 속에서 내가 개별적 주체로 형성되는 것처럼 '나'는 '다른(또는 낯선) 자아'로서 타인인 '너' 역시 나와 동일한 욕망을 가진 자아라는 것을 알아야 한다. '나'가 나에게 '나'이면서 너에게는 '너'인 것처럼, '너' 역시 나에게는 '너'지만 너에게는 '나'인 것이기 때문이다. 따라서 자아는 끊임없이 타-자아 속에 있는 자기를, 그리고 자기 속에 있는 타-자아를 확인하고 싶어 하며, 타-자아 역시 마찬가지다. 자아와 타-자아의 이러한 확인 욕구가 사랑과 연대로 표현된다면, 확인이 불가능할 때 나타나는 현상이 인정투쟁이다.[7]

개인과 공동체의 자율성과 주체성은 처음부터 주어진 것도 아니고 홀로 쟁취할 수 있는 것도 아니다. 개인과 공동체는 서로의 만남과 소통, 그리고 투쟁과 연대의 과정을 통해 서로주체로 형성된다. 특히 '우리 안과 밖의 홀로주체'에 의해 자기상실을 강요당한 민중들의 저항은 서로를 주체로서 인정하고 연대할 때에만 힘을 발휘할 수 있다. '나'와 '너'가 서로를 주체로 인정하고 연대할 때 형성되는 '우리'만이 '우리 밖의 타자'와 정당한 인정투쟁을 벌일 수 있기 때문이다. 그 때문에 나와 우리의 자율성과 주체성의 형성 과정은 동시에 서로주체의 형성 과정이어야 한다. 나와 우리를 주체로서 인정하지 않는 '우리 안과 밖의 홀로주체'에 맞서 저항하는 민중의 역사가 바로 서로주체의 형성사다.

이 글의 주된 목적은 한국 역사에서 '나'와 '우리'가 동학농민전쟁과 5·18 광주민중항쟁을 통해 서로주체로 형성된다는 것을 밝히는 것이다. 두 가지 역사적 사건뿐만 아니라 다른 많은 민중의 저항 역사가 서로주체의 형성사라는 관점에서 서술될 수 있다. 그럼에도 불구하고 두 사건은 개인의 자율성과 공동체의 주체성이 상호 제약적 관계에 있다는 것을 명확하게 보여준다. 따라서 필자는 서로주체의 형성사를 동학농민전쟁과(2), 5·18민중항쟁의 전개 과정과 이념 속에서 살펴본 다음(3), 두 항쟁의 현재성을 서로주체의 역사철학적 관점에서 논할 것이다(4).

2. 동학농민전쟁: 민중과 민족의 서로주체성

오랫동안 타율적 노예의식으로 길들여진 백성(양민과 천민)이 자유와 평등, 정의와 평화의 이념을 실현하기 위한 혁명에 자율적으로 참여한다는 것은 불가능에 가깝다.[8] 자율적 주체성을 형성하지 못한 피지배자가 지배자의 억압

---

7 G. W. F. 헤겔, 박병기/박구용 옮김, 『정신철학』(UUP, 2000), 430절 이하 참조. 헤겔에 앞서 이미 피히테 (J. G. Fichte)와 셸링(F. W. J. Schelling)은 가격으로 환원될 수 없는 인격체에 부여되는 존중(Achtung)이 타자의 인정 없이는 생각될 수 없다는 것과 인정이 개별화된 실존이 가능하기 위한 조건으로 생각되어야 한다는 것을 파악했다.

에 저항하는 경우는 '사는 것이 죽는 것과 같을 때'이다. 이처럼 극단적 억압에 저항하는 과정에서 개인은 노예적 타율성에서 벗어나 자율성을 형성하고, 어느덧 저항과 항쟁은 사회운동과 혁명이 된다.[9]

실제로 대부분의 역사적 혁명은 억압에 대한 저항과 항쟁에서 시작된다. 자유를 위한 혁명이 억압에 대한 항쟁에서 시작되듯이 정의를 위한 모든 형태의 혁명은 불의에 대한 항쟁으로 시작된다. 만약 저항의 주체가 자율성을 획득하지 못할 경우 항쟁은 억압과 폭력에 대한 자연적 반응에 그치고 만다. 이는 마치 막다른 골목으로 내몰린 쥐가 고양이에게 달려드는 것과 다를 바 없다. 따라서 자율성 없는 저항은 자극-반응의 자연법칙으로 환원될 수 있다. 그러나 역사적 지평을 갖는 사회적 저항과 항쟁은 기계적 자연법칙이 아니라 자유와 정의의 이념을 실현한 경우다.

항쟁의 불씨가 된 사회적 억압과 불의를 정확하게 인식하는 것이 역사를 올바로 이해하기 위한 출발점이라는 것은 의심할 여지가 없다. 그러나 항쟁을 억압에 대한 반응으로만 이해하는 것은 역사를 자극-반응 모델에 따른 인과적 사건으로 화석화하는 것이다.[10] 이러한 방식으로 역사를 해석할 경우 남

---

8 자유를 경험하지 못한 사람에게는 자유를 향한 열망 자체가 관념적이기 때문이다. 헤겔은 『정신현상학』의 '주인과 노예의 변증법'에서 이 점을 섬세하게 보여준다. 헤겔, 임석진 옮김, 『정신현상학』(지식산업사, 1989), 243쪽 이하 참조.

9 물론 모든 사회운동에는 자율적 주도세력이 있다. 그러나 그들이 가진 이념적 지향은 저항의 과정에서 저항주체들에 의해 비판적으로 수용되지 않을 경우 사회운동을 선도하거나 운동의 성격을 규정하는 본질이 될 수 없다. 따라서 사회운동의 주체는 결코 소수의 주도세력이 아니라 그들의 이념을 실천적으로 수용하고 발전시킨 다수의 민중일 수밖에 없다. 그럼에도 불구하고 주도세력을 주체로 규정하는 사회과학적 연구는 역사를 과정이 아니라 정지된 사건으로 바라보는 한계를 갖는다.

10 사실 관계를 밝히는 데 관심을 집중하는 역사학의 연구나 사건 발생의 사회경제적 배경에 대한 사회과학적 연구는 모든 역사기술의 출발점이다. 이러한 점에서 오랫동안 가해자와 역사가들에 의해 은폐되고 왜곡된 역사적 사건에 대한 진상규명은 절대적으로 중요하다. 그럼에도 불구하고 해석으로부터 자유로운 객관적 사실로서의 역사기술이 가능하고, 그것만이 진정한 역사학이라고 주장하는 것은 옳지 않다. 실제로 역사에서 하나의 객관적 사실을 규명하는 것은 불가능하다. 역사학이 접근할 수 있는 사실이란 수많은 기억과 기록들 간의 유사성과 차이를 밝히고, 이 과정에서 반복 승인되는 것일 뿐이다. 오직 하나의 사실을 유일한 진리로 가정하는 실증주의 역사학은 하나의 본질을 유일한 진리로 규정하는 본질 형이상학과 차이가 없다. 이 점에서 볼 때 실증주의 역사학은 이미 과거의 것이다. 나아가 역사

는 것은 자율성 없는 항쟁 주체의 피해의식뿐이다. 이것은 저항의 역사에 대한 은폐이자 왜곡이다. 진정한 역사는 항쟁의 주체들이 서로 만나 소통하고 연대하는 과정에서 자율적 서로주체성을 형성하고 나아가 자유와 정의의 이념을 실천한 미래의 고향으로 계속해서 되돌아가야 한다. 특히 서로주체의 형성사에서 볼 때 동학농민전쟁은 우리가 되돌아갈 첫 번째 장소다.

불의에 대한 항쟁에서 모든 혁명의 불꽃이 타오르듯 동학농민전쟁도 '우리' 안의 지배자들이 행사한 억압과 불의에 대한 저항으로부터 시작된다.[11] 당시 백성들의 직접적 지배세력이었던 아전들은 상·하급 관리들과 결탁하여 부정한 방식으로 백성의 피부를 벗기고 골수를 긁어내어 재물을 축적했다.[12] 백성들에게는 인간다운 삶 자체가 불가능했던 것이다.[13]

갑신 이후로 갑오에 이르는 10년의 사이는 그 악정이 날로 심하여 그야말로 큰 고기는 중간 고기를 먹고 중간 고기는 작은 고기를 먹어 2천만 민중이 어육이 되고 말았다. 관부의 악정과 귀족의 학대에 울고 있는 민중이 이제는 참으로 그 생활을 보존할 수 없이 되었다. 살 수 없는 민중이 혁명난을 일으킴은 자연의 추세였다. (『한국말년사』)[14]

적 사건을 자극-반응 모델로 설명하는 기능주의적 사회학 역시 큰 틀에서 실증주의적 역사관을 벗어나지 못했다고 할 수 있다. 기능주의적 사회학은 역사를 마치 사물들의 역학관계로 환원함으로써 사실을 정확하게 규명할 수 있다는 환상을 가지고 있기 때문이다. 따라서 우리는 항쟁의 불가피성과 주체들의 억울함을 강조하는 것보다, 항쟁의 과정에서 주체들이 자율적으로 형성하는 이념적 지평을 밝히는 것이 무엇보다 중요하다.

11 동학농민전쟁은 그것의 주체와 이념에 대한 인식에 따라 동비(東匪)의 난, 동학농민혁명, 갑오농민혁명, 갑오농민전쟁 등으로 불린다. 이에 관한 상세한 내용은 배항섭, 「동학난에서 농민전쟁으로」, 『내일을 여는 역사』 창간호, 2000, 91쪽 이하; 김창수, 「동학혁명인가, 갑오농민전쟁인가」, 『동학학보』 제3권, 2002, 59쪽 이하 참조.

12 황현, 임형택 외 옮김, 『역주 매천야록(하)』(문학과지성사, 2006), 718쪽 참조.

13 실제로 18세기 조선의 농업 생산력은 이앙법의 보급으로 크게 향상되었다. "이앙법은 직파법(直播法)에 의해 필요한 노동력을 약 80퍼센트까지 절감시키고 생산량은 2배 이상 늘리는 효과가 있어 1인당 경작 능력을 5배 가량 높여주었다." 윤철상 편저, 『동학농민혁명의 역사적 의미』(사회와연대, 2003), 13쪽. 그러나 생산력의 급격한 상승은 농민의 삶의 질을 향상시키기보다는, 오히려 소수의 부농과 다수의 빈농으로 농민층을 양극화했다.

백성들의 삶이 피폐해져가고 있는 중에도 정치가들은 권력을 독점하기 위한 당파싸움에 몰입했다.[15] 그들은 개화당과 사대당 혹은 수구당으로 나뉘어 싸웠지만, 백성의 뜻을 파악하고 실현하는 데는 관심이 없었다. 그들은 백성이 아니라 일본이나 중국(청나라)에 기대어 자신들의 권력의지를 실현하려고만 했다. 교대로 최고권력을 장악했던 민비와 대원군 이하응 역시 민중의 삶에는 관심을 갖지 않았다. 갑신정변 이후 민비의 사치와 향락은 매일 궁궐을 잔치판으로 만들었으며, 민씨 정권은 제국주의 국가들의 자본과 결탁하여 이권을 챙기는 데만 열중했다. 일본·중국·영국·러시아·독일·미국의 자본이 요구하는 대로 광산채굴권·철도부설권·어채권·연안해운권·연안무역권 등을 제공하고, 그 과정에서 갖가지 이익을 챙겼다. 이들은 정치적으로는 일본과 중국에 기생했으며, 경제적으로 제국주의 자본의 하수인 역할을 하면서 민중을 억압하고 수탈했다. 이들은 '우리 밖의 타자'에 주체성을 내준 타율적 기생권력이었던 것이다.

나아가 이하응은 왕권의 위엄을 위해 경복궁 중건을 무리하게 추진했는데, 심지어 "병인년(1866) 가을 서양 사람들이 강화를 함락했을 때 포성이 매일 울렸으나 경복궁 역사(役事)는 중지하지 않았다. 공사하는 소리와 포성이 함께 들려왔으나, 이하응은 태연히 끄떡도 않고 역사를 잠시라도 그만두게 하지 않았다."[16] 이는 조선 후기 지배세력의 관심이 오직 권력의 안위에만 있었다는 것을 상징적으로 보여준다. 이들에 의해 정치적 억압과 경제적 수탈의 대상으로 전락한 백성에게 남은 유일한 선택은 인간답게 살기 위한 저항뿐이었다. 인간으로서 가지는 권리는 저항 없이 주어지지 않았다.

백성들의 고통과 그들의 저항의지를 가장 먼저 인식한 것은 조선을 지배

---

14 이이화, 『민중의 함성 동학농민전쟁』(한길사, 2003), 158쪽 재인용.

15 박은식은 당파를 모든 악의 뿌리이며, 망국의 근원이라고 단언한다. 그에 따르면 "사대부 가운데 국가와 민족을 위하여 피를 흘린 자는 극히 적지만 당파와 개인적인 원한으로 서로 간에 살육을 벌인 자는 이루 다 헤아릴 수가 없다." 박은식, 『한국통사』(범우사, 1999), 187쪽.

16 황현, 앞의 책, 674쪽.

했던 유학이 아니라 유불도와 서학을 비판적으로 흡수한 동학이었다. 동학은 처음부터 폐쇄적인 사상이 아니라 서로 다른 사상과 종교를 습합한 열린 사상이고 종교였다.[17] 동학은 '우리'라는 공동체를 가능하게 했던 이데올로기와 봉건적 경제체계의 붕괴, 그리고 '우리 밖의 타자'인 제국주의 열강의 침략에 사상적으로 대응하는 과정에서 자생적으로 형성된 새로운 '우리의 철학'이었다. 물론 동학은 형성사가 짧았기 때문에 내적 정합성을 가진 가치체계를 제시하지 못했다고 할 수 있다.[18] 그러나 동학은 기존의 다른 어떤 종교보다 '우리 안과 밖의 폭력적 지배자'들에 의해 억압되고 수탈된 민중('우리 안의 타자')의 시선으로 세계를 해석한 철학이었다.

동학은 표면적으로는 서학과 대별되는 '우리의 철학'을 표명했지만, 실제로는 '우리 안팎의 철학'들과의 만남과 소통을 통해 형성된 사상체계다. 동학은 '우리'를 실체화하지 않았다. 동학은 '우리 밖의 타자' 자체를 적대시한 것이 아니라, 그들의 제국주의적 침략과 침략의 첨병 역할을 한 서학을 '우리 안의 타자'의 시선으로 비판한 것이다. 그 때문에 동학은 서학으로부터 '만민 평등사상'을 수용한다.[19] 나아가 동학의 한울사상은 서학의 인간 중심주의에서 벗어나 '만물 평등사상'으로 발전한다. 이는 해월 최시형이 교도들에게 제시한 도덕적 지침이라고 할 수 있는 「내수도문」에서 분명하게 나타난다.

집안 모든 사람을 한울같이 공경하라. 며느리를 사랑하라. 노예를 자식같이 사랑하라. 우마육축을 학대하지 말라. 만일 그렇지 못하면 한울님이 노하시느니라. [……] 일체 모든 사람을 한울로 인정하라.[20]

---

17 동학은 유불도와 서학에 대해 긍정적이면서 동시에 부정적이었다. 동학은 '우리 안의 타자'의 시선으로 '우리'와 '타자'의 만남과 소통을 통해 형성된 종교다.

18 동학사상에 관한 전문적 연구는 최제우의 사상을 최시형이 체계적으로 정리한 『동경대전』과 『용담유사』에 대한 철학적 해석을 요구한다.

19 신복룡, 『동학사상과 갑오농민혁명』(선인, 2006), 361쪽 이하 참조.

20 이돈화, 『천도교창건사(2)』(천도교중앙종리원, 1933), 40쪽 이하; 오지영, 『동학사』(영창서관, 1940), 66쪽 이하.

만약 동학이 억압과 불의에 의해 배제되고 감금된 '우리 안의 타자'의 관점에 서지 않았다면, '우리'의 적으로 규정한 서학으로부터 평등사상을 수용하지도 않았을 것이다. 이 점에서 동학은 위정척사파와는 근본적으로 다르다.[21] 후자는 '우리'를 실체화하고 있지만, 전자는 '우리 안의 타자'의 시선으로 '우리'를 추궁하고 비판하면서, 새로운 '우리', 열린 '우리'의 사상을 형성한 것이다.

동학은 한울을 지상을 지배하는 천상의 절대자가 아니라 만인과 만물의 자유로운 마음으로 규정한다. 더구나 동학은 인간이 자신 안에 이미 자율성을 가지고 있기 때문에 그것을 깨닫는 것이 도를 터득하는 것이라고 말한다. 동학은 인간을 한울처럼 자율적 존재로 규정하며, 나아가 우주만물이 자유를 가지고 있다는 세계관을 제시한다.[22] 이처럼 동학은 모든 인간을 자율적 주체로 규정하면서 동시에 자연을 포함한 모든 타자에 대한 상호 존중과 인정을 강조하는 가운데 상호주관적 이념체계로 발전한다.[23] 동학은 그동안의 역사에서 지배의 대상일 뿐이었던 피지배계층을 자율적 주체로 인정함으로써, 타율적 백성을 인간의 이름으로 새롭게 탄생시킨다. 동학은 민중의 고통에 귀를 기울이고, 민중과 만나서 소통하고 연대하는 과정에서, 자율적 주체가 될

---

21 위정척사파는 공자·맹자·정이천·주희의 사상을 정통 정학이라고 규정하고, 양명학·불교·도교·서학을 포함한 그 밖의 모든 사상을 이단 사학이라고 배척한 유학자 집단을 가리킨다. 정학을 바로 세우고 사학을 배척한다는 이들의 관점은 맥락에 따라 민족의 주체성을 세우는 역할을 했다. 그러나 민족의 주체성이 오직 정학의 기초 위에서만 가능하다는 점을 배타적으로 고수함으로써, 그들이 주장한 민족의 주체성은 단연 홀로주체성이었으며, 나아가 그들이 정학으로 규정한 공·맹·정·주는 개인의 주체성과 자율성을 특정한 계급과 계층에서만 가능한 것으로 한정한다. 엄밀한 의미에서 위정척사의 사상은 공동체의 폐쇄적 홀로주체성만 강조할 뿐 공동체의 열린 서로주체성뿐만 아니라, 어떠한 형태의 개인의 주체성도 인정하지 않는다. 이런 맥락에서 볼 때 위정척사파는 '우리'를 실체화하고, 그 과정에서 '우리 안의 타자'를 자율적 주체로 인정하지 않는 이데올로기를 지닌다. 이런 이유 때문에 고귀한 정신의 소유자로 평가할 수 있는 매천 황현조차도 위정척사의 관점을 벗어나지 못함으로써 동학의 의미를 올바로 파악할 수 없었다. 황현에 따르면 동학은 "겉보기에는 진실한 도학인 듯하지만 실상은 비루하고 천근하여 서학의 찌꺼기를 흉내 낸 것일 뿐이다"(황현, 앞의 책, 716쪽). 황현은 동학이 서학의 영향을 받았다는 것은 정확하게 인식하고 있었지만, 그것이 갖는 긍정적 의미를 보지 못했다.

22 이에 관한 자세한 내용은 오문환, 「동학사상에서의 자율성과 공공성」, 『한국정치학회보』 제36집 2호, 2002, 11쪽 이하 참조.

23 신복룡, 앞의 책, 138쪽 이하 참조.

왼쪽_ 불굴의 의지와 탁월한 지도력으로 동학농민전쟁을 총지휘한 영웅 전봉준 장군.
오른쪽_ 전봉준, 손화중과 함께 3걸로 불린 동학농민전쟁의 영웅 김개남.

수 있는 가능성을 민중에게서 발견한 것이다.

인간다운 삶이 불가능할 정도로 억압받고 착취당한 민중들이 자신들을 주체로 인정하는 동학에 관심을 가지고 참여하는 것은 당연하다. 민중에게 동학은 종교가 아니라, 자율적 인간으로 재탄생할 수 있는 가능성이었다. 그러나 현실성을 위한 실천은 민중의 몫이었다. 동학에 참여한 민중은 자신들의 저항과 항쟁을 통해서만 자율적 인간으로 존중받을 수 있다는 것을 잘 알고 있었다. 동학은 집권세력에 의해 탄압받았지만 교단은 점차 확장되어 전국적인 조직으로 발전했다. 동학은 명예를 회복하고 정당한 종교로 인정받기 위한 교조신원운동에 나선다. 이를 위해 1892~93년 삼례·보은·금구(원평)에서 있었던 대규모 집회에서 동학·농민·민중은 서로 만나 소통하고 연대한다. 그러나 정부의 회유와 몇몇 동학 지도자들의 배반 때문에 2만 명 이상이 집결한 보은 집회조차도 쉽게 해산된다.[24] 그러나 집회를 통해 농민과 민중은 만민

---

24 한우근, 『동학과 농민봉기』(한국학술정보, 2001), 83쪽 이하 참조. 황현은 8만 명이 모였다고 적고 있다. 이에 대해서는 황현, 앞의 책, 721쪽 참조.

평등의 인간다운 삶을 위해서 ① 개인의 자율성뿐만 아니라 공동체의 주체성을 찾아야 하며, 이를 위해 ② 부패정권뿐만 아니라 제국주의 세력과 싸워야 하며, 이 과정에서 ③ 정치적으로 연대해야 한다는 인식을 공유하게 된다.[25]

반봉건 반제국주의적 저항은 1894년 고부를 시작으로 들불처럼 번져갔다. 전봉준이 이끈 농민군에게 고부는 해방구였다. 정부의 유화책으로 항쟁이 잠시 멈칫하자 관료들의 횡포는 더욱 악랄했다.[26] 전봉준이 중심인 농민군은 이제 손화중과 김개남 등의 세력과 함께 연합부대를 형성했으며, 장소를 옮겨 무장에서 출발하여 고부, 백산, 부안, 태인을 거쳐 황톳재에 이르고 그곳에서 관군을 크게 물리친다. 이때 사태의 심각성을 깨달은 중앙정부가 농민군을 진압하기 위한 군대를 파견하자, 전봉준은 전략적으로 후퇴하면서 정읍, 고창, 무장, 함평을 거쳐 장성의 황룡천에 도착했다.[27] 이곳에서 관군을 물리친 기세를 몰아 농민군은 전주성을 점령한다. 그러나 전봉준은 전주성에 입성한 지 10일 만에 전라감사 김학진과 폐정개혁안에 합의하고 물러섰다.

전봉준이 이처럼 물러날 수밖에 없었던 이유는 여러 가지가 있다.[28] 그중에서도 정부가 외국 군대를 끌어들이려고 한다는 소식이 가장 크게 작용했다. 그는 억압과 불의를 물리치고 백성이 주인인 정의로운 사회를 실현하려고 했지만, 외국군이 들어올 경우 국가 자체가 주체성을 상실할 수밖에 없다는 것

---

25 실제로 동학의 지도부는 귀천 없는 만민평등사상을 확고하게 제시하지 못했을 뿐만 아니라, 집권세력과의 투쟁보다는 미온적 화해에 관심을 보였다. 특히 이들은 집권세력에게 제국주의 세력과 맞서 함께 싸울 것을 호소한다. 이는 보은 집회에 있었던 「통고문」과 「통유문」의 기록을 통해 알 수 있다. 그러나 이 나라의 집권세력은 농민 민중과 연대하기보다는 제국주의 세력과 결탁하는 길을 택했다. 농민 민중은 집회 과정에서 이 점을 정확하게 인식하기 시작했다.

26 당시의 상황을 최영년은 다음과 같이 기술한다. "군중들이 해산하고 농사에 복귀한 뒤 10일도 못 되어 안핵사 이용태는 역졸 8백을 거느리고 고부에 들이닥쳐 새로 부임한 군수 박원명에게 민란의 주모자들을 찾아내라고 위협하며 역졸을 고부 군내에 풀어 마을을 뒤지고 다니며 부녀자를 강음하고 재산을 약탈하며, 백성들을 마구 구타하고 굴비 꿰듯 사람을 엮어 갔다." 신복룡, 앞의 책, 170쪽 이하 재인용.

27 무장에서 전봉준은 창의문을 발표하는데 여기서 그는 국가의 주권이 국민에게 있다는 것을 분명히 한다. 창의문에는 다음과 같은 부분이 있다. "백성은 국가의 근본이라. 근본이 시들면 국가는 반드시 없어지는 것이다." 오지영, 앞의 책, 108쪽.

28 이에 관한 자세한 내용은 이이화, 앞의 책, 210쪽 이하 참조.

을 자각했다.[29] 전주성에서 물러나긴 했지만 농민군은 그동안의 항쟁에서 큰 성과를 거두었다. 무엇보다 농민군은 전라도 53개 군현에 집강소를 설치하고 자치행정을 펼 수 있게 되었다. 집강소는 토지 평균 분작과 같은 경제적 정의를 실현하기 위해 노력했으며, 무엇보다 노비문서를 소각하는 정치적 혁명을 일구었다.[30] 신분제를 폐지한 자치행정지구에서 모든 사람은 평등한 서로주체였다.

농민군은 외국에 의해 주권이 위협받는 것을 막기 위해 전주성에서 물러나 집강소를 통해 자치행정을 펼치고 있었다. 그러나 조선의 집권세력은 농민군이 전주성을 점령하고 있을 때 이미 청나라에 원군을 요청했다.[31] 오랫동안 중국의 황실에 기생했던 조선의 지배권력은 국가의 주체성을 지키는 것보다 농민군 진압이 더 중요했던 것이다. 더구나 그들은 텐진 조약 때문에 중국군이 들어올 경우 일본군도 함께 조선으로 들어올 것을 예견하고 있었다.[32] 그럼에도 불구하고 민비는 "내가 차라리 일본의 포로가 될지언정 어찌 다시 임오년 같은 일을 당할 수 있겠느냐"며 원군 요청을 강요했다.[33] 민씨 정권은 결국 자신들의 권력을 유지하기 위해 청국에 원군을 요청함으로써 국민과 국가의 주체성을 '우리 밖의 타자'에 양도한 것이다. 이때 청국에 원군을 요청한 다음의 글을 보면 조선의 위정자들이 국가공동체의 주체성보다 자신들의 사적인 안위를 우선시하였다는 것을 알 수 있다.

---

29 신복룡, 앞의 책, 177쪽 참조.
30 집강소가 추진한 일에 대해서는 오지영, 앞의 책, 126쪽 이하 참조.
31 조선 정부는 이미 보은 집회 때 원군 요청에 대해 논의를 했다. 신복룡, 앞의 책, 182쪽 참조.
32 박은식은 중국에 원병을 요청한 것이 일본군을 불러들일 것이며, 이는 국가의 치욕일 뿐만 아니라 망국으로 가는 길이라는 것을 명확하게 인식하고 있었다. 그러나 박은식이나 황현처럼 이를 자각한 지식인은 많았지만 그들조차도 민중과의 연대를 통해 국가공동체의 주체성을 지키기 위해 실천적으로 투쟁하지 않는다. "우리나라에서 구구하게 일어나는 내란을 스스로 진압하지 못하고 다른 사람에게 위급함을 구해달라고 하는 것은 국가의 치욕이 아닌가? 또한 텐진 조약에 명시된 바에 따라 만약 청국에서 파병하게 되면 일본 또한 가만히 있지 않을 것인데, 이로 말미암아 양국 군대를 불러들이게 되면 우리나라는 어찌 무사히 보존될 수 있겠는가?" 박은식, 앞의 책, 142쪽.
33 황현, 김종익 옮김, 『오하기문』(역사와비평사, 1995), 242쪽.

본국의 전라도 관할의 태인과 고부 등 고을은 백성의 습속이 사나워 원래 다스리기 어려운 곳이라고 일컬어졌습니다. 근래에 동학에 붙은 동비들 만여 명이 무리를 이루어 공격하여 함락된 고을이 10여 곳이나 되며 지금 또다시 북진하여 전주성을 함락하였습니다. 〔……〕 흉악한 무리들을 오래도록 번창하게 놓아둔다면 중국에까지 우려를 끼치는 바가 더욱 많을 것입니다. 〔……〕 아울러 귀 총일에게 청하오니 속히 계획을 세워 이 급박함을 구제해주기를 간절히 바랍니다.[34]

참으로 비굴한 기생권력이었던 민씨 정권은 비루하게 정권을 잃는다. 예상대로 중국뿐만 아니라 일본도 군대를 파병했다. 그런데 청나라가 일본에 패하면서, 일본을 등에 업은 개화파가 민씨 정권을 몰아내고 정권을 장악한다. 개화파는 신분제를 폐지함으로써 개인을 자율적 주체로 인정하는 개혁을 단행한 것처럼 보이지만, 그들의 개혁은 자체가 자율적인 것이 아니라 오히려 타율적이었다. 그러나 개화파는 자율성의 주체인 조선의 민중과 함께 개혁을 한 것이 아니라, 제국주의 일본에 기생해서 얻은 힘으로 개혁을 추진했다. 개화파는 반봉건적이었다는 점에서는 민씨 정권과 달랐지만, 타율적 기생권력이었다는 점에서는 같았다. 더구나 조선의 지배권력은 타율적으로 중국이 아니라 일본에 기생하는 길을 택한 것이다.

개화파 정권은 국가 혹은 민족 공동체의 주체성 없이는 개인의 자율성도 유지될 수 없다는 것을 인식하지 못했다. 엄밀하게 말하면 그들은 자신들의 권력에만 관심이 있었을 뿐, 조선 민중의 자율성에는 관심이 없었던 것이다. 실제로 개화파는 민족의 주체성을 일본에 헌납하고 얻은 권력을 유지하기 위해 농민군을 배척했다.[35] 결국 청일전쟁에 승리한 일본은 농민군을 진압하겠다고 조선 정부에 통보했고, 개화파 정권은 이들과 야합했다.[36] 개화파 정권

---

34 황현, 『역주 매천야록(상)』, 341쪽 이하.

35 이 점에 관해서는 김진균, 「5·18민중항쟁과 국민국가」, 김진균 편저, 『저항, 연대, 기억의 정치(1)』(문화과학사, 2003), 26쪽 이하 참조.

36 정진상, 「갑오농민전쟁의 집강소」, 김진균 편저, 『저항, 연대, 기억의 정치(1)』, 273쪽 참조.

전주 삼례 동학농민봉기비.

은 조선의 민중과 함께할 수 있는 모든 연대성의 지반을 스스로 파괴한다. '우리'는 더는 서로가 주체인 하나가 아니라, 생사를 건 싸움을 벌일 수밖에 없는 나와 너로 분리되었다.

전주화약 이후 집강소를 통해 만민평등의 세상을 위한 자치행정을 펼치던 전봉준과 농민군은 이제 '우리 밖의 타자'와 그들에 기생하는 '우리 안의 주인'들과 싸워야만 했다. 농민군은 공주에 재집결했으며, 일본군과 관군에 맞서 공주성을 공격했으나 실패하고 결국 우금고개에서 완패하게 된다. 그러나 민중과 함께 서로주체이기를 거부하고 '우리 밖의 타자'와 야합한 기생권력과 달리, 전봉준이 이끈 농민군은 지속적으로 관료 및 관군과 연대하여 일본군과 싸울 것을 호소한다.[37]

동학농민전쟁의 전투는 주로 전라도 지역을 중심으로 이루어졌다. 그러나

---

37 신복룡, 앞의 책, 185쪽 이하 참조.

농민들의 항쟁은 전라도에서만 일어난 것이 아니라, 전국에 걸쳐 일어난 혁명이고 전쟁이었다.[38] 억압과 불의에 대한 항쟁은 만민평등의 이념에 따른 개인의 자율성을 실현하기 위한 혁명으로 발전했으며, 개인의 자율성을 위해 먼저 공동체의 자율성을 회복하기 위한 전쟁이 되었다. 당시 황현과 박은식처럼 깨어 있는 지식인들조차도 이 점을 정확하게 인식하지 못하고 억압에 대한 항쟁의 성격만을 강조했다. 그 때문에 이들은 동학농민전쟁을 위정자들의 잘못된 정치에 저항한 호남 사람들의 기질적 특성과 연관시키는 한계를 가진다.[39] 그러나 농민과 민중의 항쟁은 전라도가 아니라 전국에서 있었으며, 전라도의 항쟁이 다른 지역과 달리 조직적 연대성을 가지고 이루어졌다는 점에 차이가 있다. 연대성은 서로주체성의 토대 위에서만 가능하다. 서로주체성은 사상과 입장, 관점의 차이를 차이로 인정하면서도, 타자의 관점에서 연합할 수 있는 상호주관성이다. 많은 지역의 동학 지도자들뿐만 아니라 시대의 선각자들조차도 이 점을 인식하지 못했기 때문에 자유를 열망하는 농민들과 연대할 수 없었다. 만약 이미 전국으로 확산된 자율적 농민들의 항쟁이 개화파와 위정척사파, 그리고 동학의 깨어 있는 지식인들과 연대할 수 있었다면 우리의 역사는 어떻게 쓰여졌을까?[40]

농민군은 겨울바람의 낙엽처럼 처절하게 싸우다 조국의 산과 들에 피를

---

38 이이화, 앞의 책, 293쪽 이하 참조.

39 황현, 『역주 매천야록(하)』, 716쪽 이하; 박은식, 앞의 책, 141쪽 참조.

40 물론 양반들도 동학농민전쟁에 참여한다. 그러나 이들은 대부분 정치경제적으로 몰락한 양반이었을 뿐만 아니라, 동학을 통해 이미 양반의식을 벗어나 자율적 개인들 간의 평등의식을 고취한 혁신적 지식인이었다. 특히 집강소에 관한 기록을 통해 볼 때 동학농민전쟁에 참여한 양반들은 노비와도 서로를 주체(접장)로 인정하고 소통했다. 문제는 이념적으로는 자유와 평등의 가치를 수용하고 나아가 국가공동체의 주체성을 회복해야 한다는 의식을 가지고 있으면서도, 실천적으로는 여전히 양반의식을 버리지 않은 지식인들이다. 만약 이들이 국가공동체의 주체성을 중요하게 생각했다면, 비록 농민군과 개인의 자율성에 대한 생각이 다르고 나아가 다른 신분이라고 하더라도 연대할 수 있어야만 했다. 그러나 오랫동안 '우리 안의 특권'을 향유해온 그들은 결코 농민군과 소통하거나 연대하지 않았다. 이들에게 동학농민군은 제거해야 할 '적'이었다. 그들은 농민이 자율적으로 생각할 수 있다는 생각 자체를 하지 못한 것으로 보인다. 그들에게 농민은 자극(억압)에 반응(저항)하는 사물적 존재였을 뿐이다. 황현, 『오하기문』, 225쪽 이하, 231쪽 이하; 정진상, 앞의 글, 281쪽 참조.

흘리며 들꽃처럼 쓰러졌다. 그러나 농민군은 한국사에 커다란 깨달음을 주었다. 그들의 항쟁은 반봉건혁명이었으며, 동시에 반제국주의 전쟁이었다. '우리 안의 타자'로서 억압과 착취의 대상이었던 농민은 이제 민중이 되고 민족이 되었다. 타율적 노예였던 나는 너를 노예로 취급하는 주인이 아니라 너와 같이 주체가 되고자 하는 자율적인 서로주체로 발전했으며, 서로주체로서 나와 너는 '우리 밖의 타자'와 싸우는 과정에서 새로운 '우리', 즉 민중이면서 민족이 되었다.[41] 농민군은 전쟁에는 패했지만 역사를 이끌어가는 이념에서는 승리했다. 무엇보다 우리 역사에서 피지배계층이 스스로를 타율적 국민이 아니라 자율적 민중으로서 뚜렷하게 자각하기 시작한 것은 동학농민전쟁을 통해서다. 동학농민전쟁을 통해 우리는 ① '너'가 자율적일 때만 '나'도 자율적일 수 있다는 만민평등의 이념, ② '나'의 자율성과 '우리'의 주체성이 내적으로 연관되어 있다는 서로주체성의 이념을 선취할 수 있었다. 나아가 ③ 약자는 개인뿐만 아니라 공동체의 자율성과 주체성도 저항 없이 주어질 수 없으며, ④ 저항은 정의로운 연대를 통해 혁명으로 발전할 수 있다는 것을 알 수 있었다. 동학농민전쟁은 억압과 불의에 대한 저항을 넘어 우리가 지향해야 할 미래의 고향을 지시하는 이념을 제시한 것이다.

3. 광주민중항쟁: 시민과 민중의 서로주체성

동학농민전쟁은 일본 제국주의와 그들의 힘에 기생한 사대주의 권력에 의해 실패한다. 이를 통해 자생적으로 형성될 수 있었던 민족과 개인의 자율적

---

41 현재까지의 연구 성과에 따르면 신채호가 민중 개념을 최초로 정식화했다. 신채호에 따르면 민중은 일본으로부터 독립하지 않고는 인간답게 살 수 없기 때문에 비타협적으로 항일투쟁을 벌이는 사람들을 가리킨다. 이런 맥락에서 볼 때 3·1운동 이후 민중과 민족은 유사한 개념으로 사용되었다. 이에 관한 상세한 내용은 강만길, 「5·18광주민중항쟁의 민족사적 성격」, 한국현대사사료연구소 외, 『5·18광주민중항쟁과 한국민족민주운동』(학술토론회 자료집, 1989), 19쪽 참조; 김진균, 「발전과 내생적 변동이론의 필요성」, 『비판과 변동의 사회학』(한울, 1984), 127쪽 이하 참조.

서로주체성은 비록 일시적으로 좌절하지만, 그 이념은 사라지지 않고 지속적으로 형성된다. 다양한 형태의 의병활동, 3·1운동과 광주학생운동을 비롯한 독립운동, 그리고 제주 4·3항쟁과 4·19시민혁명이 그 형성의 과정이라고 할 수 있다. 8·15해방과 대한민국의 건립은 적어도 형식적으로는 개인과 민족의 자율성이 법적으로 승인되었다는 의미를 함축한다. 그런데 1945년 9월 7일 '태평양 미 육군 총사령부 포고 제1호'에서 알 수 있듯이 미국은 해방 후 남한의 점령군으로서 배타적인 통치권을 행사했다.[42] 그렇다면 과연 독립정부를 수립한 대한민국은 자율성을 가지고 있었는가? 이 물음에 내용적으로 답하는 것은 쉬운 일이 아니다.

우리는 미 군정의 정책에서 한 가지 중요한 사실을 주목할 필요가 있다. 미 군정은 해방 후 자율적으로 민주적인 독립국가의 건설을 실천했던 정치세력의 주체성을 인정하지 않았다. 특히 여운형이 주도했던 '조선건국준비위원회'는 민중의 자율적 지지 기반을 토대로 자주독립을 방해하는 외래세력과 민주주의에 반대하는 정치세력과의 투쟁을 통해 독립국가를 건설하고, 이를 통해 국민의 정치적 자유뿐만 아니라, 삶의 질을 비약적으로 향상시키고자 했다.[43] 그러나 미국은 이러한 자율적 정치세력을 무력화하고, 오히려 일제 식민지의 억압적 통치기구에서 권력을 향유한 세력들을 부활시켰다. 그동안 일본 식민지의 기생권력을 향유했던 자들이 이제 일본이 아니라 미 군정에 기생하게 만들고, 그 대가로 그들에게 부분적으로 권력을 양도한다. 특히 이 과정에서 친일 경찰 간부를 중심으로 구성된 미 군정의 경찰조직은 친일세력을 비호하고, 조선 민중의 자율적 변혁운동을 탄압하는 중심 역할을 수행한다.

이와 같이 자율적 민중세력과 타율적 기생권력 간의 대립은 경찰뿐만 아니

---

42 포고 제1호는 다음과 같다. "조선 북위 38도 이남 지역과 동 주민에 대한 모든 행정권을 당분간 본관의 권한하에서 시행한다." 포고문에서 알 수 있듯이 미군은 적어도 남한에서 배타적 통치권을 행사할 수 있는 권력을 가지고 있었다. 이에 관한 상세한 내용은 안진, 『미 군정기 억압기구 연구』(새길, 1996), 61쪽 이하 참조.

43 김진균, 「5·18민중항쟁과 국민국가」, 32쪽 참조.

라, 사법부와 군대를 포함하여 교육계·언론계·실업계 전 영역에서 일관되게 관철되었다. 1948년 설립된 대한민국이라는 독립된 공화국은 기생적 지배권력과 자율적 피지배 민중 사이의 갈등과 대립의 토대 위에서 이루어졌다. 기생적 지배권력은 과거 친일세력이었으며, 현재는 친미와 반공으로 재결집한 것이다. 결국 한국에서 타율적 지배세력과 자율적 피지배세력 간의 대립과 충돌은 해방 후에도 완화되기보다는 오히려 고착되는 결과를 가져왔다.

이승만과 박정희 정권은 자율적 시민의 지지를 통해 정당화된 권력이 아니라, 네 갈래 집단의 전략적 제휴를 통해 만들어진 괴물이었다. 네 집단은 ① 반민족·반민중적 친일을 통해 크고 작은 권력을 향유해온 집단, ② 친일 경력을 은폐하거나 정당하지 못한 특권을 유지하기 위해 반공을 최고의 이념으로 선전하는 세력, ③ 미국에 의한 직·간접적 지배전략에 기생하는 집단, ④ 노동자를 통제할 수 있는 강력한 독재권력의 지원을 통해 자본축적을 하려는 자본가를 들 수 있다.[44] 그리고 이들에 의해 쉽게 길들여진 타율적 국민들이 두 정권을 가능하게 한 것이다. 자율적 시민에 의해 정당성을 획득하지 못한 기생권력은 독재체제를 더욱 공고히했으며, 그 과정에서 지배세력과 피지배세력 간의 갈등은 수면 아래에서 대폭발을 기다리고 있었다.

이러한 대립은 이승만의 친미 반공 독재정권하에서 이루어진 보도연맹사건, 6·25한국전쟁, 박정희 군사 쿠데타, 그리고 유신체제를 거치면서 더욱 강화되었다. 박정희의 피격과 함께 유신체제가 붕괴되고 대한민국의 민중세력은 자율적 주권을 가진 민주공화국 건설에 대한 새로운 희망을 가질 수 있게 되었다. 그러나 군사 쿠데타를 통해 권력을 획득한 전두환의 신군부세력 또한 민중과 국민을 권력의 근원으로 인정하기보다, 지배의 대상으로 규정하면서 지배세력과 자율적 저항세력의 갈등은 더욱더 첨예화된다. 1980년 이 땅의 지배자가 박정희에서 전두환으로 바뀌었을 뿐, 그것의 본질은 전혀 변

---

44 이들은 서로 다른 집단이라기보다는 한 집단의 서로 다른 성격이라고 할 수 있다. 따라서 대부분의 집단은 두세 가지 성격을 동시에 가지고 있다고 할 수 있다.

화되지 않았다.

근대 유럽의 제국주의는 군사력과 경제력을 바탕으로 자국의 이익 실현을 위해 약소국을 식민지화한다. 이때 '자유'와 '주체성', 그리고 '민주주의'의 이념이 식민지국가에 다양한 방식으로 이식된다. 그러나 '우리 밖의 타자'에 의해 이식된 자유 · 민주 · 주체성의 이념은 '우리 안의 타자'를 주체로 인정하기보다 오히려 대상화하는 이데올로기로 변질된다. 그러나 동학농민전쟁에서 볼 수 있는 것처럼 '우리 안의 타자'는 자유 · 민주 · 주체성의 이념을 자율적으로 수용하고, 이를 토대로 '우리 밖의 타자'뿐만 아니라 '우리 안의 홀로주체'에 저항하는 과정에서 앞의 이념을 실현하고 형성한다.

미국의 대외정책은 유럽과 일본의 제국주의와 내용적으로 크게 차이 나지 않는다. 그러나 형식적 차이는 크다. 미국은 직접적 식민통치가 아니라 미국적 '자유주의'와 '민주주의'의 세계화를 전면에 내세운다. 그 때문에 미국의 영향권에 귀속된 제3세계 국가에서 자유의 이념은 그 나라의 국민을 서로주체로 인정하는 정의로운 연대의 이념이 아니었다. 미국이라는 새로운 제국이 제시한 자유는 국민을 타율적 시혜의 대상으로 전락시켰다. 이처럼 제국주의에서 자유민주주의로 그 형식은 전환되었지만, 내용적인 측면에서 약소국가의 주체성은 여전히 부정되었다.[45]

강자가 약자에게 정신의 자유와 주체성을 부여할 수도 있다. 그러나 이렇게 타율적으로 부여받은 자유의 이념과 주체성은 허약하다. 자유의 이념은 모두를 위한 것이 아니라 '우리 밖의 타자'와 그들의 힘에 기생하는 '우리 안의 홀로주체'를 위한 이데올로기일 뿐이기 때문이다. 이 이데올로기에 의해 억압은 자유로, 불의는 정의로, 독재는 민주로, 타율은 자율로 은폐되고 왜곡된다. 그럼에도 불구하고 '우리 안의 타자'로 전락한 시민과 민중이 이러한 왜곡과 은폐를 자각하는 것은 쉽지 않다. 오랫동안 '우리 안의 타자'로서 주

---

45 이수인 · 전원하, 「광주5월민중항쟁 전후의 국제정세와 미국의 대한정책」, 한국현대사사료연구소, 『광주5월민중항쟁』(풀빛, 1990), 28쪽 참조.

체성을 상실하고 지배의 타율적 대중으로 전락한 시민과 민중의 자기의식과 정치의식은 미약할 수밖에 없기 때문이다.

'우리 밖의 타자'인 미국은 한국이 자유민주주의를 실현하는 것에 관심을 가질 수 있다. 그러나 그것 역시 소련과 대치한 정치적 상황 속에서 미국의 이익을 대변할 때에 한정된다.[46] 따라서 미국은 자유민주주의의 실현보다 자신들의 이익을 관철시킬 수 있는 권력집단을 비호했다.[47] 미국은 그것이 어떤 집단이든 큰 관심이 없다. 심지어 그가 독재자라 할지라도 미국의 이익에 봉사할 수 있다면 언제나 손을 잡아왔다. 이런 이유 때문에 미국은 박정희 정권이 무너진 후, 최규하-정승화 체제를 받아들이는 듯했지만, 다시 쿠데타를 통해 권력을 장악한 전두환 중심의 신군부를 재빨리 승인하는 외교정책을 편다.[48]

12·12쿠데타를 통해 권력을 장악한 신군부와 미국의 은밀한 공조[49]에 의해 서울의 봄 이후 폭발한 민주주의에 대한 시민의 염원은 무참히 짓밟힌다. 1980년 당시 카터 미국 대통령과 위컴 주한미군 사령관의 말에서 알 수 있듯이 미국은 한국의 시민을 민주주의와 자유의 주체로 인정하지 않았다.

> 한국인들은 그들 자신의 판단에 의하더라도 〔……〕 민주주의를 할 준비가 되어 있지 않다. (카터)[50]

> 한국인들은 들쥐와 같다. 그들은 언제나 그들의 지도자가 누구든 무조건 그를 따른다. 한국인에게는 민주주의가 적절한 체제가 아니다. (위컴)[51]

---

46 미국의 대한반도 정책의 목적은 한국을 대소 전진기지로 확보함으로써 동북아에서 미국의 정치경제적 이익을 실현하는 것이었다. 이에 관해서는 박미경, 「광주민중항쟁과 미국의 개입구조」, 『광주민중항쟁 연구』, 225쪽 이하 참조.

47 미국이 자유민주주의 국가인 것은 분명하지만, 그들의 대외정책은 자유주의로 포장된 세계 지배일 뿐이다.

48 앞의 글, 37쪽 이하 참조.

49 신군부와 미국의 은밀한 공조체제는 그동안 여러 가지 연구를 통해 충분히 밝혀졌다.

50 『뉴욕 타임스』, 1980년 9월 18일. 이수인·전원하, 앞의 글, 54쪽 재인용.

51 『뉴욕 타임스』, 1982년 7월 6일. 이수인·전원하, 앞의 글, 54쪽 재인용.

미국의 권력층이 한국인을 민주주의와 자유의 주체가 아니라 지배의 대상으로 간주한 것처럼, 그들에게 기생한 이 땅의 지배세력 역시 시민을 민주주의의 주체로 인정하지 않았다. 이들은 민주주의의 자율적 서로주체이고자 했던 광주 시민을 불순분자들의 조직적이고 치밀한 선동과 배후조종에 의해 무장 난동을 부린 폭도로 규정했다.[52] 더구나 기생권력을 비판해야 할 언론은 오히려 광주를 '폭도의 도시'로 비하하고, 전두환을 민족을 구원할 영웅으로 우상화했다.[53] 기생권력의 폭력을 직시하고 시민들의 자율적 주체의식을 함께한 언론인들이 할 수 있는 최대한은 침묵뿐이었다.

> 우리는 보았다.
> 사람이 개 끌리듯 끌려가 죽어가는 것을 두 눈으로 똑똑히 보았다.
> 그러나 신문에는 단 한 줄도 싣지 못했다.
> 이에 우리는 부끄러워 붓을 놓는다.[54]

시민이 주체가 된 민주주의를 열망한 광주 시민들은 '우리' 안팎의 폭력과 싸워야만 했다. 자신들의 기생권력을 유지하기 위해 국가공동체의 서로주체인 시민을 무자비한 폭력으로 짓밟고 살해한 전두환 중심의 신군부세력, 자유민주주의를 최고의 가치로 선전하면서도 자신들의 이익을 위해 신군부의 폭력에 동조한 미국, 그리고 이들의 폭력과 이데올로기를 비판하기보다 선전하는 데 열을 올린 언론과 싸우기 위해 시민과 민중은 무장투쟁을 할 수밖에

---

52 김창진, 「시민의 저항과 무장항쟁」, 광주광역시 5 · 18사료편찬위원회, 『5 · 18민중항쟁사』, 293쪽 이하 참조.

53 이에 관해서는 최영태, 「1980년도의 기사를 통해서 본 『조선일보』의 정체성」, 전남대 5 · 18연구소, 『민주주의와 인권』제4권 2호, 2004, 71쪽 이하 참조.

54 인용문은 1980년 5월 20일 전남매일신문사 기자들이 발표한 성명서다. 당시 어떤 국내 언론도 광주항쟁에 관한 사실 보도를 하지 않고 계엄군의 발표문을 앵무새처럼 그대로 기사화한 것에 멈추지 않고, 사실을 왜곡 은폐하는 데 앞장섰다. 그나마 전남매일신문사 기자들의 성명서는 당시 언론의 유일한 양심선언이다. 이에 관한 상세한 내용은 김성, 「5 · 18과 매스 커뮤니케이션」, 광주광역시 5 · 18사료편찬위원회, 『5 · 18민중항쟁사』, 340쪽 참조.

5월 22일 전남도청을 점령한 후 경비를 서고 있는 시민군.

없었다. 민주주의를 위한 시민항쟁은 이제 오랫동안 '우리' 안팎의 폭력적 권력에 의해 상실을 강요당한 시민들의 자율성과 주체성 회복을 위한 혁명으로 전환한 것이다.

시민군은 동학농민전쟁에서 농민군처럼 기층민중을 중심으로 구성되었다. 교련복을 입은 고등학생, 예비군복을 입은 청년, 학생, 노동자, 목공, 공사장 인부, 구두닦이, 넝마주이와 부랑아들도 있었다.[55] 단 한 번도 자율적 주체로 인정받지 못한 시민과 민중이 자유와 민주주의의 서로주체가 되기 위해 계급과 계층을 넘어 연대한 것이다. 그러나 무장투쟁을 통해 서로주체는 형성되지 않는다. 무장투쟁은 주체들 간의 차이보다 동일성을 요구하기 때문에 강한 연대성의 토대다. 그러나 서로주체는 연대성뿐만 아니라 차이를 인정하고 존중하는 정의가 있을 때 형성된다. 서로주체는 정의와 연대성의 긴장 위

---

55 전남사회운동협의회 엮음, 황석영 기록, 『죽음을 넘어 시대의 어둠을 넘어』(풀빛, 1985), 121쪽 이하 참조.

에서만 형성된다. 연대성 없는 정의가 폭력을 은폐한다면, 정의 없는 연대성은 폭력에 저항하는 과정에서 또 다른 폭력을 양산하기 때문이다. 5월 광주 시민은 무장투쟁과 함께 23일부터 궐기대회라는 시민 대토론회를 통해 정의와 연대성이 함께하는 서로주체의 이념을 형성했다.[56]

    26일 5차까지 진행된 이 궐기대회에서는 노동자, 농민, 학생, 교사, 주부 등 각 계각층의 의견과 주장이 쏟아져 나왔고 현장에서 바로 의견을 수렴해 공식적 입장으로 채택하는 민주적 대중 자치의 모범을 보였다. 궐기대회는 회를 거듭할수록 선전의 질이 심화되어 해방 이후 정치·경제 문제에 관한 대중교육의 마당으로 발전했고, 특히 대중의 결집된 힘으로 당시 투항적 입장을 보였던 도청 내 수습위원회를 제어하고 새로운 투쟁적 지도부를 탄생시키는 결정적 힘으로 작용했다. 궐기대회장 주변에는 현수막과 대자보가 부착됐고 가두방송도 조직화되어 광범위한 선전활동을 전개했다.[57]

무장투쟁은 궐기대회를 통해 정당성을 획득했다. 민중의 군대는 시민군이 되었다. 궐기대회를 통해 광주 시민은 폭력세력에 대한 저항에 멈추지 않고, 우리가 원하는 민주주의가 무엇인지를 스스로 말하고 실천하는 서로주체가 된다. 광주항쟁은 뚜렷한 이념을 지향한 운동이 아니라고 할 수 있다. 민주주의의 이념을 지향했다는 주장이 불가능한 것은 아니지만, 민주주의 이념 자체가 새로운 것은 아니기 때문이다. 그러나 광주항쟁을 민주주의의 주체성 이념과 연관시키면 문제는 달라진다. 민주주의는 모든 국민이 주체라고 하지만, 실제로 기생권력하에서 민주주의의 주체는 '우리 밖의 타자'와 '우리 안의 홀로주체'일 뿐이다. 이와 같이 왜곡된 민주주의에서 '우리 안의 타자'로

---

56 5·18에서 항쟁의 성격을 부정할 필요는 없다. 항쟁은 언제나 특수한 매개를 통해 이루어진다. 문제는 그 항쟁이 자유의 이념을 형성했는가에 달려 있다. 1980년 당시 모든 지역에서 항쟁은 있었다. 그럼에도 불구하고 광주항쟁의 주체들만이 정의로운 연대의 힘을 통해 자유의 이념을 형성했다.
57 한국현대사사료연구소 엮음, 『광주5월민중항쟁사료전집』(풀빛, 1990), 830쪽.

전락한 시민과 민중은 자유의 주체가 아니라 자유민주주의적 통치의 대상일 뿐이다. '우리 안의 타자'는 오직 연대투쟁을 통해서만 자율적 서로주체로서 자기를 형성할 수 있다.

1980년 민주주의와 자유에 대한 시민과 민중의 열망은 전국적으로 확산되었다. YH사건, 부마항쟁, 서울의 봄이 이에 대한 구체적 증거다. 그럼에도 불구하고 광주 지역은 다른 곳에 비해 민주주의와 자유를 열망하는 운동세력 간의 연대성이 다른 곳보다 성숙해 있었다. 5 · 18에 앞서 광주 지역에서 일어난 '교육지표사건'과 '함성지사건'은 교수와 학생 사이의 연대성이, '광천공단실태조사'는 노동자와 학생 사이의 정의로운 연대성이 성숙했음을 잘 보여준다. 그 밖에도 광주 · 전남 지역에서는 종교운동조직, 교양 및 사회과학 독서조직, 문화운동조직, 그리고 야학을 비롯한 다양한 동아리조직이 이념적 지향의 차이에도 불구하고, 자율적 민주주의를 위한 저항의 대열에서 높은 수준의 연대의식을 가지고 있었다.[58] 이처럼 성숙된 연대성을 토대로 5 · 18 민중항쟁은 무장투쟁과 결집대회를 통해 민주주의와 자유의 이념하에서 서로주체성을 형성할 수 있었던 것이다.

세계사적 전례를 찾아볼 수 없을 정도로 광주 시민의 서로주체성은 항쟁 기간 동안 빠르게 성숙했다. 택시기사와 시내버스기사가 중심이 된 차량시위, 양동시장 아주머니들을 비롯한 시민들의 주먹밥 지원과 자원봉사, 성매매 여성까지 합세한 헌혈, 광범위한 기층민중의 시민군 참여, 결집대회에서 10만여 명에 이르는 시민들의 자유발언, 『투사회보』를 비롯한 갖가지 대체언론, 계엄군에 맞선 시민 수습위원들의 죽음의 행진, 5월 27일 도청을 지키다 꽃잎처럼 아스라이 쓰러져간 영혼, 그리고 폭력 없는 대동세상을 실현한 자치공동체는 자유로운 정신과 민주주의에 대한 열망 앞에서 광주 시민이 진정한 서로주체였다는 증거다.

---

58 이에 관해서는 박병기, 「유신 말기 전남대의 학생운동」, 전남대 5 · 18연구소 창립 10주년 학술집담회 발표집, 2006, 8쪽 이하 참조.

도청을 사수하며 쓰러진 시민군은 계엄군이 대행한 국가폭력에 저항하기 위해 죽음을 선택한 것이 아니다. 그들이 죽음의 길을 선택할 수밖에 없었던 것은 서로가 함께 주체가 되기 위해 싸우다 죽은 사람들과 지켜야 할 연대성 때문이었다. 죽음을 통해서만 지켜낼 수 있는 정신, 그것은 자유를 향한 서로 주체들의 정의로운 연대의 정신이었다. '우리 밖의 타자'로부터 국가공동체의 평화를 지켜야 할 의무가 있는 군인이 국가공동체의 주체인 국민을 살해하는 국가폭력에 대한 저항에서 시작된 광주 시민의 항쟁은 자치공동체와 시민군의 정의로운 연대를 통해 우리가 끝없이 회귀해야 할 미래의 고향을 적시한다. 미래의 고향에서 서로주체로서 시민 모두는 차이에 민감한 자유의 정신과 인권의 이념을 형성한 것이다.[59]

광주정신의 상징적 기호로 해석되는 인권은 '국가폭력으로부터 보호해야 할 개인의 권리'만을 가리키는 것으로 해석되어서는 안 된다. 이렇게 이해된 인권은 한편으로 국가권력의 자의적 행사로부터 개인의 자유를 보호하는 소극적 권리를 의미하지만, 다른 한편으로는 모든 형태의 문화적 차이를 초월한 보편타당성을 요구하는 강한 권리를 가리킨다. 이와 같은 자유주의적 인권 개념을 광주정신으로 해석할 수 없는 두 가지 이유가 있다. 첫째, 자유주의적 인권 개념은 인권의 내용을 자유권으로 축소함으로써, 5 · 18 광주 시민이 지향한 '차이에 대한 존중 위에서 형성한 서로주체성'뿐만 아니라, '우리 안

---

59 '광주정신=인권'이라는 등식이 5 · 18의 구호처럼 확산되고 있지만, 실제로 이에 대한 학문적 합의가 이루어진 것은 아니다. 학문적 합의가 이루어질 수 없었던 근본적인 이유는 5월 광주의 지향성을 보편적인 인권 이념으로 해석할 경우 ① 5 · 18이 함축하고 있는 다른 고유한 이념들, 예를 들어 저항, 자주, 민주, 통일, 민중해방과 같은 특수 이념들을 평가 절하할 수 있으며, ② 광주항쟁의 성격을 규정하는 한 축이라고 할 수 있는 광주의 사회적 · 경제적 · 문화적 특수성에 대한 인식을 방해할 수 있으며, ③ 5월 광주를 보편주의적 개념틀로 이상화한 나머지 여전히 우리 사회를 규정하는 핵심 코드인 계급갈등 문제와 광주를 분리할 수 있다는 비판이 지속적으로 제기되었기 때문이다. 이러한 비판들에도 불구하고 인권담론을 통해 진상규명과 책임자 처벌의 미흡함을 보다 효과적으로 비판하는 것도 가능하다. 예를 들어 상관의 명령이라 할지라도 불법적인 명령에 따라서는 안 된다는 국제인권법의 기준에 따라 광주 시민을 직접 살해하고도 상명하복을 이유로 책임을 면책받은 공수여단 및 계엄군에 대한 처벌 문제를 재조명할 수 있을 것이다. 이러한 관점에 대해서는 박홍규, 「인권과 법의 시각에서 본 5 · 18민중항쟁」, 『5 · 18은 끝났는가』(푸른숲, 1999), 345쪽 이하 참조.

의 타자'가 요구하는 사회권을 정당하게 평가할 수 없다. 둘째, 자유주의적 인권은 국가공동체 간의 정치·문화적 차이에 대한 감수성이 없기 때문에, '우리 밖의 타자'뿐만 아니라, '우리 안의 기생권력'과 동시에 싸워야 했던 광주 시민들의 비극을 올바로 해석할 수 없다.

5·18민중항쟁의 정신이 자유주의적 인권 개념으로 축소되어서도 안 되지만, 그렇다고 그것과 모순관계에 있는 것도 아니다. 광주정신은 자유주의적 인권 개념을 발전적으로 넘어서는 것이다.[60] 광주정신은 보편주의적 인권 개념을 수용하면서 동시에 차이에 대한 감수성을 담론과 토론을 통해 확대하고, 이를 토대로 서로주체들의 진정한 자기공동체의 가능성을 보여준 인권의 이념이다. 이를 위해 우리는 '광주'라는 문화공동체를 실체화해서는 안 된다. 광주정신은 광주 지역을 지켜온 실체적이고 객관적인 정신이 아니다. 5·18 민중항쟁에서 형성된 광주정신은 특정한 종교적 신념이나 문화적 내용, 그리고 가치체계를 가정하지 않았을 뿐만 아니라, 강한 도덕주의적 유토피아를 지향한 것도 아니기 때문이다. 5·18광주는 광주를 넘어 자유를 지향하는 모든 사람과 더불어 서로주체로서 정의로운 연대공동체를 지향한 것이다.

광주는 추상적 정의를 상징하는 인권의 이념 속에서 소진되지 않는다. 광주 시민의 저항에 부딪혀 시 외곽으로 군 병력이 퇴각함에 따라 절차적 정의를 상징하는 공권력이 무너져버린, 흔히 말하는 무정부 상태에서 해방광주의 시민들은 형식적 민주질서를 유지하면서도 그것의 한계를 넘어서 공동체적 연대의식을 기반으로 한 성숙한 자치의 가능성을 보여주었다. 5월 광주는 분명 정의와 연대성의 상호 제약적 관계 위에서 차이에 민감한 인권의 이념을 실천적으로 선취하고 있다. 그러나 1980년 5월 자유정신을 형성하며 쓰러져 간 시민과 민중이 우리에게 요구하는 것은 광주정신을 인권의 이념으로 해석

---

60 세계 인권운동사의 관점에서 바라본 5·18은 국가폭력으로부터 보호되어야 할 개인의 자유권과 국가가 개인에게 보장해야 할 사회권뿐만 아니라 세계자본의 지배에 저항하는 발전권의 요구를 동시에 함축하고 있다. 그뿐만 아니라 서구 중심의 인권담론을 아시아적 관점에서 새롭게 해석할 수 있는 계기를 제공한다.

하는 것이 아니라, '우리 안의 타자'의 시선으로 자유정신을 끝없이 실천하는 것이다.

4. 맺음말: 서로주체의 역사철학

역사는 '아'와 '비아'의 투쟁이라는 신채호의 사상은 일면적으로만 옳다.[61] 역사는 한편으로 아와 비아의 투쟁이지만, 다른 한편으로는 아와 비아가 자율적 서로주체를 형성하는 과정이다. 아와 비아의 투쟁으로만 역사를 기술할 때 역사철학은 어떤 이념과 이상도 제시할 수 없는 허무주의로 전락할 위험이 있다. 역사에는 투쟁만 있을 뿐 정의가 없다고 가정하기 때문이다. 아와 비아의 투쟁만을 전제하는 역사철학이 허무주의를 극복하기 위해서는 아와 비아의 당파성을 극단화할 수밖에 없다. 그 과정에서 '우리'는 자연스럽게 실체화된다.

그렇다면 '우리'는 무엇인가? '우리'는 가족, 가문, 학교, 지역, 민족, 국가, 사상의 공동체를 가리킬 수 있다. '우리'는 '아'가 소속된 공동체를 통합하는 정신이며, '비아'가 소속된 다른 공동체와 구별되는 경계선이다. '우리'는 정치적 존재인 인간으로서 '나'의 삶이 가능하기 위한 조건이다. 그 때문에 나는 '우리 밖의 타자'로부터 '우리'를 지키기 위해 노력한다. '우리'를 위해 나를 희생하는 것이 아니라, 나를 위해 '우리'를 지킨다. 그런데 '우리' 안에서 나와 너는 서로를 묶어주는 통합의 힘을 느끼지만, 동시에 '우리'로 통합될 수 없는 차이와 이질성을 가지고 있다. 따라서 '우리'가 차이와 이질성을 배제하고 동일성만을 강조할 때 '우리'는 관념적으로 실체화된다. 실체화된 '우리'는 나와 너의 인간다운 삶을 위한 것이 아니라, 너와 내가 희생을 통해 지켜야 할 주체가 된다. 이처럼 '우리'가 실체화될 때 나와 너는 '우리' 안에

---

61 신채호, 『조선상고사』(일신서적, 1998), 5쪽.

시민군들에게 물과 식량을 날라다 주는 광주 시민들.

있으면서 '우리' 바깥으로 배제된 지배의 대상, 즉 '우리 안의 타자'가 된다.

'우리 안의 타자'는 '우리' 안에서 주체성을 박탈당한 타율적 지배의 대상일 뿐이다. 그런데 이들에 대한 배제와 억압은 언제나 '우리'의 이름으로 행사된다. 이처럼 '우리'가 실체화될 때, '우리'는 '우리 밖의 타자'와의 싸움을 성전으로 만들지만, 그 과정에서 '우리 안의 타자'를 억압하고 배제한다. 그런데 한국 근현대사에서 볼 수 있는 것처럼 '우리 밖의 타자'에 주체성을 헌납한 대가로 권력을 획득한 기득권세력은 자신들만이 '우리'의 주체가 되고자 한다. 이들 기생권력에게 '우리 안의 타자'는 억압과 수탈의 대상일 뿐이다. 그러나 한국 근현대사에서 '우리 안의 타자'로 전락한 시민과 민중은 '우리 안팎의 홀로주체'와 싸우는 과정에서 자율적 서로주체성을 형성한다.

앞에서 언급한 것처럼 '우리'는 연대성의 토대다. 그러나 '우리'가 기생권력이 조작한 타율적 연대가 아니라 서로주체들의 자율적 연대의 공동체가 되려면 끝없이 부정되면서도 동시에 긍정되는 과정 속에서 형성되는 것이어야만 한다. 이런 맥락에서 볼 때 연대성의 뿌리는 홀로주체성에서 찾을 수 없다.

연대는 서로가 주체일 때에만 가능하다. 이 점을 동학농민전쟁과 광주민중항쟁은 잘 보여준다.

동학농민전쟁을 이끈 서로주체의 연대성이 만민평등을 지향한 민중과 민족의 연대성이었다면, 광주민중항쟁에서 형성된 것은 시민과 민중의 연대성이었다. 반면 동학농민전쟁과 광주민중항쟁에서 우리의 기생권력은 우리 밖의 강자에 굴복하면서도 우리의 민중과 시민을 지배하기 위해 실체화된 국가와 민족을 이데올로기적으로 이용했다. 자연 상태에서 약자가 생존을 위해 강자에 굴복하는 것은 자연스럽다. 그러나 자유인은 주체성을 찾기 위해 목숨을 바친다. 우리 역사에서 권력자들은 오랫동안 자연법칙의 노예였다. 자유를 향한 저항의 주체는 언제나 농민, 민중, 시민이었다. 이들의 저항은 '우리 안과 밖의 타자'를 무력화하고 지배하기 위한 전략이 아니라, 타자와 더불어 소통하고 연대하기 위한 과정이었다. 이들이 싸운 것은 타자가 아니라, 홀로주체의 억압적 지배였던 것이다.

동학농민전쟁과 5·18광주민중항쟁과 같이 사회변혁운동이나 혁명의 성격을 갖는 사건의 역사적 의미에 관한 역사철학적 담론은 ① 운동(혁명)의 주요 활동가와 참여자의 문제의식과 상황 판단, 그리고 그들이 지향하는 이념적 목표, ② 사건의 전개 과정에서 폭로되는 주요 모순구조(계급, 민족, 이념, 체제), ③ 운동(혁명)의 성과와 현재성을 중심으로 정리할 수 있다. 이 과정에서 사실관계를 밝혀줄 역사적 기술과 이에 대한 사회과학적 연구 성과는 기초자료로 제공된다. 그러나 역사철학적 해석은 스스로 이념적 지평과 비판의 기준을 마련해야만 한다. 그렇지 않을 경우 역사는 특정 이데올로기나 권력을 위한 도덕적 호소나 혹은 현재 직면한 문제를 해결하기 위한 실용적 도구로 전락하게 된다. 그러나 역사철학은 도덕적 원칙에 매달려서도 안 되지만 유용성의 함정으로 침몰해서도 안 된다.[62]

헤겔처럼 역사(세계사)를 자유의식의 확대 과정으로 기술하는 것은 여전히 설득력이 있다. 그러나 그처럼 역사를 하나의 이념이 발전하는 과정으로 기술할 경우 역사철학은 배제의 정치철학이 된다. 아무리 정의로운 이념이라고 할지라도 그 이념의 발전사로 역사를 규정할 경우, 다양한 공동체의 역사는 하나의 기준에 따라 평가되고 재단될 수밖에 없다. 자유의 이념도 마찬가지다. 특히 유럽이나 미국의 역사를 기준으로 이해된 자유는 다른 공동체의 자유의 이념과 같을 수 없다. 비록 추상적 이념은 동일할 수 있어도 그것의 형성 과정은 크게 다르다. 따라서 자유의 형성사조차도 동일한 추상적 이념으로 평가해서는 안 된다. 그렇다고 역사를 어떤 방향과 이념도 없이 흘러가는 강물처럼 이해해서도 안 된다. 역사가 하나의 방향으로 흘러가는 것은 아니지만, 방향이 없는 것은 아니기 때문이다. 따라서 한국의 역사철학은 무엇보다 주체의 형성 역사가 어떤 방향을 지향했는지에 대해 비판적으로 기술한 다음, 이를 토대로 세계사와 소통해야만 한다. 그 출발점에서 한국의 역사철학이 만나는 첫 번째 문제가 민족담론이다.

우리의 역사철학은 민족담론을 제거한 상태에서 이루어져서도 안 되지만, 그렇다고 민족공동체를 중심으로 해석해서도 안 된다. 전자는 서양의 역사철학을 토대로 개인의 자유의식의 확장 과정으로 역사를 해석함으로써, 개인의 자율성과 자유의식을 기준으로 역사를 평가하는 경우다. 이 경우 서양의 근대 민족국가의 형성이 갖는 부정적 성격을 강조하게 되고, 같은 방식으로 우리의 민족담론을 평가함으로써, 한국에서 민족이 갖는 자유와 정의를 향한 저항과 연대의 힘을 올바로 파악할 수 없다.

후자는 역으로 서구의 민족국가가 갖는 부정적인 내용을 한국의 민족담론에 무비판적으로 수용하는 결과를 가져온다. 이 경우 많은 학자들은 서양보다 더 동일성이 강한 우리의 민족공동체를 강조한다. 이들에 따르면 "한국 민

---

62 헤겔에 따르면 실용주의적 역사관은 역사적 교훈을 통해 현재의 문제를 해결하고자 한다. 그러나 현재의 복잡한 문제는 일반화된 역사적 교훈이나 유사한 역사적 경험을 통해 해결할 수 없다. "왜냐하면 이미 퇴색해버린 추억과 같은 것은 현재의 거센 풍파 속에서는 아무런 위력을 나타낼 수 없으며, 또한 현재만이 지니는 활력과 자유에 항거할 수 있는 힘을 생산한다는 것은 전혀 불가능하기 때문이다." 그 때문에 실용주의적 역사관은 쉽게 도덕주의로 빠질 위험이 있다. 역사적 교훈을 도덕적으로 정당화한 다음, 이를 토대로 현재의 문제를 해소하려고 하기 때문이다. 이에 관한 상세한 내용은 헤겔, 임석진 옮김, 『역사 속의 이성』(지식산업사, 1992), 33쪽 이하 참조.

옛 전남도청에 세워진 5·18민중항쟁기념탑.

족은 오히려 단일 인종, 단일 언어 그리고 갈등을 격화시킬 만한 종교적 차이 없이 오랫동안 한 지역에서 살아온 자연사적 동일성에 기초하고 있다. 그리하여 종종 한국 민족은 상당히 오랜 역사를 통해 '동일성'을 유지해온 것으로 인식되거나 강조되기도 한다."[63] 그러나 민족의 동일성에서 주체성을 찾는 것은 서양의 근대 민족국가가 갖는 한계와 위험성을 무비판적으로 고스란히 넘겨받는 일이다. 따라서 한국의 역사철학은 서양의 민족담론과는 차별화되어야 한다. 이를 위해 이 글은 한국 역사의 민족담론을 자율적 서로주체의 형성사라는 관점에서 재구성했다.

그러나 서양의 역사와 한국의 역사를 도식적으로 대립시키는 것은 옳지 않다. 서양 역사를 지배자 인종과 피지배 인종의 구별이 분명하고, 그 때문에 아와 비아의 투쟁사로 규정하는 반면, 한민족 공동체는 동일한 인종이 지배–

63 김진균, 「5·18 민중항쟁과 국민국가」, 21쪽 참조.

피지배의 관계를 지속해온 역사로 대립시키는 경우를 예로 들 수 있다.[64] 이러한 해석은 일면적으로는 타당하다. 그러나 먼저 서양 역사에서는 지배자 인종과 피지배 인종이 항상 구별되는 것도 아니며, 나아가 지배 민족 안에도 언제나 배제되고 억압된 타자가 있었다. 앞의 규정은 또한 한민족 공동체가 민족 내부에서 자체적으로 지배와 피지배 관계가 성립되었다는 환상을 심어준다. 그러나 적어도 조선시대 이후 한민족 공동체의 지배자들은 오랫동안 외부세력에게 주체성을 양도한 대가로 우리 안에서 권력을 향유한 기생성을 벗어나지 못했다.

그 때문에 한민족 공동체 안에서 민중의 자율성을 추구하는 세력들은 단순히 민족공동체 내부의 지배세력과 싸우는 것이 아니라, 또 다른 적, 즉 지배세력의 배후세력인 중국·일본·미국의 지배세력과 투쟁해야만 했다. 따라서 기층민중의 사회운동이나 혁명은 단순히 지배계급과의 투쟁도 아니며, 그렇다고 다른 민족과의 싸움도 아니다. 자유로운 서로주체를 형성한 민중항쟁과 혁명은 우리 안의 지배세력이나 그들을 조종하는 다른 민족과 싸운 것이 아니라, 그들의 폭력적 지배와 싸운 것이다. 이 과정에서 민중이 형성한 주체성은 타자를 지배하는 것이 아니라 나와 대등한 주체로 인정하는 것이다. 서로주체는 서로를 숭배하거나 억압하지 않고 경쟁과 연대의 주체로 간주한다.

조선시대 지배층이 향유한 권력은 분명 중국 황실에 자율성과 주체성을 넘겨준 대가로 얻은 기생권력이었다. 물론 조선시대에 중화사상을 내면화한 기생권력에 대한 민중들의 저항은 지속적으로 이루어졌다. 그러나 이들 피지배층은 지배층의 기생성에 대해서는 자각하지 못했다. 이러한 인식이 분명하게 나타나는 민중의 저항이 바로 동학농민전쟁이다. 그리고 해방 이후 대한민국의 기층민중은 조선시대의 민중들이 중국숭배사상에 젖어 있는 기생권력의 본질에 대해 인식하지 못한 것처럼, 대한민국의 권력이 미국의 비호하

---

64 김진균, 「민족, 민족국가, 민족계급」, 『한국의 사회현실과 학문의 과제』(문화과학사, 1997), 79쪽 이하 참조.

에 있는 기생권력이란 것을 자각하지 못했다. 5·18민중항쟁은 한국 권력층의 이러한 기생성을 인식하는 계기가 되었다.

동학농민전쟁의 대오에 참여하기 위해 많은 농민들은 자신들의 집을 불살랐다.[65] 그들 중에는 가족들을 죽이고 떠난 사람도 있었다. 이를 두고 비아냥거리는 역사철학자는 엄밀한 의미에서 당시의 농민군과 인격적으로 만나지 않고, 단순히 자신의 이념으로 당시의 농민군을 재단한 것이다. 역사철학자는 역사적 인물들과 인격적으로 만나 소통할 수 있어야 한다. 다시 말하면 농민군의 호명을 받고 만나 서로주체로서 연대할 수 있어야 한다. 그럼에도 불구하고 주체성을 상실한 역사철학자들은 '우리 밖의 타자'에 매혹되거나 그들의 힘과 철학에 굴복한 상태에서 자기를 상실하고 얻은 지식으로 이 땅의 민중들을 매도한다.

동학농민전쟁에 참여하기 위해 길을 떠나는 농민군들은 왜 집을 불살랐을까? 우리는 도대체 언제 내 집을 스스로 불사를 수 있을까? 농민군이 불사른 헌 집은 타율적 굴욕의 집이며, 그 때문에 우리의 집이 아니라 우리 안의 기생권력과 우리 밖의 타자가 주인인 집이다. 농민군은 새 집을 짓기 위해, 너와 내가 서로주체로서 자유롭게 더불어 살 수 있는 새 집을 위해 헌 집을 불태운다. 새 집을 짓기 위해 농민군은 죽음을 각오하고 싸워야만 했다. 농민군은 비록 싸움에서 패배하더라도 굴욕의 증거인 헌 집으로 돌아오지 않겠다는 의지로 헌 집을 불태운다. 다시 돌아올 수 없는 헌 집을 불사르고 새 집을 짓기 위해 길을 떠난 동민군은 결코 무너질 수 없는 거대한 자유의 집을 짓고 죽어갔다. 그 집을 지키기 위해 싸우다 쓰러져간 수없이 많은 민중들과 연대하기 위해 5·18민중항쟁의 시민군은 또 죽음의 행진을 할 수밖에 없었다. 그들이 형성한 자유의 집이 지금 우리가 찾아가야 할 미래의 고향이다.

※ 이 글은 『민주주의와 인권』 제7권 2호(전남대 5·18연구소, 2007)에 발표된 것을 수정·보완한 것이다.

---

65 황현, 『오하기문』, 87쪽 참조.

참고문헌

강만길(1989), 「5·18광주민중항쟁의 민족사적 성격」, 한국현대사사료연구소 외, 『5·18광주민중항쟁과 한국민족민주운동』.

_____(2001), 「제2장 근대 민족운동의 전통과 광주」, 광주광역시 5·18사료편찬위원회, 『5·18민중항쟁사』.

강정구(2000), 「한국전쟁 양민학살의 양태 분석」, 『2000년도 한국사회학회 전기사회학대회 발표문 요약집』.

강준만 엮음(1997), 『레드 콤플렉스: 광기가 남긴 아홉 개의 초상』, 삼인.

강준상·이선화(2002), 「시네마 베리테, 신화와 역사 사이」, 진보적미디어운동연구센터 프리즘 엮음, 『영화운동의 역사: 구경거리에서 해방의 무기로』, 서울출판미디어.

고우성 외(1995), 『동남아의 정치경제: 산업화와 발전전략』, 21세기한국연구재단.

광주광역시 5·18사료편찬위원회(2001), 『5·18민중항쟁사』, 고령.

광주매일 정사 5·18 특별취재반(1995), 『정사 5·18(상)』, 사회평론.

구에레로, 아마도, 정종길 옮김(1987), 『필리핀사회와 혁명』, 공동체.

권귀숙(2006), 『기억의 정치: 대량학살의 사회적 기억과 역사적 진실』, 문학과지성사.

기세홍(2003), 「1980년대 민중미술운동에서 미술교육 활동에 관한 연구: 광주시민미술학교를 중심으로」, 전남대 교육대학원 석사논문.

김　성(2001), 「5·18과 매스 커뮤니케이션」, 광주광역시 5·18사료편찬위원회, 『5·18

민중항쟁사』.

김동춘(1992), 「한국전쟁과 지배 이데올로기의 변화: 반공 이데올로기를 중심으로」, 한
국사회학회 엮음, 『한국전쟁과 한국사회변동』, 풀빛.

_____(2002), 『전쟁과 사회: 우리에게 한국전쟁은 무엇이었나』, 돌베개.

김만흠(1987), 『한국사회 지역갈등 연구: 영남·호남문제를 중심으로』, 현대사회연구소.

_____(1997), 『한국정치의 재인식』, 풀빛.

김병인(2001), 「5·18항쟁의 이해: 제5장 5·18과 광주지역 사회운동」, 광주광역시 5·
18사료편찬위원회, 『5·18민중항쟁사』.

김상봉(2006), 「응답으로서의 역사」, 전남대 5·18연구소, 『민주주의와 인권』 제6권 2호.

_____(2007), 『서로주체성의 이념』, 도서출판 길.

김선철(2001), 『무등둥둥』(피아노 편곡), 광주: 도서출판 CDR.

김선출(2001), 『5월의 문화예술: 기원에서 5·18 기념사업까지』, 광주: 도서출판 샘물.

김영명(1999), 『한국현대정치사』, 을유문화사.

_____(2004), 「기억투쟁으로서의 4·3문화운동 서설」, 나간채·정근식·강창일 외,
『기억투쟁과 문화운동의 전개』, 역사비평사.

김영수(2003), 「민중가요의 경향과 그 사회적 의미에 관한 일 고찰: 1980년 이후의 민중
가요를 중심으로」, 충남대 석사논문.

김영진(1989), 『충정작전과 광주항쟁(상·하)』, 동광출판사.

김영택(1988), 『현장기자가 쓴 10일간의 취재수첩』, 사계절.

_____(1998), 「5·18광주민중항쟁의 초기성격」, 『한국현대사연구』, 한국정신문화연구원.

_____(1998), 「80년 광주, 정호용과 정웅」, 『신동아』 1998년 1월호.

김용철(2001), 「광주항쟁과 한국정치의 민주화」, 『민주주의와 인권』 제1권 1호.

김제안(2001), 「5·18의 경제적 배경」, 광주광역시 5·18사료편찬위원회, 『5·18민중항
쟁사』.

김진균(1984), 「발전과 내생적 변동이론의 필요성」, 『비판과 변동의 사회학』, 한울.

_____(1997), 「민족, 민족국가, 민족계급」, 『한국의 사회현실과 학문의 과제』, 문화과학사.

_____(2003), 「5·18민중항쟁과 국민국가」, 김진균 편저, 『저항, 연대, 기억의 정치(1)』,
문화과학사.

김진균·정근식(1990), 「광주5월항쟁의 사회경제적 배경」, 한국현대사사료연구소 엮음,
『광주5월민중항쟁』, 풀빛.

김창남 외(1986), 『노래운동론』, 공동체.

김창수(2002), 「동학혁명인가, 갑오농민전쟁인가」, 『동학학보』 제3권.

김창진(1990), 「광주민중항쟁의 발전구조: 무장투쟁과 민중권력」, 정해구 외, 『광주민중 항쟁연구』, 사계절.

_____(2001), 「시민의 저항과 무장항쟁」, 광주광역시 5·18사료편찬위원회. 『5·18민 중항쟁사』.

김태현(1991), 「광주민중항쟁과 문학」, 『그리움의 비평』, 민음사.

김형기(2000), 「공연예술에 투영된 5·18민중항쟁:「봄날」과「오월의 신부」」, 『사회비 평』 제26권, 나남.

김홍구(1996), 『태국군과 정치』, 전예원 학술총서 55, 전예원.

김홍명(1990), 「광주5월민중항쟁의 전개 과정과 성격」, 한국현대사사료연구소 엮음, 『광 주5월민중항쟁』, 풀빛.

나간채 외 엮음(1997), 『광주민중항쟁과 5월운동 연구』, 전남대 5·18연구소(5·18 연구 총서 1), 광주: 도서출판 금호문화.

나간채(2004), 「문화운동 연구를 위하여」, 강창일 외, 『기억투쟁과 문화운동의 전개』, 역 사비평사.

나간채·강현아 엮음(2002), 『5·18항쟁의 이해』, 광주: 전남대학교 출판부.

나간채·정근식·강창일 외(2004), 『기억투쟁과 문화운동의 전개』, 역사비평사.

나의갑(2001), 「5·18의 전개과정」, 광주광역시 5·18사료편찬위원회, 『5·18민중항쟁사』.

노동은(2001), 「5·18과 음악운동」, 광주광역시 5·18사료편찬위원회, 『5·18민중항쟁사』.

노영기(2005), 「5·18항쟁과 군대에 관한 연구와 전망」, 전남대 5·18연구소, 『민주주의 와 인권』 제5권 1호.

덩샤오핑, 이문규 옮김(1989), 『등소평문선』, 인간사랑.

동남아시아연구소 엮음(1992), 『동남아시아 지역학 개론』, 한남대학교 출판부.

마스나가 세이타로(1997), 「80년대 한국민주화는 광주항쟁 정신 때문에 성공했다」, 한국 기자협회 엮음, 『5·18 특파원 리포트』, 풀빛.

맥더걸드, 찰스 C., 이광식 옮김(1987), 『마르코스 광상극』, 삼우당.

문병란(1988), 「'5월 문학'의 생성과 흐름」, 『월간 예향』, 광주일보사.

_____(2001), 「5·18 문학과 연극」, 광주광역시 5·18사료편찬위원회, 『5·18민중항쟁사』.

민족연구회 엮음(1991), 『민족극대본선 4: 제1·2회 민족극한마당 편』, 풀빛.

밀, J. S., 이을상 외 옮김(2002), 『공리주의』, 이문.

박광주(2001), 「제3장 5·18의 정치적 배경」, 광주광역시 5·18사료편찬위원회, 『5·18

민중항쟁사』.

박구용(2003), 『우리 안의 타자』, 철학과현실사.

박만규(2003), 「신군부의 광주항쟁 진압과 미국 문제」, 전남대 5·18연구소, 『민주주의 와 인권』 제3권 1호.

박명림(1992), 「한국전쟁의 구조: 기원·원인·영향」, 『청년을 위한 한국현대사』, 소나무.

박미경(1990), 「광주민중항쟁과 미국의 개입구조」, 『광주민중항쟁연구』, 사계절.

박병기(2006), 「유신 말기 전남대의 학생운동」, 전남대 5·18연구소 창립 10주년 학술집 담회 발표집.

박은식(1999), 『한국통사』, 범우사.

박찬승(2001), 「선언문·성명서·소식지를 통해 본 5·18」, 광주광역시 5·18사료편찬 위원회, 『5·18민중항쟁사』.

박찬표(2002), 「대한민국의 수립」, 국사편찬위원회, 『한국사: 52 대한민국의 성립』.

박현채(1990), 「80년대 민족민주운동에서 5·18광주민중항쟁의 의의와 역할」, 한국현대 사사료연구소 엮음, 『역사와 현장(1)』, 광주: 남풍.

박호재·임낙평(2007), 『윤상원 평전』, 풀빛.

박홍규(1999), 「인권과 법의 시각에서 본 5·18민중항쟁」, 『5·18은 끝났는가』, 푸른숲.

방민호(1996), 「광주항쟁의 소설화」, 『언어세계』 1996년 봄호, 언어세계.

배종민(2005), 「5월 미술과 광주전남미술인공동체」, 전남대 5·18연구소, 『민주주의와 인권』 제5권 2호.

_____(2006), 「1980년대 대학미술운동과 조선대학교 미술패」, 조선대 민중미술사전추 진위원회, 『민중미술운동사』.

_____(2007), 「광주시민미술학교의 개설과 5·18항쟁의 대항기억 형성」, 『호남문화연 구』 41.

배항섭(2000), 「동학난에서 농민전쟁으로」, 『내일을 여는 역사』 창간호.

변주나·박원순 외(2000), 『치유되지 않은 5월』, 다해.

서울영상집단 엮음(1996), 『변방에서 중심으로』, 시각과 언어.

서중석(1997), 「1960년대 이후 학생운동의 특징과 역사적 공과」, 『역사비평』 1997년 겨 울 계간 제39호.

_____(2005), 『한국현대사』, 웅진지식하우스.

석지현(1991), 「대학가에 나타난 노래 경향 연구: 1980년대 운동가요를 중심으로」, 숙명 여대 석사논문.

『선조실록』.

『세종실록』.

손호철(1996), 「5·18광주민중항쟁의 재조명」, 한국정치학회 엮음, 『한국현대정치사』, 법문사.

송정민(2002), 「5·18항쟁에 대한 언론의 왜곡 보도」, 나간채·강현아 엮음, 『5·18항쟁의 이해』, 광주: 전남대학교 출판부.

스톡스, 헨리 스콧(1997), 「기자 사명과 외교 요청의 갈등 속에서」, 한국기자협회 엮음, 『5·18 특파원 리포트』, 풀빛.

스펜스, 조너선 D., 정영무 옮김(1985), 『천안문』, 녹두.

신복룡(2006), 『동학사상과 갑오농민혁명』, 선인.

신승하(1992), 『중국현대사』, 대명.

_____(1993), 『중국당대40년사』, 고려원.

심재훈(1997), 「광주사건은 폭동이 아니라 봉기였다」, 한국기자협회 엮음, 『5·18 특파원 리포트』, 풀빛.

안 진(1996), 『미 군정기 억압기구 연구』, 새길.

_____(2001), 「5·18항쟁의 이해: 제2장 사회·경제적 배경」, 광주광역시 5·18사료편찬위원회, 『5·18민중항쟁사』.

_____(2005), 『미 군정과 한국의 민주주의』, 한울.

앤더슨, 테리(1997), 「날아오는 총알을 피하며」, 한국기자협회 엮음, 『5·18 특파원 리포트』, 풀빛.

오문환(2002), 「동학사상에서의 자율성과 공공성」, 『한국정치학회보』 제36집 2호.

오수성(1996), 「5·18과 예술운동: 5·18의 연극적 형상화」, 한국사회학회, 『1996년 전기사회학대회 발표집』.

오지영(1940), 『동학사』, 영창서관.

원동석(1985), 『민족미술의 논리와 전망』, 풀빛.

윤재걸(1988), 『작전명령: 화려한 휴가』, 실천문학사.

윤재철 외(1981), 『5월시 동인집 1: 이 땅에 태어나서』, 대호출판국.

_____(1982), 『5월시 동인작품집 2: 그 산 그 하늘이 그립거든』, 도서출판 한국.

윤철상 편저(2003), 『동학농민혁명의 역사적 의미』, 사회와연대.

이강은(1989), 「광주민중항쟁에 대한 소시민적 문학관을 비판한다」, 『노동해방문학』, 노동문학사.

이돈화(1933), 『천도교 창건사(2)』, 천도교중앙종리원.

이상식(2002), 「5·18광주민주화운동의 역사적 배경」, 향토문화개발협의회, 『향토문화』 제22집.

이성욱(1989), 「오래 지속된 미래, 단절되지 않은 '광주'의 꿈: 광주민중항쟁의 문학적 형상화에 대하여」, 광주전남민족문학작가회의 엮음, 『문학포럼』.

이수인·전원하(1990), 「광주5월민중항쟁 전후의 국제정세와 미국의 대한정책」, 한국현대사사료연구소, 『광주5월민중항쟁』, 풀빛.

이영미(1993), 「마당극의 양식적 특질」, 민족극연구회, 『민족극과 예술운동』 제10호.

_____(1996), 『마당극 양식의 원리와 특성』, 한국예술종합학교 한국예술연구소.

이영철(1989), 「80년대 민족·민중미술의 전개와 현실주의」, 『가나아트』 11·12.

이은봉(2006), 「광주민주화운동 시의 현황과 과제」, 5·18기념재단, 『5·18민중항쟁과 문학·예술: 학술논문집 1』.

이이화(2003), 『민중의 함성 동학농민전쟁』, 한길사.

이재의(1988), 「5·18 당시 발포를 거부한 전남도경국장의 광주 비망록」, 『말』 1888년 5월호.

이종범(2001), 「5·18항쟁의 이해: 제3장 지역적 배경」, 광주광역시 5·18사료편찬위원회, 『5·18민중항쟁사』.

_____(2002), 「지역적 배경」, 나간채·강현아, 『5·18항쟁의 이해』.

이태호(1991), 『우리 시대 우리 미술』, 풀빛.

이헌창(2003), 『한국경제통사』, 법문사.

이황직(1996), 「5·18 시의 문학사적 위상」, 『언어세계』 1996년 봄호.

이효인(1991), 「눈밭에 손가락으로 그림 그리기, 「부활의 노래」」, 『중등 우리교육』 통권 제14호, 우리교육.

임철우(1998), 「자전소설: 낙서, 길에 대하여」, 『문학동네』 1998년 봄호.

_____(2000), 「5·18 정치폭력의 잔학성」, 변주나·박원순 엮음, 『치유되지 않은 5월』, 다해.

전남대학교 50년사 편찬위원회(2002), 『전남대학교 50년사: 1952~2002』.

전남대 총학생회 엮음(1998), 『너의 이름에 붉은 줄을 그으며』.

전남사회운동협의회 엮음, 황석영 기록(1985), 『죽음을 넘어 시대의 어둠을 넘어』, 풀빛.

전지원(1988), 「2차원적 광주의 3차원적 광주로의 재생: 광주 극단 토박이 「금희의 오월」」, 『예술정보』 제11호.

정근식 · 나간채 · 박찬식 외(2006),『항쟁의 기억과 문화적 재현』, 선인.

정대화(2000),「광주항쟁과 1980년대 민주화운동」, 한국정치학회 학술대회『한국의 정치변동과 민주주의』발표.

정명중(2004),「'5월 문학' 연구에 대한 비판적 고찰」, 현대문학이론학회,『현대문학이론연구』.

_____(2006),「'5월'의 재구성과 의미화 방식: 소설의 경우」,『항쟁의 기억과 문화적 재현』, 선인.

_____(2006),「5월항쟁의 문화적 재현 양상」, 5 · 18기념재단,『5 · 18민중항쟁과 문학 · 예술: 학술논문집 1』.

정문영(1999),「광주 '오월 행사'의 사회적 기원」, 서울대 석사학위 논문.

정병준(2005),「한국의 과거사 유산과 진상규명 작업의 역사적 의미」, 전남대 5 · 18연구소,『민주주의와 인권』제5권 2호.

정상모(2002),『신냉전구도와 평화』, 월간 말.

정상용 외(1995),『광주민중항쟁』, 돌베개.

정용화(2004),「사대 · 중화질서 관념의 해체 과정: 박규수를 중심으로」,『국제정치논총』제44집 1호.

_____(2006),「조선의 조공체제 인식과 활용」,『한국정치외교사논총』제27집 2호.

정유하(2002),「Gwangju Uprising」,『2002 월드컵 기념 창작교향악축제』.

_____(2003),「5 · 18항쟁의 형상화에 사용된 음악 표현양식」, 민족음악학회,『음악과 민족』26권.

정지창(1994),「민중미술운동과 판화달력」,『현실과 발언: 1980년대의 새로운 미술을 위하여』, 열화당.

정진상(2003),「갑오농민전쟁의 집강소」, 김진균 편저,『저항, 연대, 기억의 정치(1)』.

정해구(1991),「한국 민주변혁운동과 5 · 18민중항쟁」,『5 · 18은 끝났는가』, 푸른숲, 71~89쪽.

정해구 외(1990),『광주민중항쟁연구』, 사계절.

제주 4 · 3사건 진상규명 및 명예회복위원회(2003),『제주 4 · 3사건 진상조사 보고서』, 단물인쇄정보.

조대엽(2003),「광주항쟁과 80년대의 사회운동문화」,『민주주의와 인권』제3권 1호.

조병선(2001),「한국의 5 · 18과 과거청산 모델의 국제 비교」, 전남대 5 · 18연구소,『민주주의와 인권』, 제1권 2호.

조현연(2000), 『한국 현대정치의 악몽: 국가폭력』, 책세상.

조혜영(2007), 「항쟁의 기억 혹은 기억의 항쟁: 5·18의 영화적 재현과 매개로서의 여성」, 한국여성문학학회, 『여성문학연구』 제17집.

조희연(2002), 「국가폭력·민주주의 투쟁·희생에 대한 총론적 이해」, 조희연 엮음, 『국가폭력, 민주주의 투쟁, 그리고 희생』, 함께읽는책.

중국공산당중앙문헌연구실 엮음, 허원 옮김(1990), 『정통 중국현대사』, 사계절.

진방식(2004), 『분단한국의 매카시즘』, 형성사.

차상호(1995), 『태국 현대정치의 이해』, 한국외국어대학교 출판부.

천주교광주대교구 정의평화위원회 엮음(1986), 『시민미술학교 시민판화집: 나누어진 빵』.

최 열(1994), 『한국현대미술운동사』, 돌베개.

최동희(2002), 「조선과 청의 조공관계 연구」, 『한국정치외교사논총』 제24집 1호.

최두석(1998), 「광주항쟁과 시」, 광주전남민족문학작가회의, 『문학포럼』.

최영진(2002), 「정체성의 정치학: 5·18과 호남지역주의」, 전남대 5·18연구소, 『민주주의와 인권』 제1권 2호.

최영태(2004), 「1980년도의 기사를 통해서 본 『조선일보』의 정체성」, 전남대 5·18연구소, 『민주주의와 인권』 제4권 2호.

_____(2006), 「극우반공주의와 5·18광주항쟁」, 『역사학연구』 제26집.

최원식(1988), 「광주항쟁의 소설화」, 『창작과 비평』 1988년 여름호.

최정기(1997), 「광주민중항쟁의 지역적 확산 과정과 주민참여 기제」, 나간채 엮음, 『광주민중항쟁과 5월운동 연구』, 전남대 5·18연구소 연구총서 1, 광주: 도서출판 금호문화.

최정운(1999), 『오월의 사회과학』, 풀빛.

_____(2001), 「절대공동체의 형성과 해체」, 광주광역시 5·18사료편찬위원회, 『5·18민중항쟁사』.

_____(2002), 「시민공동체의 형성과 변화」, 나간채·강현아 엮음, 『5·18항쟁의 이해』.

_____(2007), 「폭력과 사랑의 변증법」, 조정관·최영태 엮음, 『5·18민중항쟁과 정치·역사·사회』, 5·18기념재단.

파스, 옥타비오, 김홍근·김은중 옮김(2005), 『활과 리라』, 솔.

피터슨, 아놀드 A.(1995), 『5·18광주사태』, 풀빛.

한국기독교사회문제연구원 엮음(1987), 『필리핀 2월혁명: 마르코스 독재정권의 붕괴와 민족민주운동사』, 민중사.

한국독립영화협회 엮음(2001), 『매혹의 기억, 독립영화』, 한국독립영화협회.

한국현대사사료연구소 엮음(1990), 『광주5월민중항쟁사료전집』, 풀빛.

_____(1996), 『광주5월민중항쟁일지』, 『5·18 그 삶과 죽음의 기록』, 풀빛.

한국사 편집위원회 엮음(1994), 『한국사』, 한길사.

한상범 외(1997), 『12·12, 5·18 재판과 저항권』, 육서당법률행정연구원.

한상원(1996), 『내가 광주를 쏘았다』, 모아.

한상진(1990), 『현대사를 어떻게 볼 것인가』 3, 동아일보사.

_____(1998), 『세계화시대의 인권과 사회운동: 5·18광주민주화운동의 재조명』, 나남.

한용원(2000), 「한국군의 형성과정에서 일본군 출신의 리더십 장악과 그 영향」, 민족문제연구소, 『한국 근현대사와 친일파 문제』, 아세아문화사.

한우근(2001), 『동학과 농민봉기』, 한국학술정보.

허 종(2003), 『반민특위의 조직과 활동』, 선인.

허장환(1998), 『비겁한 아버지는 될 수 없었다』, 그린디자인.

헤겔, G. W. F., 박병기·박구용 옮김(2000), 『정신철학』, 울산: UUP.

_____, 임석진 옮김(1989), 『정신현상학』, 지식산업사.

_____, 임석진 옮김(1992), 『역사 속의 이성』, 지식산업사.

호어, 찰리, 조남선 옮김(1996), 『바로 보는 중국 현대사』, 풀무질.

홍희담·윤정모 엮음(1990), 『오월에서 통일로』, 청년사.

황패강·정진형(1996), 『홍길동전』, 시인사.

황현, 김종익 옮김(1995), 『오하기문』, 역사비평사.

황현, 임형택 외 옮김(2006), 『역주 매천야록』(하), 문학과지성사.

홉스, 제임스, 유병용 옮김(1995), 『증언사 입문』, 한울.

힌츠페터, 위르겐(1997), 「카메라에 담은 5·18 광주 현장」, 한국기자협회 엮음, 『5·18 특파원 리포트』, 풀빛.

『우리 시대의 노래 1·2』, 민맥, 2000.

『일과 놀이 1』, 일과 놀이, 1983.

『일과 놀이 2』, 일과 놀이, 1985.

홍세화·김훈 대담(2007), 『한겨레』, 2007년 5월 16일자(http://www.hani.co.kr/arti/society/media/209332.html).

「화려한 휴가」 공식 홈페이지, http://www.rememberu518.co.kr/index.asp

Cho, Jung-Kwan(2001), "Taming the Military to Consolidate Democracy: The South Korean Experience," *Pacific Focus*, 16: 1, pp. 117~48.

_____(2003), "The Kwangju Uprising as a Vehicle of Democratization: A Comparative Perspective," In Shin, Gi-Wook and Kyung-Moon Hwang, eds., *Contentious Kwangju*(Lanham, MD: Rowman and Littlefield), pp. 67~85.

_____(2006), "'Trials of the Century' in Korea(1995~1997)," *Korea Observer*, 37: 4, pp. 565~604.

Cummings, B.(2007), "The Kwangju Uprising and the Korean American Relationship, in The May 18 Uprising and Democracy," 『5・18민중항쟁 제27주년 기념 국제학술대회 자료집』.

Esterline, John H. and Esterline. Mae H.(1986), *How the Dominoes Fell: Southeast Asia in Perspective*, Lanham and London: Hamilton Press.

Huntington, Samuel P.(1991), *The Third Wave: Democratization in the Late Twentieth Century*, Univ. of Oklahoma Press.

Jeong, Yooha(2002), "Gwangju Uprising," D. M. A. Dissertation, Univ. of Missouri.

Katsiaficas, G. & Na Kan-Chae(eds.)(2006), *South Korean Democracy: The Legacy of Gwangju Uprising*, London: Routlege.

McAdam, D.(1972), *Political Process and the Development of Black Insurgency 1930~1970*, Chicago: Univercity of Chicago Press.

Na, Kan-Chae(2003), "Collective Action and Organization in the Gwangju uprising," *New Political Science*, vol. 25, no. 2, June 2003.

Neher, Clark D.(1988), "Thailand in 1987: Semi-Successful Semi-Democracy," *Asian Survey*, vol. 28.

Yun, Isang(1982), EXEMPLUM in memoriam Kwangju, Berlin: Bote & Bock.

_____(1992), My Land, My People! CD, Berlin: Bote & Bock.

加加美光行 編(1990), 天安門の激潮, 東京: 岩波書店.

彭明 主編(1993),『中國現代史資料選集』第4冊(1931~37), 北京: 中國人民大學出版社.

寒山碧 編(1989),『歷史的創傷: 1989 中國民運動史料彙編』, 臺北: 東西文化事業公司.

12・12, 5・18사건 1심 판결문

12・12, 5・18사건 대법원 판결문

계엄군 작전상황보고서

계엄사 상황일지

광주특위 제17차 청문회 증언

대통령의 특별담화

도청진압작전에 대한 20사단 보고서

시청 상황일지

육군본부, 소요진압과 그 교훈

육본상황일지

전교사 작전일지

충정부대장 회의록

특전사 전투상보

저자 소개

김상봉은 연세대 철학과를 졸업하고 독일 마인츠 대학에서 철학박사학위를 받았다. 그리스도신학대학 교수와 '학벌 없는사회' 사무처장, 그리고 민예총 문예아카데미 교장을 역임한 바 있다. 광주전남교육연대 상임공동대표와 민주화 를 위한 전국교수협의회 상임공동의장을 맡고 있으며, 현재 전남대 철학과 교수로 재직하고 있다. 저서로는 『서로주 체성의 이념』, 『도덕교육의 파시즘』, 『학벌사회』, 『그리스 비극에 대한 편지』, 『나르시스의 꿈』, 『호모 에티쿠스』, 『자 기의식과 존재사유』 등이 있다.

나간채는 공주사범대학 사회교육과를 졸업하고 고려대 대학원에서 박사학위를 받았다. 미국 미주리 대학 교환교수, 영국 에딘버러 대학 국제사회연구소 연구원, 전남대 5·18연구소장 등을 역임한 바 있으며 현재 전남대 사회학과 교 수로 재직하고 있다. 저서로 『시민사회의 가치관과 시민윤리』, 『광주민중항쟁과 5월운동 연구』, 『기억투쟁과 문화운 동의 전개』(공저), 『South Korean Democracy: The Legacy of Gwangju Uprising』 등 다수의 연구논문을 발표했다.

박구용은 전남대 철학과를 졸업하고 독일 뷔르츠부르크 대학에서 박사학위를 받았다. 현재 전남대 철학과에서 교수 로 재직하고 있으며, 전남대 철학연구교육센터 소장과 (재)5·18기념재단 기획위원장 및 이사를 맡고 있다. 저서로 『우리 안의 타자—인권과 인정의 철학적 담론』, 『자유, 인정, 그리고 담론』, 『포스트모던 칸트』(공저) 등이 있으며, 역 서로는 『도구적 이성 비판—이성의 상실』(막스 호르크하이머 지음), 『정신철학』(G.W.F. 헤겔 지음, 공역)이 있다. 「이주민과 문화다원주의」, 「문화, 인권, 그리고 광주정신」, 「교육과 논술, 그리고 현대사회」 등 다수의 연구논문을 발 표했다.

배종민은 전남대 국사교육과를 졸업하고 같은 대학교 대학원에서 박사학위를 받았다. 전교조 전남지부 전임상근자, 전남대 박물관 조교 및 인문과학연구소에서 전임연구원을 역임한 바 있으며, 현재 전남공업고등학교 교사로 재직하 고 있다. 저서로는 『남도문화』(공저), 『광주·전남의 역사』(공저) 등이 있으며, 그 외 미술사 관련 논문들이 다수 있다. 또한 『광주민중항쟁20주년기념 '오월판화전'』(전남대학교박물관), 「빛을 그린 화가 오지호 특별전」(광주국립박물관), 「격동기의 초상—양수아 특별전」(광주시립미술관) 등의 미술전시를 기획했다.

신일섭은 전남대 사학과를 졸업하고 같은 대학교 대학원에서 박사학위를 받았다. 일본 동경대학 동양문화연구소 연 구원을 거쳐 현재 호남대 인문학부 교수로 재직하고 있다. 저서로 『서풍에 부치는 노래』, 『진독수 연구』 등이 있으며, 번역서로는 『데이터로 본 중국근대사』가 있다. 연구논문으로 「陳獨秀の一貫した民主主義觀」 등 중국공산당의 창시 자인 진독수와 잡지 『신청년』에 관한 것들이 다수 있다. 최근에는 5·18광주민주화운동에 관심을 기울이며 연구 영 역을 넓혀가고 있다.

정명중은 전남대 국어국문학과를 졸업하고 같은 대학교 대학원에서 박사학위를 받았다. 전남대 5·18연구소 전임연 구원을 거쳐 현재 전남대 국어국문학과 및 문화전문대학원에서 강의를 하고 있다. 저서로는 『항쟁의 기억과 문화적 재현』(공저), 『기억투쟁과 문화운동의 전개』(공저), 『문학이론의 경계와 지평』 등이 있으며, 「문화담론과 5월—광주 지역 일간지의 '문화수도(문화중심도시)' 담론 분석」, 「'5월'의 재구성과 의미화 방식에 관한 연구」, 「반정치의 이념 과 즉물주의」, 「5월문학 연구에 대한 비판적 고찰」 등 다수의 연구논문이 있다.

정재호는 조선대 정치외교학과를 졸업하고 같은 대학교 대학원에서 박사학위를 받았다. 현재 윤상원민주사회연구소 소장과 조선대 민주화운동기념사업회 기념사업본부장을 맡고 있으며, 조선대 정치외교학과에서 강의를 하고 있다. 저서로는 『광주민중항쟁과 21세기』(공저), 『오월꽃 피고 지는 자리: 광주민중항쟁답사기』(공저) 등이 있으며, 「한국민 주주의운동 비교연구: 4·19혁명, 광주민중항쟁, 6월민주항쟁을 중심으로」, 「쿠바와 푸에르토리코의 식민지 경험과 탈식민지 독립운동 비교」 등의 연구논문이 있다.

조정관은 연세대 정치외교학과를 졸업하고 미국 예일 대학에서 박사학위를 받았다. 한신대 국제관계학부 조교수를 거쳐, 현재 전남대 정치외교학과 교수 및 전남대 5·18연구소 전담교수로 재직하고 있다. 저서로는 『The Contentious Kwangju』(공저), 『한국권력구조의 이해』(공저) 등이 있으며, 「"Trials of the Century" in Korea(1995~97)」, 「Taming the Military to Consolidate Democracy: The South Korean Experience」, 「Politics of Constitution-Making During the 1987 Democratic Transition in South Korea」 등 다수의 연구논문이 있다.

최영태는 전남대 사학과를 졸업하고 같은 대학교 대학원에서 박사학위를 받았다. 민주화를 위한 전국교수협의회 광 주전남지회장과 전남대 5·18연구소 소장 등을 역임한 바 있으며, 현재 전남대 사학과 교수로 재직하고 있다. 저서로 는 『서양의 지적운동 2』(공저), 『미국을 바꾼 4인의 혁신주의 대통령들』(공저), 『베른슈타인의 민주적 사회주의론— 수정주의 논쟁과 독일사회민주당』 등이 있으며 「극우반공주의와 5·18 광주항쟁」, 「1980년대의 기사를 통해서 본 조 선일보의 정체성」 등 다수의 연구논문이 있다.